**编辑委员会**

李 晟　刘哲玮　朱桐辉　艾佳慧　毕洪海　刘 晗
尤陈俊　夏小雄　于佳佳　丁晓东　郭剑寒　缪因知

**本辑执行主编**

李 晟　缪因知

## 声 明

本刊所载的各篇文章仅代表作者本人的观点和意见,并不代表编辑委员会的任何意见、观点或倾向,也不反映北京大学的立场。特此声明。

《北大法律评论》 编辑委员会

中文社会科学引文索引（CSSCI）来源集刊

# 北大法律評論
## PEKING UNIVERSITY LAW REVIEW
### 第 9 卷·第 1 辑（2008）

《北大法律评论》编辑委员会

图书在版编目(CIP)数据

北大法律评论·第9卷·第1辑/《北大法律评论》编辑委员会编.—北京:北京大学出版社,2008.1
ISBN 978-7-301-13368-2

Ⅰ.北… Ⅱ.北… Ⅲ.法律-文集 Ⅳ.D9-53

中国版本图书馆CIP数据核字(2008)第006421号

书　　　名:北大法律评论(第9卷·第1辑)
著作责任者:《北大法律评论》编辑委员会　编
责 任 编 辑:王　晶
标 准 书 号:ISBN 978-7-301-13368-2/D·1984
出 版 发 行:北京大学出版社
地　　　址:北京市海淀区成府路205号　100871
网　　　址:http://www.pup.cn　电子邮箱:law@pup.pku.edu.cn
电　　　话:邮购部 62752015　发行部 62750672　编辑部 62752027　出版部 62754962
印　刷　者:北京飞达印刷有限责任公司
经　销　者:新华书店
　　　　　787毫米×1092毫米　16开本　18.75印张　351千字
　　　　　2008年1月第1版　2008年1月第1次印刷
定　　　价:29.00元

未经许可,不得以任何方式复制或抄袭本书之部分或全部内容。
版权所有,侵权必究
举报电话:010-62752024　电子邮箱:fd@pup.pku.edu.cn

《北大法律评论》第9卷·第1辑(总第16辑)

# 目 录

**编者按语** ……………………………………………………………… (1)

**论文**

应　星　行政诉讼程序运作中的法律、行政与社会
　　　　——以一个"赤脚律师"的诉讼代理实践为切入点 ……… (5)

刘思达　客户影响与职业主义的相对性：中国精英商务律师的
　　　　工作 …………………………………………………………… (29)

成协中　中国行政诉讼证明责任的分配模式与规则重构 ……… (56)

科林·凯莫勒　萨缪尔·伊萨查罗夫　乔治·罗文斯坦
特德·奥多诺霍　马修·拉宾　郭春镇　译
　　　　偏好与理性选择：保守主义人士也能接受的规制
　　　　——行为经济学与"非对称父爱主义"的案例 ………… (81)

**评论**

崔麦克　冷静　傅强　译　冷静　译校
　　　　正式合同法和合同执行机制在经济发展中的角色 ……… (116)

戴立宁　论个人在票据上的签名 ………………………………… (165)

张　超　先天理性的法概念抑或刑法功能主义
　　　　　——雅各布斯"规范论"初探兼与林立先生商榷………(187)
颜炳杰　美国上市公司私有化相关法律问题……………(203)

# 书　评

姜　峰　自由与权力：如何超越零和博弈？
　　　　　——《权利的成本》读后…………………(230)
温恒国　功能主义视角下的俄罗斯宪法变迁
　　　　　——评《俄罗斯宪法：本质、演进与现代化》…………(239)
时　飞　网络空间的政治架构
　　　　　——评劳伦斯·莱斯格《代码及网络空间的其他
　　　　　法律》……………………………………(248)

# 北大讲坛

罗伯特·C.珀斯特　桂舒　赵娟　译
　　　　　论信息流通………………………………(266)

# 编后小记 ……………………………………………(276)

《北大法律评论》总目录（第1卷—第8卷）……………(279)

# Peking University Law Review
## Vol. 9, No. 1 (2008)

## Contents

**Editors' Notes** ............................................................. (1)

**Articles**

Ying Xing
    Law, Administration and Society in the Practice of Administrative
    Procedure: Taking the Practice of a Bare-feet Law Agent
    as Viewpoint ............................................................. (5)

Liu Si-da
    Client Influence and the Contingency of Professionalism: The Work
    of Elite Corporate Lawyers in China ............................ (29)

Cheng Xie-zhong
    Distributing Model of Burden of Proof and Reconstruction of Its Rules
    in China's Administrative Litigation ............................ (56)

Colin Camerer et al.   Translated by Guo Chunzhen
    Preferences and Rational Choice: New Perspectives and Legal
    Implications: Regulation for Conservatives: Behavioral
    Economics and the Case for "Asymmetric Paternalism" ............ (81)

## Notes & Comments

Michael Trebilcock & Leng Jing   Translated by Fu Qiang
Proofread by Leng Jing

 The Role of Formal Contract Law and Enforcement in Economic
  Development ·················································································· (116)

Dai Li-ning

 The Signature on Checks by Natural Person ································ (165)

Zhang Chao

 The Law Concept Grounded on Transcendental Reason or Criminal Law
  Functionalism: Preliminary Analysis of Jacobs's Theory of Norm and
  Dispute with Mr. Lin Li ··························································· (187)

Yan Bing-jie

 Legal Regulation on Going Private in U.S.A ································ (203)

## Book Reviews

Jiang Feng

 A Review of *The Cost of Rights*: How to Move beyond the Zero Sum
  Game between Liberty and Power? ··········································· (230)

Wen Heng-guo

 The Change of Russian Constitutions from the View of
  Functionalism: Конституция России: природа, эволюция,
  современность ·········································································· (239)

Shi Fei

 The Political Infrastructure of Cyberspace: *Code and the Other Laws
  of Cyberspace* by Lawrence Lessig ··········································· (248)

## PKU Forum

Robert C. Post   Translated by Gui Shu & Zhao Juan

 The Circulation of Information ···················································· (266)

## Afterword ································································································ (276)

## General List (Vol. 1—8) ········································································· (279)

# 编 者 按 语

赤脚律师在中国当代司法活动中的生存状态和中国基层行政诉讼中的种种问题,正得到学界越来越多的关注,应星的《行政诉讼程序运作中的法律、行政与社会》将两者密切结合并作了深入的实证研究。以一个赤脚律师长达十年的诉讼代理实践为切入点,从立案、审理、收费与执行等环节,研究了中国行政诉讼程序运作中法律与行政、法律与社会之间的关系。文章认为,中国行政诉讼程序运作的基本特性在于,它既不完全是以形式理性主导的科层型司法与规则统治型司法,也不完全是以实质理性主导的协作型司法与纠纷解决型司法,而是所谓的"混合型司法"。因此,中国行政审判的实践,并非如许多人所认为的那样缺乏独立性,而是存在着有限的独立性,但法院这种旨在平衡党政力量、群众力量、法院利益与法律本身的有限独立,与对法院的行政干预构成了一种"合谋"关系。文章对行政诉讼程序运作过程的研究,也有助于我们理解赤脚律师出现的制度背景。

同样是针对律师的实证研究,刘思达的《客户影响与职业主义的相对性:中国精英商务律师的工作》一文关注的可谓是另一个世界。该文试图展示,中国精英商务律师的职业工作,如何被来自不同类型客户的影响所建构。文中所运用的数据,包括对中国六个精英商务律师事务所的24名律师的访谈,和作者在其中一个事务所进行的参与观察。文章指出对于这些中国精英商务律师事务所而言,外企、国企和民企构成了他们极度多样化的客户类型。相应的,律师的工作变得具有灵活性和适应性,以满足客户的不同要求。同时,客户对于律师职业工作的影响,也取决于商务律师事务所里的劳动分工:合伙人对于诊断、推理和治疗的过程具有牢固的控制,他们因此享受着高度的职业自主性;而非合伙律师在其工作场所内基本上被剥夺了这一文化系统,因此,他们的工作就很容易受到客户的影响。于是,客户对于职业工作的影响显现出随着律师的资历加深而逐渐下降的趋势。

同样是对中国行政诉讼活动的研究,成协中的《中国行政诉讼证明责任的分配模式与规则重构》则从理论层面对证明责任的概念进行了重点阐述。文章指出,这一概念的使用存在诸多含混之处,亟须正本清源。在学理上,行政诉讼证明责任的分配,存在三种模式:成文规则模式、个性化研究模式与利益衡量模式。行政诉讼的复杂性与当事人举证行为的灵活性,决定了成文规则模式难以确保个案公平。而个性化研究模式与利益衡量模式,亦因其个案性与事后评价而难以为当事人的举证提供有益指导。域外通行的规范理论因其客观性和科学性,可以为矫正我国行政诉讼证明责任的分配规则提供一种新的思路。

凯默勒等人的《偏好与理性选择:保守主义人士也能接受的规制——行为经济学与"非对称父爱主义"的案例》指出:非对称父爱主义的规制目的,是帮助那些有限理性的人们避免犯成本过高的错误,同时仅对理性的人们加以很小的成本甚至不加以成本。结合了认知心理学与经济学的行为经济学表明,有时候,即便有健康心智的人们,在某些特定的、可预见的情形下也可能不会为他们长远的自身利益行事,很多非对称父爱主义的规制就是基于这种考虑而产生的。这些规制体现在缺省规则、对信息的提供或重组、冷却期、对消费者选择的限制等方面。非对称父爱主义并不必定是严厉的,它可能会引导产生比现有政策更温和的规则。而且,新技术为将这种规制作为一种新的对规制选择的成本收益评估标准提供了新的可能性,因而值得被"认真对待"。

崔麦克和冷静的《正式合同法和合同执行机制在经济发展中的角色》以结果论为导向讨论一套正式的合同法及其执行机制的存在是否会大大有助于发展中国家的经济增长;以及一个国家施行一套有效的正式合同法及其执行机制、但同时并不实行一种特定类型的政治体制的可能性有多大。进一步的追问,对于私法(这里特指合同法)的结构和角色进行政治理论建构的努力究竟是普适的,还是需要高度依托于特定的政治、文化及社会的价值与实践。文章对现有的文献进行了评述,包括对于当代发展研究具有重大意义的两个个案——"中国之谜"与"东亚奇迹"——的论著。作者的研究发现,在经济发展的低水平阶段,非正式的合同执行机制可能是正式合同执行机制不错的替代。然而在经济发展达到较高水平的阶段,随着大量的、长期存续的和具有高度资产特质性的投资的出现,以及超出重复交易关系范围的日渐复杂的货物和服务贸易的盛行,非正式的合同执行机制逐渐成为对正式机制越来越不完善的替代品。所以,具体到合同执行机制而言,究竟是好的制度导致了经济增长发展、还是经济增长导致了好的制度——的回答是注重不同语境之间的细微差异的。

戴立宁的《论个人在票据上的签名》讨论了一系列有趣的话题。文章指出，在票据上签名的，必须按照所记载的事项承担票据责任。签名作为票据责任的关键，需要从理论层面和实践层面加以深入探讨。中文姓名形式较为复杂，我国台湾地区各行政部门关于"姓名"的规定并不完全一致，因此需要界定"姓名"概念的法律含义，特别是在票据法上的实质特征和表现形式。此外，随着电子签章的普遍推行，票据法上"签章"的法律问题更趋复杂，但如果签章具备"人格同一性符号"和"以持续相当长时间存在特定物体上"两项条件，即可认定为合乎法律规定。对"签"名来说，当事人不必亲自签，代理人也可代为签名，并且书写不是唯一的方式，但盖章的问题则需要做更深入的检讨。

张超的《先天理性的法概念抑或刑法功能主义》认为，通过对规范、人格体及社会这三个概念的基础性说明，雅各布斯建构了他别具一格的"规范论"，从中提供了一种对刑法的社会功能分析。要言之，刑法的功能是要确证规范、稳定社会。雅各布斯规范论的旨趣在于辨明刑法的"功能"而不是追问刑法的"本体"。从其理论渊源来看，雅各布斯主要借鉴了"古典欧洲"的有机社会概念以及卢曼的系统论法社会学思想；他的规范论与康德立基于先天理性的法概念相隔甚远。

颜炳杰的《美国上市公司私有化相关法律问题》对一个实务上极为重要而学界研究甚少的问题——上市公司私有化进行了分析介绍，具有较强的新颖性。文章指出，美国法上规定私有化可以在合并中使用现金作为对价，并且只要合并对小股东是公平的，私有化交易就可以进行。同时，美国主要从证券法与公司法两方面来对私有化交易进行规制，以保证交易的公平性。证券法采取对信息的报告、披露和传送施加特殊要求，通过禁止"欺诈、欺骗及操纵行为"来保证交易的公平。如美国证监会的披露规则13e-3不仅要求全面披露信息，而且要求收购人对交易公平性发表意见。而以特拉华州法为典型的州公司法则通过禁止大股东违反其对小股东的信义义务来保证完全公平，并主要通过对私有化所依赖的路径进行规制来实现。在长式合并路径下，州公司法严格区分了利益冲突合并与对等合并，且要求大股东证明利益冲突合并是完全公平的。在要约收购和简易合并路径下，州公司法则一般通过确保要约的自愿性来保证公平。

姜峰的《自由与权力：如何超越零和博弈？》评论了美国当代著名学者史蒂芬·霍尔姆斯和凯斯·桑斯坦的《权利的成本——为什么自由依赖于税》一书，认为该书揭示了个人自由依赖于政府的财政汲取和负责再分配的能力这一事实，阐述了个人自由的公共属性及其相关命题。这一系列见解有力回应了自由主义宪政体制面临的一些批评。但读者同时也需要注意到，并非任何政府都能够有效提供自由这种公共物品，该种论述暗含的民主前提尤其不能忽略，所以该书既启发读者重新理解公共权力的功能,又引起读者对改善权力品质的关注。

温恒国的《功能主义视角下的俄罗斯宪法变迁》评论了俄罗斯当代著名宪法学家阿瓦基扬教授的《俄罗斯宪法:本质、演进与现代化》一书。文章指出,该书采用了功能主义的研究方法,综合了传统的苏联阶级政治理论和欧美理性主义理论,对俄罗斯宪法发展的历史与现状进行了详细论述,颇具特色。而该书的若干基本观点,如对宪法的评价不应只看到它规定了什么,更主要的是看它实现了什么;宪法不应仅仅作为政治宣言而存在,它具有自己的时代任务等,也值得重视。

时飞的《网络空间的政治架构》评论了美国学者劳伦斯·莱斯格的《代码及网络空间的其他法律》一书,指出网络空间不是自由乌托邦的理想家园,相反,由于它和现实制度空间的种种关联,它极有可能成为压制人们在现实空间所亟需的自由的技术铁笼。在对网络空间的运行机制做了一次原初性的追溯之后,莱斯格试图将其中所潜藏的宪法意涵揭示出来,向我们展示一个关于虚拟世界的制度图景:网络空间的真正问题并不在于技术对自由的可能钳制,而在于,决定代码运行的基本原理的政治架构是如何通过外化的法律措施而将自己隐蔽起来,从而造成人们的视角错位,以至于忽视隐蔽性政治架构,而转为强调在普通法律层面上强化对网络空间的结构性控制。

罗伯特·珀斯特的《论信息流通》试图从政治以外的角度,考量信息流通在任何现代社会都具有的不可或缺的功能,而不论这个社会是否认同西方的民主体制。他认为,信息流通的三个基本社会利益:处理委托人/代理人关系、实现市场效率、进行知识创新,它们都和民主政治价值毫无关联,但构成了法律对信息流通进行保护的合理性和正当性基础。

# 行政诉讼程序运作中的法律、行政与社会
## ——以一个"赤脚律师"的诉讼代理实践为切入点

应 星[*]

## Law, Administration and Society in the Practice of Administrative Procedure:
## Taking the Practice of a Bare-feet Law Agent as Viewpoint

*Ying Xing*

**内容摘要**：本文以一个"赤脚律师"长达十年的诉讼代理实践为切入点，从立案、审理、收费与执行等环节研究了中国行政诉讼程序运作中法律与行政、法律与社会之间的关系。本文认为，中国行政诉讼程序运作的基本特性在于，它既不完全是以形式理性主导的科层型司法与规则统治型司法，也不完全是以实质理性主导的协作型司法与纠纷解决型司法，而是所谓的"混合型司法"。因此，中国行政审判的实践并非如许多人所认为的那样缺乏独立性，而是存在着有限的独立性，但法院这种旨在平衡党政力量、群众力量、法院利益与法律本身

---

[*] 中国政法大学社会学院教授，社会学博士，电子邮箱：yingxing@126.com。本文系美国福特基金会资助项目"中国基层行政争议解决机制实证研究"的中期成果之一。田野材料由我与汪庆华副教授近年来共同收集，本文在多处受到他关于行政诉讼的一篇精彩论文（《中国行政诉讼：多中心主义的司法》，载《中外法学》2007年第5期）的启发，他还对本文的初稿提出了重要的修改意见，我非常感谢他的合作和支持。当然，本文出现的问题尽由我负责。

的有限独立,与对法院的行政干预构成了一种"合谋"关系。本文对行政诉讼程序运作过程的研究,也有助于我们理解赤脚律师出现的制度背景。

**关键词:** 行政诉讼  赤脚律师  混合型司法  独立与干预  合谋

## 一、问题和材料

在中国行政诉讼领域,"赤脚律师"的出现已经成为一个受到社会关注的现象。[1] 我曾对赤脚律师作过一个正面的肖像勾画。[2] 本文想从一个侧面,即行政诉讼程序运作的角度,去进一步理解赤脚律师出现的制度背景,并透过赤脚律师的眼睛看行政诉讼的运作。

行政诉讼难是一个人所共知的问题。许多学者都讨论了形成这个难题的一个重要成因:《行政诉讼法》本身存在的若干法律缺陷。[3] 本文则是要在已有研究基础上深入理解这个难题的另一个重要成因:行政审判中的独立性问题。[4] 一方面,行政审判中面临的行政干预是一个突出的问题[5];另一方面,法院在整个审判实践中都必须谨慎把握好法律效果与社会效果的平衡,而作为直接处理"官民冲突"的行政审判,在把握这种平衡时的处境就更为微妙。那么,法院行政庭到底是如何在法律与行政、法律与社会的夹缝中运作的?法院

---

[1] "赤脚律师"(barefoot lawyer)的称谓仿照的是"赤脚医生",取其凭借粗疏的技艺在乡间进行无偿的服务之意。相关的研究文献可参见朱景文主编:"赤脚律师",载《中国法律发展报告:数据库与指标体系》,中国人民大学出版社 2007 年,第 7 章第 6 节,页 409—415;罗旭辉:"我为农民讨公道",载《中国青年报》1999 年 9 月 6 日;萧志:"赤脚律师",载《方圆》2002 年第 9 期;记者:"赤脚律师",载《新闻周刊》2002 年第 5 期;万静:"中国第一'土律师'",载《法制日报》2002 年 10 月 28 日。

[2] 应星:"'迎法入乡'与'接近正义'——对中国乡村'赤脚律师'的个案研究",载《政法论坛》2007 年第 1 期。

[3] 有代表性的论著,参见马怀德:《司法改革与行政诉讼制度的完善》,中国政法大学出版社 2004 年;江必新主编:《中国行政诉讼制度的完善》,法律出版社 2005 年。

[4] 关于中国司法独立性的相关研究,还可参见 Woo, Margaret Y. K., "Adjudication Supervision and Judicial Independence in the P. R. C", *American Journal of Comparative Law* 39 (1991);贺卫方:《司法的理念与制度》,中国政法大学出版社 1998 年;王利明、姚晖:"司法权力的地方化之利弊与改革",载《中国法学》1998 年第 2 期;章武生、吴泽勇:"司法独立与法院组织机构的调整",载《中国法学》2000 年第 2—3 期;Peerenboom, Randall, "A Government of Laws: Democracy, Rule of Law and Administrative Law Reform in the PRC", 12 *Journal of Contemporary China*, 34 (2003);刘思达:"法律移植与合法性冲突",载《社会学研究》2005 年第 3 期;贺欣:"意识形态还是政治现实——当代中国农村司法难以独立的根源",载吴毅编:《乡村中国评论》(第一辑),广西师范大学出版社 2006 年;汪庆华:"中国行政诉讼:多中心主义的司法",载《中外法学》2007 年第 5 期。

[5] 最高人民法院院长肖扬 2007 年在第五次全国行政审判工作会议上承认:"在当前影响行政审判工作发展的因素中,司法环境仍然是一个比较突出的问题。各级人民法院要紧紧依靠党委的领导、人大的监督和支持,切实解决以言代法、以权压法和非法干预行政审判的问题,克服行政审判中的地方和部门保护主义。"参见"解读肖扬在第五次全国行政审判工作会议上的讲话",http://www.chinacourt.org/public/detail.php? id = 240053(2007 年 10 月 9 日最后访问)。

在行政审判的实践中到底有多大独立性？如果说行政审判运作中存在着某种独立性，那么，这种独立与行政干预到底是什么关系？行政审判所面临的种种困境对于赤脚律师现象有何影响？

本文采用个案实证分析法，以 S 省一个著名的赤脚律师——张立广[1]长达十年的诉讼代理实践为切入点。之所以选取这样的切入点，一方面是因为 S 省从 2002 到 2006 年连续五年都是全国行政诉讼收案率和结案率最高的省份[2]；另一方面更是因为张立广作为赤脚律师，所代理的行政诉讼数量之多、范围之广、时间之长，堪称全国第一。无论是研究赤脚律师眼中的行政诉讼，还是理解赤脚律师出现的制度背景，都具有相当的代表性。自 1995 年 9 月至 2005 年 12 月，张立广共代理行政诉讼案件 1479 件，仅他自 1995 年 9 月至 2000 年 12 月在其所在的 Y 县代理的行政诉讼案件，就占该县同期行政诉讼案件 977 件的 31.3%，Y 县法院在相当程度上正是因为他的努力，而一跃成为全省行政诉讼收案率和结案率最高的基层法院。而且，张立广代理案件的范围还扩大到了周边的十几个县，其代理的行政诉讼案件广涉行政乱收费、乱罚款、限制人身自由、行政不作为、土地登记和承包纠纷、行政赔偿等各种类型。我和同事从 2004 年 7 月开始对张立广作了长达三年的跟踪调查，对他代理案件的各级法院作了较深入的调查，从而奠定了本文的研究基础。

## 二、"赤脚律师"与行政诉讼程序的运作

一般认为，行政诉讼有三难：立案难，审理难，执行难。[3] 根据我们的调查，觉得还有必要加上一个行政诉讼费的问题。这样就构成了本文考察"赤脚律师"与行政诉讼程序运作的四个重要环节。

（一）立案难与"广收案"

1. 立案难

我和合作者曾经就行政诉讼的立案问题提出过"立案的政治学"概念[4]，其意是指法院在考虑立案时，要充分考虑某些案件与当地安定团结局势、与党政中心工作以及与当地党政领导的关系。正因为立案的政治学的存在，使得立案问题从一个法律问题变成一个政治问题和社会问题，并因此变得诡谲起来。

---

[1] 本文使用的人名和地名均为化名。

[2] 2000 年至 2006 年，S 省法院共受理一审行政案件 111592 件，约占全国法院同期受案数量的 1/6 强，连续 7 年受案在 1 万件以上；审结一审行政案件 112586 件，年平均结案率保持在 98% 以上。参见张志华："我省行政审判成绩斐然"，http://sdfy.chinacourt.org/public/detail.php?id=6414（2007 年 10 月 15 日最后访问）。

[3] 参见江必新主编：《中国行政诉讼制度的完善》，法律出版社 2005 年版，页 9—10。

[4] 应星、汪庆华："涉法信访、行政诉讼与公民救济行动中的二重理性"，载《洪范评论》第 3 卷第 1 辑，中国政法大学出版社 2006 年。

张立广在调查中反复强调行政诉讼中"小案好办、大案难立",他所谓的"大案",就是遭遇了立案政治学的那些案件。从张立广曲折复杂的立案经历中,可以看到这样几类比较突出的立案难:

(1)群体性行政案件。因为直接关系到社会稳定局面,各类群体诉讼在我国法院都是一个敏感问题[1],而群体性行政诉讼就更是如此。张立广1996年3月曾为Y县S乡X村村民许朝东等8户村民作诉讼代理,这些村民因超生等问题被S乡政府推倒了房屋、毁坏了财物,他们愤而起诉乡政府,但始终未能立上案。当年5月,县委听取县法院汇报后,指示法院暂不立案。而后县法院又给县委发来专门请示,认为此案从法律上理应立案,但也担心此案一立,因为事关计划生育等强制措施,会在全乡乃至全县引起连锁反应,因此县法院虽建议立案,却仍请县委就此作最后定夺。[2] 结果,不仅县委仍决定不予立案,而且作为代理人的张立广也为此收到了县公安局的传票。刚走上"赤脚律师"之路的张立广,被吓得在外面躲藏了三个多月,不敢回家。这个案子也成了张立广所代理的众多案子中印象最深的一个。

张立广的这种遭遇绝非偶然。群体性行政案件的立案难,实际上有着明确的制度背景。S省高级人民法院在2006年2月专门发布了一个关于新类型、敏感和疑难案件的受理意见,其中谈到,对包括群体性行政案件在内的案件"应当逐个甄别,从法律背景、社会背景和法院自身体制的适应性等方面进行整体把握","对不符合诉讼利益和效益原则之诉,受理后社会效果不好或受理后难以裁判和执行,甚至造成审判资源浪费的,一般不予受理";"案件虽属人民法院管辖,但涉及国家安全、社会稳定、经济发展,以及受理后即使作出裁判也难以执行,造成法院工作被动的,受理应当谨慎";"对于法院受理后执行难度较大,由党委政府处理更利于矛盾化解的案件,可以不予受理,但应与相关部门做好协调工作,妥善化解矛盾"。[3]

(2)农村土地征收、房屋补偿和集体收益分配中的部分敏感案件。在前述S省高院发布的那个案件受理意见中,所谓新类型、敏感或疑难的案件类型,还包括了涉农的案件。如果按照最高人民法院的有关解释,涉农的行政案件包括了行政乱收费乱摊派、土地确权、集体土地征收、土地征收中的房屋拆迁及安置

---

[1] 参见章武生、杨严炎:"我国群体诉讼的立法与司法实践",载《法学研究》2007年第2期。

[2] 关于此案的详细分析,参见应星、汪庆华:"涉法信访、行政诉讼与公民救济行动中的二重理性",载《洪范评论》第3卷第1辑,中国政法大学出版社2006年;汪庆华:"中国行政诉讼:多中心主义的司法",载《中外法学》2007年第5期。

[3] "S省高级人民法院新类型、敏感和疑难案件受理意见(试行)",http://www.ny148.cn/main/news_view.asp? newsid=1048(2007年10月13日最后访问)。

补偿、行政赔偿等各种案件类型。[1] 这些案件几乎涉及农民与政府关系的诸多方面,不可能都被归为敏感案件。实际上,敏感的涉农行政案件主要是指土地征收、房屋拆迁、安置补偿和集体收益分配中容易引发群体性纠纷或乡村内部矛盾的案件,如村民资格纠纷,村集体财产分配方案纠纷等。

张立广给我们举了一个比较典型的例子:L县D镇M村村民田振岭系26年前从外省迁来该村的居民,但该村一直不承认他是本村村民,既不分给土地,也不划宅基地。田振岭于1999年5月向L县法院提起民事诉讼,结果不被受理。后来改为提起行政诉讼,好不容易立上案后,在审理和执行中又是一波几折:三次起诉,三次驳回;两次上诉,两次发回重审;好不容易打赢了官司,至今也无法执行(详见本文后面的分析)。我们在对法院的访谈中得知,类如田振岭这类村民资格的案子,审理和执行起来非常麻烦,所以,法院后来越来越趋向于无论是民事诉讼还是行政诉讼,都不予受理。[2]

(3)限制人身自由案件。这里所说的限制人身自由的行政强制措施,包括行政拘留、劳动教养、信访收容等,执行这些强制措施的主要是各级公安机关。由于近年来公安机关在党政部门中位重权高,许多地方的公安局长都因兼任当地的政法委书记而成为法院的直接领导,因此,法院在与公安部门有涉的行政案件中立案是较为谨慎的,这尤其体现在劳动教养与信访收容案件上。实际上,劳动教养制度一直存在很大争议,学界废除劳动教养的呼声一直很高[3];而收容遣送制度在2003年被废除后,信访收容成了一个颇受质疑的问题。[4]但正因为如此,法院在这些有争议的案子类型的立案上反而更加慎重。我们2004年7月第一次去访问张立广时,他就正在为一个信访收容案的立案而苦苦奔波。当地中院的法官告诉我们,最高法院已有内部通知,信访收容属于敏感案件,一般不予立案。

---

〔1〕 "最高人民法院关于人民法院为建设社会主义新农村提供司法保障的意见",http://www.ny148.cn/main/news_view.asp? newsid=231(2007年10月14日最后访问)。

〔2〕 如"北京市高级人民法院关于涉农纠纷受理问题的指导意见"中,规定了"村民起诉村民委员会或者村集体经济组织,要求确认其享有村民资格的案件,不予受理",http://www.law010.org/lawyer/lawyer_3677.html(2007年10月21日最后访问);广西高级人民法院明文规定:"村民因土地补偿费、安置补助费问题与农村集体经济组织发生的纠纷案件"属于暂不受理的案件类型,参见"广西壮族自治区高级人民法院关于13类暂不受理案件的通知",http://www.9ask.cn/blog/user/wr666/archives/2006/9282.html(2007年10月13日最后访问)。

〔3〕 有代表性的论著,参见宋炉安:"劳动教养应予废除",载《行政法学研究》1996年第2期;林小春:"劳动教养制度的改革",载《法学研究》1997年第5期;魏慧梅:"劳动教养在实践中存在的矛盾与弊端",载《法律适用》2000年第3期;司法部劳动教养制度改革与完善课题组:"改革与完善中国劳动教养制度",载《中国司法》2004年第3、4期。

〔4〕 盛学友:"两公民质疑'信访收容'",载《南方周末》2003年10月9日;"黑龙江省人民政府关于废止《黑龙江省信访收容遣送工作规定》的决定",参见 http://www.law-lib.com/lawhtm/2003/82899.htm(2007年10月15日最后访问)。

关于立案难,有两个问题值得注意。

首先,行政立案难并不主要是行政直接干预的结果,实际上,它首先是法院自我审查的结果。上级法院关于敏感问题立案的各种明文规定和内部通知,本级法院关于敏感问题行政立案须向上级法院[1]或本级法院主管副院长甚至院长请示汇报的惯例,已经使法院自觉地在按照立案政治学的标准进行仔细的筛选。而且,即使法院系统内无法拿捏好是否予以立案的尺度,也常常是法院事先主动向党委政府"通气"或请示,换句话说,"干预"是法院"邀请"党委政府来实施的。这如同我们在前述 Y 县 S 乡农民群体诉讼立案问题上看到的那样。

当然,党政领导直接干预行政案件立案的情况并非没有。我们在调查中就得知一个典型例子:1998 年 C 县县政府规定由县燃料公司统一经营煤炭,各个体煤炭经营户都须到县燃料公司进煤,致使煤价上涨,多名个体经营户对县政府提起诉讼。县委书记和县长得知后,不同意法院立案,在法院立案后又要求不能判政府败诉。此案给法院造成空前的压力,主管行政审判的副院长也被更换。但我们从这个案子也可以看到,直接的行政干预往往意味着党委政府与法院撕破"脸面"的最后关口。且不说法院不愿为此承受压力、蒙受损失,即使党委政府不到万不得已的时候,也不肯轻易出此"下策"。行政立案问题,更多的时候需要法院与党委、政府之间的默契或协商。以撤换法院院长之类的严厉方式来进行干预,这在现实生活中还是比较罕见的。

其次,立案政治学的技术化表达。我们前面所谈及的立案政治学,是对立案问题的实质审查。但在很多情况下,这种实质审查并无法律上的明确依据,既不大符合法律本身的规定,有时候也缺乏正规的司法解释[2],而仅仅依凭的

---

[1] S 省 L 市中级人民法院行政庭在一个关于行政案件请示问题的规定中明言:"中院讨论请示案件的情况以及针对下级人民法院请示的行政案件所作答复意见属于审判秘密"。显然,这种内部请示不同于最高人民法院行政审判庭对法律适用问题所作的公开请示的答复,后者是司法解释的有机构成部分。最高人民法院一再发文要求各级法院向上级法院"请示的内容应当限于法律和司法解释的适用问题,不得就案件的事实认定问题、定性问题或者实体处理问题进行请示,更不得全案请示"("最高人民法院行政审判庭关于严格执行行政审判工作请示制度的通知",《司法解释小全书:行政诉讼与国家赔偿》,法律出版社 2004 年,页 73;"最高人民法院关于加强和改进行政审判工作的意见"第 18 条,http://www.34law.com/lawfg/law/6/1186/law_253424244634.shtml [2007 年 10 月 15 日最后访问]),这里的潜台词是:在现实中,各级法院向上级法院请示的案件,常常并不限于法律适用问题;而上级法院也未必都能像最高人民法院那样,很得坚持只答复法律适用问题,而不就案件事实部分作出指示。况且,在书面请示之外的口头汇报、电话沟通、酒席畅谈,都可成为上下级法院的法官们自觉不自觉"通气"的渠道。可参见朱景文编:"法院的上下级关系",载《中国法律发展报告:数据库和指标体系》,中国人民大学出版社 2007 年,第 4 章第 1 节,页 181—183。

[2] 关于司法解释的公开性,参见周道鸾:"论司法解释及其规范化",载《中国法学》1994 年第 1 期;梁治平编:《法律解释问题》,法律出版社 1998 年。

是上级法院的内部通知甚至是默契或惯例。那么,这种实质审查如何被赋予合法性呢?我们从张立广1999年9月9日给最高人民法院的一封信中可以看到端倪:

> 《中华人民共和国宪法》第41条规定:"中华人民共和国公民对于任何国家机关和国家工作人员,有提出批评和建议的权力"。根据此规定,我建议人民法院收到当事人、代理人提交的起诉状、申诉状后,应出具证明。《中华人民共和国行政诉讼法》第42条规定,人民法院收到起诉状,经审查,应当在七日内立案或作出裁定不予受理,原告对裁定不服的,可以提起上诉。有的当事人、代理人向人民法院提交诉状后,因法院内部种种原因,不能及时立案,待立案后,已超过了诉讼时效。

这封信所诉说的,是张立广在寻求立案中所遭遇的立案政治学的技术化表达:当事人、代理人向法院提交诉状之后,一审法院既不受理,却也不裁定驳回,不给他们任何收据。有的时候,在当事人一再要求下,法院拖到诉讼时效过了才立案,但马上又以此为由而驳回起诉。一审法院的这种做法,虽然有时是一般意义上的官僚主义或科层惰性所致,但也经常是有心对敏感性问题作脱敏化的处理。因为按照《行政诉讼法》的要求,如果一审法院作出不予受理的书面裁定,原告对裁定不服的,可以提出上诉。这样势必会使敏感问题向外、向上扩散。而这种技术化的表达,则使政治问题被重新还原为法律问题,并使无法立案的根源归于当事人自己未控制在法定起诉期限之内。[1] 例如,张立广所代理的李武军诉S县H乡乡政府限制人身自由一案,于1998年1月20日就向法院提交了诉状,经过多次催办和上访,法院直到1999年4月5日才给立案,而法院此时又以超过法定起诉期限为由驳回了起诉。

2."广收案"

不过,行政诉讼立案难只是问题的一个方面。另一个方面,由于行政诉讼一直面临收案不足的情况,最高人民法院不断要求各级法院努力提高行政诉讼收案数。不少地方还把诉讼收案数量与对行政庭法官的业绩考评直接挂钩。如S省高院2003年2月印发的《行政审判工作考核办法》中规定:在100分的

---

[1] 2000年3月10日颁布的"最高人民法院关于执行《中华人民共和国行政诉讼法》若干问题的解释"第32条规定:"受诉人民法院在7日内既不立案,又不作出裁定的,起诉人可以向上一级人民法院申诉或者起诉。上一级人民法院认为符合受理条件的,应予受理;受理后可以移交或者指定下级人民法院审理,也可以自行审理。"但是,由于起诉人向二审法院究竟应该是提起申诉还是起诉,仍具有法律的不确定性、不规范性,因而,在行政审判实践中,该款解释不仅可能起不到对行政审判不作为制约、制裁,保护当事人诉权的作用,反倒可能成了人民法院相互推诿、行政审判不作为的依据。参见樊则华:"该条司法解释第三款有悖法律",http://blog.chinacourt.org/wp-profile1.php? author = 10386&p = 69617(2007年10月15日最后访问)。

考核总分中,

  行政诉讼案件的审理数量为25分。计分标准:(1)以所在地区人口为基数,审理一审行政案件数量达到人口的万分之一,计20分;(2)以所辖基层法院数为基数,中级法院审理一审行政案件达基层法院数2倍的,计5分。加分标准:(1)审理的一审行政案件数量超过人口的万分之一,每增加万分之一加10分;(2)中级法院审理一审行政案件每超过10%加0.5分。减分标准:(1)审理一审行政案件数量不足人口的万分之一,每减少万分之零点一减2分;(2)中级法院审理一审行政案件每减少10%减1分;(3)有案不收的,每发现一件扣2分。

  因为行政立案数量与法官的业绩、与行政庭在整个法院系统的地位直接相连,因此,努力开拓案源成了法官们的一块心病。在民众本来就畏于告官、一些民告官的案件又面临立案政治学的门槛难以跨越的情况下,法院如何能够开拓案源呢?

  对于不太敏感的行政案件,法院积极鼓励立案,有案先收(审理中若真有麻烦,还可动员原告再撤诉),是一种办法[1];某些时候通过送法下乡的普法活动,激发民众的诉讼意识,也是一种办法。事实上,张立广最初走上行政诉讼代理之路,正是在Y县行政庭一次普法宣传中获得鼓励的。然而,这些办法的收效在现实中较为有限。那么,像S省这样连续5年全国行政诉讼立案数高居榜首的省份,还有没有别的"奇招"呢?

  我们在调查中发现了该省一些法院采用了拆案的技术。所谓拆案,就是把集团行政诉讼案单独立案、合并审理、分别判决。以张立广代理的行政案子为例。他1996年共代理214件,其中共有6起集团诉讼被拆成195件诉讼,如果这些集团诉讼合并立案的话,当年真实的立案数只有25件;1997年,他共代理88件,其中1起集团诉讼被拆成86件,当年真实的立案数只有3件。如果说上述数字是10年前的情况,那么,近些年的情况又如何呢?我们再以S省L市中院行政二审案子为例。2003年,该市中院立案并判决98件,其中1起集团诉讼被拆成22件,当年真实的立案数为77件[2];2004年,该市中院立案并判决118件,其中两起集团诉讼被拆成31件,当年真实的立案数为89件。拆案技术在行政审判中的运用可以达到三个功能:其一,扩大行政立案的数量;其二,

---

[1] 关于法院不愿受理行政案件与行政庭法官主动揽案的关系,参见汪庆华:"中国行政诉讼:多中心主义的司法",载《中外法学》2007年第5期。

[2] 不过,该年有1起多达815人的集团诉讼,可能是因为人数太多,没有被拆开立案,而是采用了诉讼代表人制度。

降低群体事件的风险[1];其三,增加行政诉讼的收费。就此,拆案技术既严把了立案的大门,又广开了诉讼的大门,使立案政治学与"广收案"实现了统一。

严格地说,由于中国行政诉讼中"非正常撤诉"这个变量的存在,行政案件的立案难与广收案有一个时间上的交错:1990—1991年,《行政诉讼法》刚颁布,受案范围扩大,收案数猛增;1991—1993年,立案政治学的作用使法院将一些棘手案件拒之门外,收案数徘徊不前;1993—1997年,由于最高人民法院要求广开案源,立案政治学发生了一个变形,立案的大门被强制打开,但非正常撤诉飞速增长,立案政治学变成了撤诉政治学;1998年以后,由于最高人民法院转过头来集中治理撤诉政治学的问题,再加上一些深层次的社会矛盾开始暴露,弱势人群凸现,敏感问题增多,因此,立案政治学再次凸现,收案数又一次徘徊不前。[2]

## (二) 审理中的干预与自主

无论是在法院内部,还是在法学界,许多人在讨论行政审判难时,除了谈及行政立法的不足外,就是把矛盾的焦点指向行政干预问题。这样一来,法院本身似乎成了无足轻重、消极无为的行动者,不是受制于法律的缺陷,就是听命于行政的力量。然而,法院与当地党委政府的关系,只是法院所处的复杂社会关系网中的一种。法院不仅自己是一个利益实体,而且上有强调法治精神的上级法院,下有需要进行安抚的广大民众,更何况,党委政府也非铁板一块,法院的行动如何可能简单受制于党政力量?我们所要分析的作为行动者的法院,应该远比完全笼罩在行政干预阴影下的形象复杂得多。

有学者把权力组织划分为科层型权力组织和协作型权力组织,又把司法程序划分为政策实施型司法和纠纷解决型司法,这样,根据这个 2×2 的列联表,至少可以看到司法的四种面孔。[3] 受此启发,本文将这个列联表改造如下。

首先,我们按照法院在整个科层体制中的位置,将司法划分为协作型司法与科层型司法。前者是指在党委统一领导下,法院与其他机构都是整个国家科层系统的有机组成部分,法院在人、财、物等方面接受党委政府的统一领导和安

---

[1] 最高人民法院2006年明确提出"要根据案件的不同情况,对于可分的群体性案件,可以分别立案受理",参见"最高人民法院关于妥善处理群体性行政案件的通知",http://www.taxchina.cn/ssfg/2006-12/05/cms527738article.shtml(2007年10月16日最后访问)。而S省高院也提出:"对群体性诉讼事实统一、请求近似、当事人众多时,应化整为零,分案处理,尽量降低当事人的诉讼风险和费用,减轻压力",参见"S省高级人民法院新类型、敏感和疑难案件受理意见(试行)",http://www.ny148.cn/main/news_view.asp?newsid=1048(2007年10月13日最后访问)。但一些学者对于这种拆分做法提出了批评,认为即使是从疏导社会冲突、维护社会稳定的角度来看,这种虚置代表人诉讼制度的做法也是站不住脚的。参见章武生、杨严炎:"我国群体诉讼的立法与司法实践",载《法学研究》2007年第2期。

[2] 参见何海波:"行政诉讼撤诉考",载《中外法学》2001年第2期。

[3] 达玛什卡:《司法和国家权力的多种面孔》,郑戈译,中国政法大学出版社2004年,页270—271。

排,法院工作要服从党和国家的全局任务和中心工作,法院必须与整个科层系统的其他机构协同行动。而后者是指在"依法治国"的背景下,法院自成一个相对独立的科层子系统,有其相对独立的群体利益、运作程序、专业话语和角色分工,其成员有其特殊的职业资格要求,其决策遵行专门的法律技术标准。

其次,我们再按照法院运作的基本职能,将司法划分为纠纷解决型司法与规则统治型司法。这个划分,类似于马克斯·韦伯所做的法律制度的实质理性与形式理性之分。前者强调的是"特质别具的规范——有别于透过逻辑性的通则化(亦即经抽象的意义解明)而得来的规范——对于法律问题的决定理应具有。换言之,诸如伦理的无上命令、功利的或其他目的取向的规则、政治准则等率皆能破除外在表征的形式主义及逻辑抽象的形式主义"[1]。具体到中国社会的情境,这种实质理性就体现在对纠纷解决、止纷定争的关注上。[2] 而后者强调的是法律对形式和规则的执着,"唯有真确无疑的一般性的事实特征才会被计入考量"[3]。

把这两种分类组合起来,我们就可以绘制出一幅中国司法程序运作的坐标图:

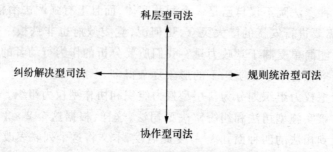

中国司法程序运作的坐标图

当然,这仅仅是对中国司法运作的理想类型的划分。那么,从行政审判的角度来说,中国司法在真实的世界中究竟是如何运作的呢?

1. 协作型司法

诸多学者讨论过的行政干预问题,比较集中地体现在协作型司法的运作过程中。我们发现在张立广代理的行政案子中,有一个经过县法院三次重审的案例可谓典型。

2000年11月23日,S县H乡党委开会研究Y村农业征收余款问题时,发现Y村一个名叫焦丙奎的农民尚欠176.5元。乡党委决定由乡党委副书记程

---

[1] 韦伯:《法律社会学》,康乐、简惠美译,广西师范大学出版社2005年,页28。
[2] 参见苏力:《送法下乡》,中国政法大学出版社2000年,第5章。
[3] 韦伯:《法律社会学》,康乐、简惠美译,广西师范大学出版社2005年,页28。

英姿负责协助村委会对焦丙奎进行强制征收"三提五统"款。11月25日,程英姿带人从焦丙奎家强行灌走小麦164.5斤,收取现金80元。焦丙奎后向法院就乡政府的强制征收行为提起诉讼。2001年10月12日,S县法院认为征收行为是乡党委作出的,而党委不能作为行政诉讼的被告,因此驳回了原告起诉。中院审查时,认为判断行为的性质应以该行为的外部具体特征为根据。乡里对焦丙奎进行强制征收时,没有出具加盖乡党委公章的决定书,因此不应认定为以乡党委名义作出的行为,故将此案第一次发回重审。2002年5月10日县法院在重审时,收到了H乡补盖了乡党委公章的征收决定书,判定征收行为系乡党委的行为,故又驳回了起诉。而中院在二审时,认为征收行为系政府的工作职责,乡党委副书记的参加只是体现党委对此工作的重视,不能改变征收行为的性质。征收决定虽加盖党委公章,但既未向原告送达,也不为原告知晓,只是党委内部研究决定,不能作为农业征收的正式依据,因此第二次将此案发回重审。2002年10月8日,S县法院在第三次重审时,坚持认为征收行为是乡党委的决定,不能作为行政审查的对象,故再次驳回原告起诉。而中院在二审中仍坚持认为一审裁定认定上诉人焦丙奎诉强制征收行为是乡党委的行为不当,应予纠正,故第三次发回重审。L市中院法官在调查中告诉我们,如果S县法院要是还第四次坚持原判的话,中院就不会再照顾S县法院的面子了,而是准备把此案交给其他基层法院重审。经过两年多的拉锯战,这场官司最后以H乡政府退还焦丙奎176.5元、焦丙奎撤诉而结案,而焦丙奎为此案前后花去150元的诉讼费。

在这个一波三折的案例中,我们表面上看到的是县法院和市中院之间的"较劲",但为什么S县法院在中院的压力下会表现得如此执拗呢?这是因为H乡在行政征收时搞了一个法律规避行为,即由乡党委出面实施征收。众所周知,农业征收是乡政府的工作职责,但H乡既然玩了这个花招,S县法院就不得不给乡党委一个面子。因为一旦开了对乡党委代行征收工作进行审判的先例,这不仅会堵塞今后乡政府借用乡党委名义进行强制征收的道路,增加基层政府征收"三提五统"款的难度,而且,这势必会使法院直接得罪党委系统。尽管此案面对的只是一个乡镇党委,但S县法院的直接领导——S县县委——显然不会乐见乡党委的政令被提交行政审判的局面。在可能得罪领导一切的党委与可能惹恼依法审理的上级法院的两难困境中,S县法院选择了后者。毕竟,法院必须接受同级党委的领导,保持与基层党委的协作关系,支持党委领导的中心工作。所以,此案根本未到县委直接出面干预的地步,就由S县法院自我审查而决定与党委保持一致,因此打响了与中院长达三个回合的拉锯战。

2. 科层型司法

如果以为法院都是按照协作型司法来运作的话,那也太过简单了。我们以前面提到过的 L 县 D 镇 M 村村民田振岭案为例,来看法院的另一面形象。

田振岭的户口是 1976 年从外地迁到 M 村的,他全家一直以他进城修自行车为生。后来该村划分承包地和宅基地时,曾召开村民大会,讨论过田振岭的村民资格问题,结果被集体否决。田振岭一家所住的房屋,是经村民张新的同意后占用了张新的宅基地。1989 年,M 村调整责任田并与宅基地挂钩,张新开始不断向田振岭索要宅基地,并寻衅闹事。田振岭向村里索要宅基地无果后,开始走上上访的道路。从 1989 年到 1999 年,田振岭无数次地上访在镇、市和省之间,但问题始终得不到解决。

1999 年 4 月,被宅基地和责任田问题弄得身心疲惫的田振岭,开始走上法律维权的道路,向法院提起了对 M 村村委会的民事诉讼。但从一开始,此案就让法院非常为难。在是否受理此案的意见上,合议庭三人居然有三种意见:一人认为这种问题属于落实政策问题,应归镇党委政府去解决,法院对其起诉不予受理;另一人认为此案作为民事案件应受理;还有一人认为责任田问题可受理,而宅基地问题应申请行政部门处理。由于意见分歧较大,此案被提交县法院审判委员会决定。但审委会仍未形成一致意见,最后决定向中院汇报,以中院答复为准。1999 年 6 月,中院在听取 L 县法院的汇报后,经研究后指示县里不受理此案。

1999 年 6 月,田振岭重新提起行政诉讼,诉 M 村村委会和 D 镇镇政府行政不作为。这次法院终于立案,但法院合议庭在责任田和宅基地到底属于行政案件还是民事案件以及最后的判决等问题上,又是三个人三种意见,于是又去中院作了一次汇报。9 月 3 日,中院在汇报会上提出应认定原告的村民资格;至于责任田问题究竟是否应按民事立案、村委会在此问题上能否作为行政诉讼被告,中院行政庭的看法也不一致。于是,两级法院的法官又于 9 月 8 日共同到了 S 省高院行政庭作汇报。省高院行政庭庭长的指示是:此案可作为行政案受理,但应予以驳回,因为村委会已经召开过村民大会处理了。这位庭长在会上还说了一句后来被不幸言中的话:"如果村民大会就是不同意给他(原告)责任田、宅基地,那也没有别的法子。"按照省高院的指示,L 县法院驳回了起诉。没想到的是,中院在二审中认为,责任田的使用由村委会决定,而宅基地的使用则要由县政府审批,因此原告起诉镇政府失当;加上县法院审理中的其他程序错误,因此,将该案发回重审。2000 年 3 月,L 县法院重新审理此案,田振岭变更村委会作为被告。县法院此次认定了田振岭的村民资格,但他所诉村委会行政不作为的理由不足,因此驳回起诉。而中院在二审中认为一审没有处理责任田问题,属于漏判,因此再次发回重审。2000 年 10 月,L 县法院第三次审理此案,认为田振岭未证明曾提出用地申请,故起诉村委会不履行划分宅基地职责的理由不足;但村委会确应履行调整解决原告责任田的问题。中院在此次二审中维持了一审原判。2001年,田振岭再次就他的宅基地问题提起行政诉讼,第四次开庭的县法院终于支持了他的诉讼请求。经过两年多的拉锯战,田振岭总算是打赢了官司,然而,问题远没有到解决的时候。

M村村委会在法院判决下达后始终拒绝履行判决。田振岭于是申请法院强制执行。在法院的监督下,M村于2002年6月6日召开了一次村民大会,但全村77名18岁以上的村民中,有71人不同意分给田振岭责任田和宅基地,只有6人投了弃权票。至此,此案已无法执行下去。田振岭只好重新走上上访的道路。此事至今还未得解决。

通览田振岭一案的整个诉讼处理过程,我们可以总结三句话:立案勉强;审理曲折;执行无力。为什么立案勉强,甚至在案子已经进入审理阶段都还在讨论是否应予立案的问题?这固然因为此案案情的特殊性,它涉及民事案件与行政案件如何交叉的问题,但更重要的,在法院内部如此慎重其事、举棋不定的背后,涉及法院与政府在处理土地纠纷上的复杂关系。

自《行政诉讼法》颁布后,由于行政权的强大惯性,许多与行政管理相关的民事纠纷的裁决权,最初是在行政机关手中。然而,政府裁决民事纠纷的效果往往并不好,人们一旦不服,不是上访,就是提起行政诉讼:上访会给社会安定带来隐患;而行政诉讼开始后,政府必须承担举证责任,也给政府带来了很大的麻烦。行政机关开始意识到拥有行政裁决权未必都是好事,于是开始排斥某些裁决权,要求法院为政府分忧。近些年,有些法律把行政机关的裁决权正式改授给了人民法院。像土地承包权纠纷的裁决权就是一例:从政府自己解决为主,逐渐演化为要求法院积极介入。2003年1月生效的《农村土地承包法》,更正式把土地承包权纠纷由政府改由法院或仲裁机构来裁决。[1]

田振岭案发生时,尽管相关的法律还没有修改,但已处在政府开始要求法院积极介入土地纠纷、为政府分忧的时候。法院对政府的要求当然不可能不顾及,但法院却实在不愿牵涉太深,因为这种问题关系到农民的切身利益,往往又具有群体性纠纷的特点,一旦惹火烧身,会将法院卷入矛盾的旋涡中。从田振岭案件可以看出,尽管法院这次勉强立案并支持了原告的诉讼请求,但正如S省高院那位行政庭庭长所预计到的,这类案子不仅难判,而且,即使原告胜诉了,往往也无法执行,最后原告还会回到上访的老路上去。但田振岭2002年后的上访与1999年前的上访所不同的是,前者由于有了法院的几次判决,因此变成了涉法上访。治理涉法信访,是法院一项不胜其烦的工作。而近些年国家又加大了信访治理的力度,其重点就是放在涉法信访上。因此,法院治理信访的

---

[1] 参见袁裕来:"为妇女的土地承包权而战",载《特别代理民告官手记》,中国检察出版社2003年,页336—339。

压力非常大。对法院来说,与其在受理案件后陷入无尽的麻烦中,不如从诉讼的"根子上"消除涉法信访的可能:那就是不予立案,让案件根本不进入诉讼程序。

S省两位基层法院的法官系统分析了用司法手段来解决土地承包纠纷、村民资格、土地补偿费、安置补助费这类纠纷所面临的困境:

> 一是没有统一的法律政策依据。最高法院答复确实因不能分配的土地补偿费产生的收益分配争议,人民法院可以作为民事案件受理[1],但是处理此类纠纷所能依照的具体法律法规缺失,政策界限相对不够明确,现行的土地法、婚姻法、教育法中有原则性规定,但没有作为法院裁判标准的具体法律规定,裁判尺度难以把握。
>
> 二是单靠司法手段解决难度很大。由于多年来对土地收益分配纠纷问题的管辖不够明确,有许多纠纷问题没有得到有效解决。现在已起诉案件只是此类纠纷中的一部分,其他纠纷的当事人正处在观望阶段。判决结果对原告方有利,可能会引发大量此类纠纷,甚至以往经过多方做工作息诉的案件会再行提起诉讼,而作为被告的村委和其他村民则可能产生较大的抵触情绪;而一旦判决结果对原告不利,有可能引发上诉等不安定因素。总之,通过司法手段解决,社会效果未必最佳。
>
> 三是诉讼当事人矛盾易于激化,是一种潜在的不稳定因素。此类纠纷的一方当事人村民委员会往往以村民代表大会或村民大会表决方式决定是否给少数村民给付土地收益,所以这种以绝对多数对抗绝对少数的方式本身缺乏公正性。而主张权利一方当事人由于利益一致,易于抱成一团,与被诉一方往往会形成利益截然相反的两大对立团体,易于形成集团诉讼,甚至集体上访。
>
> 四是这类纠纷判决以后难以落实执行。前几年通过行政审判方式处理了个别类似案件,但判决生效后基层村委会以村民不同意为由拒不执行生效判决,如强制执行又会引起基层不稳定,所以案件虽已审结,但问题长期不能了结。
>
> 五是按上级法院答复,目前法院可以将土地收益分配纠纷案件作为民事案件受理,致使有关职能部门及基层党政部门、各乡镇办事处对此类纠

---

[1] 最高人民法院研究室在《关于人民法院对农村集体经济所得收益分配纠纷是否受理问题的答复》(法研[2001]51号)中提出:"人民法院应当依法受理农村集体经济所得收益分配纠纷。"此项解释在最高人民法院研究室《关于村民因土地补偿费、安置补助费问题与村民委员会发生纠纷,人民法院应否受理问题的答复》(法研[2001]116号答复)中又得到了重申。http://www.zj164.com/ReadNews.asp? NewsID=324&BigClassID=30&SmallClassID=25&SpecialID=46 (2007年10月20日最后访问)。

纷的协调疏导工作有所弱化,甚至形成单纯依靠法院解决此类纠纷的趋势。这不利于此类纠纷的解决,也容易使已息诉案件重起纠纷。

六是部分案件主体难以确定。一方面,集体组织成员的身份难以界定。由于没有现成的法律规定或公平合理的习惯,因此村民代表在制定分配决议时片面选取政策依据,或者不考虑权利义务对等原则,仅依照村民合议决定谁有集体成员身份享受分配,谁不是集体成员不能享受分配,造成了各利益体的权利失衡。另一方面,被诉方参加诉讼的资格和能承担的责任不对等。一种情况是有的原告以钱款由生产小组组长分发为由将生产小组甚至组长个人当做被诉方显然不当,因为生产小组不具备法人主体资格,不能独立承担民事责任。而村民小组长发放补偿费仅是一种职务行为,没有义务也没有能力承担赔偿责任。另一种情况是部分被告村委会辩称村里的农业是以生产小组为单位,补偿费也是以小组为单位发放,所以村委会不应作为被告,在审理时法院对此种理由都不予支持。

因此,这两位法官最后建议:

慎重启用诉讼手段,注重运用行政手段。从实践看,这些问题的最终解决在基层农村。一方面,在分配决议形成前,就应由村委会出面对广大村民进行法律教育和正面指导,使决议在制定之初就合理合法,兼顾全体利益。另一方面,纠纷出现后,基层组织和干部要高度负责,思想统一,积极认真地做好工作,有关乡镇和办事处对解决这些纠纷要加强指导和监督,以督促解决办法的最终落实。人民法院作为处理纠纷案件的最后一道防线,对该类纠纷的解决既要积极,更要慎重,只有基层组织解决无效,有关乡镇和农村又不得不依靠法律手段解决时,方可通过诉讼方式解决,以杜绝以法代政的问题。[1]

在《农村土地承包法》自 2003 年开始生效后,法院不可能把土地纠纷案件都拒之门外。针对某些地方法院不太愿意为政府分忧的做法,最高人民法院在 2005 年还专门发布了一个《关于审理涉及农村土地承包纠纷案件适用法律问题的解释》(法释[05]第 6 号)[2],明确提出承包地征收补偿费用分配纠纷应当作为民事案件受理。但是,我们仔细加以分析,还是可以发现法院在接受土地纠纷诉讼时的如下特点。

---

[1] 王诗和、贾琦:"关于农村土地收益权纠纷案件情况的调查",http://sdfgxy.chinacourt.org/public/detail.php? id=371(2007 年 10 月 20 日最后访问)。
[2]《最高人民法院关于审理涉及农村土地承包纠纷案件适用法律问题的解释》(法释[05]第 6 号),http://www.chinacourt.org/flwk/show1.php? file_id=103419(2007 年 10 月 20 日最后访问)。

首先,坚持设置门槛。法院审理农村土地纠纷诉讼,先是以1999年1月1日为界。在1999年1月1日以前,由于《土地管理法》规定土地收益不能分配,故而法院不予受理此类案件。1999年修改后的《土地管理法》规定"保护村民对征地款的分配权"。因此,对村民主张分配收益权益的保护期从1999年起开始,提起这类诉讼(包括过去起诉后被驳回的)也是从该日期之后两年为有效期限,超过两年的则被视为超过诉讼时效。而在《农村土地承包法》颁布后,法院审理农村土地纠纷的时间门槛又提到了2003年3月1日,即该法生效的日期。在此之前的土地纠纷,法院都拒之门外了。

其次,剔除某些疑难类型,尤其是关于村民资格的案件类型。如最高人民法院2005年的那个司法解释中,明确规定"集体经济组织成员因未实际取得土地承包经营权提起民事诉讼的,人民法院应当告知其向有关行政主管部门申请解决"。[1] 有些地方在贯彻这个司法解释时,把不予受理的案件类型更加细化。如北京市高级人民法院的规定是:"认为分配决议、方案没有给予平等的村民待遇,起诉要求享受平等待遇的,不予受理。""村民起诉村民委员会或者村集体经济组织,要求确认其享有村民资格的案件,不予受理。"[2] 这些司法解释表明,在形式理性法律与基层民主决定之间、在形式正义与基于社会历史条件的实质正义之间的冲突难以协调时,即使面临政府要求法院接案的压力,法院也采取了不受理案件的权宜之策。[3]

最后,坚持设置行政处理前置。正如S省那两位法官所建议的:"人民法院作为处理纠纷案件的最后一道防线,对该类纠纷的解决既要积极,更要慎重,只有基层组织解决无效,有关乡镇和农村又不得不依靠法律手段解决时,方可通过诉讼方式解决,以杜绝以法代政的问题。"这个建议,也是许多地方法院在司法实践中的常规做法。如广东省高级人民法院就明确规定:如果农村"外嫁女"认为自身的合法权益受到村民委员会的侵害,须采取"要求镇政府干预——向市政府申请行政复议——向法院提起行政诉讼"三步走的迂回途径。[4]

从某种意义上,田振岭这类案子在法院的受理几乎成为绝响。S省L市中院的法官就告诉我们,今后不再受理此类案子。这表明,对于政府抛过来的烫

---

[1] "最高人民法院关于审理涉及农村土地承包纠纷案件适用法律问题的解释"(法释[05]第6号),http://www.chinacourt.org/flwk/show1.php?file_id=103419(2007年10月20日最后访问)。

[2] "北京市高级人民法院关于涉农纠纷受理问题的指导意见",http://www.5izy.cn/articles/h000/h01/1154101404d1714.html(2007年10月21日最后访问)。

[3] 贺欣:"为什么法院不接受外嫁女纠纷?",载苏力主编:《法律和社会科学》(第三卷),法律出版社将出。

[4] 刘海健等:"广东高院:'外嫁女'维权有新路",载《广州日报》2004年4月5日。

手山芋,法院并不肯轻易接过来,此时的运作逻辑表现出的是自成一统的科层制特点。

3. 纠纷解决型司法

一些学者提出,在中国社会,

> 法官关注的是解决具体问题,关注的是结果的正当性和形式的合理性,关心的是这一结果与当地社区的天理人情以及与正式法律权力结构体系相兼容的正当性。他/她们具有很强的实用理性的倾向,他/她们是结果导向的,而不是原则导向的;是个案导向的,而不是规则导向的;用韦伯的术语来说,是实质理性的,而不是形式理性的。他/她们运用的知识,如果从现有的正统的法律知识体系来看,是非规则的知识,是相当具体的知识。[1]

中国法律运作的这种纠纷解决型司法,的确也体现在我们对行政诉讼运作程序的调查中。

比如,张立广2004年12月代理的Y县Y镇68名村民诉镇政府违法收费集团诉讼案,就在不到一个月的时间里以案外协调方式,使镇政府认识到其行为违法,主动退费,使原告在合法权益得以维护情况下撤回起诉而结案。

按照现行《行政诉讼法》的规定,行政诉讼中除行政赔偿案件外不适用调解。该条规定的目的,主要是为了避免行政机关为与相对人妥协而损害公共利益。但在司法实践中,这条规定受到了广泛的质疑。在许多地方,法院对于经审查后发现行政行为确系明显违法的行政案件,都是与行政机关及时沟通,使其主动纠正,以获得原告的谅解而撤诉结案。这种和解协调,既监督了行政机关依法行政,又保障了相对人的合法权益,既能使案结事了,又能融洽政府与群众的关系,同时还能提高办案效率,减轻当事人的诉累,有效地实现办案的法律效果与社会效果的统一。[2] 张立广本人从1995年9月30日到1999年9月30日,共代理行政案件251件,其中,因为被告改变具体行政行为或与被告达成和解,原告撤诉的有63件,占其代理案件的25%。2000年后,张立广代理的案件实现和解撤诉的比例,还大幅增加。张立广所在的Y县法院从2004年到2007年,行政案件和解撤诉率高达93.5%。为此,L县的行政案件协调处理经验还被L市中院树立为典型,在全市法院推广。他们的主要经验是:按照"法院主导、全程协调、重点突破"的原则,积极开展和解工作,真正实现定纷止争,案结事了。所谓"法院主导",就是由主审法官主动协调,在行政机关与相对人

---

[1] 苏力:《送法下乡》,中国政法大学出版社2000年,页186。

[2] 此处所谈的和解撤诉,与本文前面所谈及的撤诉完全不同:后者往往是迫于行政机关的压力,在具体行政行为未曾改变的情况下"自愿"撤诉的;而前者则是在具体行政行为已经被改变或原告已经得到了适当的利益补偿的情况下,真正自愿撤诉的。我们把前者称为正常撤诉,而把后者称为被正常撤诉。

之间做大量的解释、说服、教育工作,并视情况提出和解方案供当事人参考,最终促成和解。所谓"全程协调",就是将协调工作贯穿于行政案件整个审理过程,无论是庭审前、庭审中还是庭审后,只要裁判文书还未送达,法官都要抓住一切有利时机进行协调工作。所谓"重点突破",就是在查明案情、分清责任的基础上,适时以不利方为突破口,晓之以理,动之以情,从而收到事半功倍的协调效果。从2004年至今,L市基层法院行政一审案件协调处理结案的比例达到52%;L市中院一审群体性行政案件33件,其中协调处理20件,占案件总数的60.6%;L市行政一审案件的上诉率,连年稳定在10%左右。同时,行政案件的信访申诉率也大幅下降。

4. 规则统治型司法

不过,在张立广代理的诸多案子中,我们同样可以看到不少具有中国特色的规则统治型司法。

如G县G镇T村马怀位诉G县公安局行政强制一案就是一个例子。马怀位因为其妻在强制计划生育手术中留下了后遗症而多次上访。2003年4月,G县信访局委托县公安局对马怀位收容了40天,还收取了他845元的收容费。2004年4月,马怀位起诉G县公安局,结果县法院以收容行为不是县公安局的行为而驳回了原告的起诉。中院在第一次二审中因为一审法院未对证据进行庭审质证而将案件发回重审。在G县法院重审仍驳回起诉后,中院则维持了原判。而马怀位准备再以G县信访局为被告时,县法院和市中院却都以信访局属于行政诉讼所不可诉的党委机关[1]为由,不予立案。

我们把这个案子与前文所述的焦丙奎案作一简单对比,会发现这两案有意思的地方在于都涉及党委、政府与法院三方的关系:焦丙奎案是乡政府请乡党委出面进行政府职责范围内的农业征收;而马怀位案是县信访局委托县公安局执行信访收容;两者争执的焦点都是这种党委与政府之间的委托(请求)—执行行为(但两案的委托方与执行方正好相反)究竟是否是行政行为。

而我们透过法律争执的焦点所要提出的问题是:为什么同样涉及党委行为与政府行为的模糊地带,在焦丙奎案中,两级法院还会有争议;而在马怀位案,两级法院却非常一致地驳回了起诉? 既然法院明知道它关闭诉讼之门不会使马怀位的问题得到解决,为什么法院此时不再关心定纷止争了?

实际上,服从党委、政府工作的大局与定纷止争、安定团结,是法院同时要面对的任务。但如果有时候两者无法兼顾时,法院首先还是要选择前者。在信访治理中,信访收容是一根敏感的神经,因为这涉及信访机构到底有没有权力

---

[1] 从中央到县级,各级信访部门都既是党委机构,又是政府机构,不过,信访部门的编制一般是列在党委序列中。

限制人身自由的问题。[1] 这也是马怀位案比焦丙奎案还敏感的原因所在。近些年来，各级党委、政府治理信访的压力非常大，常常不得不采用信访收容和信访劳教这样的严厉措施以换取暂时的安宁。法院在这种情况下即使清楚这种措施的滥用会在未来埋下安定的隐患，却也不可能不给予配合和支持。所以，我们可以看到非常具有中国特色的一种规则统治型司法：把须与党委政府协作的政治问题化为法律技术问题，坚持从法律本身的受案范围、被告资格等规定来拒绝保护原告的权利。这一点，正如我们在前述立案政治学的技术表达那里所看到的那样。

如果说上面通过张立广代理的各类案子给中国行政审判程序勾勒了四种形象的话，那么，我们很难断言哪一种形象是更真实、更典型的形象。也许我们可以把中国行政审判程序称之为"混合型司法"。正是在这种司法中，行政干预与审判自主不仅是并存的，而且是相互渗透的：行政力量通过法院的自我审查及政治的法律化技术来产生作用。我们从中可以看到作为一个活生生的行动者的法院形象。

(三) 诉讼收费的低与高

1. 诉讼收费的低廉

相较民事诉讼而言，行政诉讼无论是案件代理费，还是受理费，收费非常低廉是一个显著的特点。在专业律师看来，代理行政诉讼，利小而事难，因此，许多人都不愿代理行政诉讼。这也就为赤脚律师的出现营造了空间。赤脚律师与"黑律师"同样没有专业律师的职业资格，但两者的一个重要区别在于，前者以公民代理身份出现在法庭上时并不企图谋求经济利益，而是凭着对法律的兴趣、热情和对农民的感情行事的。张立广的免费代理是他赢得周边农民拥护的关键所在。

从行政诉讼受理费来看，不仅一直偏低，而且2007年后还进一步降低，这的确有助于缓解老百姓打不起官司的困境。2007年4月前，行政诉讼收费执行的是1989年6月最高人民法院颁布的《人民法院诉讼收费办法》：治安行政案件，每件交纳五元至三十元；专利行政案件，每件交纳五十元至四百元；其他

---

[1] 2005年新修订的《信访条例》把对不听劝阻的信访者可以"予以收容、遣送"的规定修改为"由公安机关依法采取必要的现场处置措施、给予治安管理处罚"，"构成犯罪的，依法追究刑事责任"("国务院信访条例", http://www.gjxfj.gov.cn/2005-01/18/content_3583093.htm)。新的《信访条例》中没有提及劳动教养。但各地政府在实践中，一直在大量运用这种介于治安处罚与刑罚之间的严厉惩罚措施，有的地方甚至作了明文规定，如安徽省就规定信访人违反有关信访规定"屡教不改，尚不够刑事处罚，且符合劳动教养条件的，予以劳动教养"(安徽省高法、高检与省公安厅："关于处理信访活动中违法行为适用法律的意见", http://www.xnxf.gov.cn/news_view.asp?newsid=41[2007年10月22日最后访问])。无论是信访收容，还是信访劳教，信访机构限制人身自由的权力都饱受非议。

行政案件,每件交纳三十元至一百元,有争议金额的,按财产案件收费标准交纳。2007年4月后,行政诉讼收费执行的是国务院颁布的《诉讼费用交纳办法》:商标、专利、海事行政案件每件交纳100元;其他行政案件每件仅交纳50元。[1]

2. 在诉讼收费低廉的背后

不过,在诉讼收费低廉的背后,也还有一些别样的故事。

(1)预交。法院收费办法要求原告在收到法院通知的七日内预交诉讼费,否则就按自动撤诉处理。我们在张立广的一个案件统计表中看到了这样的统计:自1995年9月到1999年9月,他共代理行政案件251件,起诉后原告不交诉讼费按自动撤诉处理的高达94件,占了他同期代理案件总数的37.45%。这说明,原告因未预交诉讼费而被法院拒之门外,这已经成了一种不正常的现象,其问题在于:

其一,"撤诉"反映当事人处分诉权的意思,当事人起诉而又没有交纳讼费,有时面临的是不可克服的经济困难,而未必有"撤诉"的意思,法院将无力交纳讼费视为"撤诉",是代替当事人在处分他们的诉权。[2]

其二,即使当事人付得起诉费,但事前支付相比事后支付总是不受欢迎的,即使事前支付小于事后支付。寻求救济者往往认为自己受到了侵害,而在自己最需要帮助的时候,法院最先做的却是收费。[3] 诉讼不是免费午餐,适当的诉讼费对遏制滥诉有一定作用;但预交这种方式对民众尤其是生活在最底层的贫困农民来说,未必是心理上愿接受的。

(2)拆案。前面已经谈到过,法院应用拆案技术的一个目的就是为了增加诉费。而且,我在张立广的案卷档案中发现,有多起集团诉讼是按照诉讼代表人制度来单独立案、审理和判决的,但在计算案件受理费时,却是按照每一名原告收取100元的标准来执行。这显然是对最高人民法院规定的按"件"收费的创造性发挥。比如,2000年2月,G县S乡Z村80户村民联合诉乡政府行政集资、征收一案,虽然是作为一个案子来立案、审理的,但在案件受理费部分,却是这样判决的:"一审案件受理费每案50元,80案共计4000元,另加诉讼活动费支出500元(包括录像费200元,诉讼费100元,活动费230元,执行费50元,交通费20元),总计4500元。"所幸该案是判原告胜诉,4500元由乡政府缴纳。

(3)复核。无论是1989年的诉费交纳旧办法,还是2007年的新办法,都有一个规定:当事人不得就讼费单独上诉。这个规定是基于诉费是案件裁判的

---

[1]《人民法院诉讼收费办法》,http://www.dffy.com/faguixiazai/ssf/200311/20031109141030.htm[2007年10月17日最后访问];《诉讼费用交纳办法》,http://www.lawyerlh.com/app/news/view.jsp?Information_Id=I00000261[2007年10月17日最后访问]。

[2] 方流芳:"民事诉讼收费考",载《中国社会科学》1999年第3期。

[3] 徐昕:《论私力救济》,中国政法大学出版社2005年,页151。

结果,而无独立性质;同时它也有限制滥诉之意。新老两个交费办法都规定可以向法院院长复核诉讼费用。复核可以纠正明显计算错误,但收费的灰色部分却难得纠正。张立广曾经通过复核校正过一个荒唐的判决。张会兴1996年诉Y县S乡政府行政侵权伤害一案,由于原告未预交案件受理费,法院按自动撤诉处理,而由县法院判定的案件受理费居然高达1200元,并由原告负担。张立广通过复核解决了这个问题。但是张立广告诉我们,法院对案件受理费判决中的"其他费用"有时藏有"猫腻",但通过法院自己的复核很难纠正。而且,张立广因为常年代理官司,需要与法院搞好关系,所以,他后来也不敢再惦记告法院乱收费的事了。

(4) 落空。原告不愿预交诉费,除了前面两个理由外,其实还有一个原因:这就是现实中经常发现原告胜诉了却无法讨回诉费的情况。之所以发生这种情况,是因为原告胜诉后,法院通常的做法不是退还原告预交的讼费,而是由被告根据生效判决向原告支付。如果被告拒绝支付,原告须再预先交纳一笔执行费,申请强制执行,然后从被执行财产中扣除。但是,如果败诉方没有可强制执行的财产,或者法院没有强制执行判决的能力,或者法院根本没有认真执行它自己的判决,当事人预交的讼费就与判决裁定的其他司法救济一起落空了。[1]

张立广给我们讲述了他经历的两个案例。Y县Y乡S村农民牛兰英被乡政府胡乱罚款1500元。经L中院判决退回罚款1500元,赔偿经济损失137元。牛兰英1997年9月3日收到判决书,这时她已预交一、二审审理费170元(此案按照财产案件来计算审理费,因此高出一般的行政案件100元的审理费高限),等到10月份未见被告履行,她就申请法院强制执行,又交了50元执行费、50元活动费。可十年过去了,至今也未执行完毕。张立广每次去法院问,得到的回答是:"乡里无钱,他不给,我也无法。他要是农民,我敢拘留他,但不能拘留乡长,只有慢慢地等吧。"2002年Y县A镇F村农民张贵印为了44元的占地费状告镇政府,他诉讼费交了300元(100元审理费用加200元其他费用),镇政府败诉后不执行,他又交了80元强制执行费,但至今未执行,他不仅未讨回那44元,向法院交纳的380元也打水漂了。

(四) 执行中的难与易[2]

1. 执行难还是不执行?

许多学者对执行问题的分析,都是放在对执行过程中种种问题的分析[3],

---

[1] 方流芳:"民事诉讼收费考",载《中国社会科学》1999年第3期。

[2] 本小节的论述内容从简,相关案例与问题的详细分析,均可见汪庆华:"中国行政诉讼:多中心主义的司法",载《中外法学》2007年第5期。

[3] 关于"行政案件执行难",参见马怀德、解志勇:"行政诉讼案件执行难的现状及对策",载《法商研究》1999年第6期;杨小君:"行政诉讼强制执行措施再思考",载《行政法学研究》2003年第3期。

而没有触及张立广在我们调查中所提出的一个尖锐问题:行政案件的执行问题,很多时候并不是卡在执行的过程中,而是法院根本就不去执行。行政案件不执行的问题主要在于利小而事难。事难是许多学者已经分析过的行政执行过程中的制度问题、地方保护主义问题、人情与关系问题等[1],只不过,法院根本还没等到实际碰到这些问题就已畏于执行了。而利小,是指行政案件的执行标的往往很小,尽管申请强制执行须向法院交纳执行费,但无论是执行标的还是执行费,都构不成法院积极执行的动力。涉及农村的行政案件,其标的大多在几百元甚至几十元左右。比如,张立广2000年代理了Y县F镇农民诉镇政府非法收取宅基超占费44元钱的案件,法院判决原告胜诉。但F镇拒不执行,而法院也不理睬。直到2003年此案引起了媒体的几度关注,镇政府才将这44元还给了农民。

2. 执行之易:特殊的对象

在行政案件中,执行也有非常容易的一面,这就是当原告败诉的时候。张立广给我们提供了一个非常典型的案例。L市Y县Z镇L村的农民程心稳同时经历过执行申请人和执行被申请人:他败诉的那起案子,被迅速地执行,本金、利息、迟纳金,一分不少;而他胜诉的那起案子,至今已近十年,却分毫未曾执行。这起案件非常典型地反映了法院有时在执行工作上的双重标准:执行行政相对人时的积极、认真、效率与执行政府时的消极、敷衍、拖延。

3. 执行之易:特殊的类型

此外,还有一种特殊的执行类型,不仅较为容易,而且也是各地法院行政庭比较热衷的——这就是非诉执行。这是因为非诉执行是法院行政庭创收的重要渠道,所以一直增长迅猛。从1992年到2004年,全国行政非诉执行案件是第二大类的执行案件,在执行案件中平均所占比例为12.9%,仅次于民事执行案件;而全国的行政执行案件在1992年到1997年间所占比例仅有2%的水平,而1998年以后所占比例甚至进一步下降,平均不到1.5%。[2]可以说,非诉执行成了不少地方法院行政庭的重头工作。

行政诉讼的主要目的在于控制行政权力,防止行政自由裁量权的滥用和各种越权行为的发生。但是,当应行政机关的申请对行政相对人进行强制执行的非诉行政案件成为法院行政庭的重头工作后,法院的这种功能错位,会使当事

---

[1] 不过,在分析行政案件执行过程中的种种困难时,似乎还有一个问题少有人注意:这就是法治精神与村民自治的冲突。我们在田振岭一案中可以看到:法院尽管按照村民平等的精神判决M村村委会分给田振岭责任田和宅基地,但M村的村民大会却否决了法院的判决,致使此案无法执行下去。关于村庄土地纠纷中民主与法治的冲突,参见贺欣:"为什么法院不接受外嫁女纠纷?",载苏力主编:《法律和社会科学》(第三卷),法律出版社将出。

[2] 朱景文编:"执行工作",载《中国法律发展报告:数据库和指标体系》,中国人民大学出版社2007年,第4章第3节第9小节,页244—245。

人对于行政诉讼乃至对于整个司法制度的信任都受到严重影响。

### 三、结论

中国行政审判的独立性远非一个新的话题。但以往多数研究都认为法院审判是不独立的,这种不独立是行政干预的结果。但本文的分析表明,只从法律与行政的关系来研究行政诉讼程序的运作,是非常有局限的。如果说"法律发展的重心不在立法、法学,也不在司法裁决,而在社会本身"[1],那么,行政力量只是我们所要考察的法律运作的社会环境的一个部分,我们必须把法律放到整个社会环境中,才会获得更恰切的理解。

本文考察了影响行政诉讼程序运作的三个主要的社会构成要素:党政力量、群众力量以及法院自身作为一个利益共同体。党政力量的影响在于使法院始终与党和政府保持高度的一致,密切配合党政中心工作。我们在立案政治学、撤案政治学与协作型司法的运作中都可以见到这种力量。群众力量的影响在于老百姓希望法院不仅能使他们状告有门,而且真正能为民做主,解决他们的实质问题,从而使其可以案结事了。我们在纠纷解决型司法的运作中可以见到这种力量。法院自身力量的影响在于使法院可以通过审判增加其利益,或至少不使其现有利益受到损害。我们在拆案技术、诉讼收费与行政非诉执行中都可见到这种力量。这三种社会要素与法律的共同作用,使法院既是一个通过形式理性来实现正义的中立机构,同时也是国家科层体系的一个有机组成部分,促进社会安定、实现实质正义的一个有力工具,不断自我强化的一个利益团体。

正是法院这种复杂的形象使我们看到:立案难与"广收案"的并存;审理中的自主与干预交织;诉讼收费的既低又高;案件执行的且易且难。中国行政诉讼程序运作的特殊性就在于,它既不完全是以形式理性主导的科层型司法与规则统治型司法,也不完全是以实质理性主导的协作型司法与纠纷解决型司法,所以,我们称之为"混合型司法"。在这种混合型司法中,行政干预与审判自主之间呈现出一种非常奇异的关系:

一方面,行政干预的因素的确存在,只不过,在很多时候,行政力量并不直接出面,而是通过法院的自我审查及政治的法律化技术来产生作用的;另一方面,法院实际上存在着有限的独立,但这种独立性并不表现在可以完全按照法律本身来行事,而是表现在法院必须平衡党政力量、群众力量、法院利益与法律本身,特别是在这几种力量产生直接冲突时作出自己的选择。[2]

---

[1] 埃利希:《法律社会学基本原理》,叶名怡、袁震译,九州出版社2007年,页3。

[2] 当然,这种选择在具体的情景中到底会如何作出,这还具有相当的不确定性。有学者称其为"选择性司法的不确定性"。参见汪庆华:"中国行政诉讼:多中心主义的司法",载《中外法学》2007年第5期。

因此,让人深思的是,法院的有限独立与行政干预所构成的,并非是一种对立关系,而是一种"合谋"关系。尽管安抚民众、维持稳定也是这种"合谋"的主题之一,但法院与行政联手的"合谋"常常还是横生枝节,带来了行政审判中立案难、审理难、执行难等诸多问题。所以说,行政审判的困境不仅在于司法的行政化,也不仅仅在于法院的利益化,而且在于司法行政化与法院利益化的相互加强。

我们再回过来看"赤脚律师"出现的背景。我曾分析过专业律师在行政诉讼代理服务中存在着"四不"问题:数量不够;对抗不敢;价格不廉;关系不亲。[1] 尤其是"不敢"和"不廉"的问题,在法院和行政的"合谋"背景下显得更为突出。只有张立广这样一无所有、一无所求、一心一意的"赤脚律师",才有勇气去面对行政诉讼程序运作中种种法律内外的门槛。

但我们同时要注意到,由于行政诉讼体制在法律边缘处运作的基本特点,"赤脚律师"所能够发挥的余地是相当有限的。张立广这位全国"第一土律师"在经历十年的代理实践后,实际上已经由于对法治的某种失望而放弃接手新案了。如果正规律师不愿代理行政案子,而"赤脚律师"在千折百难中丧失对法律的信心,只可能是两种后果:要么是把行政相对人逼到找"黑律师"的地步;要么更可能的是,彻底放弃走法律救济的道路。如果我们不认真面对张立广在行政诉讼代理中的种种困惑,如果我们不为"赤脚律师"留出足够的空间,法治在乡村中国的实现还将是遥遥无期的。

(初审编辑:尤陈俊)

---

[1] 应星:"'迎法入乡'与'接近正义'——对中国乡村'赤脚律师'的个案研究",载《政法论坛》2007年第1期,页86。

# 客户影响与职业主义的相对性：
## 中国精英商务律师的工作

刘思达[*]

# Client Influence and the Contingency of Professionalism: The Work of Elite Corporate Lawyers in China

*Liu Si-da*

**内容摘要**：本文是一项关于精英商务律师的职业工作如何被来自不同类型客户的影响所建构的研究。文中所运用的数据，包括对中国六个精英商务律师事务所的 24 名律师的访谈和作者在其中一个事务所进行的参与观察。对于这

---

[*] 芝加哥大学社会学系博士候选人，美国律师基金会博士研究员，电子邮箱：sidaliu@uchicago.edu。本文的英文版原载 *Law & Society Review* 40(4)：751—782. ⓒ [2006] Law and Society Association. 文章献给 Andrew Abbott，为了 2003—2004 年间的所有那些关于职业研究的激起思想火花的讨论。我要感谢陈若英、Robert Dingwall、Terence C. Halliday、Ryon Lancaster、Joanne Martin、Ethan Michelson、Robert L. Nelson、Susan P. Shapiro、张小萌和赵鼎新对文稿的修改意见。*Law & Society Review* 的主编 Herbert M. Kritzer 以及四位匿名审稿人在文章修改过程中提供了很有价值的意见，极大地提升了本文的质量。在北京的田野调查得到了我在北京大学法学院的同学们以及我于 2002 年和 2004 年访谈或与之共事过的律师们的巨大支持，但我不能透露他们的身份。我的田野调查得到了纽约州立大学奥尔巴尼分校（SUNY-Albany）的中国城市研究中心（Urban China Research Network）的资助。当然，文中的一切错误和问题都由我本人承担。

些中国精英商务律师事务所而言,外企、国企和民企构成了他们极度多样化的客户类型。相应的,律师的工作变得具有灵活性和适应性,以满足客户的不同要求。同时,客户对于律师职业工作的影响也取决于商务律师事务所里的劳动分工:合伙人对于诊断、推理和治疗的过程具有牢固的控制,因此他们享受着高度的职业自主性,而非合伙律师在其工作场所内基本上被剥夺了这一文化系统,因此,他们的工作就很容易受到客户的影响。于是,客户对于职业工作的影响显现出随着律师的资历加深而逐渐下降的趋势。

**关键词**:律师　职业主义　客户　商务法律实践

商务法律实践(corporate law practice)正在全世界范围内占据法律服务市场中越来越大的份额,而我们还未能全面理解其内在性质和发展历程。即使在法律职业尚处于形成阶段的中国[1],一小部分精英商务律师也已经出现,并且掌控着法律业务中利润最高也最具声望的部分。虽然他们与其他地方的精英商务律师[2]具有许多共同特征,但他们所服务的不同客户类型,也就是外企、国企和民企,构成了这些中国的新法律精英工作中极度多样化的外部环境。

这些中国精英商务律师,大多数在英、美、德、日等国受过法律训练,许多人还在世界知名的事务所工作过,但他们在面对这三种类型的客户时,却显示出截然不同的行为方式。此外,合伙人(partners)与非合伙律师(associates)对于其工作中的客户影响,也有着不同的观点:非合伙律师经常将客户影响描绘成一种塑造他们工作的强大而具有弥散性的力量,而合伙人在他们的态度和行为方面,却都似乎不太在意客户类型的变化。这些现象便引出了本文的核心经验问题——为什么这些地位很高的商务律师在面对不同类型的客户时逐渐形成了不同的工作策略?为什么客户对律师职业工作的影响似乎随着律师的资历加深而减弱?而在理论上,我们又如何在这些多样化的律师—客户关系形态与职业自主性问题之间建立联系?

通过对北京的六个精英商务律师事务所中的律师—客户互动过程(lawyer-client interactions)的细致考察,我认为,嵌在一个多元文化的工作环境里,中国的商务律师采取了不同的方式来服务于不同的客户利益,并相应地生产出多样的法律产品,然而,他们将客户的问题转化为法律问题、在问题和解决方案之间

---

[1] Ethan Michelson, *Unhooking from the State: Chinese Lawyers in Transition*, Ph.D. diss. Department of Sociology, University of Chicago, 2003.

[2] Marc Galanter and Thomas Palay, *Tournament of Lawyers: The Transformation of the Big Law Firm*, Chicago: University of Chicago Press, 1991; Robert L. Nelson, *Partners with Power: The Social Transformation of the Large Law Firm*, Berkeley: University of California Press, 1988; Emmanuel Lazega, *The Collegial Phenomenon: The Social Mechanisms of Cooperation among Peers in a Corporate Law Partnership*, New York and Oxford: Oxford University Press, 2001.

建立联系,以及为客户制作出法律意见的文化系统,并不随着不同的客户类型而改变。同时,客户对于律师职业工作的影响,也取决于商务律师事务所里的劳动分工:合伙人对于诊断、推理和治疗的过程[1]具有牢固的控制,因此他们享受着高度的职业自主性,而非合伙律师在其工作场所内基本上被剥夺了这一文化系统,他们的工作因此就很容易受到客户的影响。

在关于律师职业工作内在性质的理论探讨以及一些关于数据与方法的注解之后,本文的经验部分将分为三个小节。首先,我将对中国的商务法律市场自20世纪80年代以来的历史沿革,以及精英商务律师的工作所处的客户环境,做一个简要概述。其次,我将考察客户在商务法律项目的不同方面影响律师职业工作的各种方式。再次,我将讨论商务律师事务所内的劳动分工及其对律师相对于客户影响的职业自主性所造成的后果。结论部分将概括本文的主要发现,并指出其理论与实践意义。

一、客户影响与职业自主性

精英商务律师是法律职业的历史变迁与集体行为中至关重要的行为主体[2],虽然在近几十年里,法律职业研究正在蓬勃发展,但这类律师在其工作场所的活动,还几乎是一个未经涉足的领域。在斯米格尔(Smigel)关于华尔街律师的经典研究[3]之后,关于律师业社会结构的研究已经兴起[4],而关于律师职业工作的研究相比之下就少了许多。这些数量有限的研究,集中于律师业的个人半球(personal sector),包括离婚律师、人身伤害律师、刑事辩护律师、个

---

[1] Andrew Abbott, *The System of Professions: An Essay on the Division of Expert Labor*, Chicago: University of Chicago Press, 1988.

[2] Jerold S. Auerbach, *Unequal Justice: Lawyers and Social Change in Modern America*, New York: Oxford University Press, 1976; Jeffrey S. Slovak, "Working for Corporate Actors: Social Change and Elite Attorneys in Chicago," 4 *American Bar Foundation Research Journal* 465—500 (1979); Ronen Shamir, *Managing Legal Uncertainty: Elite Lawyers in the New Deal*, Durham, NC: Duke University Press, 1995. Terence C. Halliday, "Politics and Civic Professionalism: Legal Elites and Cause Lawyers," 24 *Law & Social Inquiry* 1013—1060 (1999).

[3] Erwin O. Smigel, *The Wall Street Lawyer: Professional Organization Man?* Bloomington, IN: Indiana University Press, 1969.

[4] John P. Heinz and Edward O. Laumann, *Chicago Lawyers: The Social Structure of the Bar*, New York: Russell Sage Foundation, 1982; Richard L. Abel, *The Legal Profession in England and Wales*, Oxford and New York: Blackwell, 1988; Richard L. Abel, *American Lawyers*, New York and Oxford: Oxford University Press, 1989; Marc Galanter and Thomas Palay, *Tournament of Lawyers: The Transformation of the Big Law Firm*, Chicago: University of Chicago Press, 1991; John Hagan and Fiona Kay, *Gender in Practice, A Study of Lawyers' Lives*, New York: Oxford University Press, 1995; John P. Heinz, Robert L. Nelson, Rebecca L. Sandefur, and Edward O. Laumann, *Urban Lawyers: The New Social Structure of the Bar*, Chicago: University of Chicago Press, 2005.

人执业者与小型律师事务所以及日常诉讼中的律师。[1] 绝大多数关于商务律师事务所的现存研究,仍然将社会结构作为其首要关注点。[2]

然而,理解商务律师的职业工作是法律职业研究中一个至关重要的组成部分,尤其是考虑到律师业的企业半球(corporate sector)近几十年里在世界范围内的迅速增长。[3] 因此,为商务法律工作提供一个良好的理论解释,就既是

---

[1] 关于离婚律师的研究,参见 Austin Sarat and William L. F. Felstiner, *Divorce Lawyers and Their Clients: Power and Meaning in the Legal Process*, New York: Oxford University Press, 1995; John Eekelaar, Mavis Maclean, and Sarah Beinart, *Family Lawyers: The Divorce Work of Solicitors*, Oxford: Hart Publishing, 2000; Lynn Mather, Craig A. McEwen, & Richard J. Maiman, *Divorce Lawyers at Work: Varieties of Professionalism in Practice*, Oxford and New York: Oxford University Press, 2001. 关于人身伤害律师的研究,参见 Douglas, E. Rosenthal, *Lawyer and Client: Who's in Charge?*, New York: Russell Sage Foundation, 1974; Stephen Daniels and Joanne Martin, "It Was the Best of Times, It Was the Worst of Times: The Precarious Nature of Plaintiffs' Practice in Texas," 80 *Texas Law Review* 1781—1828 (2002); Stephen Daniels and Joanne Martin, "The Strange Success of Tort Reform," 53 *Emory Law Journal* 1225—1262 (2004); Herbert M. Kritzer, *Risks, Reputations, and Rewards: Contingency Fee Legal Practice in the United States*, Stanford, CA: Stanford University Press, 2004; Sara Parikh and Bryant Garth, "Philip Corboy and the Construction of the Plaintiffs' Personal Injury Bar," 30 *Law and Social Inquiry* 269—304 (2005). 关于刑事辩护律师的研究,参见 Kenneth Mann, *Defending White-Collar Crime: A Portrait of Attorneys at Work*, New Haven, CT: Yale University Press, 1985; 关于个人执业者与小型律师事务所的研究,参见 Jerome E. Carlin, *Lawyers on Their Own: A Study of Individual Practitioners in Chicago*, New Brunswick, NJ: Rutgers University Press, 1962; Carroll Seron, *The Business of Practicing Law: The Work Lives of Solo and Small-Firm Attorneys*, Philadelphia: Temple University Press, 1996; Jerry van Hoy, "The Practice Dynamics of Solo and Small Firm Lawyers," 31 *Law & Society Review* 377—387 (1997). 关于日常诉讼中的律师的研究,参见 Herbert M. Kritzer, *The Justice Broker: Lawyers and Ordinary Litigation*, New York and Oxford: Oxford University Press, 1990.

[2] Marc Galanter, "Mega-Law and Mega-Lawyering in the Contemporary United States," in R. Dingwall & P. Lewis (eds.), *The Sociology of the Professions: Lawyers, Doctors, and Others*, London: MacMillan, 1983, pp.152—176; Robert L. Nelson, *Partners with Power: The Social Transformation of the Large Law Firm*, Berkeley: University of California Press, 1988; Elizabeth H. Gorman, "Moving Away from 'Up or Out': Determinants of Permanent Employment in Law Firms," 33 *Law & Society Review* 637—666 (1999); Emmanuel Lazega, *The Collegial Phenomenon: The Social Mechanisms of Cooperation among Peers in a Corporate Law Partnership*, New York and Oxford: Oxford University Press, 2001; Brian Uzzi and Ryon Lancaster, "Embeddedness and Price Formation in the Corporate Law Market," 69 *American Sociological Review* 319—344 (2004). 但可参见 Eve Spangler, *Lawyers for Hire: Salaries Professionals at Work*, New Haven, CT: Yale University Press, 1986; John Flood, "Doing Business: The Management of Uncertainty in Lawyers' Work," 25 *Law & Society Review* 41—72 (1991).

[3] John P. Heinz, Robert L. Nelson, Edward O. Laumann, and Ethan Michelson, "The Changing Character of Lawyers' Work: Chicago in 1975 and 1995," 32 *Law & Society Review* 751—775 (1998); Gerard Hanlon, *Lawyers, the State, and the Market: Professionalism Revisited*, London: MacMillan Business, 1999; Lucien Karpik, *French Lawyers: A Study in Collective Action*, 1274 to 1994, N. Scott trans., Oxford: Clarendon Press, 1999; Yves Dezalay and Bryant G. Garth, *The Internationalization of Palace Wars: Lawyers, Economists, and the Contest to Transform Latin American States*, Chicago: University of Chicago Press, 2002; Yves Dezalay and David Sugarman, *Professional Competition and Professional Power: Lawyers, Accountants and the Social Construction of Markets*, London: Routledge, 1995.

必要,又是十分迫切。这样一项任务,首先要求对关于职业的现有理论进行一个批判性的综述,特别是关于职业自主性及其与外部客户影响之间的关系。

从帕森斯(Parsons)和休斯(Hughes)开始,职业理论就沿着社会结构与工作这两个维度分化,而并没有太多将它们相互联系起来的努力。[1] 与结构性理论对于职业化次序[2]或者收入与行业地位的垄断[3]的强调相对,关于职业工作的研究,集中关注的是职业人士控制其工作的方式,以及在每个职业具有管辖权(jurisdiction)的工作系统内的劳动分工。[4] 第一个关于职业自主性的理论是由弗莱德森(Freidson)提出的。[5] 他主张,职业自主性是对于工作的合法性控制状态。根据弗莱德森的理论,职业主义"可以说是存在的,当一个组织化的行业获得了权力来决定谁有资格从事一系列特定的工作,防止其他任何人从事那种工作,并且控制评价工作成果的要素"。[6]

弗莱德森的主张体现了一种关于职业主义的内部性观点;也就是说,无论是客户影响还是国家干预,与职业自主性都不存在任何必然联系,只要职业具有唯一的合法性权力来监督和评价其工作。这一观点受到了约翰逊(Johnson)关于职业权力的分类法[7]的强烈挑战,即学院式控制(collegiate)、赞助式控制(patronage)与调节式控制(mediation)。特别是当客户能够控制生产—消费关

---

[1] Talcott Parsons, *The Structure of Social Action*, New York: McGraw-Hill, 1937; Talcott Parsons, "Professions", Vol. 12 of *International Encyclopedia of the Social Sciences*. New York: MacMillan, 1968, pp. 526—547; Everett C. Hughes, *On Work, Race, and the Sociological Imagination*, L. A. Coser (ed.), Chicago: University of Chicago Press, 1994; Robert, Dingwall, "Introduction." in R. Dingwall & P. Lewis (eds.), *The Sociology of the Professions: Lawyers, Doctors and Others*, London: MacMillan, 1983, pp. 1—18.

[2] Harold L. Wilensky, "The Professionalization of Everyone?", 70 *American Journal of Sociology* 137—158 (1964); Geoffrey Millerson, *The Qualifying Associations: A Study in Professionalization*, London: Routledge, 1964.

[3] Magali S. Larson, *The Rise of Professionalism: A Sociological Analysis*, Berkeley: University of California Press, 1977; Jeffrey L. Berlant, *Profession and Monopoly: A Study of Medicine in the United States and Great Britain*, Berkeley: University of California Press, 1975; Richard L. Abel, *The Legal Profession in England and Wales*, Oxford and New York: Blackwell, 1988; Richard L. Abel, *American Lawyers*, New York and Oxford: Oxford University Press, 1989.

[4] Eliot Freidson, *Profession of Medicine: A Study of the Sociology of Applied Knowledge*, New York: Dodd Mead, 1970; Andrew Abbott, *The System of Professions: An Essay on the Division of Expert Labor*, Chicago: University of Chicago Press, 1988; Everett C. Hughes, *On Work, Race, and the Sociological Imagination*, L. A. Coser (ed.), Chicago: University of Chicago Press, 1994.

[5] Eliot Freidson, *Profession of Medicine: A Study of the Sociology of Applied Knowledge*, New York: Dodd Mead, 1970.

[6] Eliot Freidson, *Professionalism: The Third Logic*, Chicago: University of Chicago Press, 2001, p. 12.

[7] Terence J. Johnson, *Professions and Power*, London: MacMillan, 1972.

系的时候,职业人士的自主性就减弱为赞助式控制。在他们关于律师业社会结构的经典研究中,海因茨和劳曼(Heinz & Laumann)直接应用了约翰逊的分类法来分析法律职业,并主张,律师业的个人半球更体现出学院式控制,因为律师经常能够在与客户的关系中获得统治地位,而商务律师则更体现出约翰逊所谓的赞助式控制,因为他们在与客户的关系中职业自主性要明显更少。[1]

关于商务律师的后期研究显示,来自强大客户的影响在商务法律实践中几乎无处不在,从晋升合伙人到事务所管理都是如此。[2] 同时,随着事务所规模的增长,共同掌权原则(collegiality)、服务理念和独立性都有减弱的趋势。[3] 然而,这些结构性分析对理解律师自主性问题的局限性,在于它们对作为至关重要的"职业主义领域"[4]之一的工作场所(workplace)的忽视。如果弗莱德森是正确的,即职业的社会结构被外部主体控制并不会使职业自主性受到影响,那么仅仅说明客户如何影响商务律师事务所的管理、规模增长或者晋升并不必然导致自主性减弱的结论。我们真正需要集中关注的是,当商务律师与他们的客户共同界定法律实践的具体意涵的时候,职业自主性是如何在工作场所中被社会地生产出来。[5]

---

[1] John P. Heinz and Edward O. Laumann, *Chicago Lawyers: The Social Structure of the Bar*, New York: Russell Sage Foundation, 1982.

[2] John Hagan and Fiona Kay, *Gender in Practice, A Study of Lawyers' Lives*, New York: Oxford University Press, 1995; Robert L. Nelson, *Partners with Power: The Social Transformation of the Large Law Firm*, Berkeley: University of California Press, 1988; Emmanuel Lazega, *The Collegial Phenomenon: The Social Mechanisms of Cooperation among Peers in a Corporate Law Partnership*, New York and Oxford: Oxford University Press, 2001.

[3] Marc Galanter and Thomas Palay, *Tournament of Lawyers: The Transformation of the Big Law Firm*, Chicago: University of Chicago Press, 1991.

[4] Robert L. Nelson and David M. Trubek, *Arenas of Professionalism: The Professional Ideologies of Lawyers in Context*, in R. L. Nelson, D. M. Trubek, and R. L. Solomon (eds.), *Lawyers' Ideals/Lawyers' Practices: Transformation in the American Legal Profession*, Ithaca, NY: Cornell University Press, 1992, pp.177—214.

[5] 关于法律职业的其他部分存在一些这样的研究。例如,对于离婚律师,萨拉和费斯蒂纳尔(Sarat & Felstiner)的研究和马泽尔(Mather)等人的研究都说明了职业工作是如何通过律师—客户互动过程以及职业共同体的学院式控制而被社会建构的,参见 Austin Sarat and William L. F. Felstiner, *Divorce Lawyers and Their Clients: Power and Meaning in the Legal Process*, New York: Oxford University Press, 1995; Lynn Mather, Craig A. McEwen, & Richard J. Maiman, *Divorce Lawyers at Work: Varieties of Professionalism in Practice*, Oxford and New York: Oxford University Press, 2001. 此外,尼尔森和尼尔森(Nelson & Nielson)的研究精细地显示了大型企业的内部法律顾问的工作是一种法律实践、商务咨询与企业家行为的混合,参见 Robert L. Nelson and Laura B. Nielsen, "Cops, Counsel, and Entrepreneurs: Constructing the Role of Inside Counsel in Large Corporations." 34 *Law & Society Review* 457—494 (2000). 莎皮洛(Shapiro)最近的研究也说明了律师在代理具有利益冲突的多个客户时所发展出的各种调和他们所面临的伦理挑战的方法,参见 Susan P. Shapiro, *Tangled Loyalties: Conflict of Interest in Legal Practice*, Ann Arbor, MI: University of Michigan Press, 2002.

我正是通过关注商务律师工作场所内的律师—客户互动过程,来研究职业自主性的问题。强大的客户影响与事务所内部高度分化的劳动分工,都使商务律师的职业自主性问题较一般的法律从业人员更为复杂和微妙。尤其是当客户是一个强大的大型企业时,它可能会对律师的诊断过程施加严格的要求,对律师提供的解决方案作出有强烈偏好的反应,或者甚至将它自身对问题和解决方案之间的逻辑联系的观点和信念强加于律师的职业推理之上。面对这样的客户影响,律师事务所会发展出一系列的适应性措施和技术来保持对其职业工作的控制。因此,律师—客户互动过程就成为一场客户影响与职业自主性之间的"战役"。

正如现有文献所显示的那样,随着律师事务所的规模越来越大、客户基础越来越向大型企业倾斜,这场战役的胜利者就更有可能是客户而不是律师。[1]在一个像中国的商务法律实践这样多元文化和多样化的客户环境中,客户对律师工作的影响就变得更为广泛。然而,这样的客户影响并不是没有限制的——律师进行其职业工作的文化系统是相对独立于客户影响的。文化系统(cultural machinery)在这里指的是诊断(diagnosis)、推理(inference)、治疗(treatment)的形式化过程(formal process)[2],职业人士通过这一过程来应用制度化知识(institutionalized knowledge)以解决客户的问题。[3] 律师越精通这一文化系统,客户就越不容易对律师的职业工作施加影响,而律师所享受的职业自主性也就越多。

在大型商务律师事务所里,合伙人与非合伙律师之间的劳动分工,进一步使律师职业自主性的本质变得复杂化。与乌基和兰卡斯特(Uzzi & Lancaster)最近关于商务律师事务所的社会嵌入性(social embeddedness)对合伙人收费比

---

[1] 例如,1995年的芝加哥律师问卷调查发现,大型律师事务所里的律师更不可能表现出高度的自主性和对其工作的控制。在1995年,87%的个人执业者和75%的在拥有二至九名律师的律师事务所工作的律师回答说自己的行为具有极大自由,但只有59%的在拥有一百名律师以上的律师事务所工作的律师如此回答。类似地,72%的个人执业者和57%的在拥有二至九名律师的律师事务所工作的律师回答说他们在工作中可以设计并执行他们自己的策略,而只有38%的在拥有一百名律师以上的律师事务所工作的律师如此回答。参见 John P. Heinz, Robert L. Nelson, Rebecca L. Sandefur, and Edward O. Laumann, *Chicago Lawyers: The Social Structure of the Bar*, New York: Russell Sage Foundation, 1982, pp.116—117.

[2] 我基本上遵从了阿伯特对于这三个概念的定义。诊断将客户的问题带入职业的知识系统,而治疗将解决方案带回给客户。当诊断和治疗之间的联系模糊的时候,推理就被使用,以在职业的知识系统内部建立这一联系。这三个要素共同构成了"职业实践的本质文化逻辑"。参见 Andrew Abbott, *The System of Professions: An Essay on the Division of Expert Labor*, Chicago: University of Chicago Press, 1988, pp.40—52.

[3] Eliot Freidson, *Professional Powers: A Study of the Institutionalization of Formal Knowledge*, Chicago: University of Chicago Press, 1986.

对非合伙律师收费的影响更大的发现[1]相对,我在中国的案例中发现,外部客户影响对非合伙律师的职业工作的效果,比对合伙人职业工作的效果更大。换句话说,客户对职业工作的影响是随着律师的资历加深而逐渐下降的。合伙人较非合伙律师在工作中享受了更多的自主性,是因为他们是商务法律项目工作的文化系统的主要控制者,而非合伙律师则被剥夺了这一文化系统,于是他们的工作在受到强大外部影响时就显得十分脆弱。

## 二、数据与方法

对于绝大多数法律社会学研究者而言,在精英商务律师事务所里的田野调查都至少可以说是很有挑战性的。由于保密性(secrecy)一直是商务法律实践的一个核心信条,很少有研究者能够获得近距离观察这些地位很高的律师如何工作的机会。[2] 客户商业秘密或者对团队工作的潜在破坏之类的借口,都经常被用来拒绝在律师事务所里的参与观察。[3] 在接触这些中国律师事务所时,我在中国一所著名法学院的教育背景和从前在北京的商务法律实践都极大地降低了潜在的困难,使我受益良多。于是,我能够对北京的商务律师进行大规模的访谈,并且在北京的一个知名商务律师事务所里进行参与观察。在这里使用的数据,来自我于 2004 年 6 月至 9 月间对北京的六个商务律师事务所的 24 名律师进行的深入访谈,以及我在其中一个律师事务所里的两次参与观察:(1) 2002 年 2 月至 4 月;(2) 2004 年 7 月至 9 月。被选取进行访谈的六个律师事务所,都是中国的精英商务律师事务所,包括当时北京最大的四个律师事务所以及另外两个规模较小却同样声望很高的律师事务所。根据尼尔森(Nelson)对商务律师事务所的描述框架[4],表 1 提供了这六个事务所的主要描述性信息。[5]

---

[1] Brian Uzzi and Ryon Lancaster, "Embeddedness and Price Formation in the Corporate Law Market," 69 *American Sociological Review* 319—344 (2004).

[2] 但可参见 John Flood, "Doing Business: The Management of Uncertainty in Lawyers' Work," 25 *Law & Society Review* 41—72 (1991)。

[3] Jennifer L. Pierce, *Gender Trials: Emotional Lives in Contemporary Law Firms*, Berkeley: University of California Press, 1995.

[4] Robert L. Nelson, *Partners with Power: The Social Transformation of the Large Law Firm*, Berkeley: University of California Press, 1988, pp.94—95.

[5] 请注意,为了分析的便利,这些律师事务所的真实名称被"事务所 X"(X = A,B,C,D,E,F)所取代,但任何一个熟悉北京律师业的人都很容易识别这六个著名的事务所的名称。

表1 北京六个商务律师事务所的主要描述性信息

| | 事务所A | 事务所B | 事务所C | 事务所D | 事务所E | 事务所F |
|---|---|---|---|---|---|---|
| 执业领域 | 综合性 | 综合性 | 综合性 | 综合性 | 专业性 | 专业性 |
| 最擅长的执业领域 | 外商投资、金融、证券 | 外商投资、金融、证券 | 房地产、诉讼仲裁 | 证券、诉讼仲裁 | 证券 | 证券 |
| 雇员总人数(估计) | 150 | 300 | 200 | 150 | 70 | 40 |
| 中国执业律师人数 | 62 | 76 | 55 | 58 | 25 | 14 |
| 合伙人人数 | 25 | 62 | 29 | 21 | 18 | 12 |
| 组织结构 | 科层化 | 科层化 | 科层化 | 传统型 | 传统型 | 传统型 |
| 工作团队结构 | 项目团队 | 项目团队 | 合伙人团队 | 合伙人团队 | 合伙人团队 | 合伙人团队 |
| 管理决策 | 科层化 | 混合型 | 混合型 | 传统型 | 传统型 | 传统型 |

注:由于大型律师事务所的人员数量永远都在变化,很难精确计算雇员的总人数(包括合伙人、非合伙律师和法律助理)——甚至是这六家事务所的管理合伙人都无法提供确切的数字。关于中国执业律师人数,这里提供的人数是根据北京市司法局公布的2004年《北京律师公告》计算出来的。事实上,这些官方数字要比六家事务所里的律师总人数少很多,因为一些律师,尤其是那些专门从事涉外业务的律师,是持有外国执照的。同时,这些事务所里的许多年轻的非合伙律师尚未取得中国律师执业证,却已经在事务所的项目中扮演了十分活跃的角色。因此,六家事务所里的实际律师人数,都要远远超过官方名单中的统计数据。合伙人人数是于2004年12月通过与被访谈人的事后交流取得的数据。

访谈选择了这六个律师事务所中的24名律师,包括8名合伙人和16名非合伙律师。[1] 与绝大多数中国律师极度"万金油"式的业务领域不同[2],这些精英商务律师的业务领域具有令人惊叹的高度专业化。在24名被访谈人中,11人回答说他们在其职业生涯中只从事一个业务领域,10人回答两个领域,3人回答三个领域,而没有人从事四个或以上的业务领域。[3] 访谈的问题被设计为半结构化的(semi-structured)和开放性的(open-ended)。由于我的教育和职业背景,绝大多数被访谈人都非常合作,即使在被问到一些关于他们工作的

---

[1] 来自事务所C的律师人数超过了平均比例(24人中有11人),因为事务所C是我进行参与观察的律师事务所。然而,对本文的目的而言,这六个律师事务所在业务类型、人员和客户类型上的高度同质性,使事务所之间的差异变化并不重要。

[2] Ethan Michelson, *Unhooking from the State: Chinese Lawyers in Transition*, Ph. D. diss. Department of Sociology, University of Chicago, 2003.

[3] 如果按主要业务领域来计算的话,这24名律师中有13人从事外商直接投资业务,12人从事证券业务,10人从事诉讼仲裁业务,5人从事房地产业务。

敏感问题时也提供了诚恳的回答。[1] 我将这些访谈定性地和定量地进行了编码,但我在数据的收集和分析中所采用的主要方法本质上还是定性的。[2] 文中所使用的大多数证明材料,都采用了回答者的直接引语的形式。

我在事务所 C 的参与观察分别是在 2002 年春天进行了六周,在 2004 年夏天进行了八周。在每个时间段里,我都作为实习人员在一位高级合伙人的业务团队里工作,这名合伙人的业务领域包括外商投资、房地产和诉讼仲裁。通过在工作场所与不同类型客户的频繁接触,以及与事务所内律师(尤其是在同一个合伙人团队里工作的律师)的许多非正式讨论,我获得了任何正式访谈都无法提供的关于这些商务律师如何工作和应对客户的良好认识。此外,我在观察过程中记录的一些案例在文中被用作访谈数据的补充。

### 三、中国的商务法律实践及其客户环境:一个概述

我所选取的六家事务所,都属于中国最早的一批合伙制律师事务所,都是在中国律师事务所由国家直接控制开始转为私有化的 1992—1993 年间成立的。[3] 然而,中国商务法律市场的发展起点,却至少可以追溯到这些本地商务律师事务所成立的十年之前。自 1979 年开始的经济改革与法律体系的恢复,很快就开始吸引外国投资,这也就将跨国律师事务所带到了中国这个规模和利润都逐渐增高的市场。在当时,中国的本地律师都还是在隶属于各级政府机关的"法律顾问处"里工作的国家雇员,他们当中很少有人具备独立处理国际交易中复杂法律项目的专业技能(IN04217)。因此,中国的绝大多数高端商务法律实践最初都是由外国律师来从事的,虽然他们并不被允许取得中华人民共和国的律师执业证或者在大陆设立分所。[4]

在 1992 年,司法部批准了 12 家境外律师事务所(其中包括 8 家香港律师事务所)在中国内地设立代表处,到了 2004 年,被允许设立代表处的律师事务所数量,已经达到了 114 家外国所和 35 家香港所。[5] 然而,直到今天,外国律

---

[1] 无须讳言,为了保密的缘故,所有被访谈人的姓名都被改变或者略去了。

[2] 本文中的访谈编码采取了"IN042XX"的形式,其中"IN"指访谈(interview),"04"指进行访谈的年份(即 2004 年),"2"是项目编号,"XX"是该项目下访谈的编号。

[3] 参见 Ethan Michelson, *Unhooking from the State: Chinese Lawyers in Transition*, Ph. D. diss. Department of Sociology, University of Chicago, 2003。事务所 A 是一个特例,它最初是于 1989 年作为北京的第一批合作制律师事务所成立的,然后于 1994 年改制为合伙制律师事务所,其他五个律师事务所都是在 1992—1993 年间作为合作制律师事务所成立的,然后于 1995 年左右改制为合伙制律师事务所。

[4] 司法部、国家外国专家局、外交部 1981 年《关于外国律师不得在我国开业的联合通知》。

[5] 司法部 1992 年《关于批准高特兄弟律师事务所等十二家外国(境外)律师事务所在国内设立办事处的通知》,司发函(1992)487 号;司法部 2004 年第 35、36 号公告。

师对中国法律的解释,名义上仍然被政府所禁止,而在跨国律师事务所工作的中国法律从业人员的律师执业证也要被收回,以限制他们的执业范围。于是,对于任何与中国法律相关的涉外法律项目,正式的法律意见必须由一个本地律师事务所来提供。事实上,中国本地从事涉外法律业务的律师事务所在20世纪90年代的兴起,正是源于对外国律师事务所执业的限制。我所访谈的不止一位资深合伙人指出,他们的业务中很大一部分曾经都来自与外国律师事务所的合作,有时甚至只是将他们的外国同行已经完成的法律文件加以修改或直接签字(IN04207,IN04222)。在某种意义上,正是在针对跨国法律执业的国家壁垒的保护下,这些中国本地的精英律师事务所才得以诞生。

随着中国市场经济的萌芽以及政府的持续保护,到了2004年,也就是我进行田野调查的时候,少数精英本地律师事务所已经发展成为中国商务法律市场上至关重要的角色。我所选取的六家律师事务所(包括其中两家规模较小也更为专业化的事务所)都声称自己是"中国领先的全方位服务的律师事务所",他们的业务领域都集中于高端商务法律工作,包括外商直接投资(FDI)、金融银行、证券、兼并收购(M&A)、房地产、商务诉讼仲裁以及知识产权。六家事务所的总部都设在北京,但也都在中国的其他主要城市(如上海、深圳)设立了分所,有的事务所甚至已经在美国和欧洲设立了分所。

当然,六家事务所之间也存在一些区别。如表1所示,事务所E和F专门从事证券业务,特别是首次公开发行股票(IPO, initial public offering)的项目以及与之相关的兼并收购工作。其他四家事务所则是综合性的商务律师事务所。事务所A、B、C采用了两级合伙体制(two-tier partnerships)和科层化的组织结构,而事务所D、E、F仍然是围绕它们的资深合伙人组织起来的。但事务所C的结构并非完全是科层化的,因为在科层化的结构之下,工作仍然是根据资深合伙人的团队来加以分工。与此相对,在事务所A和B,工作是根据项目团队(project teams)而非合伙人团队(partner teams)来组织的。[1] 在管理决策方面,事务所A的合伙人们具有一种异乎寻常的集体主义思想,而在其他五家事务所里,管理决策仍然是由有影响力的创始合伙人作出的,虽然在事务所B和事务所C里正式的管理委员会已经被组织起来用于决策。

虽然它们与外国律师事务所在大型项目(尤其是FDI和IPO等)中的合作仍然很常见,但有了越来越多拥有外国法律学位和跨国法律实践经验的律师,

---

[1] 根据乌基和兰卡斯特的定义,项目团队"一般由合伙人领导、非合伙律师组成的,其目的在于将各种人才联合起来以解决多方面的法律问题",参见Brian Uzzi and Ryon Lancaster, "Embeddedness and Price Formation in the Corporate Law Market," 69 *American Sociological Review* 319—344 (2004), p.322. 这样的团队在不同的法律项目中的组成方式并不相同,以应对解决客户问题的具体需要。与此相对,如果工作是根据合伙人团队来组织的,那么团队中的律师在不同项目中通常并不会改变,而事务所的资深合伙人之间的合作也会大为减少。

这些精英本地律师事务所在商务法律的绝大多数领域已经获得了很高的专业技能。它们的律师绝大多数都毕业于中国的著名法学院[1],其中的大多数人还在英国、美国、德国或者日本取得了法律学位。除了从国外归来的律师之外,这六家事务所里也有不少在中国的外国律师事务所代表处工作过的律师——与利润很高、执业却受到很多限制的外国律师事务所代表处相比,本地的商务律师事务所给这些律师提供了远为广阔的执业范围。与英美的大型律师事务所中的情况相似,那些在同一家事务所里工作了五至七年的非合伙律师也面临着"非上即出"(up or out)的规则。[2] 这些事务所中的非合伙律师通常被要求每年完成1500个记单小时(billable hours)的工作,而合伙人则没有标准的小时数要求。

总体而言,在其25年的发展过程中,中国的商务法律实践已经由20世纪80年代初外国事务所的垄断,转变为外国事务所与本地事务所的共存,其中后者每天都正在变得更大[3]、更强、利润也更高。并不奇怪的是,本地的商务律师事务所比它们的外国同行具有范围更广的客户基础。寻求在中国投资的外国公司、规模很大也很富有的国有企业,以及一些新设立却十分成功的民营企业,构成了这些精英本地律师事务所的三种主要客户类型。[4] 在使用法律服务时,由于他们在文化和所有制上的区别特征,这三种客户在许多方面都显得十分不同。

外国客户在它们的法律项目中,经常使用高度职业化的内部法律顾问或者

---

〔1〕 这些法学院包括北京大学、中国政法大学、吉林大学、中国人民大学和对外经贸大学等院校的法学院。

〔2〕 根据我对两位管理合伙人(来自事务所A和C)的访谈,在这些中国律师事务所里,每年招聘的所有非合伙律师中的大约10%能够最终成为事务所的合伙人(IN04217,IN04222)。

〔3〕 事务所B是中国最大的律师事务所,它的北京总部已经有了大约300名律师和工作人员,全国的总人数超过400名。相比之下,中国最大的外国律师事务所代表处的工作人员数量也只有70—80名左右,大多数的外国律师事务所代表处只有10—20名律师和工作人员。

〔4〕 "外企"包括来自西方发达国家和东亚地区(日本、韩国、新加坡、中国香港、中国台湾等)的公司,它们都是寻求在中国内地投资的大型跨国企业。这些企业当然是外商投资项目中至关重要的行为主体,同时它们也越来越多地参与房地产、诉讼仲裁等其他领域。然而,它们很少涉及证券业务,因为中国内地的主要IPO项目都是关于将本地企业转制成为在上海、香港、纽约或伦敦向公众发售的股权公司。"国企"构成了商务律师事务所的另一类主要客户。我所研究的这六家事务所的此类客户,主要是由国务院国有资产监督管理委员会(即"国资委")直接管理的国有企业,也就是中国最大、最富有也最有权力的国有企业。这些国企所参与的法律领域,几乎包括这六家律师事务所的每个执业领域,而近年来,它们尤其在IPO项目中和作为外商投资的接收者方面十分活跃。"民企"构成了商务律师事务所相对较新的一类客户。由成功的本地民营企业主所设立的这类公司很少成为外商投资的对象,但其中许多公司都在房地产、IPO、金融银行和诉讼仲裁中十分活跃。

商务经理人,而许多国企和大多数民企都并没有内部的法律部门。[1] 企业的所有部门(有时甚至还包括其下属的公司)都会直接接触律师,而并不经过内部法律顾问的中介(IN04201,IN04202,IN04204,IN04206)。[2] 高度职业化的内部法律顾问,使律师与外国客户的沟通更像是法律专业人士之间的讨论。然而,由于在北京或上海的外企办公室里工作的内部法律顾问要么是外国律师,要么是在国外受训练并工作过的中国律师,他们对于中国法的知识有时候是十分有限的。因此,为外国客户的工作经历,经常被视为一个"互相学习的过程"(IN04214)。与此相对,国企和民企的经理通常没有任何法律背景,但他们却非常了解自己的工业领域以及中国的政治社会环境。因为它们强大的政府背景,国企的经理们尤其容易影响甚至是领导律师的工作(IN04215,IN04224),而民企的代表则要更谦虚,在绝大多数情况下都会听从律师的意见(IN04211,IN04212,IN04215,IN04217,IN04221,IN04222)。

此外,许多被访谈人都指出,国企和民企有时候会带来一些非法律的事务(例如管理、商业或者财务问题),而当客户是一个给事务所带来大量律师费的强势企业时,律师在拒绝此类要求时的选择经常十分有限。这两类客户也经常倾向于默许甚至是直接鼓励律师工作中的违法行为。国企尤其倾向于使用非法手段来达到他们的目标,因为它们强大的政府背景使其违法行为的成本比外国客户或者民企的违法行为要低得多(IN04220)。与此相对,被访谈人无一例外地认为外企对于违法行为会去努力避免甚至是感到厌恶。然而,在与法院的非正式联系十分盛行也不可避免的诉讼领域,外国客户对于律师的此类行为则表现出了一种更加容忍的态度(IN04214,IN04219)。

关于客户类型变化的最后一个重要方面,是它们截然不同的付费方式。虽然这六家事务所都有相对固定的收费标准,在一个项目中使用的收费方式经常是被客户的意愿所决定的。事务所 D 的一位专门从事诉讼业务的合伙人以一种清晰而简明的方式对这个问题作了概括:

> 这三种企业关心的东西不一样,这个从他们常用的付费方式里就能看出来。外企在乎的是我们的工作质量,所以一般都是按小时收费;民企常用的是分步骤收费,案子每进行一步收一步的钱,这样比较精打细算;国企

---

[1] 曾为外国客户提供过法律服务的被访谈人中,90.0%都回答说他们的客户通常有一个法律部,对国企而言这一相应的比例是 46.2%,而对民企而言该比例只有 9.1%。即使在那些拥有法律部的国企和民企里,法律部也经常是新设立的,在公司的管理结构中的权力十分有限。

[2] 与美国企业内部法律顾问承担许多管理职能甚至是企业家职能的情况不同(参见 Robert L. Nelson and Laura B. Nielsen, "Cops, Counsel, and Entrepreneurs: Constructing the Role of Inside Counsel in Large Corporations." 34 *Law & Society Review* 457—494 (2000)),中国企业里的内部法律顾问很少有机会成为公司里的经理人。于是,国企和民企里的联系人经常是其总部办公室或者其他非法律部门的经理。而民企的老总也经常直接接触律师事务所。

一般倾向于一次性收费,但是很多时候也有风险代理的情况,案件的结果不一样我们收的也不一样。(IN04213)

虽然存在一些不同业务领域上的变化[1],但所有 24 个访谈中的普遍模式是非常清晰的:外国客户更有可能根据律师的工作小时来收费,而国内客户则喜欢按照案件或者阶段来付费。[2] 面对客户偏好的巨大不规则性和多样性,中国的商务律师们采用了灵活的收费标准来保护他们自己的经济利益。结果,其法律服务的价格,经常被根据消费者的状况而不是该服务的内在质量而确定。[3]

总之,三种客户类型关于国家以及关于转型市场经济的不同文化和政治背景,为中国的商务法律服务创造了一个异质化的外部环境。文化差异和不同的所有权类型,导致了客户行为的多样性,而中国的商务律师在其职业工作中必须面对它。

### 四、商务律师工作场所中的律师—客户互动过程

在一个高度异质化的客户环境里,职业工作就成了一个律师和客户都试图建立控制[4]的争夺空间。本节研究的是在律师—客户互动过程中职业工作的社会建构。讨论将集中于各种类型的客户影响以及它对律师工作的效果,从与客户的初次接触到法律意见的最终完成。

当客户接触一个律师事务所时,客户总是在寻找有能力实现其目标的律师——对于个人和企业客户都是如此。相应的,律师的首要任务就是使客户确信,这个事务所拥有能够解决客户问题的律师。律师在初次接触客户时,谈话的核心部分是阿伯特所谓的"诊断",也就是从客户的问题中总结出一幅图景,并且将其分类成为具有职业合法性的问题。换句话说,在律师的诊断中至关重要的职业技能,是从事实中迅速识别客户的问题,并将其转化为法律问题。精英商务律师事务所的资深合伙人们都有属于他们自己的应对客户的方式,但对

---

[1] 例如,按小时收费在外商直接投资领域里比在诉讼仲裁领域里要更为常见。

[2] 事实上,许多有经验的商务律师都指出,"按小时收费"的方式在中国商务律师事务所中的采用,恰恰是为了满足外国客户的要求。今天,所有六个事务所在计算律师的工作价格时,都采用了这种方式,但为国内客户的工作小时在许多时候仍然是难以计算的。例如,对中国企业而言,许多重要的决策都是在饭桌上或者其他非正式场合作出的,而且律师在面对不同的国内客户时,也采用了不同的收费标准。对某些熟悉的而且给事务所带来大笔收入的客户,律师有时候必须降低收费标准来满足他们。但对一些不熟悉的客户,一个执业时间只有两年的非合伙律师的收费标准则可以高达每小时 180 美元。

[3] 这种同一律师事务所内部价格的灵活性,在乌基和兰卡斯特最近关于美国商务法律服务价格的分析中基本上被忽略了,在他们的分析中,合伙人与非合伙律师的价格都在事务所层面被加以平均,参见 Brian Uzzi and Ryon Lancaster, "Embeddedness and Price Formation in the Corporate Law Market," 69 *American Sociological Review* 319—344 (2004)。

[4] Terence J. Johnson, *Professions and Power*, London: MacMillan, 1972.

法律的熟悉、在该领域的实践经验和对客户处境的理解,都是对于诊断必不可少的重要技能。事务所 E 的一位非合伙律师概括了她的合伙人,中国最著名的证券律师之一,是如何给客户留下深刻印象的:

> 我们老板和客户谈的时候特别牛,因为他对上市这块业务熟得不得了,客户说什么他都知道。我总结他和客户谈的时候主要有三条技巧:第一个就是法律条文,他能把所有相关的法律法规一字不差地背出来;第二是他对客户情况的分析,因为他类似的项目做得多,客户的目的他可以很快判断出来,然后根据他们的目的设计方案;第三就是他的经验,他可以告诉客户以前的项目里都出过什么问题,举很多例子,让客户明白每一步的风险。所以客户都对他特别信任。(IN04204)

这一描述显示了对一个问题的成功总结和分类所需要的至关重要的特性。对相关法规的知识当然是一项必不可少的技能,但诊断过程中更为核心的东西是迅速识别问题和将其转化为"一种具有超越情境的应用性的法律话语"[1]的能力。律师在一个项目的初始阶段所提供的解决方案,并非一个成熟的"处方"(prescription),而在本质上是权宜的,在某种意义上更像是社会科学研究中的假设——该解决方案的有效性,需要在项目的随后步骤里被验证。

然而,律师所提供的最佳解决方案并不总能符合客户的具体要求。事务所 D 的一位在一个专门从事 IPO 业务的合伙人团队里工作的非合伙律师,描述了给国企和民企提供解决方案时的差异:

> 和客户接触的时候,我老板首先以完全客观、对企业好的角度来考虑,把可能的方案介绍给客户听。客户听完了会表示他们的意图,然后我们再告诉他能达到他们的目的的方案,和最开始那个完全客观的方案可能会有差距。这些方案我们会让他们自己考虑,然后根据他们的决定出文件,也有的时候一份文件里会分两种情况讨论。民企一般会选择我们考虑的比较客观的最佳方案,国企就不知要偏到哪儿去了,因为他们人员分流等方面的问题很大,有时候按我们提供的方案做,他们下属的人员不干。民企就没这个问题,因为他们一般都是家族式企业,大家都是一家人,就好像你爸的公司要上市,把不良资产给你,你也不会有意见,大家都好商量,反正最后你也能得利。(IN04215)

这个引用清晰地显示了职业工作的相对性特征(contingent nature),因为"最佳

---

[1] Maureen Cain, *The General Practice Lawyer and the Client: Towards a Radical Conception*, in R. Dingwall & P. Lewis (eds.), *The Sociology of the Professions: Lawyers, Doctors, and Others*, London: MacMillan, 1983, pp. 106—130.

解决方案"经常在实践中被改变,以适应不同客户的各种要求。为了让客户意识到法律服务的价值,律师不但需要给客户提供一个当前项目的所谓最佳法律方案,而且还要提供一个能够满足客户的具体考虑因素的解决方案。然而,在绝大多数情况下,律师的意见也会在很大程度上改变客户对问题的初始理解——对许多律师来说,这正是显示其法律服务的价值以及赢得客户信任的关键。事务所C的一位非合伙律师描述了他的合伙人是如何改变客户的策略的:

> 初始交往的时候W律师一般会提出和客户的设想不同的设计,因为我们对很多类型的项目都有比较成熟的方案。有时候客户想要的方案是从A到B到C到D,W律师会告诉他从A到不了B,从B也到不了C,可是能从A到E、F再到C。关键是要明白客户的目的,然后根据这个目的进行设计。(IN04202)

在为客户制作法律文件的时候也存在类似的过程,这也就是文献中所谓的"治疗"或者"处方"。[1] 有意思的是,为外国客户和国内客户写备忘录和法律意见的过程,都被一些被访谈人描述为"给小孩喂饭"(IN04203,IN04207),因为每种客户类型在消化律师的解决方案时都有一些独特的缺陷。向外国客户解释中国法,对绝大多数商务律师而言都是一项艰难的任务,因为中国与西方国家之间的巨大文化差异使许多问题(包括法律与非法律问题)几乎无法解释。事务所F的一位非合伙律师给出了一个很好也很简单的关于为外国客户工作的困难的例子:

> 这种工作比给国内客户工作难度大很多,因为他们不理解中国的法律是什么样的。你比如说房产,我们的很多房产都是有房产使用权但没有土地使用权,也就是有房产证没土地证,这个在国内谁都理解,但是老外就绝对不会理解。他会问你,那没有土地证是什么结果?到底算不算你有?中国的法律不健全,他们不理解。(IN04210)

这个例子清晰地显示了一个外来的行为主体在理解本地法上巨大的文化与社会隔阂。当然,并非每家外企都不熟悉中国法,但几位专门从事外商投资或者其他涉外业务的被访谈人都指出,当他们为外国客户写作法律文件时,必须首先介绍中国法律体系的宏观背景,然后再展开当前项目的具体细节(如IN04203,IN04206,IN04217)。这样的背景信息,在为国内客户写作的备忘录和

---

[1] Eliot Freidson, *Profession of Medicine: A Study of the Sociology of Applied Knowledge*, New York: Dodd Mead, 1970; Andrew Abbott, *The System of Professions: An Essay on the Division of Expert Labor*, Chicago: University of Chicago Press, 1988.

法律意见中是极少出现的。正如事务所 A 的一位非合伙律师的评论:"这就像给小孩喂饭一样。"(IN04203)然而,这里的悖谬之处在于,被喂饭的"小孩"经常是高度职业化的企业内部法律顾问——他们的法律知识和职业技能,并不必然能让他们理解法律在一个不同的社会语境里是如何运作的。

因此,律师在为外国客户提供服务时的一项主要任务,就是为这些知识隔阂架起一道桥梁,以保证外国投资者与本地企业和政府之间交易的顺利进行。相应地,各种适应性技术都在这些商务律师事务所里被发展出来。在这里,我用一个自己于 2004 年在事务所 C 的参与观察过程中收集的案例,来说明律师在应对外国客户时的调节适应过程。

我工作的合伙人团队里的一位年轻的非合伙律师,正在给一个德国客户写一封关于一个外商投资项目的股权转让协议的信。这封信的目的,是要解释对协议中某些条款的修改,而这些修改是为了回应客户在审阅了由她起草的前一稿之后提出的问题。在客户提出的问题中,有一个是为什么在协议中只列出了股权的转让价格,而并没有任何关于转让具体安排的条款。在这封信的第一稿里,这位非合伙律师作了如下解释:

> 另外,关于您在《协议》中提及的股权转让的对价问题,由于《股权转让协议》需要相关机关的审批,因此我们建议在《股权转让协议》中仅列明标的股权的转让价格。(作者的田野调查记录,2004 年 9 月 14 日)

由于这位非合伙律师此前的工作主要是针对国内客户的,她对针对外国客户的写作风格并不是非常熟悉。于是在将信发给客户之前,她询问了团队中的另一位熟悉涉外业务的律师,以检查这封信的格式。在审阅了这封信之后,那位律师找到她并且建议她重写以上的段落。理由是客户将无法理解需要政府机关审批与在协议中只列出转让价格的事实之间的联系。当时这位非合伙律师显得很惊讶,因为她认为这一推理过程是显而易见的。她争辩说,她曾经用类似的方式给许多客户写过文件,而从来没有任何合伙人或者客户提出过反对意见。这时,那位律师强调了一个事实,即这封信和她以前写作的法律文件之间是有区别的,因为读者将是一位外国人。他说:

> 如果你给一个国内客户这么写,他马上就能明白你写的东西背后的意思,也就是要审批这个协议的政府机关很有可能会就股权转让的实质问题找茬,如果那些细节被写进协议里的话,审批过程中就有可能出麻烦。所以那些具体的东西应该被放在另外一个不需要政府审查的单独的文件里。可是外国人绝对不会想到这些,因为他们对怎么和政府打交道没什么经验。所以你必须把这句话背后的意思说出来,让他们明白我们的意图。你必须告诉他们在交易过程中会涉及哪些政府机关,他们对这份协议都会做

些什么,把细节写进去的危险在哪里。总而言之,你要把那些隐含的东西写进文件里,让他们觉得这个推理是有逻辑的。而且,你最好也强调一下那些他们最关心的事情,比如风险控制。(作者的田野调查记录,2004年9月14日)

客户类型在这里的确导致了差别。一个对国内客户而言十分简单易懂的问题,对外国客户而言有可能变得完全不可理解。于是,律师在给外国客户写作的时候,必须使用一种不同的推理方式。这位非合伙律师最终接受了她同事的意见并且将该段落重新写作如下:

另外,关于您在《协议》中提及的股权转让的方式问题,需要向您说明如下:由于本次股权转让可能会涉及外汇、工商及税务等相关部门的审批和管制,因此如果在《股权转让协议》中具体列明本次股权转让的方式,则可能会加大在上述审批过程中的风险,因此我们建议在《股权转让协议》中仅列明股权的转让价格而不指明具体的转让方式。(作者的田野调查记录,2004年9月14日)

值得注意的是,信中的写作风格,由一种隐含而简练的方式,变成了一种合乎逻辑而理性的方式。在随后的一次非正式讨论中,这位非合伙律师告诉我,这样一种"理性"的推理方式对国内客户而言,不仅没有必要,而且在许多时候也是不恰当的。这是因为,中国企业对于和政府相关的问题都非常敏感,尤其是那些逃避政府审查的技巧,所以对这些技巧的好处和风险的不加掩饰的推理,将是他们无法接受的。他们更喜欢在纸面上保持事情的灵活性,也给后续的操作留出空间。

很明显,这样一种灵活的推理方式是与西方法律传统不相符的,因此不少在国外接受训练的中国律师都经常指责国内客户"不重视法律推理"(如IN04207,IN04218)。同时,"注重结论"几乎是在描述国企和民企时的一致评论。[1] 例如,事务所C的一位主要为国企服务的律师指出,如果他在法律意见的结论中使用"无效"这样的词,国企的人将会反映强烈并且要求他加以修改(IN04201)。民企一般没有国企那样苛求,但他们对律师在结论中所作的任何保留也都十分敏感(IN04211)。因此,在为这些客户工作的时候,律师经常要先"烹制"客户想要的结论,然后在试图使那些结论背后的法律推理看上去清晰并合乎逻辑(IN04201,IN04212,IN04214,IN04215等)。被访谈人在描述为国内客户的法律推理时,经常使用诸如"讲故事"或者"策划"之类的修辞

---

[1] 有趣的是,仅有的两个例外都是来自主要为国企从事诉讼仲裁业务的合伙人。这两位合伙人都指出,国企并不在乎律师在诉讼中的结果,因为它们从政府那里获得了强有力的保护。

(IN04206,IN04210,IN04212)。

在这种意义上,国企和民企构成了中国商务律师的另一种"小孩"——因为它们在市场经济中的"新生者的不利之处"(liability of newness)[1],这些客户经常过于注重实质目标,并且对律师的职业服务采取一种工具性的态度。事务所 B 的一位专门从事金融银行业务的资深合伙人分析了许多国内客户意识不到律师工作价值的原因:

> 中国的国企认识法律工作的价值都是通过负面经验,就像三岁小孩似的……连三岁小孩都能吃一堑长一智,可是有的国企还不如孩子呢,吃了亏得了教训,还是接着干。因为原来整个中国的运作都不靠法律,所以对他们来说,请律师的成本和死亡哪个代价更高,他们分不清。原来银行的合同都简单的不得了,就两页,一旦出了问题政府解决。后来政府不管了,法院管,他们就必须找法院。可是这时候他们还不老实呢,想搞定法院。可法院不是那么容易就能搞定的,他们搞不定了,这才想到要找律师。民企比国企也好不了太多,因为在中国民企生存的环境太恶劣,可以说是腹背受敌。能活到今天的民企,都不是靠法律,他们各有各的招。因为民企如果不合规范,倒霉的是他们自己,国家不管。(IN04207)

相应的,当为国内客户提供法律文件时,律师的重点经常并非法律推理甚至是法律问题本身。了解客户在多大程度上能够遵从法律文件中提供的解决方案,对律师的工作才是至关重要的。国企和民企之间的一个重要区别,在于它们在与国家的关系上所处的不同位置,在写作备忘录和法律意见的时候,律师必须注意到这一区别。事务所 D 的一位专门从事证券业务的非合伙律师解释了这个问题:

> 文件的内容方面,我们一般都会事先按企业的级别有一个判断,大型国企如果有的文件可能拿到的话,一些更好的方案我们也会说,给民企的有的文件肯定拿不到的方案我们就不说了。大型国企在国资委、商务部拿许可很容易,民企虽然这种许可很难拿到,但他们在地方上拿东西特别容易……大的国企的领导和国资委、商务部都是平级,说话很方便。而且很多事情公司自己向这些部门咨询比我们咨询要好,因为我们如果咨询,他们给的意见就应当对所有同类问题都适用,而他们咨询出来的意见只对他们自己适用,这样就可以有一些妥协……而民企一般都是自己解决。但是民企希望我们的文件确定,不要让那些部门的人自己写文件,只让人盖章

---

[1] Arthur Stinchcombe, *Social Structure and Organizations*, in J. G. March (ed.), *Handbook of Organizations*, Chicago: Rand-McNally, 1965, pp.142—193.

就行了。(IN04215)

此外,法律文件的内容也会根据律师与客户之间的熟悉程度而改变,以控制风险和不确定性。[1] 律师在给熟悉的客户提供意见的时候,往往会作较少的保留。事务所C的一位非合伙律师描述了他们如何分别应对熟悉的和不熟悉的客户:

> 对越熟的人保留就越少,在赢利和风险之间要做一个平衡。高端业务或者是大标的的业务,一般对新客户会有所保留,出法律意见的时候要假定他会追究律师的责任。但是如果和客户熟了保留就少多了。举个例子,一份法律意见里我们可以做五条意见,其中A、B、C是100%正确,D是95%正确,E是80%正确。对新客户我们只会在意见里做A、B、C,如果新客户的项目标的比较大,也许会加上D,但是绝对不会做E。但是对熟悉的老客户我们就会A、B、C、D、E都做。但是D和E能不书面就不会书面,可能只是口头提一下。(IN04202)

在这里可以很清晰地看到,客户与律师事务所之间的信任,降低了事务所事后被客户追究责任的可能性,因而也就增加了他们给客户提供更具风险的法律意见的可能性。这个规则有时甚至可以应用于代表同一客户的不同个人。例如,许多被访谈人都指出了国企内部的组织结构和政治的复杂性,而商务律师的工作是无可避免地嵌在其中的。一般来说,能够从国企得到项目的合伙人,在该企业内部都有许多社会关系,所以他们会对那些来自熟悉的部门的个人说得更多,而对那些来自不熟悉的部门的个人说得更少(IN04202)。换句话说,客户的内部政治也会对律师的工作产生重要的影响。

有人可能会说,这些现象体现了中国法律职业的不成熟性,因为他们的工作似乎被客户的要求完全穿透,以至于有时看上去甚至不再像是"法律"了。然而,考虑到这些精英商务律师中绝大多数人都具有扎实的国内和国际法律训练,不成熟性的简单解释是无法令人信服的。我更愿将以上所讨论的这些区别,视为对法律工作社会建构的一种极端形态:当客户具有截然不同的文化、社会和政治背景时,律师接触特定问题、进行法律推理和制作法律文件的方式都会被律师—客户互动过程所建构,以满足客户的不同需要。

**五、分裂的职业主义:合伙人与非合伙律师的自主性**

以上的讨论已经显示了客户影响通过工作场所的互动过程塑造商务律师

---

[1] John Flood, "Doing Business: The Management of Uncertainty in Lawyers' Work," 25 *Law & Society Review* 41—72 (1991).

的职业工作的各种方式。然而商务律师事务所不仅是一个由受客户影响的个体法律执业者所组成的集合物,而且也是一个具有复杂劳动分工的巨大的商业实体。合伙人与非合伙律师在工作团队中承担着不同的位置,而这可能会影响到他们在应对客户时的策略和技巧。在这一节里,我将分析这一事务所内部的劳动分工在多大程度上影响了商务律师面对客户影响时的职业自主性。

我将从一些数字说起。在回答"你是否觉得自己在面对不同类型的客户时需要采用不同的策略?"这一问题时,10位非合伙律师中的9位回答了"是",而7位合伙人中的5位回答了"否"[1]。考虑到合伙人通常被认为是商务律师事务所中的"开拓者"(finders)或者"看管者"(minders),于是他们的工作经常要比经常被称作"研磨者"(grinders)的非合伙律师的工作更加嵌在律师—客户互动过程里[2],这个发现就尤其显得有趣了。

为了解释这个结果,我们首先需要近距离地考察一下合伙人工作的本质,以及它在商务法律实践中的位置。商务律师事务所中合伙人的一个主要任务是带来案源,将客户提出的问题中的非法律因素排除出去[3],并且将问题分解为一系列让非合伙律师来处理的职业问题。[4] 与非合伙律师那种简化的、有时甚至需要极度细心和勤奋的常规法律工作(routine legal work)相对,合伙人(尤其是资深合伙人)的工作则是一种法律知识、职业技能与智力创造的复杂结合体。这种复杂法律工作(complex legal work)"通常需要涵盖多个领域或者多方主体的有智力挑战性的、原创的研究性工作"[5],而它也通过区分其产品而为律师事务所带来了大量的收入。[6] 与此同时,复杂法律工作也经常是与客户中地位较高的人员共同进行的。事务所C的一位资深合伙人解释了商务法律工作的性质是如何在合伙人与非合伙律师之间分为两种类型的:

> 我统计了一下,我是用70%的工作来挣30%的钱,然后用剩下30%的

---

[1] 请注意有1位合伙人和6位非合伙律师对这个问题没有给出明确的答案。

[2] Robert L. Nelson, "Practice and Privilege: Social Change and the Structure of Large Law Firms," 6 *American Bar Foundation Research Journal* 97—140, 1981.

[3] Andrew Abbott, "Status and Status Strain in the Professions," 86 *American Journal of Sociology* 819—835 (1981).

[4] Emmanuel Lazega, *The Collegial Phenomenon: The Social Mechanisms of Cooperation among Peers in a Corporate Law Partnership*, New York and Oxford: Oxford University Press, 2001, pp. 187—193.

[5] Brian Uzzi and Ryon Lancaster, "Embeddedness and Price Formation in the Corporate Law Market," 69 *American Sociological Review* 319—344 (2004), p. 322.

[6] Rebecca L. Sandefur, "Work and Honor in the Law: Prestige and the Division of Lawyers' Labor," 66 *American Sociological Review* 382—403 (2001). 乌基和兰卡斯特最近的研究显示,合伙人价格要比非合伙律师的价格更容易受到事务所的社会嵌入性(social embeddedness)的影响,参见Brian Uzzi and Ryon Lancaster, "Embeddedness and Price Formation in the Corporate Law Market," 69 *American Sociological Review* 319—344 (2004).

工作挣70%的钱。为什么呢？因为这后30%的工作都是直接跟公司的老总接触的，不管是国企、外企还是民企。只要是和老总接触，钱就比和公司底下的人接触挣得多得多。但是和底下人接触也是必要的，这70%的工作我就让我带的律师去干，我主要做那30%。有的人说合伙人整天什么都不干还挣钱，我干的这其实是最重要、最有收益的工作，而且这种工作让他们干他们也干不了。（IN04216）

除了说明这两种类型的商务法律工作的不同性质之外，这个引用也提出了一个至关重要的问题：究竟是什么使合伙人的工作对商务法律实践而言变得如此深奥、不可或缺并且产生巨大利润？弗拉德（Flood）发现，合伙人的职业技能在很大程度上是通过他们与客户和事务所中其他律师的讨论而实现的，商务法律项目中的相当大一部分收费工作小时都来自于此。[1] 我在中国例子里的发现是类似的，却更加令人困惑——虽然合伙人在他们的讨论中所使用的策略经常是适应于客户的具体情况和要求的，但对许多合伙人而言，这并不是对他们自主性的限制。在对几乎每一位资深合伙人的访谈中，一种对于客户影响的无所谓态度都十分明显（IN04209，IN04216，IN04217，IN04218，IN04220，IN04222）。对这些合伙人而言，正是他们能够确定客户的意图并相应地设计解决方案这一事实，使他们区别于事务所里的其他律师。例如，当被问及他的工作是否被不同的客户类型所影响时，事务所A的一位知名的创始合伙人作了如下回答：

> 我觉得在不同客户面前律师的角色是一样的，只是工作方式不太一样。所有的客户都有它的定式，就是确定的行为方式。比如外国客户对国际惯例、所在国法律比较熟，他们关心的是在中国应当怎么做，很多事情为什么行不通。给国企做事律师就必须首先站在它的角度想问题，因为国企原来一切都是调拨，左兜里的钱拿出来再揣到右兜里，根本没法律意识。所以我们就必须告诉他们，你要做就必须按法律规定来做。对他们要有耐心，要理解国企的难处。因为每个大国企就是一个小社会，里面问题太多了，你必须想办法解决他们的问题……民企里短期发财的不少，学历普遍比较低，家族式经营很多。对他们要采取不同的工作方法。民企有的就个人和公司不分，拿公司的钱买房、买车的事都很常见……他们对这些法律关系根本分不清，这些错误观念都要给他们纠正。其实不管是哪种客户，你一旦站在他们的角度上解决问题，就都一样。（IN04217）

这个回答是引人入胜的，因为这位合伙人在描述了不同客户给律师带来的问题

---

[1] John Flood, "Doing Business: The Management of Uncertainty in Lawyers' Work," 25 *Law & Society Review* 41—72 (1991), p.48.

的巨大多样性的同时,却也坚持说律师的工作没有太大区别。换句话说,给不同类型的客户工作并非没有区别,但作为一位资深合伙人,他一点也不在乎这些区别。他给出的原因听上去虽然简单,却意味深长,即一旦律师懂得了客户的"定式",客户类型的变化对律师职业工作的影响就微不足道了。

这一曲折的回答是否意味着,虽然客户影响在商务律师工作的几乎每个方面都十分强大,但职业工作中的某些东西是相对独立于客户影响的?这位合伙人并没有给出一个清晰的答案,但我们仍然可以从其他的访谈和田野调查数据中找到一些线索。例如,上文所引用的事务所 C 的那位资深合伙人在被问及同样问题时,给出了如下回答:

> 我从来没想过外国客户跟国内客户的区别,或者国企和民企的区别。我告诉你吧,我们和客户接触其实就和看病一样,第一句要问的就是"你怎么了?"有时候连当事人自己都不知道自己怎么了,这时候我就要告诉他,你是哪儿不好,是这儿,不是那儿。先要诊断,搞明白病在哪儿,然后才能开处方。(IN04216)

请注意,这位合伙人描述其工作的方式,与理论部分中所提出的职业工作的文化系统是极为相似的。事实上,虽然并非每位合伙人都使用这样的比喻来描述他们的职业工作,但在他们设定问题、解释其中的法律要点,以及给客户提供解决方案的方式里,都很容易观察到这一职业工作的文化系统(如作者的田野调查记录,2002 年 3 月 1 日,2002 年 3 月 8 日,2002 年 3 月 28 日)。对他们而言,法律服务的终极目标永远是单一的,正如事务所 C 的一位创始合伙人所说的那样:

> 我觉得律师给不同的客户做工作没有什么本质区别,因为客户对法律服务的需求本质上都一样,都是需要最专业的、最能和他们的商业模式吻合的律师,在最适合的时间提出最好的解决方案。(IN04222)

这几位合伙人的语言,精细地显示了职业工作的相对性——虽然客户在商务法律工作的每一步都能够加入适合他们的需要和要求的元素,但律师分析法律问题的形式化系统,却并不受律师—客户互动过程中职业工作的社会建构的影响。更重要的是,律师依然维持了他们的职业自主性,只要工作还是以这一形式化的文化系统来进行的。

毋庸置疑,并非每位合伙人都具有同样的工作风格。在任何一个大型商务律师事务所里,"开拓者"与"看管者"之间都是存在劳动分工的。"开拓者"的首要任务在于带来业务,而"看管者"则通常是相关业务领域的专家,他们的工作更集中于专业问题。我于 2002 年在事务所 C 的参与观察过程中所作的一次田野调查记录,显示了"开拓者"(W 律师)与"看管者"(F 律师)在应对客户时

的区别:

> 昨天下午,我先后陪同 W 律师与 F 律师会见了 ABC 证券[1]的女总裁。F 律师是一位搞公司法的女律师……客户刚来时 F 律师外出办事还没回来,因此 W 律师和我一起接待了她。对于她提出的问题,W 律师简要做了解答,但他同时也强调,权威的答案应该由 F 律师来提供,因为她是这个领域的专家。让我印象最深的是 W 律师的态度,虽然他对公司法并不在行,但他显得非常自信、健谈并且很善于调动客户的情绪,让人感觉这样一个律师永远不会沉默,与他会谈永远不会冷场。而且,他的谈吐很有技巧,有时我说了不太合适的话,他也可以巧妙地转移……F 律师则是完全不同的风格。她听女总裁讲述完来意后,就开始静静地看材料,会谈中间经常有停顿,有时还需要我说几句话以缓和气氛。直到她完全掌握事实情况后,F 律师才会说出她的意见。但与 W 律师相比,F 律师的意见显然更为专业也更为细致。(作者的田野调查记录,2002 年 3 月 1 日)

W 律师与 F 律师应对客户时截然不同的风格,生动地显示了商务律师事务所中的"开拓者"与"看管者"所需要的不同技能。"开拓者"的一项关键任务在于用他们的职业与非职业技能来"温暖客户"[2],而"看管者"才是承担核心职业工作的人。虽然他们都是合伙人,但"开拓者"与"看管者"所强调的是职业工作的文化系统中不同的方面。[3]

与此相对,"研磨者"(即非合伙律师)的"常规法律工作"中包含的诊断和治疗元素就要少得多,因为合伙人的工作基本上已经将客户所呈现的问题的非专业部分排除出去了。相应地,他们的工作也就更注重研究,并且经常集中于法律条文的直接应用。然而,当面对客户的不同要求时,非合伙律师并没有合伙人那样的能力去定义问题并将这些要求转化为法律问题,或者相反。于是,客户经常可以在与非合伙律师(尤其是年轻的非合伙律师)的直接互动过程中取得支配性的地位。例如,事务所 C 的一位第三年的非合伙律师指出,当他的合伙人(一位专门从事商务诉讼的著名中国律师)不同意客户的意见时,客户经常直接给他打电话,并要求他对法律文件做一些微小的改变,而他有时候感

---

[1] 为了客户保密性的需要,该公司的真实名称用"ABC 证券"所代替。
[2] Marc Galanter, "Mega-Law and Mega-Lawyering in the Contemporary United States," in R. Dingwall & P. Lewis (eds.), *The Sociology of the Professions: Lawyers, Doctors and Others*, London: MacMillan, 1983, pp. 152—176.
[3] 商务律师事务所里"开拓者"的工作,很像是克里泽尔(Kritzer)在他关于日常诉讼中律师的研究中提出的"经纪人"(brokerage)的形象,因为他们是作为客户与职业人士之间的中间人,并且具有非正式的专业技能,参见 Herbert M. Kritzer, *The Justice Broker: Lawyers and Ordinary Litigation*, New York and Oxford: Oxford University Press, 1990.

觉自己不得不这样做(IN04208)。[1] 毫不意外的是,我所访谈的唯一一位对以上问题回答"否"的非合伙律师,是一位马上就要晋升合伙人的第七年的律师。当我对他的回答表现出一些好奇的时候,他说:

> 我说没什么区别是因为我已经有足够的经验独立处理问题了。拿到一个案件,我可以看清楚它的全貌。这和那些"二年级"或者"三年级"的律师非常不一样,他们只是做工作,但看不到全貌。(IN04203)

这位律师所指的"看到全貌",正是独立分析法律问题并提供解决方案的能力。在这种意义上,他的工作已经成了介乎于复杂法律工作和常规法律工作之间的混合形式。资深的非合伙律师,比他们的年轻同事们有更多的机会"看到全貌",而这使他们的工作更不容易受到客户影响。换句话说,只有当非合伙律师已经在诊断、推理、治疗这些至关重要的职业技能上取得了进步之后,他们在客户十分强势并苛求的时候,才有可能维系其自主性。这就部分地解释了为什么西方的商务律师事务所一般不让没有经验的年轻非合伙律师直接应对客户,它有点像汤普森(Thompson)在解释组织行为与外界影响的关系时所提出的"缓冲"(buffering)机制。[2] 但在中国的语境下,律师事务所的工作并没有完全一体化,也并没有为年轻的非合伙律师提供这样的缓冲机制,甚至是"二年级"或者"三年级"的律师,都需要在许多小的法律问题上直接应对客户。[3] 相应地,他们的职业自主性就尤其脆弱,并且被客户影响所深深建构。

## 六、结论

商务法律实践并不神秘。我在上文里已经说明,商务律师的工作在一个异质化的外部环境里可以受到实质性的客户影响。在中国的例子里,外企、国企和民企构成了精英商务律师事务所极度多样化的客户类型,相应地,律师的工作变得具有灵活性和适应性,以满足客户的不同要求。同时,客户对于律师职业工作的影响,也取决于商务律师事务所里的劳动分工。合伙人对于法律项目中的诊断、推理和治疗[4]具有牢固的控制,而非合伙律师在其工作场所内基本

---

〔1〕 类似的关于无力拒绝客户影响的抱怨,在对非合伙律师的16个访谈中经常可以见到(如IN04201,IN04204,IN04206,IN04211,IN04212,IN04215,IN04219),而这与合伙人的强势地位形成了鲜明对照。

〔2〕 James D. Thompson, *Organizations in Action*, New York: McGraw-Hill, 1967.

〔3〕 另一个在没有经验的非合伙律师与客户影响之间设置缓冲的原因是风险控制。在处理客户的问题时,年轻的非合伙律师的失误率要比资深律师明显更高。然而,在中国的语境下,客户极少针对律师的工作质量提出诉讼,于是将年轻的非合伙律师直接暴露给客户的风险,要比在美国等其他地方低得多。

〔4〕 Andrew Abbott, *The System of Professions: An Essay on the Division of Expert Labor*, Chicago: University of Chicago Press, 1988.

上被剥夺了这一文化系统。于是,非合伙律师的工作,就比合伙人的工作更容易受到客户的影响——客户对于职业工作的影响显现出随着律师的资历加深而逐渐下降的趋势。

除了这些关于商务法律实践中律师—客户关系的一般性特征的发现之外,还有一些由中国商务律师独特的工作环境所引出的理论意义。在这个特定例子里,文化与所有制,在各种客户类型的变化中成为决定工作场所互动过程形态的两个最突出的重要因素。中国律师用来满足外国客户的各种不同技巧,基本上都可以被归结为文化差异,而所有制类型,在针对国企和民企所使用的不同工作策略中扮演了至关重要的角色。此外,来自国家的影响,在中国商务律师的工作场所中几乎无处不在——除了通过政策法规的直接监控和限制之外,国家也可以通过区分客户的权力、资源和在使用商务法律服务时的行为,来间接地调节商务律师的工作。在这种意义上,中国律师对于客户类型的适应行为,也部分地反映了他们对于职业生活中国家权力影响的应对措施。所以,虽然本文集中讨论的是律师—客户互动过程,而只是把国家作为一种外部影响的来源,它仍然清晰地显示了律师工作场所中国家行为的复杂性。

因此,中国商务律师事务所里的律师—客户关系形态,似乎成了客户赞助式与国家调节式的混合。[1] 在这一语境下,职业自主性,或者说对工作的控制[2],是通过一种形式化而非实质性的方式来实现的:客户的影响,在他们与没有能力也没有机会"看到全貌"的缺乏经验的非合伙律师接触时表现得最为强烈,而合伙人的自主性则通过对解决问题的形式化过程的控制得到了保障。这一事务所内部的劳动分工的独特性在于,非合伙律师没有像在其他地方那样受到良好的保护,而这可能反映了这些中国商务律师事务所组织结构上的不成熟性。虽然这几个事务所都试图遵从在其他地方很流行的科层化结构,但事务所规模的快速膨胀,严重阻碍了合伙人之间共同掌权原则的发展[3],也使事务所越来越多的项目缺乏整合。于是,这些大型事务所中合伙人之间的案源介绍与合作就非常缺乏,而这种介绍与合作是客户与非合伙律师之间的一个主要缓冲机制。换句话说,合伙人之间劳动分工的缺乏,促成了非合伙律师在客户影响面前的过度暴露。

但这种组织结构上的不成熟性,并不能被视作中国商务律师工作场所行为的多样性背后的根本原因。面对一个极度异质化的社会、文化和政治环境,这

---

[1] Terence J. Johnson, *Professions and Power*, London: MacMillan, 1972.

[2] Eliot Freidson, *Profession of Medicine: A Study of the Sociology of Applied Knowledge*, New York: Dodd Mead, 1970.

[3] Marc Galanter and Thomas Palay, *Tournament of Lawyers: The Transformation of the Big Law Firm*, Chicago: University of Chicago Press, 1991.

些精英律师们发展出了一系列的适应性措施来服务于不同客户的要求,并且维持客户影响与职业自主性之间的平衡。所有这些本地化的职业技巧,构成了一种独特的专业技能,它无法轻易地被其他地方的律师所获得。这一专业技能的独特性,在"给小孩喂饭"的比喻中被完全体现出来——甚至是最有经验和最先进的外国公司,有时也会变成需要被喂给具有文化相对性的法律分析的小孩;同样,中国法治和市场经济的新生性,也将国企经理人和民营企业家变成了必须被教会如何行为的初学者。在这种意义上,虽然律师的工作场所中存在多种多样的客户影响,中国商务法律市场的新生性也赋予了这些精英律师一种力量,让他们能够改变客户的策略和决策。随着这个市场继续成长,这种"本地化的专业技能",在多大程度上能够与事务所结构以及政府规范的改变,一起影响本地与跨国律师事务所的竞争结果,是非常值得观察的。

我想强调的最后一点要回到职业工作与其社会结构的理论界分上来。为了调和这两个职业生活核心方面的关系,学者们已经进行了许多努力,包括显示法律工作的社会分化[1]、从职业人士控制其工作的方式推演出专业技能的劳动分工[2],以及将职业主义视为在多个领域被建构和运用[3]。然而,结构与工作的界分,在理论上和方法上都仍然存在。在这篇文章里,我选择了集中讨论商务律师的职业工作,而假定商务法律市场的社会结构已经在此前的法律社会学研究中被很好地论述过了。当然,这个假定无可避免地将会被未来的研究所挑战。关于商务律师的研究和关于职业的一般性研究,都将沿着这两个维度继续发展,希望不会再像从前那样不平衡。

(初审编辑:尤陈俊)

---

[1] John P. Heinz and Edward O. Laumann, *Chicago Lawyers: The Social Structure of the Bar*, New York: Russell Sage Foundation, 1982; John Hagan and Fiona Kay, *Gender in Practice: A Study of Lawyers' Lives*, New York: Oxford University Press, 1995.

[2] Eliot Freidson, *Profession of Medicine: A Study of the Sociology of Applied Knowledge*, New York: Dodd Mead, 1970; Eliot Freidson, *Professional Powers: A Study of the Institutionalization of Formal Knowledge*, Chicago: University of Chicago Press, 1986; Andrew Abbott, *The System of Professions: An Essay on the Division of Expert Labor*, Chicago: University of Chicago Press, 1988.

[3] Robert L. Nelson and David M. Trubek, *Arenas of Professionalism: The Professional Ideologies of Lawyers in Context*, in R. L. Nelson, D. M. Trubek, and R. L. Solomon (eds.), *Lawyers' Ideals/Lawyers' Practices: Transformation in the American Legal Profession*, Ithaca, NY: Cornell University Press, 1992, pp. 177—214.

# 中国行政诉讼证明责任的
# 分配模式与规则重构[*]

成协中[**]

## Distributing Model of Burden of Proof and Reconstruction of Its Rules in China's Administrative Litigation

*Cheng Xie-zhong*

**内容摘要**：证明责任这一概念的使用存在诸多含混之处，亟须正本清源。在学理上，行政诉讼证明责任的分配存在三种模式：成文规则模式、个性化研究模式与利益衡量模式。行政诉讼的复杂性与当事人举证行为的灵活性决定了成文规则模式难以确保个案公平。而个性化研究模式与利益衡量模式亦因其个案性与事后评价而难以为当事人的举证提供有益指导。域外通行的规范理论因其客观性和科学性可以为矫正我国行政诉讼证明责任的分配规则提供一种新的思路。

**关键词**：行政诉讼　证明责任　个性化研究　利益衡量

---

[*] 本文的写作得到了诸多师友的帮助。本文的思路得益于王锡锌教授课堂讲授的启发，沈岿教授在阅读本文的初稿后，从文章结构到内容都给予了细心指点，特此感谢。王贵松、江菁、王哲、李洋、韩钧雅等学友在阅读了本文初稿后也提出了诸多宝贵意见，在此一并感谢。法律评论初审编辑和匿名评审编辑也对本文的完善提出了有益的建议，特此致谢。当然，文责自负。

[**] 北京大学法学院宪法与行政法研究中心2006级博士生，电子邮箱：gentle910@hotmail.com。

## 引言

作为一项应用型的论题,无论就对相对人提供证据行为的指导意义而言,还是从法院在争议事实无法查清时作出司法判决来看,证明责任在行政诉讼实践中都具有重要价值。[1] 然而中国的行政诉讼司法实践却对证明责任几乎集体"失语"。[2] 在最高人民法院中国应用法学研究所主编的《人民法院案例选》(2004年行政·国家赔偿专辑)中所列几百份行政诉讼判决中,无一包含"举证责任"或"证明责任"字眼,更未发现在争议事实真伪不明时适用证明责任规则作出司法判决之情形。这些案件中的争议事实都已查明了么?如果答案是肯定的,我们当然要为中国法院如此高超的查证能力喝彩。但实践中的情况似乎并不如我们想象的那样乐观。如果答案是否定的,那么在争议事实真伪不明时,我们的法官又是运用怎样的规则来作出判决的呢?这是一个有趣却难以回答的问题。

可以肯定的是,法官一定运用了某些规则——尽管可能不尽统一——来作出判决。但是,这些规则为什么鲜见于司法判决文书中呢?一方面可能是由于已经饱受批判的中国司法判决不擅说理的传统,但肯定决不至于此。另一方面可能是现行的证明责任分配规则不能适应司法实践的需要。或者法官们根本对证明责任的含义不甚了了,或者是现有的证明责任分配规则不能为行政审判提供科学指导,司法实践中采用的某些规则又无法在判决中叙明(因为与法定的规则不尽相符)。当然,我们很难甚至无法去真实探究此种现象背后的社会根源,但从规范主义的立场出发,尽可能对概念本身的内涵进行正本清源式的澄清和阐释,对规则产生的法理和规则本身进行理性分析与矫正,却是法律学人应为之事和可为之事。

在对证明责任这一概念的理解上,不少学者主张引入"双重含义说":将证

---

[1] 本文所使用的"证明责任"与"举证责任"属同一概念。当然,在学术界,对于此二概念的探讨存有不同意见,有所谓同一说、并列说与包容说之分。同一说认为,举证责任和证明责任是两个完全相同的概念,二者只是对一个问题的两个不同的表述方法。并列说认为,在刑事诉讼中公安、司法机关承担的证明特定案件事实的责任(证明责任)与当事人承担的证明特定案件事实的责任(举证责任)之间存在严格的区别。证明责任指向公安司法机关,而举证责任指向当事人。包容说认为,证明责任包括了举证责任,证明责任是司法机关或某些当事人收集或提供证据证明待证事实或有利于自己主张的责任,而其中当事人提供证据证明自己主张的责任,又称举证责任。对于三种学说的理由和对其的评价,参见高家伟:"论行政诉讼举证责任",载罗豪才主编:《行政法论丛》第一卷,法律出版社1998年,页434—439。本文是在同一含义上使用两个概念。持同样见解的学者包括陈刚:《证明责任法研究》,中国人民大学出版社2000年,页28;吕立秋:《行政诉讼举证责任》,中国政法大学出版社2001年,页15—18;李浩:《民事证明责任研究》,法律出版社2003年,页13。

[2] 当然,这一结论未免过于武断。但从笔者查阅《人民法院案例选》中几百份行政诉讼判决的结果来看,这一论断绝非无的放矢、言之无据。

明责任分解为"提供证据责任"和"说服责任",或"主观证明责任"和"客观证明责任",但对此种区分在英美法系和大陆法系背后的制度支撑未予充分关注。此种缺漏使得"双重含义说"的引入在逻辑和知识上都面临挑战。在对行政诉讼证明责任分配规则的研究方面,以沈岿先生的个性化研究方法和何海波先生的利益衡量方法为代表,国内学者已经逐渐摆脱了"行政诉讼中被告负证明责任"这一教条的束缚,开始在成文法规则之外寻求一种多元化的证明责任分配路径。[1] 遵循我国的成文法传统,以朱新力教授为代表的一些学者在接受行政诉讼现行证据责任分配思路的基础上,以域外规范理论或分层理论为指引,试图探求一种更为科学、理性的证明责任分配规则。[2]

在本文中,笔者将在仔细考察英美法系中"提供证据责任"与"说服责任"和大陆法系"主观证明责任"与"客观证明责任"这两组概念的背景之后,指出在我国现行的行政诉讼制度中引入证明责任的"双重含义说"并无益处,我们需要回归证明责任这一概念的本来面目和功能,即在要件事实出现真伪不明时,将其与特定的诉讼后果(败诉风险)相联系。在此基础上,笔者提出,个性化研究方法和利益衡量方法这两种模式都不能避免裁量上的恣意,而且都不能为诉讼当事人的举证提供指导,因而对利用这两种方法分配证明责任应当谨慎,仅仅在缺乏成文法规则的前提下或适用成文法规则明显不当之时方可斟酌适用。对于利用成文法规则来分配证明责任规则,笔者以依申请行为和依职权行为的区分为基点,尝试运用规范理论对行政诉讼中证明责任的分配提供一种新的思路。

## 一、"双重含义说"的引入?

在讨论我国行政诉讼中的证明责任规则时,学者多认为应引入证明责任"双重含义说",应当区分"提供证据责任"和"说服责任"或"主观证明责任"和"客观证明责任"。[3] 这分别是大陆法系和英美法系证据法中提出的概念。但这些概念能否为我国当下的诉讼架构所接纳,这就需要了解这种区分背后的制度基础。

(一)"提供证据责任"与"说服责任"——以陪审制为基础

英美法系学者认为证明责任应分为"提供证据责任"(又称推进责任)和"说服责任":前者是指当事人提供证据证明其诉讼主张构成值得或者应由陪审团予以裁判的法律争端的义务,后者是指当事人提出证据使法官确信其主张

---

[1] 参见沈岿:"行政诉讼证明责任个性化研究之初步",载《中外法学》2000年第4期;何海波:"证明责任分配:一个价值衡量的方法",载《中外法学》2003年第2期。
[2] 参见朱新力:"行政诉讼客观证明责任的分配研究",载《中国法学》2005年第2期;刘善春:"行政诉讼证明责任分配规则论纲",载《中国法学》2003年第3期。
[3] 参见如沈岿:"行政诉讼证明责任个性化研究之初步",载《中外法学》2000年第4期;湛中乐、李凤英:"行政诉讼中的证明责任",载《行政法学研究》2000年第4期。

成立的义务,倘若其提出的证据不足以证明其诉讼主张成立,则必然遭受败诉的风险。二者的区别在于:首先,发生的阶段不同。提供证据的责任发生于案件庭审前或庭审中,它是指向法官提供充分的证据使其确定将案件移交陪审团,或者在没有陪审团的情况下同意案件听审程序继续进行的责任;而说服责任则发生在法官对审查全部证据之后,此时若案件事实仍处于真伪不明状态,则对此事实承担说服责任的当事人将承担败诉风险。其次,规定两者的法律规范不同。说服责任的分配取决于实体法的规定;而提供证据的责任则依赖程序法的规范。再次,转移与否不同。提供证据责任会随着举证活动的进行在诉讼双方发生转移,而说服责任则不会发生转移。最后,功能不同。提供证据责任的功能在于使法官相信有理由将争点事实交由陪审团进行认定,如果当事人没有提供证据或法官认为当事人没有充分提供证据,法官则无须将案件交付陪审团进行事实认定,而直接裁判承担提供证据责任的一方当事人败诉。说服责任是在案件事实经过审理仍然处于真伪不明状态时才起决定性的作用。[1]

显然,英美法系证明责任的双重含义与其诉讼构造密切相关:在英美法系,法官是法律问题的裁判者,陪审团是事实问题的裁判者。按照英美法系学者的解释,当事人要获得有利于己的判决,必须通过两道关口。第一道关口是摆脱提供证据责任的承担,此处把关人是法官;第二道关口是摆脱证明责任的承担,把关人是陪审团。[2] 正如美国学者威格曼(Wigmore)所言,如果没有法官和陪审团各自作用的划分,也就没有必要在诉讼中设置提供证据责任。[3]

(二)"主观证明责任"和"客观证明责任"——以辩论主义为基础

大陆法系有主观证明责任和客观证明责任之分。前者从当事人举证活动的角度,把证明责任看成当事人就自己的主张向法院提供证据的一种义务或负担,也称"行为意义上的证明责任"。后者指在法院审理案件终结时,如果案件争议事实仍处于真伪不明的状态,法官将败诉后果归于一方当事人并依此作出裁判,又称"结果意义上的证明责任"。在日本,前者又被称为"形式意义上的证明责任",后者被称为"实质意义上的证明责任"。[4]

要解释主观证明责任与客观证明责任之间的关系,我们首先需要对"辩论主义"这一概念有所了解。德国和日本学者将辩论主义的实质内容归结为三

---

[1] 关于提供证据责任与说服责任之间区别更为详细的论述,参见吕立秋:《行政诉讼举证责任》,中国政法大学出版社2001年,页5—9;李浩:《民事证明责任研究》,法律出版社2003年,页5—6;叶自强:"英美证明责任分层理论与我国证明责任概念",载《环球法律评论》2001年秋季号。

[2] 参见沈达明:《英美证据法》,中信出版社1996年,页44。

[3] Wigmore, *Evidence* §2487. (Chadbourn rev. 1981).

[4] 关于主观证明责任和客观证明责任的详细论述和区别,参见吕立秋:《行政诉讼举证责任》,中国政法大学出版社2001年,页10—11;李浩:《民事证明责任研究》,法律出版社2003年,页8—9。

大主题:第一,对当事人没有在辩论中主张的事实,法院不得在判决中加以认定;第二,对当事人没有争议的事实,法院应当在判决中予以尊重并加以认定;第三,对当事人没有申请的证据,法院不得依职权进行调查。[1] 在"辩论主义"之下,案件的审理活动依诉讼当事人的主张和证明活动进行,法院不得将当事人未提出的主张和未提供的证据作为判决依据。因而当事人提供证据的行为与最终的诉讼后果有直接和必然的联系。与"辩论主义"相对的是"职权主义",在职权主义的诉讼构造中,当事人是否提供证据以及所提供之证据能否达到证明标准与最终的诉讼后果并无直接、必然的关系;法院可以运用现有证据,也可以依据职权主动调取证据以证明原告的诉讼主张是否成立。因此,主观证明责任只存在于辩论主义的诉讼构造中。[2]

(三)我们需要怎样的"证明责任"?

通过上述分析,我们不难发现,提供证据责任与说服责任的区分,和主观证明责任与客观证明责任的区分,分别是以陪审制和辩论主义为基础。其对于并未实行陪审制和辩论主义的中国行政诉讼制度来说,并不具备当然接纳的理由。那么,我国的行政诉讼制度是否需要"证明责任"这一概念呢?如果答案是肯定的,那么,我们所需要的"证明责任"又应当在何种意义上使用呢?

通过前文分析,我们不难发现,英美法系的"说服责任"与大陆法系的"客观证明责任"具有相同的功能,即克服真伪不明之情形和转化真伪不明之不利益。[3] 那么我国的行政诉讼制度是否需要这样的概念呢?司法救济的事后性质和人们认识能力在特定范围内的局限性决定了诉讼中必然会存在要件事实真伪不明的情形[4],而不得拒绝作出裁判之职责要求法官即便如此依然必须将此真伪不明之事实转化为特定的裁判后果。因此在任何诉讼体制中都必然需要克服要件事实真伪不明之方法[5],我国也不例外。因而引入"说服责任"或"客观证明责任"概念确有必要,这一点在理论界并无争议。但在对这一概念内涵的理解上,学界存在不少误解。笔者认为,证明责任是指当事人举证结束之后某些争议事实仍处于真伪不明状态时,法院运用一定规则将此真伪不明事实转化为一定法律后果。对于这一概念,笔者要做以下几点说明:

第一,证明责任发挥功能的前提条件在于争议事实经过审理之后仍处于

---

[1] 陈刚:《证明责任法研究》,中国人民大学出版社2000年,页31。
[2] 参见邵明:"论现代法治视野中的民事举证责任",载《中国人民大学学报》2005年第6期。
[3] 参见吴东都:《行政诉讼之证明责任——以德国法为中心》,台湾学林文化事业有限公司2001年,页71—72。
[4] 关于要件事实真伪不明客观存在的理论依据和实践依据,有学者进行了详细的论证。鉴于篇幅,笔者不再赘述。参见李浩:《民事证明责任研究》,法律出版社2003年,页53—59。
[5] 关于克服要件事实真伪不明之方法的历史演变,可参见李浩:《民事证明责任研究》,法律出版社2003年,页59—63。

"真伪不明"的状态。[1] 法官在对案件进行审理之后，内心对争议事实会形成两种状态：确定和不确定状态。确定状态包括相信争议事实存在或者不存在；不确定状态则指法官在对双方当事人提供的证据进行审查之后，仍无法判定争议事实是否存在，即争议事实仍处于"真伪不明"状态。在法官认定争议事实确定时，法官可以径直通过适用实定法规范对纠纷进行裁判。而在争议事实真伪不明状态之时，法官则必须援引证明责任规范进行裁判。一项争议事实"真伪不明"的条件是：(1) 原告方提出有说服力的主张；(2) 被告方提出实质性的反主张；(3) 对争议事实主张有证明必要，在举证规则领域，自认的、无争议的和众所周知的事实不再需要证明；(4) 在用尽所有程序上许可的和可能的证明手段，法官仍不能获得心证；(5) 口头辩论已经结束，上述第 3 项的证明需要和第 4 项的法官心证不足仍然没有改变。[2] 因此，证明责任核心功能的发挥以真伪不明的存在和事实认定的结束为基础。尽管要件事实真伪不明时法官判决适用证明责任所产生的法律效果与相信该要件事实为伪所产生的法律效果相同，但后者并非证明责任的运用，诉讼当事人此时所承担的败诉后果与其证明活动无关[3]，而是由其在行政实体法律关系中的违法事由所致。

第二，证明责任的核心在于"结果责任"，并不否认证明责任可能具有的行为意义。证明责任的功能在于将争议事实真伪不明之情形转化为特定的法律后果，这是一种"结果责任"。但这并不妨碍证明责任可能对诉讼当事人的举证行为产生的推动作用。在诉讼过程中，主张权利的一方为了防止证明责任的适用，必然竭尽所能的提供证据证明自己主张，使自己的主张超过法定的证明标准，从而排除"真伪不明"的状态。而反驳的一方也为了避免对方主张的成立，也必然努力提供证据证明对方主张不成立，竭力否认对方主张的事实或使争议事实处于真伪不明的状态。正是在这一意义上，证明责任对诉讼当事人的提供证据行为具有重要的指导意义。[4] 但是，就证明责任的本意来看，并不必然包含诉讼当事人的提供证据行为。

第三，证明责任是在争议事实没有得到证明时所承担的一种责任，而不是因为当事人没有提出证据所要承担的一种责任。即使一方当事人不提供证据，只要法院经过审理，确认争议事实已经清楚，法院可径直依据实体法和程序法作出裁判，此时并不涉及证明责任的适用。正是在这一点上，证明责任不同于提供证据责任。

---

[1] 张卫平："证明责任概念辨析"，载《郑州大学学报》2000 年第 6 期。
[2] 参见汉斯·普维庭：《现代证明责任问题》，吴越译，法律出版社 2000 年，页 22。
[3] 吴宏耀、魏晓娜：《诉讼证明原理》，法律出版社 2002 年，页 313。
[4] 德国学者普维庭也认为，"从证明责任判决的后果中派生出了提供证明责任或主观证明责任。"参见汉斯·普维庭：《现代证明责任问题》，吴越译，法律出版社 2000 年，页 22。

第四,证明责任是由法律抽象地加以规定的法律规范,它不会因为具体诉讼的不同或当事人对诉讼活动态度的不同而有所不同,也不会随当事人举证行为的程度不同而有所差异。证明责任规范"不是关于证明的规定,而是关于没有证明的规定,在诉讼开始或诉讼进行中,证明责任作为一种后果的责任规范都不会发生适用的问题,因为事实是否真伪不明并不清楚,只有在审理完结之时,证明责任才表现出来。"[1]

第五,证明责任具有不可转移性。证明责任作为一种诉讼风险,自始至终只属于一方当事人,是一种静态的责任,受实体法支配,在诉讼中不会发生转移。[2] 针对某一争议事实,只有一方当事人可能对此承担证明责任,该责任不会随着诉讼的进行在当事人之间转换。

第六,证明责任总是与特定的争议事实相关联,一般只存在针对争议事实的证明责任,而不存在脱离争议事实的整个诉讼的证明责任。[3] 也即不能一般性地指出"民事诉讼由原告负证明责任,行政诉讼由被告负举证责任"。在一起诉讼中,可能由原告对某个争议事实承担证明责任,而被告对另一争议事实承担证明责任;但是不可能原被告同时对某一争议事项承担证明责任,即便他们可能都会提供证明该争议事实存在与否的证据。

第七,承担证明责任的后果是拟制某一要件事实不存在,而非必然败诉。对于某些复杂案件,争议事实(或要件事实)可能存有多个,可能原告对某些要件事实承担证明责任,而被告对另外一些要件事实承担证明责任。在案件经过审理之后,也可能有多个要件事实仍真伪不明。因而在同一案件中,可能原被告都对相应要件事实承担证明责任,而承担证明责任的后果是拟制相应的要件事实不存在,而非败诉。[4]

(四)我们是否需要专门的"提供证据责任"或"主观证明责任"?

依据上述界定,证明责任的存在本身就是对当事人的一种威胁。为了避免承担证明责任,双方当事人在诉讼过程中必然竭尽所能提供证据证明自己的诉讼主张。因此,我们没有必要为了督促当事人在诉讼中举证而专门引入"提供证据责任"或"主观证明责任"。多数学者主张引入"提供证据责任"或"主观

---

[1] 张卫平:"证明责任概念辨析",载《郑州大学学报》2000年第6期。
[2] 关于对证明责任的不可转移性更为详尽的分析,参见叶自强:"举证责任的确定性",载《法学研究》2001年第3期;温雪斌:"论举证责任的不可转换性",载《南京师大学报》(社会科学版)2002年第1期;叶自强:《举证责任及其分配标准》,法律出版社2005年,页55—77。
[3] 有学者曾明确地指出这一点。参见沈岿:"行政诉讼证明责任个性化研究之初步",载《中外法学》2000年第4期。
[4] 在讨论证明责任的内涵时,几乎所有学者都只笼统提及"败诉风险"或"不利后果",鲜有学者专门论及承担证明责任的具体方式。更多的学者通常将证明责任与败诉相勾连,认为承担证明责任就必然败诉。很显然,此种观点值得商榷。

证明责任"极有可能造成证明责任概念功能上的重复与混同。

实际上,英美法系中的"提供证据责任"和大陆法系中的"主观证明责任"在各自诉讼体制中扮演着不同的功能:前者主要是提供证据以使法官将争讼案件交由陪审团裁决;后者则是指诉讼当事人为推动诉讼而提供证据的必要性。显然,英美法系中的"提供证据责任"只是启动诉讼程序的一种责任[1],是促使法官将争讼案件交由陪审团裁决的一种责任,倘若当事人未能提供证据或法官认为当事人没有提供充分证据,法官则无须将案件交付陪审团进行事实认定,而是采用指示评定、撤诉、驳回请求等方式,直接裁判承担提供证据责任的一方当事人败诉。[2] 这也被称为"通过法官之责任"(passing the judge),而且一旦法官将争讼事实提交陪审团进行审议和裁决,当事人的这种"提供证据责任"便已卸载。尽管当事人在"第二道关口"上为了说服陪审团仍会积极提供证据,但这实质上只是为了"摆脱证明责任的承担"[3],也即这种提供证据的行为只是证明责任的派生和表象。这种提供证据之行为并非"提供证据责任"。而大陆法系中的主观证明责任则是,当事人为推动诉讼的进展,必须不断提供证据证明其诉讼主张。在辩论主义的原则下,如果当事人不提供证据,必然导致败诉的法律后果。[4] 在大陆法系国家中,正是因为有辩论主义原则的存在,提供证据行为必然与败诉后果相关联,所以当事人的这种提供证据行为是一种主观证明责任。[5]

在一个"非陪审制"[6]的行政诉讼架构中,由于法官身兼事实审与法律审的双重重任,陪审员与法官在审判过程中并无明确的权限划分;我们的法官既是事实问题的裁定者,又是法律问题的裁定者。而且我国诉讼的整体性与英美法系诉讼的分阶段性存有较大差异,英美法系"提供证据责任"这一概念自然不能当然地嫁接于我国的诉讼构造中,否则我们便背离了这一概念本身所具有的独特含义。

绝大多数学者在主张引入这一组概念时并未对这一点进行说明,这至少在

---

[1] 高家伟先生指出,推进责任(提供证据责任)是当事人要启动诉讼程序,必须提供一定的证据证明,使其主张具有诉讼性质,即有审理的必要性和可能性,这就是推进责任。参见高家伟:"论行政诉讼举证责任",载罗豪才主编:《行政法论丛》第一卷,法律出版社1998年,页443。

[2] 陈刚:《证明责任法研究》,中国人民大学出版社2000年,页22。

[3] 同上书,页24。

[4] 吴宏耀、魏晓娜:《诉讼证明原理》,法律出版社2002年,页315。汉斯·普维庭:《现代证明责任问题》,吴越译,法律出版社2000年,页40。

[5] 绝大多数学者将两者等同视之。如高家伟先生指出:德国学者指称的客观证明责任实际上是英美法系学者所指称的说服责任,而主观的证明责任实际上是推进责任。参见高家伟:"论行政诉讼举证责任",载罗豪才主编:《行政法论丛》第一卷,法律出版社1998年,页445。陈刚先生在上引之书中将两大法系的这两种证据责任均称为"提供证据责任"和"证明责任",由此可见他也认为两大法系中这一概念具有相同的含义。参见陈刚:《证明责任法研究》,中国人民大学出版社2000年,页21—36。

[6] 在我国,有些行政案件的审理也采取陪审员制度,但我们的陪审员与法官的职能界分较为模糊。我国目前的陪审员制度与英美法系的陪审团制度存在本质的不同。

逻辑上存在缺漏。[1] 沈岿先生敏锐地察觉了这一点,但仍主张有必要引入这一组概念,并给出了初步的理由:其一,把证明责任条分缕析,可以较为明白地确定各方当事人相应的证据责任,避免责任的片面单一化倾向。其二,按照提证责任和说服责任的原来意义,也许可以构想一个充满辩论色彩的庭审模式。[2] 很显然,这两个理由都不甚充分。首先,将证明责任条分缕析并不当然意味着要引入此种区分;其次,构想的充满辩论色彩的庭审模式毕竟与我国当前的诉讼架构存在冲突,在庭审制度未改革的情况下,它不可能作为一种制度化的事实呈现于所有的诉讼过程之中。陈刚先生也认识到了这一点,指出提供证据责任在英美法系具有独立存在的意义[3],但将提供证据责任随后解释为基于证明责任并以此为前提所进行的本证或反证的行为责任,已经背离了提供证据责任在英美法系所具有的原始意义。赵红伟、刘伟也注意到了此点,并对引入此种划分给出了初步的理由,即提证责任和法定责任的划分与程序争议和实体争议的划分具有大致的对应性,而人民法院对于程序争议和实体争议的处理也不同。[4] 很显然,此种解释颇为牵强,已经背离了区分此组概念的原初意图。

而是否引进大陆法系的主观证明责任,需要明确的便是我国行政诉讼体制是否采取辩论主义。[5] 我国《行政诉讼法》第34条,2000年最高人民法院关于执行《中华人民共和国行政诉讼法》若干问题的解释(以下简称《2000年行政诉讼法司法解释》)第29条,2002年《最高人民法院关于行政诉讼证据若干问题的规定》(以下简称《2002年行政诉讼证据规则》)第9、22条[6],均规定人民法院可依职权主动调取证据。尽管随着庭审模式的改革,相对人得以在诉讼

---

[1] 如高家伟:"论行政诉讼举证责任",载罗豪才主编:《行政法论丛》1998年卷,页439—443;湛中乐、李凤英:"行政诉讼中的证明责任",载《行政法学研究》2000年第4期;刘善春:"行政诉讼证明责任分配规则论纲",载《中国法学》2003年第3期;许东劲:"论行政诉讼的证明责任",载《行政法学研究》2002年第2期。
[2] 参见沈岿:"行政诉讼证明责任个性化研究之初步",载《中外法学》2000年第4期。
[3] 陈刚:《证明责任法研究》,中国人民大学出版社2000年,页38。
[4] 参见赵红伟、刘伟:"行政诉讼证明责任的新视角",载《行政与法》2003年第4期。
[5] 对于诉讼模式与证明责任之间的关联,已为诸多学者察觉。参见林莉红:"论行政诉讼模式与证明责任原则的运用",载《法学评论》1995年第5期;许东劲:"论行政诉讼的证明责任",载《行政法学研究》2002年第2期。
[6] 《行政诉讼法》第34条规定:人民法院有权要求当事人提供或者补充证据。人民法院有权向有关行政机关以及其他组织、公民调取证据。2000年《行政诉讼法》司法解释第29条规定,有下列情形之一的,人民法院有权调取证据:(一)原告或者第三人及其诉讼代理人提供了证据线索,但无法自行收集而申请人民法院调取的;(二)当事人应当提供而无法提供原件或原物的。2002年《行政诉讼证据规则》第9条规定:根据《行政诉讼法》第34条第1款的规定,人民法院有权要求当事人提供或者补充证据。对当事人无争议,但涉及国家利益、公共利益或者他人合法权益的事实,人民法院可以责令当事人提供或者补充有关证据。第22条规定:根据《行政诉讼法》第34条第2款的规定,有下列情形之一的,人民法院有权向有关行政机关以及其他组织、公民调取证据:(一)涉及国家利益、公共利益或者他人合法权益的事实认定的;(二)涉及依职权追加当事人、中止诉讼、终结诉讼、回避等程序性事项的。

中充分享有辩论权利,但这并未改变我国行政诉讼的职权主义色彩。特别是行政诉讼的司法审查性质决定了在我国,行政诉讼是对行政行为的合法性进行全面审查,并不局限于相对人的主张,这更凸现了我国行政诉讼的职权主义色彩。因此主观证据责任也并不能当然地引入我国以职权主义为主导的行政诉讼体制中。

当然,在实行职权主义的行政诉讼架构中,当事人也需要提供证据证明自己的诉讼主张。但与辩论主义诉讼构造不同的是,此种情形下当事人不提供证据并不必然承担败诉后果。因为一方当事人不提供证据,法院仍然会基于对方当事人的证据和诉讼主张对被诉行为进行审查,而不直接判定未提供证据的一方败诉。德国在行政诉讼中也实行职权主义模式。基于职权调查主义,法院不受当事人事实主张及证据申请之拘束,因而德国通说认为,行政诉讼不存有"主张责任"及"证据提出责任"。尽管德国行政法院第86条第1项第2款规定,法院在依职权调查事实时,"应使当事人参与"。此规定被称为是行政诉讼当事人协力义务之规定。但此种协力义务显然并非当事人所承担之提出证据责任。[1] 因此,按照提供证据责任之原初含义,我国现存的行政诉讼制度当然并不需要引入主观证明责任这一概念。

当然,有学者对英美法系中的"提供证据责任"作出不同的解释,认为其中包括诉讼当事人在案件争议事实交由陪审团审议之后为说服陪审团相信其主张而积极提供证据的行为。[2] 多数学者主张引入这一概念也基于"提供证据行为"这一含义。那么如何理解提供证据行为则成为我们讨论该论题之关键。

根据《现代汉语词典》(商务印书馆2002年修订第3版)的解释,"责任"一词有两种可能的解释:一是指"分内应做的事";二是"没有做好分内应做的事,因而应当承担的过失"。很显然,这两项含义是相辅相成的,是一个问题的两个方面。"责任"必然与一定的不利后果相关联。离开了此种不利后果,"责任"便没有任何的法律约束力。如前所述,在职权主义的诉讼构造下,当事人提供证据之行为与诉讼后果并无必然之关联。因此,提供证据行为便不能成为

---

[1] 中国台湾学者吴东都也否认行政诉讼中提出证据责任之存在,指出以当事人之协力责任,作为在行政诉讼中当事人负有主张责任即证据提出责任之依据,是有商榷余地的。职权调查主义固是要求法院应依职权自行查明事实真相,但绝不禁止法院利用当事人之主张及声明。职权调查主义并非指法院必须独自调查事实,而是独自对事实之正确性负责。法院不得因当事人拒绝提供讯息即放弃其他查明事实之可能性,这是违背职权主义的。参见吴东都:《行政诉讼之证明责任——以德国法为中心》,学林文化事业有限公司2001年,页114—115。

[2] 如毕玉谦先生将提供证据责任解释为"当事人在庭审过程中均承受的提供证据义务"。参见毕玉谦:"证明责任分配体系的构建",载《法学研究》1999年第2期。汤维建先生也指出,提供证据责任是"继续进行争论或者提供证据义务,这种义务不仅存在于案件的开始阶段,而且贯彻于此后的整个审判或辩论的任何阶段。"参见汤维建:"英美法上的证明责任概念",载《外国法译评》1993年第2期。

一种"责任"。正是在此意义上,诸多学者主张,提供证据责任并无独立存在之意义[1],唯有结果意义的证明责任方为证明责任的核心。

在我国,法院审理行政案件还存在一个起诉受理阶段。不少学者将原告应当提供证据证明其起诉符合起诉条件视为原告的一种证明责任。[2] 这是对证明责任的一大误解。无论英美法系的"提供证据责任"和"说服责任",还是大陆法系的"主观证明责任"和"客观证明责任",都以诉讼的存在和成立为前提条件。在当事人的起诉未得到法院受理之时,诉讼尚未成立,何来"证明责任"之说?[3]

我国诉讼体制正在实现从"纠问式"向"抗辩式"的转变,行政诉讼制度也是如此。这主要表现在行政诉讼中人民法院依职权调取证据的范围越来越窄,法官查清案件事实也主要依据诉讼当事人的主张和提供证据行为。那么在此情形下,我国的行政诉讼证明责任制度也必然要引入"提供证据责任"或"主观证明责任"。当然,目前实践中许多法院根本不再依职权独立收集提出证据,诉讼中完全由当事人提出证据,提不出证据对自己的主张加以证明就会承担败诉后果。这里应当注意的是,法官可以在一个特定的案件中形成一种辩论主义式的诉讼环境,并适用提供证据责任。但这恰恰说明证明责任与诉讼构造环境的关系。[4] 在我国行政诉讼架构并未实现根本转变的情况下,任何行为意义上的证明责任都无存在之空间。

**二、行政诉讼证明责任分配的三种路径及运用**

在厘清行政诉讼证明责任的概念和基本含义之后,我们需要解决的是如何来分配这种风险负担。对于这一问题,有关学者进行了卓有成效的努力,提出了不同的分配方法。学者们大致提出了三种分配模式:成文化规则、个性化考量、价值衡量。下面分而述之。

(一)成文化规则的努力

成文化规则路径是指通过成文规则来分配证明责任,目前我国行政诉讼制度所采纳的正是此种路径。尽管证明责任的核心在于结果责任,但其对诉讼当事人的提供证据行为具有至关重要之指导意义。诉讼当事人为避免实体法上

---

[1] 参见三月章:《民事诉讼法》,弘文堂1985年版,页447。陈刚教授在著作中亦指出,主观证明责任是客观证明责任在辩论主义里的投影,它依存于客观证明责任。参见陈刚:《证明责任法研究》,中国人民大学出版社2000年,页23。既为"投影",显无独立、实在之地位。

[2] 蔡小雪:"行政诉讼原告承担举证责任的范围",载《人民司法》2005年第11期;湛中乐、李凤英:"行政诉讼中的证明责任",载《行政法学研究》2000年第4期;余凌云、周云川:"对行政诉讼举证责任分配理论的再思考",载《中国人民大学学报》2001年第4期。

[3] 也有学者已经注意到了这一点。参见马怀德、刘东亮:"行政诉讼证据问题研究",载何家弘主编:《证据学论坛》第四卷,中国检察出版社2002年,第210页。

[4] 张卫平:"证明责任概念辨析",载《郑州大学学报》2000年第6期。

的败诉风险,就会在诉讼过程中积极提供证据,以促使法官查明案情支持自己一方之主张。因此证明责任之分配必须独立于具体的诉讼程序,由实体法在纠纷产生之前预先设置。[1] 另外,在一个缺乏法律传统文化的国度里,采用成文化规则还可以避免裁量和判断的恣意,从而保证法治的统一。因此在以成文法为主的我国行政诉讼体制中,有必要采取成文化规则之路径来分配证明责任,尽管其尚存在无法顾及纷繁复杂之个案,难以确保证明责任之承担在所有个案中均显公平的不足。

(二)个性化研究之尝试

沈岿先生的《行政诉讼证明责任个性化研究之初步》一文详细论述了其"个性化努力"之思路与理由:由于在诉讼程序中,原告总是最先提起某个主张的一方,所以,如果把"谁主张"理解为"谁最先提出主张",把"谁举证"理解为"谁负说服责任",那么,民事诉讼的一般原则是"谁主张,谁举证",而行政诉讼的一般原则是"谁主张,谁举证"的倒置。不过,这种简单的定性表述依然无法解决依赖具体情境的、个性化的证明责任分配问题。因而作者主张:在一个证据规则贫乏的制度内,在一个立法更多地代表立法者的善良规范意愿而非代表制度实践经验的国度里,我们既应承认确立被告负证明责任原则的立法例之意义,也应努力突破它显在的或潜在的束缚。[2]

作者一方面承认确立被告负证明责任之原则的规则意义,一方面也强调突破成文规则的内在局限,通过个性化的研究在具体个案中依据公平原则分配证明责任。应当认为作者的这种个性化努力的思路为我们探讨具体诉讼过程中证明责任的分配提供了一个很好的思考路径。与成文化规则所确定的普遍的统一的证明责任分配路径相比,这种个性化的研究模式无疑更能契合个案之具体情势,更符合个案公平的要求。然而,作者这种看似完美的两全之举实际上内含悖论。首先,作为一种分析和批判工具,个性化的研究通常仅具有解构意义,而不具建构意义,这种"对个案中发生的、已经逝去的事实真相的执着追求,遮蔽了举证责任制度对于受该制度影响的潜在当事人的行为的规范功能"[3];其次,依据具体个案的特殊情境分配证明责任的尝试必将在某种程度上突破既定规则所确立的普遍秩序,而这样的"个性化研究"也必然使所有的证明责任成文规则面临极大挑战;最后,这一尝试所带来的结果只能是证明责任的分配完全依赖司法的自由裁量,而这一结果所隐含的后果则是成文化规则

---

〔1〕 关于这一点,理论上争议不大。参见陈刚:《证明责任法研究》,中国人民大学出版社2000年,页58。但正如笔者在下文所介绍的,部分学者在阐述自己关于证明责任分配路径时,经常忽略这一点。

〔2〕 更为详细的论述参见沈岿:"行政诉讼证明责任个性化研究之初步",载《中外法学》2000年第4期。

〔3〕 参见何海波:"证明责任分配:一个价值衡量的方法",载《中外法学》2003年第2期。

所确立的法律预期、举证动力和普遍法律秩序难以实现。

（三）价值衡量之尝试

何海波先生在《证明责任分配：一个价值衡量的方法》一文中试图摆脱对制定法和各种理论所确立的证明责任规则的迷信，转而通过对相关社会价值的衡量，追求一种实质合理性。作者认为价值衡量在证明责任分配中的功能体现在如下三方面：在现有制定法提供的证明责任规则不明确时，就需要运用价值衡量去"弥合法律织物的漏洞"；在现有制定法提供的证明责任规则将导致明显不公平的后果时，就需要运用价值衡量去"熨平法律织物上的褶皱"；即使现有制定法提供的证明责任规则是明确且"合理"的，如果一方当事人有异议，也将需要运用价值衡量去维持其正当性。[1]

作者意识到的，价值衡量必然带有主观判断，即使在规则的外衣下，主观判断依然不可避免，但价值衡量的方法从整体上未必比依据规则进行推演更不公正、更难预测，更令人不可接受，所以作者似乎更加赞同在证明责任分配这一问题上采用价值衡量方法而摒弃利用成文规则的分配方法。但是，价值衡量方法又何尝不是一种"形式主义法学"呢？这种价值衡量的方法能否带来作者所预期的"实质正义"呢？背离成文规则的努力而追寻一种更为抽象模糊的价值衡量是否比"生硬的条文"更加令人信服呢？我们很难轻易得出这样的结论。同时，任何规则的选择和司法的判断又何尝不是一种价值衡量呢？行政诉讼中将具体行政行为的合法性的证明责任置于行政主体一方，而将其他事项的证明责任配置给相对人一方本身即蕴涵了立法者（包括司法者）的价值衡量，倘若在具体诉讼中再强调个案法官的价值衡量，甚至强调个案中的法官利用自己的价值衡量来挑战立法者的价值衡量，这是否更为危险和不利呢？此外正如笔者对于"个性化努力"之担忧一样，这种价值衡量方法是否在某种程度上会架空成文规则所确立的证明责任分配规则？

（四）三种模式在个案中的展现

通过对上述三种不同模式的介绍，我们已能初步觉察它们在证明责任分配上的差异。然而证明责任分配是一个应用型的论题，三者之间的差异在具体的个案中将有更深刻的体现。下面结合沈岿先生和何海波先生在阐述各自不同见解时同时采用的案例来展现三种不同模式之差异。

汤某在派出所接受询问期间出现明显不正常的生理反应，在送往医院抢救途中死亡。尽管汤某家属一再要求进行尸检，可县公安局不但未予尸检和法医鉴定，而且责成汤某家属将尸体送殡仪馆火化，造成汤某死因难以确定。汤某

---

[1] 更为详细的论述参见何海波："证明责任分配：一个价值衡量的方法"，载《中外法学》2003年第2期。

家属起诉要求公安机关赔偿。法院判定被告"酌情赔偿"。[1]

本案争点在于,公安机关是否应该承担赔偿责任。该问题的解决依赖于对汤某是否系公安机关的违法公务行为致死这一事实的认定,这一事实可以分解为两个问题:其一,公安机关有没有在执行职务过程中实施违法行为;其二,若答案是肯定的,违法行为是否是导致汤死亡的直接原因。由于汤尸体已火化,法院无法依据法定职权自行调取相关证据。于是,问题转化为,诉讼双方当事人究竟哪一方必须提出充足的证据以说服法官支持其主张,否则,该方当事人就要承担最终败诉的后果。这便是证明责任的分配问题。

1. 被告是否存在违法行为

原告认为被告有违法行为的理由是,汤死前症状符合电警棍电击后特征;而被告不承认派出所警员有违法行为。依据现行的行政诉讼证据规则,应当由被告承担被诉行为是否合法的证明责任。即若被告不能提供证据证明其行为合法,则可能承担败诉后果。

沈岿先生在对该案进行分析时指出,在行政诉讼中,原告必须证明具体行政行为的存在和违法性:对具体行政行为是否存在这一问题,应该由原告负责说服法官,而对具体行政行为是否违法问题,原告承担提证责任并随时可利用一定证据将责任转移给对方,而被告承担说服责任,这既符合成文法规定,又不失公正。所以,在本案中,既然原告提出公安机关有违法行为存在,而被告公安部门矢口否认有此事实,那么,原告应该就公安违法行为确实存在这一事实主张负担说服责任。[2]

何海波先生在对此点进行分析时基于对公安机关违反尸检义务应当承担的法律后果的价值衡量,指出,在当前的执法状况下,类似本案可能发生的警察刑讯致人死亡以及肇事后毁尸灭迹的现象都是有可能的。如果公安机关通过拒绝尸检可以掩盖他的违法行为,那么,必将鼓励公安机关以及任何行政机关在类似案件中通过毁灭证据来逃避责任。因此,即使没有制定法的明确规定,法官也可以从公安机关未予尸检的事实推定其实施了违法行为。衡量各种法律价值,应当责令其承担在事实认定上的不利后果。[3]

---

[1] 参见皮宗泰、洪其亚:"违法行为能否推定——对一起公安行政赔偿案件的分析",载《行政法学研究》1998年第3期;沈岿先生和何海波先生都著文对此案例进行详细的分析,参见沈岿:"行政诉讼证明责任个性化研究之初步",载《中外法学》2000年第4期。何海波:"证明责任分配:一个价值衡量的方法",载《中外法学》2003年第2期。笔者之所以选择这一案例原因在于学术探讨要在一个相对确定的基础上进行,通过同一案例展开对举证责任的分析便于发现各种观点之间的差异。

[2] 详细论述参见沈岿:"行政诉讼证明责任个性化研究之初步",载《中外法学》2000年第4期。

[3] 详细论述参见何海波:"证明责任分配:一个价值衡量的方法",载《中外法学》2003年第2期。

很显然,从不同的路径出发得出了不同的结论。由哪一方承担争议事实真伪不明的证明责任更加合理呢?这需要我们结合本案的具体情势进行详细分析。首先,就提供证据的可能性来说,本案中原告不可能提供被诉行为违法的证据,因为正如本案法官所言,公安机关的执法环境是特殊的,除公安人员和死者外,无第三人在场。如果要原告提出非常确凿的违法行为证据,对原告是不公平的。[1] 而相对于原告而言,被告具备提供证据的可能性。尽管被告要证明其未实施违法行为较为困难,但可以提供证据证明其行为合法,因此要求公安机关对该行为负证明责任并无不妥。

至于该案中公安机关并未履行法定的尸检职责的问题,能否根据这一事实推定被诉行政行为违法呢?这涉及诉讼证据理论的推论问题,鉴于本文写作内容,对这一问题不作深究。公安机关是否履行尸检职责并不影响证明责任的分配,更不会导致证明责任的转移。[2] 公安机关未履行尸检职责,只是为被告证明其行为合法,特别是证明损害事实与被诉行为无直接关系设置了巨大障碍。[3] 这将很可能使得被诉行为与原告受损事实之间的因果关系难以查实,从而加剧承担证明责任一方即公安机关承担败诉的危险。

据此,我们可以得出这样的结论,本案中对于被诉行为的违法与否应当由公安机关承担证明责任,而非由原告负担证明责任。很显然,本案在审理过程

---

〔1〕 有学者分析指出,本案中应当由被告承担被诉行为不存在违法行为的说服责任有悖常理,主张对具体行政行为是否违法的问题,原告承担提证责任并随时可利用一定证据将责任转移给对方,再由被告承担说服责任。详细分析参见沈岿:"行政诉讼证明责任个性化研究之初步",载《中外法学》2000年第4期。作者指出此处应当先由原告提供证据证明被诉行为的存在,然后由公安机关对被诉行为之合法性提供证据。

〔2〕 有学者分析指出,假设原告在庭审中提出:"要查清被告有没有违法行为,唯一途径是进行尸检。而被告无视我们的一再要求,不进行尸检就责令我们将尸体火化。这难道不能表明被告害怕尸检、害怕尸检结果揭露其违法事实?难道我们不能由此推定其有违法行为吗?"这就提出了事实推定问题(并非法律推定,因为基于经验、常识)。对于一个有理性的人而言,这个事实推定的盖然性似乎远远超出50%,甚至可以达到80%—90%。那么,法官完全可以认定原告的说服责任已经达到解除标准,并且,说服责任由此转移到被告身上。不过,此时被告不是要说服法官其没有违法行为,而是要向法官证明其不进行尸检就责令火化的行为是有相当充足之理由的。如果被告不能很好履行说服责任,就其为什么不进行尸检提出有说服力的反驳证据,法官就会作出有利于原告的一种事实认定(确切地说是推定),即违法行为存在。参见沈岿:"行政诉讼证明责任个性化研究之初步",载《中外法学》2000年第4期。在笔者看来,作者的分析存在些许漏洞。作者认为这样的事实推定可以成立,法官可以据此认定原告完成了说服责任,说服责任因此转移到了被告。而被告的说服责任却不在于说服法官其未实施违法行为,而在于证明其不进行尸检具备充足理由。很显然,这是两种不同的说服责任,原告并不需要说服法官被告不进行尸检违法,因而并不存在说服责任转移的问题。

〔3〕 有学者分析指出,公安机关没有履行尸检义务,应当承担在事实认定上的不利后果。参见何海波:"证明责任分配:一个价值衡量的方法",载《中外法学》2003年第2期。这与笔者的观点不谋而合,即公安机关未履行尸检义务,只是导致行政机关无法证明其行为与原告的受损事实之间的因果关系,使其举证不能,从而承担败诉的后果。而不存在所谓的举证责任从原告转向被告的问题。

中,被告并未提供充分确实的证据证明其行为合法,被告未进行尸检又进一步加剧了查清被害人死因的困难,这使得被告行为合法性难以查明。因此,依据证明责任的本质特征,应由公安机关对此争议事项承担证明责任,即认定公安机关的被诉行为违法。

对此争议事实,无论是依据现行的证明责任分配规则,还是依据沈岿先生的个性化研究方法以及何海波先生的价值衡量路径,公安机关都应当对被诉行为之合法性承担证明责任。但三者的推理思路略有不同。在讨论对此争议事项的证明责任分配时,成文规则依据多样化的考虑因素确立了统一的证明责任分配规则[1];沈岿先生则以特定案件中争议事实发生的盖然性大小为唯一根据。[2] 何海波先生考虑的是行政违法和相对人权益保护的价值衡量。沈岿先生的此种盖然性分析方法能在多大程度上接近"客观真实",这种盖然性又在多大程度上符合法官"心证"之要求,以及由谁来衡量某一事实发生的盖然性,这些疑问的存在必将使得依据盖然性来分析和分配证明责任规则具备很强的随意性。[3] 而何海波先生所倡导的价值衡量方法亦可能因不同法官或不同公众的价值观念不同而有所差异,因此此种路径亦不能保障证明责任分配规则对于不同当事人的诉讼指导意义。[4]

2. 违法行为是否是导致汤死亡的直接原因

如同要查明违法行为是否存在依赖于尸检一样,违法行为与汤某死亡事实的因果关系也取决于尸检。这里就涉及当事人的举证能力。对于原告而言,他并不具备进行尸检的专门技术和知识,尸检又是公安机关的法定职责;除非被

---

[1] 有关我国行政诉讼法确立被告对行政行为合法性承担证明责任规则的法理,朱新力教授进行了深入而详尽的考察,并提出了相应的批判性意见。参见朱新力:《司法审查的基准》,法律出版社2005年,页77—83。

[2] 何海波:"证明责任分配:一个价值衡量的方法",载《中外法学》2003年第2期。

[3] 有关对依据盖然性理论分配证明责任的批判,参见朱新力:《司法审查的基准》,法律出版社2005年,页58—59。

[4] 何海波先生在论述时指出,为避免价值衡量的主观性,一种可能的途径是,竭力找出所有的法律价值,并分别确定其价值天平上的"重量"。但作者又同时指出,法律价值是难以穷尽的,各种价值的分量更是难以一般性地确定。要想这种方法"像门捷列夫的化学元素表所起的作用那样",事先提供包罗无遗的价值清单和固定不变的估价规则,从而一劳永逸地解决举证责任的难题,是过于狂妄的空想;试图用一个简单的公式来限定复杂的考虑因素,在实践中同样不合时宜。我们所需要的是,在对举证责任进行价值衡量或者经济分析时,应当保持一个开放的头脑,不忽略、不回避任何一个有分量的价值(参数),具体问题具体分析。参见何海波:"证明责任分配:一个价值衡量的方法",载《中外法学》2003年第2期。很显然,除了某些极为个别的价值,如人性尊严、生命等可以因宪法规定而在价值序列中享有极高的地位之外,绝大多数价值不可能通过排序而获得先后不同、大小不一的考量。对有关价值、原则之间的考量,Allan教授进行了深入分析,可参见 Allan, *Law, Liberty, and Justice: The Legal Foundations of British Constitutionalism*, Oxford: Clarendon Press, 1993。而且作者最后的落脚点依然回到了"具体问题具体分析",这似乎又与作者所批判的沈岿先生的"个性化"研究思路一致了。

告作出尸检报告,原告几乎没有能力查清汤死亡的直接原因就是被告的违法行为。由于这一因素所具有的决定性作用,在损害事实与违法行为因果关系这个争议点上,应当由被告承担证明责任。[1] 由于在本案的审理过程中,被告没有以优势证据或明显和令人信服的证据,说服法官相信汤死亡系其他原因而非违法行为所致,所以,其必然要承担败诉后果。

由此,本案两方面的关键事实真伪不明的后果都应由被告即公安机关承担证明责任,公安机关为了防止承担此种争议事实真伪不明的证明责任,应当积极主动的提供证据证明其行为合法和其行为并非汤某死亡的直接原因。而在审判过程中,被告未能提出确实充分的证据,说服法官形成其行政行为合法和其行为与原告受损事实之间无直接关系的心证,在这两个争议事实最后均无法查清,呈现真伪不明情形之时,必然应当由被告来承担证明责任,即败诉后果。[2]

在一个缺乏规则传统的国度里,倘若抛弃成文化规则之约束,将个案中争议事实的证明责任留给法官依赖个案具体情势或价值原则进行分配,至少会产生如下几方面的缺憾:(1)致使诉讼当事人的举证行为迷失方向。因为存在成文法上的证明责任分配,诉讼当事人为了避免自己应承担证明责任之争议事实陷入真伪不明状态,必然在诉讼过程中积极提供证据,以查清事实。而个性化研究之方法作为一种对已发生争议案件的仔细考量,正如有学者批评的,并未考虑同类案件的情况,不关注法官在个案中确立具有普遍意义的规则,也不希求这个案件对行政机关或者相对人今后行为的指引作用。这种思考方式体现了一种司法判决中(尤其是事实认定上)"向后看"的定式。他对个案中发生的、已经逝去的事实真相的执着追求,遮蔽了举证责任制度对于受该制度影响的潜在当事人的行为的规范功能。[3] "证明责任的分配必须采用一般抽象的形式。按照法官自由心证或者按照公正性、盖然性等原则对证明责任进行个案式的分配是不可想象的。"[4](2)导致普遍秩序难以建立。依赖法官裁量之个性化研究和价值衡量对已发生案件中的证明责任进行分配,作为一种"批判性"思路具有重要意义,可以发现成文化规则适用过程中的缺陷;但是正如前一点指出的,这只具有个案意义,只有结合个案的具体情势才能进行个性化研

---

[1] 在这一点上,笔者赞同沈岿先生的观点。详细分析参见沈岿:"行政诉讼证明责任个性化研究之初步",载《中外法学》2000年第4期。

[2] 有学者在区分这两个方面证据的盖然性的基础上指出,法官在判定被告必须承担赔偿责任的同时,又酌情减少了赔偿数额,这个裁判是合乎理性的。参见沈岿:"行政诉讼证明责任个性化研究之初步",载《中外法学》2000年第4期。这样的论证似乎在理论上难以成立。因为理论上完成举证责任则必然胜诉,而举证不能,则必然败诉,不存在所谓的中间状态。与笔者持同样观点的还有:参见何海波:"证明责任分配:一个价值衡量的方法",载《中外法学》2003年第2期。

[3] 何海波:"证明责任分配:一个价值衡量的方法",载《中外法学》2003年第2期。

[4] 汉斯·普维庭:《现代证明责任问题》,吴越译,法律出版社2000年版,页517。

究和价值衡量,而这背离了证明责任之分配依赖于实体法而与具体个案无关之思想。这两种路径并不能作为一种"建构性"的思路,对证明责任规范的普遍确立形成指导意义,它们在实践中的运用必然导致不同法院、不同法官对类似案件采取大相径庭的证明责任分配方法,而这必然引发法治秩序的紊乱。[1]

(3)缺乏成文化规则约束之证明责任分配模式,容易滋生法官的恣意。在我们这样一个司法权威有待确立的国度里,将所有争议事实之证明责任分配留待法官进行个性化研究和价值衡量,必然致使司法招致更多的非难。

### 三、成文化规则的重构——以规范理论为出发点

尽管个性化研究路径和价值衡量路径作为一种"批判性"的思路,对于依据成文化规则分配的个案中的证明责任进行反思具有重要价值,但无法实现预先分配证明责任的"建构性"功能,因而亦无法指引诉讼当事人的举证行为。所以尽管依据现有的成文规则分配证明责任确实可能存在某些不公正和不完善之处,但这并不表明我们必须抛弃现有的成文规则而探索另外的"规则"。一种更为可取的、积极的态度应该是尽可能通过对成文规则的完善,包括在遵守既定规则前提下通过法律解释的途径和在既定规则难以维持时通过法律修改的方式,来应对纷繁复杂的个案。有鉴于此,笔者主张在继续采用成文化规则来分配证明责任的前提下,运用个性化的研究路径和利益衡量方法反思现有成文化规则之不足,并予以改造。我国目前行政诉讼规则基于政策考量,对诉讼中主要争议点的证明责任分配呈现"一边倒"的趋势。那么现有成文化规则对于行政诉讼证明责任的分配具有怎样的缺憾,对其应当进行怎样的改造,笔者在下文逐步析之。

#### (一)现有规则的缺憾

根据现行行政诉讼证据规定,行政诉讼中原告仅对下列三项事项承担证明责任:

第一,提供其符合起诉条件的相应证据材料。根据《行政诉讼法》第41条的规定,原告在提起行政诉讼时应当符合下列条件:(1)原告是认为具体行政行为侵犯其合法权益的公民、法人或者其他组织;(2)有明确的被告;(3)有具体的诉讼请求和事实根据;(4)属于人民法院受案范围和受诉人民

---

[1] 何海波先生在论文中也指出,如何避免价值衡量成为执法者的恣意?法官的价值衡量如何获得正当性?一种可能的途径是,竭力找出所有的法律价值,并分别确定其价值天平上的"重量"。作者同时指出价值衡量本身就是针对万千复杂的具体情形而适用,它在很大程度上必须依赖法官的职业素质和职业伦理。参见何海波:"证明责任分配:一个价值衡量的方法",载《中外法学》2003年第2期。由此可见作者也意识到该问题的存在,但并未提出一个可行的解决思路。当然作者强调将价值衡量方法仅仅局限于在缺乏成文化规则和适用成文化规则显失公正的情形,具有一定的合理性。

法院管辖。[1]

第二,在起诉被告不作为的案件中,原告应当提供其在行政程序中曾经提出申请的证据材料。但下列情形例外:(1) 被告应当依职权主动履行法定职责的;(2) 原告因被告受理申请的登记制度不完备等正当事由不能提供相关证据材料并能够作出合理说明的。

第三,在行政赔偿诉讼中,对被诉具体行政行为造成损害的事实提供证据。原告在行政赔偿诉讼中仅对损害已经发生,并且损害是由具体行政行为造成承担举证责任,至于造成损害的具体行政行为的合法性,则由被告承担举证责任。

我们发现,上述事项均不涉及作为行政诉讼审理对象的具体行政行为的合法性问题。也即,在所有行政诉讼案件中,都由被告行政机关对具体行政行为的合法性承担证明责任。这一规定虽强化了被告在行政诉讼中的证明责任,有利于保护原告的合法权益,并可推进行政机关依法行政,但片面强调行政主体的证明责任未免过于简单,毕竟并非在所有的行政过程中,行政机关在证据掌握方面均处于优势地位。片面强调行政主体的证明责任必然有失公允。而且与国外行政诉讼证明责任分配规则相比较,这种一边倒的证明责任分配方式未免失之粗糙。[2] 在德国,理论界在作为行政诉讼证明责任分配的基本原则规范(有利)原则之外,辅以其他分配规则,包括诉讼种类及当事人地位、维持现状原则、句子结构理论、证明妨碍及当事人协助义务的违反、盖然性说、合法性推定与自由推定、期待可能性及公平合理、范围理论、消极基本等规则,这些理论几乎都在德国联邦行政法院的判决中有所体现。[3]

那么,缘何我国行政诉讼证明责任的分配呈现"一边倒"的趋势呢?通过对国内早期和现行行政诉讼法学的主要教材和研究行政诉讼证明责任分配的文献考察,笔者发现绝大多数学者都对我国现行证明责任分配的规定持肯定态度,理由大致包括[4]:第一,行政程序中要求行政机关"先取证、后裁决",行政

---

[1] 有的学者认为属于起诉时对是否具备起诉条件的证明,不属于证明责任的范畴。参见马怀德、刘东亮:"行政诉讼证据问题研究",载何家弘主编:《证据学论坛》第四卷,中国检察出版社2002年,页215—216。笔者亦持同样的观点。另有学者指出行政诉讼证据规则此处规定的起诉条件,是起诉人应当承担的一种推进责任,在起诉人完成此项推进责任之前是不能称为原告的。参见高家伟、乔红星:"论行政诉讼证据制度的特殊性",载何家弘主编:《证据学论坛》第三卷。

[2] 参见高家伟、邵明、王万华:《证据法原理》,中国人民大学出版社2004年,页371。

[3] 关于德国行政诉讼证明责任分配理论介绍,参见吴东都:《行政诉讼之证明责任——以德国法为中心》,台湾学林文化事业有限公司2001年,第2章和第4章。

[4] 参见姜明安主编:《行政法与行政诉讼法》,北京大学出版社、高等教育出版社1999年,页347—348;杨解君:《行政诉讼法学》,法律出版社2000年,页232—234;应松年:《行政诉讼法学》,中国政法大学出版社1994年,页150—151;方世荣:《行政法与行政诉讼法》,中国政法大学出版社2002年,页295—296;高家伟、乔红星:"论行政诉讼证据制度的特殊性",载何家弘主编:《证据学论坛》第三卷,中国检察出版社2001年,页371;马怀德、刘东亮:"行政诉讼证据问题研究",载何家弘主编:《证据学论坛》第四卷,中国检察出版社2002年,页212—214。

机关应当在收集充分证据的基础上再作出行政决定。因此，当行政机关作出的行政行为被诉至法院后，应当有充分的证据材料证明其行为的合法性。第二，在行政法律关系中，行政机关居于主动地位，其实施行为时无需征得公民、法人或其他组织的同意。第三，行政机关的举证能力比原告强。因为行政管理经常涉及专业性、技术性问题，加之我国缺乏政府信息公开制度，原告在很多情形下没有举证能力。第四，由被告负举证责任，还有立法政策上的考量和促进依法行政之意义。[1]

应该说上述理由都是构建我国行政诉讼证据责任分配规则时应当考虑的因素，但仅考虑上述因素是不全面的。譬如，举证公平也是应当考量的一个因素，并非在所有情形下，由行政机关承担被诉行政行为之合法性的证明责任对行政机关都是公平的。就举证能力而言，也并非在所有情形下相对人的举证能力均弱于行政机关的举证能力，如某些依申请而作出的授益行政行为。而且除上述因素外，在构建行政诉讼举证责任分配规则时，还应当考虑到作为行政诉讼审理对象的行政争议涉及公共利益这一特性。不仅要考虑保护处于弱势地位的原告的利益，还应当考虑公共利益，也就是说在有些情形中需要在个人权益与公共利益之间进行比较。[2]

(二) 成文化规则重构之基础

既然由行政机关承担被诉行为合法性之证明责任，并非完全恰当公允。那么，行政诉讼中的证明责任应当如何分配呢？行政诉讼中的证明责任分配规则与民事诉讼中的证明责任分配规则是否存在本质上的差异呢？

这就需要我们从本质上审视行政诉讼之特性。在我国，行政诉讼法与民事诉讼法和刑事诉讼法一起，并列为国家三大诉讼法律部门。行政诉讼制度作为一种诉讼制度，其首要功能在于解决纠纷，只不过解决的是发生于行政相对人（包括公民、法人或其他组织）与公共机构之间的行政纠纷，解决的是公民权利同国家权力之间的冲突。纠纷解决是行政诉讼的首要功能。保护相对人合法权益和监督行政权的行使都服从和服务于纠纷解决这一基本功能。

作为一种纠纷解决方式，行政诉讼、民事诉讼、刑事诉讼并无本质差异，其核心均在于通过国家强制力的干预，探明原生事实真相，妥善解决双方当事人的争议。作为一种正式的纠纷解决途径，三大诉讼都以查明案件事实为基本任务，而案件事实的查明，一方面依赖于诉讼双方当事人提供的证据，另一方面依

---

[1] 朱新力教授著文对于我国现行政诉讼证明责任分配规则之法理进行了详尽论述，并提出了相应的反驳理由，参见朱新力："行政诉讼客观证明责任的分配研究"，载《中国法学》2005年第2期。

[2] 参见高家伟、乔红星："论行政诉讼证据制度的特殊性"，载何家弘主编：《证据学论坛》第三卷，中国检察出版社2001年，页372。

赖于国家依职权主动调查获得的证据。诉讼本质上就是诉讼当事人在法院提供的制度平台上,通过主张和提供证据,还原事实真相的一个过程。当事人的诉讼请求在很大程度上源于维护和恢复实体过程中的合法权益。在民事活动中,民事主体基于合同、侵权等民事行为而产生物权或债权。在民事诉讼中,当事人要维护和恢复实体法上的权益,必须提供证据证明其物权或债权得以存在的条件;而反驳方则会竭力证明该权利不存在。因为,主张权利的一方必须提供证据证明权利存在的事实。民事诉讼因而成为恢复和矫正民事法律关系的一个过程。行政诉讼也是如此。在行政过程中,行政主体与行政相对方均可能具有实体权益。在依申请行政行为中,如行政许可、行政确认、行政给付(通常为授益行政行为),相对人是在主张或要求某种实体权益;而在依职权行政行为中,如行政处罚、行政强制、行政命令(通常为负担行政行为),行政主体是在主张某种实体权益。行政诉讼就是解决行政主体与行政相对方在行政过程中产生的行政争议的法律机制。

正是由于行政主体与行政相对方在诉讼中均有自己独立的权力(利)主张:行政诉讼中原告主张行政行为违法,其实质仍是想通过司法审查实现他在行政程序中的主张,被告行政机关在诉讼中主张行政行为合法,其实质仍是想通过维护行政行为达到行政程序中的主张的实现,行政诉讼实际上是对行政机关和行政相对人在行政过程中的相互主张和证据予以重审的一个过程,其实质是行政程序的"上诉审"。实质主张的一致性导致证明责任的延续和再现。[1]因此,行政诉讼证明责任是行政程序证明责任的延续和再现[2],行政诉讼中的证明责任应当以行政过程中的主张和证据分配规则为基础。

那么,行政过程中的证明责任应当如何分配呢?笔者以为,与民事诉讼一样,行政过程中的证明责任分配是与实体权益的主张和归属相联系。在不同类型的行政行为中,实体权益的主张和归属方不同,对争议事实的证明责任分担也应当不同。在依申请行政行为中,行政相对人向行政机关依法提出申请,请

---

[1] 还有学者持有类似观点。如有学者指出行政诉讼被告的举证责任是由行政程序证明责任转化而来","行政诉讼原告的举证责任与行政程序举证责任具有一定的对应关系,相对人承担举证责任的事实通常也是原告承担举证责任的事实"。参见高家伟:《行政诉讼证据的理论与实践》,中国工商出版社1998年,页86—77。还有的学者认为,"正是因为在行政程序中,当事人和行政机关各负举证责任,使得行政诉讼中原告和被告也各负举证责任。行政程序是行政诉讼的初审,行政诉讼是行政程序的上诉审。在初审中负举证责任,在上诉审中还负责任"。参见刘善春、毕玉谦、郑旭:《诉讼证据规则研究》,中国法制出版社2000年,页745。当然也有学者持不同观点。参见高家伟、乔红星:"论行政诉讼证据制度的特殊性",载何家弘主编:《证据学论坛》第三卷,中国检察出版社2001年版,页376—377。沈岿先生在前引论文中也指出行政管理过程和行政诉讼过程在相当程度上是彼此独立的,行政程序中的证明责任分配规则并不能当然地成为行政诉讼中证明责任的分配规则。参见沈岿:"行政诉讼证明责任个性化研究之初步",载《中外法学》2000年第4期。

[2] 余凌云、周云川:"对行政诉讼举证责任分配理论的再思考",载《中国人民大学学报》2001年第4期。

求行政机关依法赋予某项权益。那么,在此过程中,相对人就应当向法院提供证据证明自己符合相关条件。在此类行政行为中,行政机关的功能在于审查相对人的申请材料是否符合法定条件,是否应当赋予其相关权益。行政机关的地位相对比较被动,其职责只在于依法判断相对人的主张是否符合法定条件。在关于此类案件的司法审查中,法院的任务则在于判断行政机关针对相对人申请所作出之行政行为是否符合法定条件。换言之,其需要首先判断行政相对人的主张是否符合法定条件,是否应当被授予相关权益,然后审查行政主体作出之决定是否符合前一判断。很显然,在此过程中,对于行政相对人的主张是否符合法定条件的证明材料,应当由行政相对人自己提供。法院经过审查之后发现某一要件事实处于真伪不明状态时,应当判令相对人对此承担证明责任。

在依职权行政行为中,行政机关有义务依职权调查事实真相,不受当事人陈述之拘束。行政机关采用职权调查主义,"系溯源于依法行政原则,盖行政行为之合法性必以正确掌握充分的事实为前提,并得以确保公意之实现,因而,关于事实之调查,不委由当事人之意志决定之,而由行政机关依职权为之"。[1] 首先,职权调查主义意味着行政机关负有"概括的调查义务",即凡与行政决定有关,而有调查的必要和可能者,均应调查;其次,这意味着行政机关对调查方法拥有裁量权,可运用各种合法而必要的方法实施调查;最后,意指行政机关有"概括的斟酌义务",即应斟酌一切对个别案件的情况,以达成行政决定所必要的确信。[2] 因此,在依职权行政行为中,行政机关必须尽可能地收集与行政决定相关的所有证据。具体行政决定的作出必须以其收集的这些证据为依据。调查义务的普遍存在,成为行政主体在行政过程和行政诉讼中承担主要证明责任的主要理由。[3]

基于行政主体和行政相对方在不同行政过程中的不同地位和不同职能,行政诉讼中的证明责任分配不能"一边倒",应当以双方当事人的权利(利益)主张为前提。国外的证明责任分配理论也认同了这一点。在行政诉讼证明责任分配上,德国通说接受罗森贝克的规范理论,认为在要件事实真伪不明时,其不利益归由该项要件事实导出有利之法律效果的当事人负担。换言之,在要件事实真伪不明时,主张权利或权限者,就权利形成事实负证明责任,否认或主张相反权利者,对权利消灭、阻碍或妨碍的事实负证明责任。至于何种事实为权利形成事实与权利消灭、阻碍或妨碍事实,有赖对实体法的文义、法条的结构、法

---

〔1〕 林锡尧:"行政程序上职权调查主义",载《当代公法理论——翁岳生教授六秩诞辰祝寿论文集》,台湾地区月旦出版公司1993年。

〔2〕 同上。

〔3〕 持同样观点的还有余凌云等。参见余凌云、周云川:"对行政诉讼举证责任分配理论的再思考",载《中国人民大学学报》2001年第4期。

律规范的目的、全体现行法的规定、宪法体现的基本法律思想和正义理念综合判断。[1] 在日本,行政诉讼领域证明责任之分配亦多采规范理论。尽管规范理论自罗森贝克创立以来就招致学者诸多批评,但由于该理论建构时的实质性依据考量[2],迄今为止尚无其他更具说服力和建构性的理论足以对其形成实质性威胁,并进而挑战该理论的正统地位。因而借鉴规范理论,矫正我国行政诉讼的证明责任分配规则实为必要。

(三) 中国行政诉讼架构中的证明责任分配

基于上述分析,笔者认为,我国行政诉讼中证明责任的分配规则仍应当延续成文化规则的基本思路,并借鉴域外的规范理论,对成文化规则予以矫正。

以具体行政过程中证明责任的分配为基础,我国行政诉讼中的证明责任分配规则可作如下调整:

对于以作为方式作出的行政行为,可以依职权行政行为和依申请行政行为为标准区分对待:依据规范理论,"请求权人承担权利形成要件的证明责任,请求权人的对方当事人承担权利妨碍、权利消灭和权利阻碍要件的证明责任"。[3] 在依职权行政行为中,行政机关是在积极主动地对相对人行使权力,主张应当给予相对人怎样的不利处分,那么在行政程序中就要求行政机关必须积极主动地去收集证据,证明相对人存在法律规定的违法行为,并单方依法对其权益作出不利处分。因此,行政机关对于法律要求的作出不利行政处分之要件事实必须有明确的证据支撑。在对依职权行政行为进行审查时,亦应当由行政机关对被诉行为之合法要件事实承担证明责任。当然,对于依职权行为,行政相对人仍可能提出积极主张,如行政处罚中相对人违法的阻却事由。对此,应当由原告承担证明责任。对授益行政行为的撤销在本质上是一种依职权行政行为,撤销对于已受益的相对人来说是一种现状改变,所以被告必须对撤销的事实要件负证明责任。授益行政行为的废止同理。[4]

在依申请行政行为中,行政机关对行政相对人提出的申请进行审查,以确定是否赋予行政相对人某种权益或者资格。如行政许可、行政确认等。依申请行政行为程序的启动前提是必须有行政相对人的申请,和行政相对人比较起

---

[1] 规范理论及其修正理论,详见莱奥·罗森贝克:《证明责任分配论》,庄敬华译,中国法制出版社 2002 年,页 95 以下;高桥宏志:《民事诉讼法:制度与理论的深层分析》,林剑锋译,法律出版社 2003 年,页 439 以下;汉斯·普维庭:《现代证明责任问题》,吴越译,法律出版社 2000 年,页 152。

[2] 有学者撰文专门论述了规范理论的实质合理性源于维持现状理论,并进而指出,任何希望以明文规定证明责任分配的立法文件,都应把罗森贝克的基本规则规定为证明责任分配的原则。参见朱新力:"行政诉讼客观证明责任的分配研究",载《中国法学》2005 年第 2 期。

[3] 莱奥·罗森贝克:《证明责任分配论》,庄敬华译,中国法制出版社 2002 年,页 95。

[4] 参见朱新力:"行政诉讼客观证明责任的分配研究",载《中国法学》2005 年第 2 期。

来,行政机关明显处于被动的地位。如在行政许可行为中,行政相对人向行政机关主张权利的成立,必须提交法定的证明材料。行政机关的角色在很大程度上是对相对人是否符合法定条件,特别是对相对人主张所提出的文件和证据的核实。如果行政机关作出不批准或者不颁发许可的决定,那么它就必须有证据证明申请人存在法律规定的权利妨害要件事实或者权利消灭要件事实,这也是行政机关证明责任之所在。如果由此引发的行政纠纷进入到诉讼阶段,原则上应当由原告提供证据证明其申请符合法定条件。如果经过审理之后,法官无法判断被告所作之许可是否合法,也即被告行为之合法性陷入真伪不明状态,此时应当由原告承担相应的败诉风险。

有关行政不作为案件中的证明责任分配与此略有区别。[1] 在不作为行政案件中,由于不存在具体的行政过程,依据行政过程中的权利主张分配双方当事人的证明责任略有困难。但是,我们仍然可以从双方当事人的诉讼主张中探寻此种情形下的证明责任分配规则。不作为可分为程序上的不作为和实体上的不作为。在依申请的行政不作为中,行政相对人都是要求改变现状、形成权利的一方。因此,原告应当提供证据证明自己已经提出申请和自己申请之事实符合法定条件(即要求行政机关作出行政行为是合法的)。在依职权的行政不作为中,由于行政机关的职权行为并不以当事人的申请为前提,行政机关对于是否作出行政行为享有完全的主动权。因此,在此类案件中,行政机关应当提供证据证明自己不作为的事实和理由。否则,一旦要件事实处于真伪不明状态,便应当由行政机关承担相应的败诉后果。

行政赔偿案件中,对于被诉行政行为合法性的审查中,证明责任的分配可依据前述规则进行。被诉行为被确认违法之后,对于赔偿范围和赔偿数额的认定,应当由原告承担证明责任,因为这是原告在积极主张权利。

## 四、结语

人类的智慧是无穷的,但在特定的时间和空间里,人类的认知能力却是有限的。作为一种制度化的纠纷解决方式,诉讼在为当事人提供权益救济平台的同时,也设置了权力/权利行使的边界。在以探明原生事实为基本前提的诉讼格局中,人类认知能力的有限性和权力/权利行使的程式化决定了我们不可能完全还原事实真相,我们所追求的只能是一种法律真实。作为追求法律真实的一个过程,司法过程中案件争议事实真伪不明就可能成为一种常态,然而法律在规则体系上是不允许出现漏洞的,否则,法律的权威性与合理性将遭到质疑。排解真伪不明之法便由此应运而生。无论是古代的神明裁判,近代的经验证

---

[1] 蔡志方:《行政救济新论》,台湾元照出版公司2000年,页277以下。

明,还是现代的证明责任制度,将争议事实真伪不明转化为特定法律后果是它们共有的功能。证明责任与当事人实体法上的权益由此勾连。证明责任的分配也因而备受关注。

同属制度化的纠纷解决方式,行政诉讼与民事诉讼并无本质上的差异。尽管由于高权行政的长期存在,行政诉讼被赋予了更多司法审查的特性,但纠纷解决仍然是其最基本的功能。司法审查功能的发挥也应服从和服务于纠纷解决,否则,行政诉讼便失去了诉讼的根本特性。民事诉讼的证明责任分配与行政诉讼的证明责任分配也不应具有根本上的差异。民事诉讼证明责任的制度变革已经受到了域外规范理论的重大影响,行政诉讼证明责任的分配也不应例外。

以行政过程中双方当事人的实体权益主张为基础,分配行政诉讼中的证明责任,遵循了自罗马法以来的"肯定者承担证明,否定者不承担证明"[1]格言,符合维持现状的自然法则——"只有变化才需要进行正当化论证"[2],蕴含了实质法治的根本原理。我们有理由期待,经过规范理论矫正后的证明责任分配规则,能够最大限度地还原事实真相,能够真正满足审案法官的实际需要。如此,不再需要我们的批评与猜疑,不再需要我们的鼓励与诱导,法官对于案件的真实想法,对于真伪不明之争议事实的处理,能够完整、真实地呈现于判决文书之中。

(初审编辑:毕洪海)

---

[1] 见《民法大全选译——审判诉讼司法管辖权·审判·诉讼》,黄风译,中国政法大学出版社1992年,第57—58页。也可参见汉斯·普维庭:《现代证明责任问题》,吴越译,法律出版社2000年,页388以下。

[2] 详见吴东都:《行政诉讼之证明责任——以德国法为中心》,台湾学林文化事业有限公司2001年,第153页以下。

# 偏好与理性选择:保守主义人士也能接受的规制

## ——行为经济学与"非对称父爱主义"的案例[*]

科林·凯莫勒　萨缪尔·伊萨查罗夫　乔治·罗文斯坦
特德·奥多诺霍　马修·拉宾[**]
郭春镇[***]　译

---

[*] 原文载 151 *U. Pa. L. Rev*, pp.1211—1254, January, 2003. 原题为:Preferences and Rational Choice: New Perspectives and Legal Implications: Regulation for Conservatives: Behavioral Economics and the Case for "Asymmetric Paternalism"。本文翻译已经获得原作者授权。

[**] 凯莫勒(Camerer)是加州理工的商业经济学 Rea and Lela Axline 教授;伊萨查罗夫(Issacharoff)是哥伦比亚大学法学院程序法学 Harold R. Medina 教授;罗文斯坦(Loewenstein)是卡内基梅隆大学经济学与心理学教授;奥多诺霍(O'Donoghue)是康奈尔大学经济学教授;拉宾(Rabin)教授是加州大学伯克利分校经济学教授。我们感谢所有参与宾夕法尼亚大学法学院举行的关于偏好于理性选择讨论会的人士,感谢南加州大学 Olin 工作室,感谢哥伦比亚大学法学院工作室,感谢哥伦比亚决策科学研究中心,感谢 Russell Sage 基金会圆桌会议上的所有评论。Ted O'Donoghue 与 Matthew Rabin 还要感谢国家科学基金会通过 SES-0078796 与 SES-0079266 项目给予的经济支持。作者们还收到了来自 Ehud Kamar、Ed McCaffrey、Kristin Madison、Ed Rock 颇有助益的评论。Michael Fischer、Dina Hamerman 与 Todd Lundell 也为研究提供了极富成效的帮助。

[***] 厦门大学法学院讲师,硕士生导师,法学博士,电子邮箱:guochunzhen@163.com。在文章的翻译过程中及之后,厦门大学成凡博士与江苏省社科院研究人员林海给予了诸多帮助与指正,译者谨致诚挚谢意。但译文中可能存在的粗疏、偏差与误读皆为译者学艺不精所致,责任自然由译者承担。

## Preferences and Rational Choice: New Perspectives and Legal Implications: Regulation for Conservatives: Behavioral Economics and the Case for "Asymmetric Paternalism"

*Colin Camerer    Samuel Issacharoff    George Loewenstein*
*Ted O'Donoghue    Matthew Rabin*
*Translated by Guo Chunzhen*

**内容摘要**:非对称父爱主义的规制目的是帮助那些有限理性的人们避免犯成本过高的错误,同时仅对理性的人们加以很小的成本甚至不加以成本。结合了认知心理学与经济学的行为经济学表明,有时候即便有健康心智的人们在某些特定的、可预见的情形下也可能不会为他们长远的自身利益行事,很多非对称父爱主义的规制就是基于这种考虑而产生的。这些规制体现在缺省规则、对信息的提供或重组、冷却期、对消费者选择的限制等方面。非对称父爱主义并不必定是严厉的,它可能会引导产生比现有政策更温和的规则。而且新技术为将这种规制作为一种新的对规制选择的成本收益评估标准提供了新的可能性,因而值得被"认真对待"。

**关键词**:行为经济学  理性选择  非对称父爱主义

## 引言

政府规制体现为不同的形式。一些规制的目的完全在于再分配,比如,针对富人收税并移转至穷人。其他的规制则寻求通过限制某些行为以抵消这些行为的外部性,其虽然在个人意义上使人蒙受损失,但却产生纯社会利益。一个明显的例子是通过税收为筑路等公共利益筹集资金。在这些情况下,个人如果不交税的话,他就会纯粹受益;如果每个人(包括他自己)都必须交税,那么他也会从中受益。

在本文中,我们将主要关注第三种形式的规制,以个人为基础的、被设计用来帮助当事人的父爱主义式的规制。父爱主义通过强制或阻止消费者的某些选择来保护他们自身的利益,这看起来好像是对他们自主权(sovereignty)的践踏。这一点很像父母不让孩子逃学或禁止孩子以糖果代替晚餐。最新的行为经济学的研究表明,很多决策失误可以通过扩大这种父爱主义式规制的范围来避免。[1] 通过行为研究证明,某些失误使人们不能为他们自身的最大利益行事,在这个范围内,父爱主义能被证明是有助益的。但是,有些父爱主义阻止了人们为其自身最大利益行事,在这个范围内,父爱主义被证明是成本太过高昂。[2]

本文中我们的目的是讨论在很多情况下,使某人鱼和熊掌兼得是有可能的。我们提出一种用来评价父爱主义式的规制的方法和一种被称为"非对称父爱主义"(asymmetric paternalism)学说。如果一种规制对那些犯错误的人好处多多,而仅仅对这些充分理性的人几乎不产生损害,这种规制就是非对称父爱主义式的。[3] 这样的规制对那些为其自身利益作出可靠决定的人来说是无害的,而对那些不能作出最佳选择的人来说是有利的。

然后我们将证明现有的和可能的对错误决策的规制措施会满足这一标准。我们的论文试图以两组不同的关注来调和两种人的观点:对于那些坚定的反父爱主义者(尤其是经济学家),本文为父爱主义描述了一种可能具有吸引力的原理和小心、谨慎、严格的路径。对于那些基于行为经济学而坚决支持父爱主义式政策的人来说,本文认为需要更多的约束并提出了一些可能的标准。

从历史上看,对于特定群体的人们是否具有为其自身最大利益而行事的能力所持有的怀疑构成了对父爱主义进行正当化论证的核心。[4] 从19世纪开始,这一群体包括被认为不能为其自身最大利益而缔约的人们,用一句在一件经常被援引的案例中的话来说,主要包括那些"白痴、未成年人或已婚妇女"[5]。对这些最终需要政府保护的人来说,父爱主义是对他们作出的一种恰

---

[1] See, e.g., Christine Jolls et al., "A Behavioral Approach to Law and Economics", 50 *Stan. L. Rev.* 1471, 1545 (1998)(该文的结论是个体实际上只能表现出有限的理性、有限的意志力和有限的自我利益;并主张对法律进行更复杂、更准确的经济分析); Russell B. Korobkin & Thomas S. Ulen, "Law and Behavioral Science: Removing the Rationality Assumption from Law and Economics", 88 *Cal. L. Rev.* 1051, 1059 (2000)(发现个体经常"不能对其所期待的功效最大化",并确认行为因素可能使理性选择理论所依赖的主体所进行的成本收益分析复杂化)。

[2] 就很多规制而言,其形式究竟是属于父爱主义式的还是为了抵消外部性而设立的,有些模棱两可。比如,"强制要求摩托车手戴头盔"的法律可能反映的是父爱主义动机与外部性动机的混合体。前者关注的是不戴头盔的摩托车手没有正确地认识到他正在冒的风险。后者主要关注的是不戴头盔的摩托车手所引发的事故造成的医疗费用会给社会带来负担。

[3] 这个观点是在"谨慎的父爱主义"(cautious paternalism)的标题下被阐述的。See Ted O'Donoghue & Matthew Rabin, *Procrastination in Preparing for Retirement*, in Behavioral Dimensions of Retirement Economics 125, 150 (Henry J. Aaron ed., 1999)(描述了基于"谨慎的父爱主义"的政策如何能够达到这样的目的:这些政策"在人们做错误决定时就会有很大的价值,但如果人们是充分理性的那么加于他们成本却相当小"); cf. Ted O'Donoghue & Matthew Rabin, *Risky Behavior Among Youths: Some Issues from Behavioral Economics*, in Risky Behavior Among Youths: An Economic Analysis 29, 31 (Jonathan Gruber ed., 2001)(提倡一种原则性的方法来研究年轻人何时以及如何犯错误,哪种干预可以减轻错误,以及什么时候干预利大于弊)。

[4] Cf.下文第三(二)部分(考虑体现各种不同层级的非对称父爱主义帮助不理性的人们作出更好决定的建议)。

[5] *Rogers v. Higgins*, 48 Ill. 211, 217 (1868), available at 1868 WL 5084, at 4.

当的社会反应。[1] 尽管我们关于妇女能力的观念已经明显变化,"白痴"的称呼也不再适当,但父爱主义的普遍原理却继续留存下来。

我们的方法更符合第二种论证父爱主义正当性的理由,这种理由更关注情境(situations)而非人。即便有健康心智的人们在某些特定的、可预见的情形下也可能会不为他们长远的自身利益行事,很多规制就是基于这种考虑而产生的。比如,高利贷法与禁止卖身为奴的法律规定为保护那些在经济上陷入困境的人而禁止他们接受那些将有长期破坏性结果的契约。[2] 由于养家糊口的压力,一些人可能愿意冒对于社会大众来说难以接受的巨大风险,对危险职业的健康和安全规制因此应运而生。[3] 由于麻醉品能够让正常人的行为能力变得与"未成年人"或"白痴"一样,很可能基于这样的考量产生了对麻醉品的规制。[4]

近期社会科学的发展为父爱主义提供了新的基础。对行为经济学的进展进行法律分析的引介是父爱主义争论中最新的话题。通过对那些有行为能力和思维正常的人在可预见的情况下所犯的日常决策错误进行编目列表,这一研究可能将拓宽父爱主义式政策能有效适用情形的领域。

本文以及我们对"非对称父爱主义"这一术语的进一步讨论,反映了我们这些以行为研究来论证父爱主义式政策的正当性的作者们共同的如履薄冰的心态。我们有两种主要的考量。第一,尽管行为经济学研究被证明有一定的失误,但这些失误并非是普遍性的[5],我们担心父爱主义式的政策可能会对那些在特定情形下理性地为自己最大利益行事的人产生不适当的负担。第二,行为经济学仅处于其发展的早期阶段,因此对这一理论的成果相对于那些"成熟的"学科、领域而言,应予以更谨慎地审视。这些以及与此相关的考虑意味着在这个阶段在推进父爱主义式政策的时候必需谨慎,同时意味着对于非对称父

---

[1] See Eyal Zamir, "The Efficiency of Paternalism", 84 *Va. L. Rev.* 229, 230 (1998)(提出了一些讨论有限能力的父爱主义式规制的例子)。

[2] See Anthony T. Kronman, "Paternalism and the Law of Contracts", 92 *Yale L. J.* 763, 778—784 (1983)(认为后悔和失望的可能性能论证禁止"自愿为奴"的法律的正当性); Eric A. Posner, "Contract Law in the Welfare State: A Defense of the Unconscionability Doctrine, Usury Laws, and Related Limitations on the Freedom to Contract", 24 *J. Legal Stud.* 283, 312—314 (1995)(详细论述了历史上关于高利贷法律规定正当性)。

[3] See, e.g., *Holden v. Hardy*, 169 U.S. 366, 393—398 (1898)(支持立法中对地下采矿工业规定最长劳动时间的规制)。

[4] Cf., e.g., 75 *Pa. Cons. Stat.* 1503(a) (1996)(禁止发布驾驶执照给那些"酗酒者或使用任何具有控制性物质的人"和那些被认为"受任何精神性的缺陷或疾病折磨和困扰的人")。

[5] See, e.g., Samuel Issacharoff, "Can There Be a Behavioral Law and Economics?", 51 *Vand. L. Rev.* 1729, 1734—1741 (1998)(提出对理性选择的实质性偏离(substantive deviations)可以在赠予等行为中发现,事后诸葛亮式的偏好、自我服务式的偏好等要求在将其归入准确的行为模式之前进行更多的研究)。

爱主义应以更保守的态度对待。[1]

## 一、基于理性与行为经济学

在经济学中有"完全理性"人的假定。尽管有反对意见认为完全理性的确切含义不甚明确,但绝大多数经济学家都同意以下几个基本组成部分[2]:第一,人们具有确定的偏好(或目标)并为使这些偏好最大化而作出决策。第二,这些偏好(在当事人知识限度内最大程度上)准确地反映了现有选择项中的真实成本与收益。第三,在涉及不确定性的情形下,人们对于这些不确定性将如何解决自身问题拥有已完好形成的信心,当能获得新信息的时候,他们能够应用贝叶斯法则(Bayes's law)对他们的信心进行更新。贝叶斯法则(Bayes's law)意味着假定人们有能力根据新信息更新其可能的评价。[3]

行为经济学挑战以上假定并试图以基于其他社会科学成果的、更现实的方法取代这些假定。[4]这门学科在过去二十年的发展可以追溯到两个平行的、互补的研究路线上来。第一个路线是由认知心理学者来完成的,他们做的是经验性的工作。他们开始确认大范围的决策"异常"(anomalies),这些异常是指与功效最大化或贝叶斯升级法则不一致的判断或选择模式。同时还确定了认知捷径或者说"直观推断"(heuristics),这一算法有解释这些异常的可能。[5]第二个路线是由经济学家来做的,尽管这些经济学家仍然坚持强调那些使经济学区别于其他社会科学的严格形式与应用领域[6],他们还是认为理性选择范式应被扩展至能解释常态的有限理性问题。认知心理学提供了理想的新材料,

---

[1] 我们也经常附和常见的直觉,认为人们对自由选择有内在的要求。就我们讨论的很多政策而言,如果人们认为它们是对其自由的蚕食,那么它们可能比描述的要更不好。我们认为对于人们如何判断他们的自由选择被影响,应该进行行为学的研究,而不是将对父爱主义的抵制当作公理。

[2] Compare Richard A. Posner, "Rational Choice, Behavioral Economics, and the Law", 50 *Stan. L. Rev.* 1551, 1551 (1998)(与行为经济学不同,它强调理性选择中"理性的"想法的流行性), with Christine Jolls et al., A Behavioral Approach to Law and Economics, 50 *Stan. L. Rev.* 1476—1481 (1998)强调"现实"的个体所表现出的"有限理性"这一理念,而不是强调由理性选择经济学所设想的普遍理性。

[3] 关于贝叶斯法则的应用的一般描述可见 Douglas G. Baird et al., Game Theory and the Law 79—121 (1994)。

[4] See, e.g., *Choices, Values, and Frames*, at x—xvii (Daniel Kahneman & Amos Tversky eds., 2000)(解释了编者的汇编那些文献的想法,而这些文献将拓展并"恢复"决策理论); Colin Camerer & George Loewenstein, *Behavioral Economics: Past, Present and Future, in Advances in Behavioral Economics* (Colin Camerer et al. eds., forthcoming 2003).

[5] See, e.g., Amos Tversky & Daniel Kahneman, *Judgment Under Uncertainty: Heuristics and Biases, in Judgment Under Uncertainty: Heuristics and Biases* 3, 4 (Daniel Kahneman et al. eds., 1982)(认为有代表性的算法中,以 A 可以代表 B 的程度来评价可能性,这种算法导致"严重的错误,因为相似性,或可代表性不受某些因素的影响,尽管这些因素应该能够影响对可能性的判断")。

[6] See, e.g., Herbert A. Simon, "A Behavioral Model of Rational Choice", 69 *Q. J. Econ.* 99, 103—110 (1955)(使用传统经济分析来发展关于更接近反映人类行为的理性的"近似"的概念)。

这些材料能被用于经济选择的新理论。

行为经济学在现代历史时期(20世纪80年代之后)可以分为两个阶段或浪潮。第一阶段确认了一些异常现象,这些现象与理性选择预期相比是异常的,但是它们之间也几乎没有共同点。[1] 因此,对行为经济学早期的批评认为这不过是偏离理性选择的一份清单而已。第二阶段则集中了力量,并为反驳这些批评在科学性上进行了巩固。[2] 在标准理性理论基础上增加了一两个自由参数的简洁函数开始用来解释重要的异常现象并作出了新的预期。

行为经济学中的一些研究已经将注意力集中在讨论人们的偏好为什么与经济学家假定的偏好不一致。比如,在对结果不确定的、有风险的赌博进行评估的时候,人们看起来是不成比例地不想赌输,也不喜欢在面临"不确定性"时作出选择(而他们明知他们在丧失可能影响他们决定的信息)。[3] 另一个例子是,人们看起来还有一些社会性的偏好,这使得他们不仅仅关切将物质利益最大化。[4]

---

[1] See, e.g., Daniel McFadden, Rationality for Economists?, 19 *J. Risk & Uncertainty* 73, 73 (1999)(从认知、偏好和理性过程等标准经济学模式检验了异常行为,并认为对感知如何形成以及它们如何影响决策的研究可能有助于形成一种新的经济分析)。

[2] See Colin Camerer & George Loewenstein, *Behavioral Economics: Past, Present and Future, in Advances in Behavioral Economics* (Colin Camerer et al. eds., forthcoming 2003)(调查和提供了行为经济学最近发展的一些例子)。

[3] See Colin F. Camerer, "*Prospect Theory in the Wild: Evidence from the Field, in Choices, Values, and Frames*", (Colin Camerer et al. eds., forthcoming 2003), tbl. 16.1 (给出十个这种模式的例子:消费者选择、金融与房地产市场、打赌、保险和劳动力供应等,并通过前景理论(prospect theory)和与其他判断相隔离的单一选择或时机(isolation of a single choice or moment from other decisions)等因素进行了简要解释);Colin Camerer & Martin Weber, Recent Developments in Modeling Preferences: Uncertainty and Ambiguity, 5 *J. Risk & Uncertainty* 325, 360 回顾了一些实验性的证据和理论以及厌恶模棱两可决定的研究成果的应用;Daniel Kahneman & Amos Tversky, Prospect Theory: An Analysis of Decision Under Risk, 47 Econometrica 263 (1979)(表明对失去予以不成比例地厌恶和影响对风险结果选择高估或低估的可能性);Amos Tversky & Daniel Kahneman, "Loss Aversion in Riskless Choice: A Reference-Dependent Model", 106 *Q. J. Econ.* 1039, 1054—1058 (1991)(检验了失去比得到对偏好有更大的影响,这有助于解释忠实于特定品牌和谈判策略等现象)。

[4] See, e.g., Gary E. Bolton & Axel Ockenfels, "ERC: A Theory of Equity, Reciprocity, and Competition", 90 *Am. Econ. Rev.* 166, 166 (2000)(演示了一个简单的经济学模型,该模型产生的结果与作为论证前提的相关成本激发人们行动这一情况一致。相关的成本指的是可与其他人的成本相比较的个人成本);Gary Charness & Matthew Rabin, "Understanding Social Preferences with Simple Tests", 117 *Q. J. Econ.* 817, 849—851 (2002)(发现相对于减少成本的差异,个体对增加社会福利更为关注。同时发现人们容易为互惠所驱动);Ernest Fehr & Klaus M. Schmidt, "A Theory of Fairness, Competition, and Cooperation", 114 *Q. J. Econ.* 817, 855—856 (1999)(分析了以自我为中心的厌恶不平等这一经济模型,即人们什么时候愿意放弃产生同等结果的物质利益;同时对经济环境如何决定是公平类型还是自私类型起主导作用获得一定的成果);George F. Loewenstein et al., Social Utility and Decision Making in Interpersonal Contexts, 57 *J. Personality & Soc. Psychol.* 426, 438—439 (1989)(研究了在有争议的背景下的社会功效,以评估社会功效的作用。这一作用能用来预测在决策不仅对自己而且对他方产生影响的情况下的个人行为);Matthew Rabin, "Incorporating Fairness into Game Theory and Economics", 83 *Am. Econ. Rev.* 1281, 1281—1282 (1993)(发展了一种被称为"公平均衡"(fairness equilibrium)的游戏理论概念,在这种均衡下,人们愿意帮助那些帮助他们的人,愿意伤害那些伤害他们的人)。

这些发展都是对标准经济模型所表述的正确性的挑战,但这些发展并没有对经济行为的理性提出质疑。这样的倾向准确反映了在真实偏好的范围内,它们并没有产生父爱主义的需要。[1]

但是行为经济学中的一大部分表述了有时候人们不能为他们自身的最大利益行事。比如,大量的文献检验了在自控能力方面有欠缺的人们是如何完成他们所欲的行为。[2] 也有文献记载了某些人们不能按照贝叶斯法则的要求处理信息方式。[3] 很多研究人员已经表明,人们对于其选择的成本和收益有系统性的错误预期。比如,人们选择中所表明的对损失的厌恶程度看起来与他们对得失的真实经历不相一致。[4] 正是这些明显违反理性的错误,能证明父爱主义式政策的正当性,能帮助人们作出更好的决定,能使人们更接近为其自身最大利益行事。

行为经济学成功地拓展了经济理论。经济学中最简单的模型是充分的竞争、完全的信息和完全的理性。这些边缘案例在大多数时间里明显是不现实的,但能够产生清晰的洞察力和有用的近似值。而且,对这些严格的假定逐渐放松要求被证明是富有成果的。从 20 世纪 30 年代开始,经济学家们开始降低

---

[1] 当然,这样的倾向确实在政策上运用了。比如,对风险偏好的更好的理解能帮助我们设计更有效的保险政策。且正如下面三个注释以及相关的文本将要论述的:有重要的证据表明,并非所有的在选择行为中证成自身的"风险偏好"都能够做到充分理性——利益最大化。因此,在这个领域也有父爱主义存在的空间。

[2] See David Laibson, "Golden Eggs and Hyperbolic Discounting", 112 *Q. J. Econ.* 443, 444—445 (1997)(主张消费者对非流动性资产进行投资,这些资产许诺将来产生实质性的利益,以此作为证明在不一致的偏好面前的个人自我控制); George Loewenstein, Out of Control: Visceral Influences on Behavior, 65 Org'l Behav. & Hum. Decision Processes 272, 272—273 (1996)(主张在行为与察觉到的自我利益之间的断裂是由于内在因素。这些因素的强度达到比较高水平的时候,能够变得"如此强烈以至于最终阻碍了决策"); Ted O'Donoghue & Matthew Rabin, "Doing It Now or Later", 89 *Am. Econ. Rev.* 103, 118—120 (1999)(分析了自我控制问题导致人们不按照他们所想要的方式行动所发生的环境)。

[3] See Amos Tversky & Daniel Kahneman, *Judgment under Uncertainty: Heuristics and Biases*, in *Judgment Under Uncertainty: Heuristics and Biases* 5 (Daniel Kahneman et al. eds., 1982)(通过对基于陈旧的、而非前述的概率进行评估来总结违反贝叶斯法则的情形)。一些资料已经列出了判断中反映了偏离贝叶斯推理的偏好的正式模式。See, e.g., Matthew Rabin, "Inference by Believers in the Law of Small Numbers", 117 *Q. J. Econ.* 775, 776, 785—787 (2002)(确定了对贝叶斯推理系统性偏离的情况,这些情况包括诸如"对一些人对法律的信仰、赌徒的谬论或过分干预的"偏好等); Matthew Rabin & Joel Schrag, "First Impressions Matter: A Model of Confirmatory Bias", 114 *Q. J. Econ.* 37, 38—39 (1999)(定义了一些确定的偏好,诸如行为人将模棱两可的证据阐释成证实其当前理论的行为,而这时贝叶斯理论的遵循者可能主张不同的观点)。

[4] See Amos Tversky & Daniel Kahneman, Loss Aversion in Riskless Choice: A Reference-Dependent Model, 106 *Q. J. Econ.* 1047—1048 (1991)(发现相对于能增加价值的有利因素,人们倾向于更关注能降低价值的不利因素); see also Michael Strahilevitz & George Loewenstein, The Effect of Ownership History on the Valuation of Objects, 25 *J. Consumer Res.* 276, 285 (1998)(发现了对某物有现在拥有期间的影响,"一个物品被拥有的时间长度会影响出售价格")。

对公司和代理人充分竞争的假定,这对工业组织创新性的研究产生积极作用。[1] 从 20 世纪 70 年代开始,对完全的信息的假定也得以放松要求(其模型是高成本的调查、筛选、通知等),也获得了巨大成功。[2] 对完全理性的假定放松要求在逻辑上是获得富有成果之进展的下一步。

心理学的新成果对于崭新的行为经济理论提供了科学基础,这为上述父爱主义式规制原则提供理论支撑。在某种意义上,行为经济学拓展了父爱主义式规范所要保护的"白痴"的范围,在可预见的时间里将绝大多数人包含在内。这一挑战确定了哪些种类的"白痴"行为可能会经常性地发生,并如何通过对那些理性地行为的人们施加微不足道的限制来阻止这些行为。

## 二、非对称父爱主义

$$(p * B) - [(1 - p) * C] - I + \Delta \Pi > 0 \qquad (1)$$

为了理解非对称父爱主义,首先考虑一下一个人如何在更普遍意义上衡量父爱主义政策。为了讨论这些问题,假定(1)我们能将消费者分为两类:一类具有上述的有限理性(boundedly rational),另一类则具有完全理性;(2)一小部分消费者(我们以 $p$ 来代表)属于有限理性这一类。进一步假设,一项父爱主义式的政策被用来抵消由仅有有限理性的消费者所作出的错误决定,这一限制人们行为的政策可能使那些具有完全理性的消费者也付出成本。以 $B$ 来表示有限理性主体的净受益,以 $C$ 代表完全理性主体的净成本。该项政策可能也涉及执行成本,我们以 $I$ 来代表。[3] 最后,该政策可能会改变销售者的利润,我们以 $\Delta \Pi$ 来表示。如果$(p * B) - [(1 - p) * C] - I + \Delta \Pi > 0$  (1),那么这项政策就是利大于弊(net beneficial)的。

我们讨论的焦点不是所有主张父爱主义式的政策,而是对某项具体的父爱主义式的政策进行探讨:如果一项政策对那些有限理性的人们所产生的收益非常大($B$ 的值很大),同时没有或几乎没有对那些完全理性的人们造成损害(即 $C$ 的值非常小),那么这项政策就是非对称父爱主义式的。这样的政策是有吸引力的,因为即便对消费者做错误决定的频率所知无多,只要我们认为 $p$ 是正值——只要我们知道即便那些最相信消费者理性的人也承认某些主体在某些情况下的理性是有限的——我们就能够颇具信心地认为这一政策是利大于弊。

---

[1] See generally George Loewenstein, *The Fall and Rise of Psychological Explanations in the Economics of Intertemporal Choice*, in *Choice over Time* 3 (George Loewenstein & Jon Falster eds., 1992)(对经济学思想进行了编排)。

[2] See, e.g., Thomas C. Schelling, Choice and Consequence 195—242 (1984)(在信息不完整的情况下对交互性问题应用了战略分析和博弈论)。

[3] 如果官僚们不能很好地设计或执行政策,由于他们的有限理性或通过规制获取私利,$I$ 的值可能会很大。

可以设想一下极端情况,即纯粹的非对称父爱主义——这时 $B>0$ 且 $C=0$——能够帮助所有消费者。

当然,也有两点需要警惕,这反映在公式(1)中的第三和第四个术语上。首先,我们一定要注意执行成本。实际上,非对称父爱主义作为一个整体,不仅包括使完全理性的消费者承担小部分成本,还涉及执行时的一小部分成本。正如在所有的政策制定上,判断和大多数人的同意是必要的,但我们也认为发现下述的例子也是很有可能的。在这些例子中,相对于对完全理性的人施加的成本和执行成本来说,收益大到足以使人们认为这样的政策是值得的。[1]

其次,我们承认,对于使消费者不犯错误这方面我们是正确的,而销售者可能(有意或无意地)利用这些错误获取利益,并因此而由于非对称父爱主义式的政策而受损。但是,我们认为任何帮助有限理性消费者作出更好选择的非对称父爱主义式政策必须在总量上提高经济效率,这个总量既包括消费者也包括生产者等人的利益。[2] 为了解释这个问题,对消费的外部性进行一下类推是有助益的。

图1表明是一个典型的负的消费外部性的例子。如一个人对过高分贝的音乐的消费对他的邻居不产生效用。在这种情形下,供应曲线反映了这一产品的私人和社会成本(它们是一致的)。但是需求曲线反映的是消费的私人利益,负的消费外部性意味着消费的社会利益比私人利益要小。结果是市场生产的产品数量高于社会的需要,因此降低产量可能对生产者不利,但增加了社会利益。

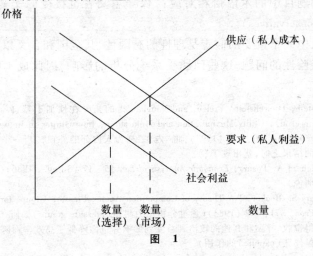

图 1

---

[1] 有时,父爱主义式的政策的"执行成本为负值"。比如,一项政策可能提倡法院拒绝强制执行或受理关于被认为不明智的合同的诉讼;或一项反对匆忙结婚的法律可能会减少已经考虑周全的离婚诉讼并使政府免于面对有与该离婚而导致的对其孩子的监护纠纷。

[2] 当然,非对称父爱主义政策不大可能产生使所有人都受益的帕累托改进。尤其是公司的所有人不是一个随机的消费者时,非对称父爱主义政策可能会将公司所有人的盈余转移至消费者。

当消费者犯错误的时候,这时就好像他们对自己施加了外部性,因为他们所做的决定(这些决定由他们的欲求所反映)并没有准确地反映出他们自身的利益。[1] 非对称父爱主义的目的是帮助有限理性的消费者作出更好的决定,同时使他们的欲求与从消费中获得的真实利益更紧密地结合起来。在这些政策成功的范围内,即便那些生产和销售者可能会受损,也会获得更高的社会效果;如果消费者还是会犯错,但购买量大为下降,非对称父爱主义也会获得一个有益的副作用——使生产销售者的利益增加。

还需要讨论一下非对称父爱主义的目的。非对称父爱主义的概念在三种意义上是有用的。第一是澄清法律学人之间正在形成的关于术语的争执。一边是保守派的学者,如 Richard Posner,他假定个体都是理性的[2]并因此主张不需要也不应该对个体进行规制。他还主张即便那些有意义的规制也可能由于规制的结果和官员们的有限理性而有反效果。[3] 另一边是受行为经济学影响的学者们,如 Jolls, Sunstein 和 Thaler 等,他们近期的论文宣扬这样的路径,即"反—反父爱主义——一种对反父爱主义的怀疑主义,但不是对父爱主义的积极捍卫"。[4] 非对称父爱主义通过对父爱主义政策进行积极捍卫来更进一步,虽然这些政策只是非对称父爱主义式的。[5] 如果认为保守经济学家是对的,这些政策仅仅强加了微不足道的成本;如果说行为经济学家认为理性和意志力是有限的观点是对的,这些政策则能予以利益最大化。非对称父爱主义在这个意义上与我们题目中的术语恰相对应:"保守主义者也接受的父爱主义"(paternalism for conservatives)。

我们方法中一个重要的假定是理性的有限性,其范围和含义以及这些政策的助益都是经验性的问题,这些问题受系统分析的影响,因此成本收益判断才

---

[1] Herrnstein, Loewenstein, Prelec, and Vaughan 指的是外在性加于其自身而成为"内在性", R. Herrnstein et al., Utility Maximization and Melioration: Internalitites in Individual Choice, 6 *J. Behav. Decision Making* 149, 150 (1993)(将"内在"视为人内部的外在,"当一个人低估或忽视自己行为对自身的结果之时,就出现了")。

[2] See Richard A. Posner, *Economic Analysis of Law* 15—17 (3d ed., 1986)(维护法律中的经济模型的理性假说)。

[3] See Gary S. Becker, "A Theory of Competition Among Pressure Groups for Political Influence", 98 *Q. J. Econ.* 371, 372 (1983)(通过分析压力集团(pressure groups)如何在寻求政治影响过程中的竞争使得税收、补贴和其他的政治利益受到影响并进而降低了总效率而陈述了在确定公共政策方向的时候俘获(capture)的作用)。

[4] A Behavioral Approach to Law and Economics, 50 *Stan. L. Rev.* 1541 (1998)。

[5] 因此我们与 Zamir 教授略有不同,他部分地寻找行为学的知识来确定在何时父爱主义式的规则是有效率的。Eyal Zamir, The Efficiency of Paternalism, 84 *Va. L. Rev.* 267—271 (1998)(提供了一个模型,在这个模型里,"认知错觉"影响到个体对父爱主义政策反应的效率)。我们同意 Zamir 教授的观点,即有限理性意味着父爱主义式的关注比对那些智力受限的人关注更宽泛。See id. at 285("如果能获得对一般智力的成年人的有限理性更充分的经验性数据的话,有效率的父爱主义将不应被仅仅限制在诸如未成年人或有精神疾病的特殊群体上")。

能够作出。像 Jolls, Sunstein 和 Thaler 说的那样,"没有公理证明人们为他们的最大利益作出选择;这是个需要证据证明的问题"[1]。当然,有些法律学者基于信仰而依赖这样的公理来反对父爱主义,在这个范围内,不会产生科学的讨论。但是我们乐观地认为能够出现一个共同的经验性的基础。我们所认为的一个有说服力的例子(ambitious analogy)是医药和营养方面对政策的影响。健康和食品规制已经由科学宣传(虽然这种宣传常为特定的利益集团所掌控)而广为专业人士所知,即普通人需要有关信息、需要激励和规制来改进他们的健康和膳食习惯。[2] 因此才产生了诸如食品内容标识、香烟外包装上的警示语、积极的反烟草广告和FDA*的分级制度等父爱主义式的政策。我们设想出了一种大体相似的系统,在这个系统里,以"经济判断"一词取代前述例子中的"健康和饮食",这将导致一个相似的由信息、说服和规制组成的混合体。

介绍非对称父爱主义概念的第二个目的是"实证的"(positive)或"描述的"(descriptive)而非"规范性的"(normative)或"指令性的"(prescriptive)。很多法律的经济分析都是很明确的实证或描述性的:这些分析试图解释法律如何演进以满足效率的需求。法律规则的进化质量使得法律规制向对社会有用形式这一方向演化,哪怕这些规定的内在逻辑没有被明确表达出来。如果非对称父爱主义于社会是有用的话,那么我们可以期待这些例子在事实上已经进化了。实际上,我们将在下面表明很多现有的规制能够在事实上被阐释为非对称父爱主义。[3] 很难理解在一个所有的主体都是理性人的世界里,有多少法律能够提高效率。对这些法律是如何产生的这一问题,一个具有吸引力的解释方式是法律反映了被我们称为非对称父爱主义的术语并将这一术语作为成本收益分析的标准。在这个意义上,非对称父爱主义成为基本的法律经济学信仰的一个补充,这种信仰认为法律倾向于有效率的解决方案。把完全理性行动者将成本最小化与把有限理性行动者将利益最大化的关注结合起来,这符合一个更为广义的效率概念。

非对称父爱主义的第三个也就是最后一个目的是它有助于使对法律感兴趣的社会科学家的研究成形化。非对称父爱主义,尤其是在上述公式(1)

---

[1] Christine Jolls et al., A Behavioral Approach to Law and Economics, 50 Stan. L. Rev. 1545 (1998).

[2] See, e.g., Greg Winter, "F.D.A. Action Could Change Food Marketing on the Web", N. Y. Times, Feb.14, 2001, at C11("按照1990年要求食品标签的法律规定,除非有"重要的有助于病人的科学依据",FDA不能同意食品用此类标签");cf. William K. Stevens, "Asbestos Debate Re-emerges in Dispute over Building Hazard", N. Y. Times, June 26, 1990, at C4(讨论了关于石棉的科学争议以及什么样的规制会最大程度地保护所有人)。

\* 美国食品与药品管理局。——译者注

[3] See infra Part III. B(提供了一些例子)。

中所特别表明的那样,为评估父爱主义式政策的效率和活力提供了一个普遍的框架。比如,如果一项政策要求病人在进行某种特定的手术前要被告知第二种替代该手术的治疗方案。如果第二种方案总是必要的,那么对于有限理性的病人来说就有一些利益,他们哪怕不需要第二种方案也能得到;但对于完全理性的病人来说,几乎没有增加任何成本,因为他也在自发地寻求第二种方案(尽管会产生一些执行成本,同时保险公司、外科医生和医院也会产生一些成本和收益)。如果第二种方案不是必需的,就会降低有限理性的人们的收益同时增加完全理性的人们的成本。这个例子表明非对称父爱主义这一概念能够用来在评估父爱主义式政策的时候帮助将多变的重要利益具体化。

### 三、规制的例子

我们现在通过把现有的和可能满足这一标准的、对错误决策的规制性记载下来以阐明非对称父爱主义的概念。我们集中讨论四种政策:(1)缺省规则(default rules [*]);(2)对信息的提供或重组(provision or re-framing of information);(3)冷却期(cooling-off periods);(4)对消费者选择的限制。这一顺序大体上是按照与纯粹非对称父爱主义的亲疏程度排列的,即该政策的"高压"程度是递增的。

(一)缺省规则

一本在行为决定研究方面卓有成效的书被贴上了"现状偏好"(status quo bias)的标签。[1] 人们比规范理论所预期的更倾向于维持现存的制度、消费习惯、立法者等,哪怕改变这些行为的成本非常低。这些现象的确存在,现状偏好也肯定有不止一个原因。其中之一是对失去的厌恶,即对所得赋予的正面价值低于对同量所失赋予的负面价值。[2] 如果人们将政策变化的效果像对得失的效果那样记载下来,并且政策的变化不确定,损失厌恶的心理就会对变化产生同样的厌恶,就像是对那些有输有赢的赌博的厌恶一样。第二个现状偏好的原

---

[*] 又可译为"默认规则"。——译者注

[1] See William Samuelson & Richard Zeckhauser, Status Quo Bias in Decision Making, 1 *J. Risk & Uncertainty* 1, 7 (1988)(发现"作出决定的人展现了一种重要的对现状的偏好"); cf. Richard Thaler, Toward a Positive Theory of Consumer Choice, 1 *J. Econ. Behav. & Org.* 39, 52(1980)(讨论了消费者自愿限制自身选择的情况,这时消费者故意地不做选择以免受选择可能带来的心理成本)。

[2] 损失厌恶(loss aversion)的心理状态非常明显,在比如100美元打赌的时候,其得失为五成对五成的概率,人们一般强烈地反对这样的打赌。实际上,绝大多数人们在面对五成对五成的概率失去一单位(比如100美元)得到两单位(比如200美元)的时候,根据统计,他们也是不会选择打这种赌。按照那些在实际上很不公平的概率下依然赌博或将他们的储蓄投资在回报非常不利的项目上这些情况,在这样的偏好理论下对风险的厌恶很难进行一种规范性的正当化论证。

因是 Ilana Ritoy 和 Jonathan Baron 所说的"不作为/作为偏好"(omission/commission bias),即一种对作为的错误远比对不作为的错误更为关注的倾向,哪怕并没有什么明显的规范性理由得出这个区别。[1] 这种偏好会一定程度上在所经历的遗憾方面被非对称性所肯定,比如,人们倾向于悔恨由自己行为所造成的后果,远胜于由于不作为而招致的后果。[2] 第三种可能的原因是拖延(procrastination),即不断地拖延采取有利的行动,而拖延的原因在于相信在将来会有人来采取这些行动。[3]

现状偏好的存在引发了最接近纯粹非对称父爱主义的可能性,即影响到"默认"结果的政策。对很多消费者的决定来说,如果消费者什么也不做,则有必要对结果进行具体化。比如,如果一个当地的电信公司改变它的服务菜单,并请消费者在新选项中选一项,其中的一些选项必须被作为默认项而列入清单以防消费者对这一菜单毫无反应。在积极地作出选择只需要花费很小的精力的时候,默认的选择对完全理性的人本质上没有任何影响。但是对于那些有现状偏好的有限理性的人来说,默认选择非常重要。

举个例子,假设有一种情况,这时有两个选择项 A 和 B,且在这两个选项之间变换是没有成本的。假定选项 A 的"真实"价值是 $x$,选项 B 的价值是 $2x$,如果每个人都是理性的,这时就没有现状偏好,每个人都会选择 B 而不管他们被分配的默认选项是什么。如果一些人的现状偏好足够强烈,强烈到他们根本不会更改他们的默认选项,那么如果将默认选项设定为 B,总体的功效就会更大。当然,在绝大多数真实世界的情形下,"最佳"的选项可能由于每个人的具体情况不同而不同,因此迫使政策制定者进行更细微的区分。为了达到这个目标所

---

[1] See Ilana Ritoy & Jonathan Baron, "*Reluctance to Vaccinate: Omission Bias and Ambiguity*", in *Behavioral Law & Economics* 168, 168—172 (Cass Sunstein ed., 2000)(分析了作为和不作为偏好的可能理由和理论)。

[2] See Thomas Gilovich & Victoria Husted Medevec, "The Experience of Regret: What, When, and Why", 102 *Psychol. Rev.* 379, 391—392 (1995)(分析了后悔的短期模式并认为行动在短期内产生更大的后悔而不作为将产生长期性的更多的后悔); Thomas Gilovich et al., Commission, Omission, and Dissonance Reduction: Coping with Regret in the "Monty Hall" Problem, 21 *Personality & Soc. Psychol. Bull.* 182, 188 (1995)(发现实验参与人对已经采取的行动比没有采取行动更后悔,并因此更容易采取补救性的行为来弥补短期内增加的伤害); see also Kenneth Savitsky et al., Remembering and Regretting: The Zeigarnik Effect and the Cognitive Availability of Regrettable Actions and Inactions, 23 Personality & Soc. Psychol. Bull. 248, 254 (1997)(提出了蔡格尼克记忆效应,确认人们对未完成的任务比已经完成的任务更容易记起来,这是由于压力没有释放的缘故,或许该理论有助于解释短期后悔模式:人们倾向于在短期内对做了的事情后悔但在长期内对没有做的行为后悔)。

[3] Ted O'Donoghue & Matthew Rabin, Doing It Now or Later, 89 *Am. Econ. Rev.* 103—124 (1999); see also Ted O'Donoghue & Matthew Rabin, "Choice and Procrastination", 116 *Q. J. Econ.* 121, 122 (2001)(讨论了在追求重要的、而非不重要的目标时候,迟延为什么造成的后果可能更严重)。

要考虑的事项决定对绝大多数人来说可能的最好的选择,而绝大多数人就是所说的默认选项所针对的人。这里存在的一个普遍的疑问是:通过选择对大部分人来说是最佳选择的默认选项,对许多人来说,作出决定的成本被取消了,不作出决定会使绝大多数个体处于一个有利的位置。

不幸的是,多数主义的默认选项的应用并没有终结对设定默认选项来说必要的质询。另一个问题是不同种类的错误的相关成本。比如,当选项 A 更好的时候,选择 B 的成本是 $X$;当选项 B 更好,选择 A 的成本是 $Y$。如果 $X$ 大于 $Y$,那么应将 A 作为默认选项。但还有一个问题就是是否现状偏好中也有非对称性。比如,如果现状偏好对人们来说比选择 B 的愿望更强烈,那么将选项 A 作为默认选项应成为原则。很多关于合同默认规则的法律争论可以被视为考虑错误的可能性与无效率合同的成本的产物。[1]

### 1. 保险权

一个有趣的表明默认选项功用的天然实验发生在相邻的新泽西州和宾夕法尼亚州。两个州都通过了侵权改革立法,强制要求公司提供保险并在事故发生后仅享有有限的起诉权。但是在新泽西,受限制的诉讼权利是默认的,消费者必须付出额外的费用来获得充分的起诉权;而在宾夕法尼亚州,默认的是充分的起诉权,消费者如果选择有限的起诉权的话就可以在购买时获得相应的折扣。当提供了这一选择之后,新泽西州仅仅有 20% 的人选择全部的起诉权而在宾夕法尼亚州则有 75% 的人保留全部的起诉权。[2] 这两个州花费在保险费上的差别大体是两亿美元。[3] 这个例子并不能说明应该设定什么样的默认规则,但清楚地表明了默认规则所拥有的强大力量,意味着在设定默认项时必须谨慎。

---

[1] See, e.g., Ian Ayres & Robert Gertner, "Filling Gaps in Incomplete Contracts: An Economic Theory of Default Rules", 99 *Yale L. J.* 87, 91—95 (1989)(提出了法院和立法机关应如何设定默认规则的理论); Richard A. Epstein, "Beyond Forseeability: Consequential Damages in the Law of Contracts", 18 *J. Legal Stud.* 105, 138 (1989)(认为当前的司法态度强调预期的损害,应该被抛弃。应该采取基于默认假定和更大程度上对契约自由的接受,这是为了更精确和为了提高缔约各方长期福利); Charles J. Goetz & Robert E. Scott, "The Mitigation Principle: Toward a General Theory of Contractual Obligation", 69 *Va. L. Rev.* 967, 970 (1983)(为普通法合同规则由于其不严密和对合同条款进行司法评判的不确定性颇有不足); Jason Scott Johnston, Strategic Bargaining and the Economic Theory of Contract Default Rules, 100 *Yale L. J.* 615, 648 (1990)(解释说在狡诈的合同默认条款下,对于昂贵默认条款的偏好可能是更有效的,现有的理论不能充分解释讨价还价中的策略动机)。

[2] Eric J. Johnson et al., Framing, Probability Distortions, and Insurance Decisions, 7 *J. Risk & Uncertainty* 35, 48 (1993).

[3] 对这一现象的另一种解释是,消费者将规制者的默认选择视为表达关于什么是最好的选择这样一种信息。这种解释需要一种辅助性的假设,即与其他的规制者相比,或者人们更相信他们的政府性规制者,或者获得其他规制者的信息成本非常高。

## 2. 退休储蓄

一个更普遍的现状偏好而且看起来有益的政策变化的例子是对退休储蓄账户的研究。当一个公司提供了一个401(k)或类似的退休计划,雇员们必须决定是否要参加。直到最近,默认选项还是不参加。雇员们要想加入就不得不以积极的态度选择加入。在近些年,一些公司将默认选项改为参加。除非雇员主动地选择不参加,雇主将自动地把他们列入加入的名单。Choi、Laibson、Madrian、Metrick、Madrian 和 Shea 最近的研究表明,这样的变化对行为有重大的影响,尤其是在自动加入条款下加入401(k)条款的数量大幅提高。[1]

因此,一个看起来无害的政策变化能产生巨大的经济效果,这个效果看起来又高度有利。政策制定者大都认为人们储蓄不足——不管是从社会的角度还是从个人的角度。从社会的角度来看,宏观经济情况反映出美国总的储蓄实在是太低了;从个人的角度来看,从人们自己的陈述中可以看出他们实际储蓄的数额比打算储蓄的数额要低。[2] 而且,如果给401(k)账户有利的税收政策,如果雇主们提供一些相应的部分资金,401(k)计划将是一种特别有效的储蓄方式。

但是 Choi 和他的同事以及 Madrian 和 Shea 确定了自动列入方案中的一个重大的问题。自动列入计划中不可分割的一部分是该计划必须包括低的回报率(2%或3%)[3],以及一个比较保守的资产分配(对一个货币市场基金来说经常是100%)[4]。这两项默认项都是不利的——因为前者限制了401(k)计

---

[1] See James J. Choi et al., *For Better or for Worse*: *Default Effects and* 401(k) *Savings Behavior* 2 (*Pension Research Council*, Working Paper No. 2002-2, 2002)(发现"自动列入名单对退休储蓄行为有明显的效果");Brigitte C. Madrian & Dennis F. Shea, The Power of Suggestion: Inertia in 401 (k) Participation and Savings Behavior, 116 *Q. J. Econ.* 1149, 1184(2001)(储蓄计划中的自动列入的影响并得出结论认为在自动列入计划中参与比率更高)。

[2] See Steve Farkas & Jean Johnson, Miles to Go: A Status Report on Americans' Plans for Retirement 9 (1997)(发现3/4受调查的人认为他们应该为退休储蓄更多的钱);B. Douglas Bernheim, Do Households Appreciate Their Financial Vulnerabilities? An Analysis of Actions, Perceptions, and Public Policy, in Am. Council for Capital Formation, Tax Policy for Economic Growth in the 1990s, 1, 1—30 (1994)。

[3] Choi et al., James J. Choi et al., *For Better or for Worse*: *Default Effects and* 401(k) *Savings Behavior* 13(Pension Research Council, Working Paper No. 2002-2, 2002); Brigitte C. Madrian & Dennis F. Shea, The Power of Suggestion: Inertia in 401(k) Participation and Savings Behavior, 116 *Q. J. Econ.* 1153 (2001).

[4] Brigitte C. Madrian & Dennis F. Shea, The Power of Suggestion: Inertia in 401(k) Participation and Savings Behavior, 116 *Q. J. Econ.* 1171 (2001).

划的应用,后者是因为就退休而言股票在历史上的表现超过债券。[1] 与现状偏好一致,不少在自动列入形式下被雇佣的401(k)的参加者在列入后仍然保留着默认的回报率和默认的资金分配,即便几乎没有在自动列入之前被雇佣的雇员也选择这两种方式。[2] 实际上,Choi、Laibson、Madrian,和Metrick 对他们的例子做的结论是由于增加的列入率所致的增加的财富积累大体上被低回报率和更保守的财产分配所导致的财富积累的减少所抵销了。[3]

正如这些结果所显示的,默认的选择需要小心谨慎,小的细节可能有重大的结果。进一步的证据表明即便是一批现有的选项也可能影响到分配。Benartzi和Thaler表示,人们倾向于对现有的选项均匀地分配其储蓄。比如,如果一个401(k)计划提供了 $N$ 个选项,人们倾向于将他们储蓄的 $1/N$ 分配到每个选项上。[4] 其结果是,在股票和债券之间的净分配完全倚赖于资金经理们常常是任意的选择上。

政策制定者可能按照他们自己的好恶来应用现状偏好,这是没有价值的。Thaler和Benartzi观察到很多401(k)的参加者会提高他们的回报率,但宁愿在将来而不是现在做。[5] 他们提出了"为明天储蓄更多计划",这是对现状的利用。他们的方法给工人们提供了一个计划,在这个计划里,他们通过每年增加一点来提高其回报率,增加的这一点足以保证他们仍然能得到至少名义上每年增加的工资。[6] 后续的研究发现,即使要求雇员们在没有默认条款但有选择菜单的退休选项中作出选择,也会在储蓄上获得净增加。[7] 一种较温和的父爱主义很难被想象出来。作者也发现在这些工人中的回报率获得了大量的提升。[8]

---

[1] See Thomas E. MaCurdy & John B. Shoven, *Stocks, Bonds, and Pension Wealth*, in Topics in the Economics of Aging 61, 66 (David A. Wise ed., 1992)(探讨了在有历史回报的情况下,是否一个假定的有25年投资经验的成员会从全部购买股票或全部购买债券中受益。同时认为全部用来买股票几乎总是更好的选择); see also Shlomo Benartzi & Richard H. Thaler, Myopic Loss Aversion and the Equity Premium Puzzle, 110 *Q. J. Econ.* 73, 73 (1995) (提出"上个世纪股票的收益远远超过了债券"这一经验性的事实)。

[2] James J. Choi et al., *For Better or for Worse: Default Effects and 401(k) Savings Behavior* 13(Pension Research Council, Working Paper No.2002-2, 2002.

[3] See id. at 22("自动列入不能显著地提高财富积累,因为自动列入这一默认选择具有保守性")。

[4] Shlomo Benartzi & Richard H. Thaler, "Naive Diversification Strategies in Defined Contribution Saving Plans", 91 *Am. Econ. Rev.* 79, 79 (2001).

[5] Richard H. Thaler & Shlomo Benartzi, *Save More Tomorrow: Using Behavioral Economics to Increase Employee Saving* 4 (Aug. 2001)(*unpublished manuscript*).

[6] Id.

[7] James J. Choi et al., *Benign Paternalism and Active Design: A Natural Experiment in Savings* 2 (Aug. 29, 2002)(*unpublished manuscript*).

[8] Id. at 11(发现绝大多数的参与者(80%)经过三次提高支付额后仍然继续参加该计划,大幅提高了交纳率)。

尽管上述讨论的政策变化只是通过私人部门来执行的，但现行的关于退休储蓄的公共政策讨论也与这些观点一致。[1] 而且，上述讨论的私人政策变化实际上起源于公共部门，因为公司的政策变化是对新的立法的反应。这些立法限制高收入雇员的一部分收入要用来储蓄，这被视为整个公司的贡献；这些规制的目的是激励公司将更多的雇员列入计划。[2]

（二）信息排列组合与信息披露

行为经济学的一个普遍的结论是，人们不像经济学家通常假定的那样理解和阐释各种情形。其表现形式是忽视经济学家们认为相关的情况特征（比如在判断可能性时候的基础比率（base rates）），或与经济学家的考虑情况相反，这可能是因为人们受到经济学家假定为无关的因素的影响（比如在如描述各选项时的表面上的差别）。这些结果意味着，以精细的、与标准经济模型观点无关的方式重新形成一种情形会对行为有很大的影响。[3] 这种与默认选项类似的重塑效果的影响力，引发了另一种几乎纯粹的非对称父爱主义的形式：一些政策改为要求生产者和销售者更改合同框架或提供看起来不相关的附加信息。这些要求可能有助于不理性的人们作出更好的决定，而对完全理性的人们则绝对没有任何影响。实际上，对于下面我们将要讨论的很多例子来说，这些政策的成本主要是来自执行。

我们首先讨论一些可能会出现的（但还不是现存的）规制反应。从经济学的观点来看，人们在买彩票的情形下所做的决定是不怎么理性的。但是很多人在买彩票的时候是以一种非常现实的态度面对中奖的可能性，有证据表明有些人则不了解中奖概率这一信息。[4] 有充分的研究表明，相对于大多数人不能中奖的情况，人们倾向于对少量的中奖更为关注，这对购买彩票的公共参与程度起了重大作用。[5] 那么设想一下这样的一种政策，它要求在显著的位置公告关于中彩概率的信息、实际获得的利益（税后的实际收入）、甚至那些得知这些信息的购买者可能表达的谢意。低的中奖可能性很难让人在认知上理解，但

---

[1] 见下述更进一步的对于我们是否应该期待市场提供非对称父爱主义政策的结论。

[2] See I.R.C. 401(k)(3)(A)(ii)(2002)（只有在对实际合格的被高度补偿的雇员延迟支付的百分比与实际上**所有合格雇员**[斜体着重为原作者所加。——译者注]延迟支付的百分比有关联的时候，才能说这种现金或延迟支付的报酬安排是符合该标准的）。

[3] See Amos Tversky & Daniel Kahneman, *Rational Choice and the Framing of Decisions*, in *Rational Choice: The Contrast Between Economics and Psychology* 67, 68 (Robin M. Hogarth & Melvin W. Reder eds., 1986)（认为"选择的逻辑并不能为其所描述的决策理论提供足够的理由"）。

[4] See Amos Tversky & Daniel Kahneman, *Judgment Under Uncertainty: Heuristics and Biases*, in *Judgment Under Uncertainty: Heuristics and Biases* 7—8 (Daniel Kahneman et al. eds., 1982)（详细叙述了对机会的误解）。

[5] Ilana Ritoy & Jonathan Baron, *Reluctance to Vaccinate: Omission Bias and Ambiguity*, in *Behavioral Law & Economics* 374, 374—376 (Cass Sunstein ed., 2000)（讨论了生动鲜活的想象扭曲对可能性进行衡量的方式）。

使用诸如图表性的建议、比喻(设想一下在一个充满了乒乓球的游泳池里找到特定的某一个)或相关的概率对比(中奖像下周被雷电击中的可能性一样)或许会有所帮助。如果购买彩票的人们充分理解了与中奖和收益相关的知识,那么提供这些信息显然是没有效果的。[1] 但对于那些犯认知错误的人来说,这些信息有助于减轻这些错误。

再举个"先租后买"(rent-to-own)的例子,商家把耐用品或家具先租给消费者,主要是那些低收入的消费者。[2] 绝大多数州将这样的合同视为租赁协议而非贷款,即便70%的情况是消费者最终会买下他们租赁的产品。[3] 其结果是商家免受与贷款有关的规制,包括最高利率的规制。消费者最终所支付的价格也因此很高——一般是相当于产品的两到三倍的正常零售价格。其中隐含的利率——如果将其视为贷款的话——将是每年100%或更高的天文数字。[4] 非对称父爱主义的规制可能强制商家要清楚地说明购买某一产品的真实成本和以这种方式购买的实际利率。提供这些信息有助于不理解这类经济衍生产品因而可以作出此类交易的消费者,同时并不影响那些从一开始就理解真实成本的消费者。

第三类例子涉及混合的错觉(misperceptions of compounding)。很多研究表明人们低估了混合利率(利滚利)增长得有多快。为了理解这个问题,可以举一个典型的线性增长的例子,以每年增长1%来算,需要100年才能增加一倍。简单地介绍一下利滚利增长速度有多快对那些信用卡上债务急剧增加的消费者很有利。[5]

上述的例子提出了新的非对称父爱主义式政策可能有用的领域,此外还有一些我们将要讨论的领域,在这些领域里,同样的非对称父爱主义式的政策已经存在了。

---

〔1〕 有些人可能反对。他们的理由是:提醒人们注意要过多久才有这样的几率只会"破坏他们的快乐"。如果他们的"快乐"是立足于误解的话,这种反对是真实的。因此,与这一目标是否有效无关,这一观点与传统的基于理性选择而反对父爱主义的观点一致。

〔2〕 See generally Joseph P. Fried, "Rent-a-Center Charged with Price Gouging", *N. Y. Times*, Aug. 23, 2001, at B8(提出穷人所租借的电器要付出的租金大概是零售价的三倍); David Leonhardt, "Economic View: TV's, DVD's: All Yours, but First Do the Math", *N. Y. Times*, Dec. 16, 2001, 3, at 4(声称为没有或几乎没有信用记录的穷人提供先租后买业务的公司,经常掩盖所租产品的真实价格)。

〔3〕 James M. Lacko et al., *Federal Trade Commission Bureau of Economics Staff Report: Survey of Rent-to-Own Customers*, at ES-1 (2000), available at http://www.ftc.gov/reports/index.htm.

〔4〕 Id. at ES-3 to ES-5.

〔5〕 See David Laibson et al., A Debt Puzzle 2 (*Nat'l Bureau of Econ. Research*, Working Paper No. 7879, 2000)(每个家庭的信用卡债务平均升高到超过6000美元。至少63%有信用卡的家庭从他们的卡上借钱)。

## 1. 消费者保护

现行的最普遍的和被认可的涉及信息排列组合和信息公开的非对称父爱主义式规制的形式是通过信息公开立法强制向消费者提供有关信息的规定。购房者、抵押人和承租人都容易受关于条款和成本的文本的迷惑。在一些案例中,要求有多次签名来证明相关方已经阅读并掌握了这些信息。论证这些信息公开规制正当性的理由是这将保护消费者免受无耻的和欺诈性的销售者或出租者的侵害,同时通过使消费者能被更全面地告知、能更正确地为自身最大利益行事来形成一个更具竞争性的市场。

《联邦诚实信贷法》(Federal Truth in Lending Act)[1]是《消费者信用保护法》(Consumer Credit Protection Act)的重要组成部分[2],也是这类立法的起点。它的直接目的之一就是通过"让消费者意识到成本"[3](awareness of ... costs ... by consumers)提高"知情后的信用卡使用"(informed use of credit)。这种"有意义的信息公开"(meaningful discloursure)有两个目的:(1)使消费者能对比信用卡条款并因此在现有的信用卡服务项目中作出知情选择;并(2)"保护消费者避免不准确和不公平的信用卡账单和信用卡消费"[4]。

这两个目标反映的正是我们所意在倡导的非对称父爱主义。这部法律对那些理性较为欠缺的人们提供了潜在的大量利益;它能帮一些未被充分告知的消费者免于诸如丧失家园这样的灾难性后果。获得这些利益只需要未被告知的消费者和商家付出最小限度的成本。理智的消费者(educated consumers)基本上可以忽略强制的信息披露而不怎么理智的消费者则可能收获这一附加信息的现实利益。对于商家来说,金融机构和其他的服务提供者就有了成熟的形式来阐述这些信息,以满足州和联邦信息公开法的要求。以分期付款的形式来看,所有由信息公开形式造成的早期成本看起来微不足道。甚至现在可以非常容易地通过电脑为每个用户定制详细的记录个人成本的文献,而这只让商家有微不足道的经济负担。

比如,可以考虑一下该法如何管理家庭抵押中的信息披露。[5] 金融机构必须为潜在的借贷者提供诸如每年的百分率和每月的支付额等条款。[6] 此外,债权人必须明确地通知债务人进行抵押的后果:"如果你获得这笔贷款,贷方将拥有对你住宅的抵押权。如果你违反贷款义务的话,你有可能丧失你的住

---

[1] 15 U.S.C. 1601—1667f (2000).

[2] Id. 1601—1693.

[3] Id. 1601(a).

[4] Id.

[5] See id. 1639 (列出了一些具体的信息公开形式,如在无法履行抵押义务的时候失去其房产的风险)。

[6] Id. 1639(a)(2).

宅以及任何你投入的金钱。"[1]这种最后声明体现了非对称父爱主义:它对金融机构仅仅施加了极少的成本以重新产生一种信息披露的形式。被告知的消费者已经意识到了对抵押的默认结果,所以该规制对她将没有什么帮助;但她也不会受到相反的影响。对于一个幼稚的消费者来说,这种告知可能有巨大的利益,使她的智识状态有可能更接近理智的消费者。

多年来,这部法律已经对联邦和州一级的信息披露规制产生了多重的立法构架。在这个过程中,它的影响已经不限于基本的围绕各种形式的买卖与其他协议的信用行为。联邦和州立法要求贷方和其他服务机构对潜在的消费者提供两种信息:(1)信贷或其他安排的条款;和(2)与该项信贷的扩展业务或其他购买行为有关的成本。[2]

州法通过对费用和成本的信息披露的规制补充了《消费者信用保护法》。在抵押的情况下,州都要求出借人逐条列出获得这笔贷款的各项成本,诸如信用报告、评估、保险、税收以及第三者附条件支付的费用等。[3] 州还通过对很多其他贷款情形要求类似的信息披露扩展了联邦立法,包括反向抵押贷款(reverse mortgages)[4]、保险费融资(insurance premium financing)[5]、所有权贷款(title loans)[6]、房屋资产抵押贷款(home equity loans)[7]、房屋装修贷款(home improvement loans)[8]与信用卡销售合同(credit sales contracts)[9]。

最后,在近些年,联邦和州政府还不仅将信息披露的规制限于信用方面。一个重要的进展是将其应用在汽车工业上。15至20年来,在传统的直接购买汽车的领域出现了大量的汽车租赁协议。租赁条款中的含混之处与可以想见的使消费者不能充分理解租赁成本和其他可能的成本等问题引起关注。与之相对应,联邦储备委员会依照该法执行了M规制,该规制适用于各种形式的消

---

[1] See 15 U.S.C. 1639(a)(1)(B)(2000)(列出了一些具体的信息公开形式,如在无法履行抵押义务的时候失去其房产的风险)。

[2] See, e.g., id. 1639(a)(2)(要求公开每年的利率百分比、数量和每月支付量的变化);Wash. Rev. Code Ann. 19.146.030(West 1999)(列出了要求公开的事项,包括利率百分比、信用成本记录和被消费者被商家锁定的协议的条件)。

[3] See, e.g., Wash. Rev. Code Ann. 19.146.030(b)(West 1999)(含有抵押经纪人必须公开的内容广泛的事项列表)。

[4] See, e.g., Colo. Rev. Stat. 11-38-109(2001)(提出了一个在反抵押中公开必要信息的例子)。

[5] See, e.g., Cal. Ins. Code 778.4(West 1993)(详述了保险人经纪人必须提供的信息)。

[6] See, e.g., Mont. Code Ann. 31-1-818(2001)(解释了对以贷款为题名的协议需要公开的事项)。

[7] See, e.g., 9 V.I. Code Ann. 142(1998)(详述了为保护房屋资产抵押贷款人所必须公开的内容)。

[8] See, e.g., Fla. Stat. Ann. 520.73(West 1997)(列出了对房屋装修贷款人必须告知的事项)。

[9] See, e.g., Haw. Rev. Stat. 476-4(1993)(详述了对信用销售合同的要求)。

费者租赁。[1]这样的条例要求出租方公开租赁协议与购买协议之间的区别，并要求说明消费者每个月和总共要付出的成本。[2]与抵押信息公开一样，租赁信息的规制也是非对称父爱主义的一个典型的例子：满足该要求很容易且成本很低，消费者和销售者的市场行为都受到限制。

当然，对于消费者能处理多少信息以及在特定情况下提供这些信息的成本与收益也存在着争议。任何完整的这样的规制都必须考虑这样的成本问题。一个重要的成本是新信息对消费者对既有信息关注的负面影响，因为这使消费者开始遭受"信息爆炸"之苦。当锤子开始标明警告它们可能会对大拇指造成损害、当梯子开始标明坠地风险的时候，额外的信息所带来的益处就变小了。如果实际上影响到消费者对更有价值的警告信息的关注的话，就可能起反作用。

信息也可能对情感和行为产生与期望相反的结果。举个对情感影响的例子，提供彩票中奖概率的信息如果不能阻止购买，却使购买者感觉自己愚蠢并减少玩彩票带来的愉悦感时，它就不能带来利益。在行为层面，有这样的例子：要求零售者写明食品成分的精确含量的食品标签法规对消费者行为没有任何影响，但可能在美国造成大规模的饮食不调，而这是与其目的相反的。[3]这些隐藏成本的存在并不能构成对非对称父爱主义原则的反对，但的确表明：在宣布某个父爱主义式的规制是非对称父爱主义式规制之前必须要对成本进行仔细的核算。

### 2. 投资保护

另一个可以被视为已经执行了的或正在被讨论的非对称父爱主义政策领域涉及对金融信息的公开。近期安然(Enron)公司的重大财务危机使得要求加强对投资者进行保护的呼声越来越高。忠实的安然公司员工发现他们曾经安全的退休储蓄一夜间荡然无存，这一困境引发了依照《员工退休所得保障法》(ERISA)的要求修补公司401(k)计划管理组织的主张。[4]正如Ken Bentsen议员所明确陈述的那样，其目的是"禁止401(k)计划的被信托人提供的误

---

[1] See 12 C.F.R. 213.1 (2001)(讨论了规制M部分的"有权机关、范围、目的与执行")。

[2] See, e.g., Haw. Rev. Stat. 481L-2 (Supp. 2001)(列出了在租赁协议中出租人对承租人应告知的事项); N.H. Rev. Stat. Ann. 361-D:4 (1995)(宣布了在机动车租赁协议中必须包括的特定警示语)。

[3] 一些人轻蔑地将其称为"Snackwell效果"，Snackwell是一种诱导进行无节制消费的无脂肪甜点。See Catherine Censor Shemo, Fake Fats, Real Threat, Vegetarian Times, Feb. 1997, at 20 (描述了节食者被食品标签上具有误导性信息诱惑的情形)。而更富营养的信息也并未带来明显健康效果。Cf. Daniel Goleman, "Eating Disorder Rates Surprise the Experts", *N. Y. Times*, Oct. 4, 1995, at C11(新研究表明厌食和易饿比早先的研究结果中的数字高出两倍，并继续稳定增长)。

[4] See, e.g., S. 1992, 107th Cong. (2002)(提出要改善信息公开、能查询账户和退休账户); H.R. 3677, 107th Cong. (2002)(提议对401(k)参与者新的保护措施)。

导信息为信托人或受益人所知,以防他们在控制其账户上的财产时作出与自己最大利益相反的行为"[1]。为什么安然的401(k)计划会有这么大的破坏性?部分问题是由于方式缺乏多样化:安然的401(k)计划对自己公司的股票投资份额过大。[2] 其结果是,当安然遇到财务危机的时候,雇员们在失去他们工作的同时也失去了他们的退休收益。认识到这种经济现实之后,众议院正在考虑401(k)2002《退休金知情权法》(Pension Right to Know Act),该法的目的是引导雇员们将401(k)计划进行多样化,其方式是通过要求计划发起人"建议信托人或受益人知晓对其账户上的财产进行多样化投资和只有一种债券(包括他们自己公司的债券)的风险"[3]。不履行该建议将承担违反被信托人义务的责任并受到相应的处罚。[4]

这种要求提供建议的方式是非对称父爱主义的很好的例子。有理性且被告知的投资者已经理解了经济学家的建议而因此不受到影响,而不怎么理性的投资者则有希望避免成为另一个安然的牺牲品。通过主张多样化投资,市场缺陷将会以对社会来说极低的成本被克服。

3. 类似的规制策略

很多现存的政策可以被解释为非对称父爱主义式的,尽管它们并没有被认为是这样的政策。比如,对资格证的要求。包括对药剂师这样特定种类的职业,以及诸如驾驶等特定的行为的要求都可以被认为是这样的。对这些要求也有一些批评,如 Milton Friedman 就认为这些要求是不必要的,因为就前面一个例子而言,人们能够自己收集信息了解药剂师的水平;就后一个例子而言,危险的司机可以不上路。[5] 更普遍的观点是,不能指望那些危及自己或他人的人们能得到关于充分的信息来判断药剂师的能力,也不能靠他们自觉自动地不上路。资格证要求的好处在于,如果它们对管理者来说真的是成本不高且能依其作出判断的话,那么这些要求只对那些真正达标的人来说加以微不足道的成本,但却对那些能力不达标的人造成重大的障碍。

同样,有些政策控制信息泄露也能在类似情形下被认为是正当的,它们是适当的父爱主义。当信息对充分理性的人们(即那些以经济学假定的方式来

---

[1] Employee Savings Protection Act of 2002, H. R. 3623, 107th Cong. (2002).

[2] See 148 Cong. Rec. H51 (daily ed. Jan. 24, 2002)(statement of Rep. Bentson)(强调保护雇员退休计划不受公司不当管理的重要性); 148 Cong. Rec. H21 (daily ed. Jan. 23, 2002)(statement of Rep. Doggett)(描述了"由于被束缚在安然公司管理的股票上而无辜地失去了其401(k)计划中的退休储蓄的人们")。

[3] H. R. 3642, 107th Cong. (2002).

[4] Id.2(计划管理者在执行该法要求时候的任何失误都应被视为管理者对其信托义务的执行失误)。

[5] See Milton Friedman, Capitalism and Freedom 137—160(1962)(认为职业资格许可制度是对市场力量的不受欢迎的干涉)。

处理信息的人)没有好处并容易被他人滥用或误用的时候,控制信息就有了积极的意义。例如,那些各种形式的、为避免偏好而实施的"盲"审,如要求学生的升级论文隐藏其名字。如果人们不是心存偏好,盲审几乎不花费任何成本,如果评审者有偏好,那么这一措施所收获的利益是非常大的。

(三) 冷却期

当人们处于情绪上或生理上短暂的"亢奋"(hot)状态时,他们有时候会作出成本极高或不能挽回的决定。[1] 人们可能在试驾驶过程中呼吸着新汽车的醉人气味之后决定买下这辆他实际上负担不起的车。也有人在高度激情之下匆忙结婚或在情绪特别低落的情况下决定自杀。由于当前的心理状态可能是快乐的真正来源,对这种状态的反映在本质上不是一个错误。但是行为经济学家们已经提出了很多理由来解释为什么人们可能以一种不明智的方式来对亢奋状态加以反应。[2] 举个例子,亢奋状态下人们倾向于高估这种状态将持续多久,Loewenstein 在一篇文章中将这种现象称为"亢奋—低迷情绪鸿沟"(hot-to-cold empathy gap)[3],Loewenstein、O'Donoghue 和 Rabin 在另一篇文章里称为"投射偏好"(projection bias)[4]。其中的核心是人们在沉溺于当前心理状态的

---

[1] George Loewenstein, Out of Control: Visceral Influences on Behavior, 65 *Org'l Behav. & Hum. Decision Processes* 273 (1996)(认为"对内在因素的过分影响"导致具有自我破坏性的行为,如"暴食、性乱、物质浪费和激情犯罪等")。

[2] See id. at 276(提醒人们注意很多发现表明内在影响"独立地且严重地操控个体的思考和意志")。

[3] See George Loewenstein et al., The Effect of Sexual Arousal on Expectations of Sexual Forcefulness, 34 *J. Res. Crime & Delinq.* 443, 445—447 (1997)(通过检验年轻男性在各种状态下的性觉醒情况来预测他们将在这种性情况下有什么举动,将移情鸿沟(empathy gap)运用到犯罪的理性行为模式中); see also George Loewenstein, "Emotions in Economic Theory and Economic Behavior", 90 *Am. Econ. Rev.* 426, 428—431 (2000)(考虑即时的或内在的情感对经济行为的应用,包括对诸如"亢奋—低迷移情鸿沟"的讨论,这时很难得知一个人是处于激动还是冷静状态); Leaf Van Boven & George Loewenstein, "Social Projection of Transient Visceral Feelings", *Personality & Soc. Psychol. Bull.* (forthcoming 2003)。

[4] See George Loewenstein et al., *Projection Bias in Predicting Future Utility* 4 (Univ. of Cal. Berkeley Dep't of Econ., Working Paper No. E00-284, 2000)(将投射偏好视为"错误地将即时的瞬间偏好投射到将来"), at http://iber.berkeley.edu/wps/econ/e00-284.pdf; see also George Loewenstein & David Schkade, *Wouldn't It Be Nice? Predicting Future Feelings*, in Well-Being: The Foundations of Hedonic Psychology 85, 94—98 (Daniel Kahneman et al. eds., 1999)(解释了在预测某人在将来的行为时的一些错误的来源); George Loewenstein, Out of Control: Visceral Influences on Behavior, 65 Org'l Behav. & Hum. Decision Processes 289 (1996)(强调在决定模型中包括内在因素的重要性)。

时候,可能有导致人们对短期利益过分高估这样的自我控制问题。[1]

对于避免亢奋和草率的决定,冷却期应该是有助益的。冷却期强制人们推迟一段时间采取行动尤其是为了让人们在过了亢奋冲动期之后重新衡量他们的决定。下面的简单的框架有助于演示冷却期的成本和收益。以 $\mu$ 代表做某行为所获得的净利益,那么充分理性的人们在 $\mu>0$ 的时候实施该行为。假设有些有限理性的人们获取了净利益 $\mu$;但是由于上述的一个或几个错误,这些人在 $\mu+\varepsilon>0$ 的时候实施了行动,因此可能被这个 $\varepsilon$ 所伤害($\varepsilon$ 指当人们不顾 $\mu<0$ 而行为时,所产生的一些错误的值)。现在,考虑一下要求采取行动前的冷却期,以 $\mu'$ 代表经过迟延后所采取行动所获得的净收益。冷却期的潜在利益是一些不理性的人们会采取与之前相反的行动,因此获得的收益是 $\varepsilon$。但冷却期有两种潜在的成本:第一,不理会冷却期而采取行动,不管是否理性,其所受损失是 $\mu-\mu'$,等于拖延所减少的他们的净利益额。第二,对一些人来说该行动是纯粹受益的可能放弃该行动;如果是这样的话,他们所遭受的损失是 $\mu-\mu'$。因此,当由于错误而造成的功效损失 $\varepsilon$ 很大而由于迟延而造成的损失 $\mu-\mu'$ 很小的时候,这个冷却期的规定就是有价值的。[2]

冷却期的规定比我们早期的政策看起来更具有干预性,因此应该在经过谨慎分析后不怎么声张地实施。但是,当有选择性地执行的时候,冷却期可能是非对称父爱主义的好例子。在很多情况下,如果人们是理性的,它们所增加的成本是微不足道的——推迟几天购买汽车或推迟婚姻几个星期都不是很高的成本。同时,冷却期保护那些处于亢奋状态的人们。下面,我们分析几个我们认为满足了这些条件的例子——立法者看起来跟我们的观点是一致的。

冷却期有两种不同的形式。它们能迫使人们推迟行动,直到冷却期结束。它们还能让不经仔细考虑的决定在冷却期阶段成为可反悔的。为了区分这些不同之处,让我们分析一个在购买汽车时需要有三天冷却期的例子。在第一种情况下,当一个人签下买车的合同的时候,他必须等三天才能拥有该车的所有权(在这个阶段内可以改变主意)。在第二种情况下,当事人能马上就获得汽车的所有权,但可以在三天之内退回。很明显,对人们来说,作出退回汽车决定的期间这一成本要少于强制迟延三天的规定。但是在很多情况下,作出与最初

---

[1] See, e.g., David Laibson, "Golden Eggs and Hyperbolic Discounting", 112 *Q. J. Econ.* 444—445 (1997)(提出特定的委托机制,如401(k)计划,能够克服自控方面的欠缺); Ted O'Donoghue & Matthew Rabin, Doing It Now or Later, 89 *Am. Econ. Rev.* 106 (1999)(模拟在现状偏好的情形下当其接近时"给早期以更强烈的关注"); David Isaac Laibson, *Hyperbolic Discounting and Consumption* 9 (1994)(麻省理工未发表博士论文(藏于麻省理工图书馆))认为人类的偏好,就像双曲线函数所演示的那样,"在今天的偏好和将来的偏好之间设置了冲突"),available at http://theses.mit.edu/Dienst/UI/2.0/Describe/0018.mit.theses%2f1994-72? abstract =。

[2] 上面所探讨过的现状偏好可能限制了冷却期的利益。在人们现状偏好达到一定程度时,即便他们情绪冷静到使他们不这么做时,他们也不会改变错误的决定。

决定相反的决定是不可行的或执行起来成本过高。前者的例子是不安全的性交或自杀,后者的例子是产品在冷却期发生大幅度的贬值。但是对于很多诸如结婚、离婚、自杀等事关生命的事项,哪怕强制迟延,成本也不能算太高。

冷却期的好效果并限于人们直接利用它这一好处。在缺乏冷却期的情况下,从他人亢奋状态下所做决定中受益的人们,如保险人和汽车销售人员,有故意引发亢奋状态的动机。消费者有机会来冷静思考可能会削弱销售人员鼓励引发这种状态的动机,尤其是如果消费者放弃这笔交易,就会给销售人带来一些成本。实际上,如果这样的成本足够大,销售人可能愿意忍痛确保消费者不仅是冷静的,而且对这笔交易的成本收益是深思熟虑的。

在这种模式下,你可能会惊讶地发现,很多规制方式可以被视为为人们提供一种内在的、免受亢奋冲动控制的重新考量。

1. 消费者保护

在特定的情况下,消费者们容易作出匆忙的、未获取充分信息的决定,对这一点的关注使得联邦和州政府都制定了广泛的保护消费者的规制。最全面的计划存在于对上门销售的规制中。在1972年,联邦交易委员会立法规定对上门推销必须有冷却期。所有此类的销售都必须同时有书面声明通知购买者有权在三个交易日内取消该项交易。[1] 绝大多数州都遵从了联邦交易委员会的领导并有类似的立法。一些允许购买者在特定情况下放弃冷却期[2],大多数州都规定这种有父爱主义色彩的规定是不可放弃的。[3]

很多州在某些情况下对上门销售冷却期的要求比联邦交易委员会要求的三天更长。这样的规制反映了父爱主义更多的措施——考虑到特定群体的人们和(或)服务需要更多的保护。年长的市民是这些州立法的特殊受益者。任何在过去曾经看过电视的人都记得表现不幸的老妇人无助地躺在地板上的广告。她被一个由值得让人铭记的哀号所引起的急救反应手环所拯救。这句话是:"救命!我倒下了,站不起来"。加利福尼亚州对这样的家庭越来越多的给予特别的关注,特别地规定这样的买主对上门销售可以有7天取消购买的期限。[4] 其他的

---

[1] See FTC Rule Concerning Cooling-Off Period Made for Sales at Homes or at Certain Other Locations, 16 *C. F. R.* 429.1(*a*)(2002)(要求在合同的扉页上特地写出买受人"可以在第三个交易日的午夜之前任何时间取消该笔交易")。

[2] See, e.g., *Ala. Code* 5-19-12(*c*)(1975)("如果买受人跟销售人另行约定独立的日期并有个人声明,在迫切需要即时的补救并修改或放弃其取消权时,这部分中的条款可不予适用"); *Kan. Stat. Ann.* 50-640(*c*)(1)(*C*)(1994)(提出在真实的危险存在的情况下,消费者可以跟销售人声明在三个交易日内放弃其取消权)。

[3] See, e.g., *Ariz. Rev. Stat. Ann.* 44-5002(*D*)(West 1994)("任何在合同、要约或协议中消费者放弃其取消权的条款均属无效并不产生任何法律效果")。

[4] See *Cal. Civ. Code* 1689.6(*b*)(West Supp. 2002)(买受人有权由于个人的紧急反应在第七个交易日的午夜之前取消上门销售的合同)。

州对家庭食品的购买[1]、年老市民的上门销售[2]、成人的和职业的教育计划[3]、慈善捐助[4]、健康摄影服务合同(health studio service contracts)[5]、野营时间份额(campsite time-shares)[6]等强制性地规定了冷却期。

国会也开始要求对特定事项要求冷却期。比如,国会制定法律规定在涉及以主要居所为保险利益的信用交易中,家庭净资产贷款的购买者享有有限的、可废除的冷却期。[7] 近期,国会在《就职年龄歧视法》(Age Discrimination in Employment Act, ADEA)中规定在对任何雇员放弃权利的行为都必须有一定的等待期限。[8] 该法的目的是确保雇员一方的任何行动都是在"知情与自愿"(knowing and voluntary)而且不是匆忙或被强制的情况下作出的。[9]

在正常情况下,这些类型的保护性立法可能看起来有点过于父爱主义了。但是,经验已经证明,在上述所有的规制的对象中,即那些特定的交易中,消费者很容易受影响而不是作出理性的决定。这些规制或许使销售者付出了成本,但其注意力更多地集中在那些通过消费者在激动状态下所做的匆忙的、考虑不周的决定而受益的销售者。

2. 家庭法

非对称父爱主义的冷却期不仅仅表现在消费者保护的方面。比如,很多州立法规定要结婚的人在发结婚证之前等待一小段时间。[10] 一旦结婚,夫妻要离婚的话,必须要被强制等待一段比婚前等待更长的时间。[11] 论证这些规制

---

[1] See, e.g., *Me. Rev. Stat. Ann. tit.* 9-A, 3-502(1-A)(West 1997)(提出即时购买的买受人有权在货物送来之前取消上门的食品销售,在购买协议签署之后有权在第十个交易日午夜之前取消)。

[2] See, e.g., N. D. Cent. Code 51-18-02(1)(1999)(提出65岁及以上的人对上门销售有15天的时间行使取消权)。

[3] See, e.g., 105 *Ill. Comp. Stat. Ann.* 425/15.1a(1)(a)(West Supp. 2002)(提出学生在列入录取名单后的5个交易日内有权取消并接受完全的学费退款)。

[4] See, e.g., *Colo. Rev. Stat.* 6-16-106(1)(b)(2001)(赋予个体对于即时作出的捐献在三天之内有取消权,或者在捐献不是即时作出的时候在一个交易日内有取消权)。

[5] See, e.g., *Cal. Civ. Code* 1812.85(b)(1)(West 1998)(规定在第三个交易日的午夜之前的任何时间对健康摄影服务合同都可行使撤销权)。

[6] See, e.g., *Ark. Code Ann.* 18-14-703(a)(Michie Supp. 2001)(提出野营地点的时间共享合同在15个交易日内可以被撤销)。

[7] See 15 *U. S. C.* 1635(a)(2000)(赋予借款人在协议完成之后的三个交易日内对于事关其作为安全利益的主要的居住场所的信用卡消费都有权撤销)。

[8] See 29 *U. S. C.* 626(f)(1)(G)(2000)(要求放弃某人权利的协议在签订后的七个工作日内可以被撤回)。

[9] See id. 626(f)(1)(任何人在该章条款下不得放弃或主张放弃任何权利,除非放弃人是知晓且自愿的)。

[10] See, e.g., *N. Y. Dom. Rel. Law* 13-b (McKinney 1999)(在收到结婚证书后的24小时之内不应对婚姻隆重庆祝)。

[11] See, e.g., *Conn. Gen. Stat. Ann.* 46b-67(a)(West 1995)(要求已婚各方在诉讼离婚之后法院处理之前等待90天)。

合理性的理由是很令人熟悉的:"重要的决定不应该在匆忙或在强大且可能具有扭曲性的激情下作出。"[1] 但是,除了应考虑到这些规制对那些匆忙决定结婚或离婚的夫妻所产生的巨大利益外,还应注意到对那些作出理性决定的夫妻几乎不产生任何成本。对打算共度一生的人们来说,延迟一两周的时间又有多少不便呢? 即便 Anthony Kronman 主任——他发现冷却期规定是"反民主的"——也注意到在结婚和离婚背景下冷却期也是非常正当的规定,因为等待期没有负面效果。[2] 因此,当这样的等待期长短适宜而不会给作出理性决定的人来说形成潜在障碍的时候,它就是正当的。但也要足够长以使人们能作出信息充分的、理性的决定。[3]

3. 仲裁协议

对于仲裁协议经常有冷却期的规定。[4] 这里重点关注的是保护不明智的外行人的法律权利,这几乎与由于人们犯错误而进行父爱主义式的规制没有什么关系。仲裁协议经常是当事方与仲裁者之间达成的协议,一般是在没有经过法律咨询的情形下达成的。其结果经常是当事人会误解协议中的术语与含义。而且,仲裁协议也常常对当事人的法定权利产生反面影响。[5] 仲裁者的作用是解决纠纷,并不是保护当事人某一方的特殊利益。[6] 第二个关注的是,当事各方可能会感觉自己被迫接受一些在其他情况下他们不会接受的妥协,这与行为经济学的理论一致。[7] 在这种情况下冷却期看起来是明智的,因为它短期的迟延只可能增加很小很小的成本,但却能使各方有时间重新衡量自己的决定。

---

[1] Anthony T. Kronman, "Paternalism and the Law of Contracts", 92 *Yale L. J.* 788 (1983).

[2] See id. at 796 (解释说结婚或离婚的等待期与时间因素非常重要的契约关系相比,后果并不严重)。

[3] Cf. id. (观察到结婚和离婚的冷却期受到保障,因为(1)可以使当事人有时间克服由与这样的决定相关的激情所引起的受遮蔽的判断;(2)因为对于结婚和离婚契约来说,时间一般并不重要)。

[4] See, e.g., *Cal. Ins. Code* 10089.82(c)(West 2001)(在地震保险的思考期内有三天的时间保证可以取消契约。); Fla. R. Ct. 12.740(f)(1)(在家庭调解时,给律师十天的期限不参与行动); *Minn. Stat. Ann.* 572.35(2)(West 2001)(命令在贷方和借方的协议有约束力之前有72小时的延迟期。

[5] E.g., Minn. Stat. Ann. 572.35(1)(b)(West 2001)(承认"签定一个调解协议可能会对当事人的法定权利产生负面影响")。

[6] See Id. 572.35(1)(a)(认为"调解人没有义务保护当事人利益")。

[7] 在日常生活中,对尴尬的担心是一种强大的力量。See Leaf Van Boven et al., *The Illusion of Courage: Underestimating Social-Risk Aversion in Self and Others* (Working Paper, n. d.) (*on file with authors*)。一般来说,如果非常小的激励是即时作出的话,可能能够产生不成比例的影响。比如,如果给可卡因吸食者每天给一点奖励的话,就能比较成功地治疗,即便他们希望得到的吸食量远远超过这一点奖励。See Michael D. Mueller, Voucher System Is Effective Tool in Treating Cocaine Abuse, *NIDA Notes*, Sept.-Oct. 1995, at 8 (提出一项治疗方案,即为可卡因吸食者提供奖励券,当他们被测定为可卡因阴性的时候可以获得奖励买他们想要的东西), available at http://www.nida.nih.gov/NIDA%5FNotes/NNVol10N5/Voucher.html。

### 4. 其他可能的应用

在任何可能出现短期的激动亢奋状态以致会作出扭曲的决定并产生很难修补的结果的情况下,冷却期的规定都是有用的。其中的一种情形就是自杀。人类的思想有时候是很顽固的,当一个人不幸福的时候,很难产生幸福的想法或回忆。[1] 其结果是,遭受郁闷情绪困扰的人们对未来丧失信心,也很难想象出以后有什么好事情或想不起来以前有过什么快乐的时光。[2] 不能想象以后会过得更好,自杀就可能是唯一的出路了。对生命垂危的病人的研究表明他们的生存欲望经常在一个小时之内就发生急剧的波动,这意味着病人们很难平稳地度过情绪波动和正常状态之间的鸿沟。[3]

自杀仍属违法的现状表明它是一种严厉的父爱主义形式(而且在任何情况下都很难强制执行)。非对称父爱主义建议一种替代的政策:同意自杀。但只有在经过一段强制的冷却期之后才能进行。这样的政策可以要求想自杀的人提前一个月"公告"自杀的想法,同时还要在干预期内的任何时间有能力撤回公告(一旦撤回,要再想自杀必须要重新起算冷却期)。这样的政策对那些情况非常糟糕、为期一个月的干预期将是一种持续的折磨的人来说付出了成本。但是,一个月的折磨对这样一个重大的决定来说应该不算太过分。而且这样政策相对于现行的完全禁止自杀的政策来说成本已经降低不少了。甚至一个不愿赞同那些长期饱受痛苦折磨的人自杀的社会也可能应用一种非对称父爱主义式的方法来对待协助自杀这一颇具争议的问题。对于患有非常痛苦的致命性疾病的人来说,当需要作出决定的时候,他们短期的绝望与痛苦的亲属们的压力可以通过这个延长的时间得到缓解。当然,我们并不主张冲动的激动或亢奋状态下的行为是关于自杀和协助自杀的唯一的甚至最重要的论争原因。我们的主张是,该争论的一个方面可以被限制在一个相对于完全禁止来说不那么严厉的规制下。

另一种类似的情形是吸毒。学者们承认"渴望是一种激励性的状态,与主体对毒品效果的欲望相等"[4]。渴望,与消沉一样,不只是由特定的行为激励,还最终由所有的考虑而非服用毒品这一行为综合作用的结果。根据神经学研究,上瘾被 Frawley 称为"增加有利于毒品或酒精的使用的行为而削弱干预或

---

[1] Gordon H. Bower, How Might Emotions Affect Learning? in *The Handbook of Emotion and Memory: Research and Theory* 3, 20—23 (Sven-Ake Christianson ed., 1992)(解释说不快乐的人们对不快乐的话题和记忆花费时间过多)。

[2] Andrew Solomon, Personal History: Anatomy of Melancholy, *New Yorker*, Jan. 12, 1998, at 49(解释说在状态低迷的时候,"你不可能回想起快乐的事情或想象将来你会很快乐")。

[3] Erica Goode, "Terminal Cancer Patients' Will to Live Is Found to Fluctuate", *N.Y. Times*, Sept. 4, 1999, at A8 (讨论了一项研究,癌症患者经常显露出其求生欲望的大幅度变化)。

[4] G. Alan Marlatt, Craving Notes, 82 Brit. J. Addiction 42, 42 (1987).

不导致服用毒品或酒精之行为的过程"。这导致一种"部分上瘾人群的井蛙之见(tunnel vision)现象"[1]。这种效果在可卡因上瘾者身上体现得最明显了,他们说"在狂欢中最后所有的想法都集中到可卡因上;营养、睡眠、金钱、爱人、责任和生存都失去其意义"。[2]

渴望的一个令人感兴趣的特征是它对人们当前行为的决定有非常重大的影响,但对只涉将来结果的决定几乎没有影响。因此,一个瘾君子可能愿意为马上服用毒品付出很大的数额,但不会同意在将来为同量的毒品付出同样的价格。[3] 这就为一种比完全禁止毒品的更非对称父爱主义式的政策提供了启发:合法地分发毒品,但必须强制地等待特定期限(根据药剂学的规定的时间和处方确定)[4]。这种强制性地等待提供了一种方式以保护将来的自己不受现在的自己的渴望所伤害。由于完全理性的使用者将会在事前计划,强制性地迟延使其不付出任何成本,但这种强制措施有助于瘾君子能够为将来作出相对合理的决定。

冷却期也可以在情绪激动亢奋的状态被不信任的环境下,在公共领域得以应用。如果我们回头看看《联邦党人文集》第10卷中麦迪逊对服从于"激情"的政治机构的关注,就能发现公共政策中所蕴涵的政治激动亢奋状态很明显。[5] 其结果是,在宪法性变革被执行之前,很多宪政政权也或明或暗地规定了冷却期。这可以在宪法性修正中采用明示的形式,就像芬兰和法国那样要求两个连续的立法机构对宪法变革进行投票。[6] 也可以采用程序性的措施阻碍实际上要求完成变革的持续努力,就像在美国宪法中对宪法修正设置了很高的门槛。[7]

---

[1] P. Joseph Frawley, *Neurobehavioral Model of Addiction: Addiction as a Primary Disease*, in Visions of Addiction: Major Contemporary Perspectives on Addiction and Alcoholism 25, 32 (Stanton Peele ed., 1988).

[2] Frank H. Gawin, "Cocaine Addiction: Psychology and Neurophysiology", 251 *Science* 1580, 1581 (1991).

[3] L. A. Giordano et al., *Opioid Deprivation Affects How Opioid-Dependent Outpatients Discount the Value of Delayed Heroin and Money*, Carnegie Mellon University, Dep't of Soc. & Decision Scis., Working Paper, n. d. (on file with author).

[4] 很多州都通过限制销售时间和日期来对酒的消费进行规制。See, e.g., 47 *Pa. Cons. Stat. Ann.* 4-492(4)(West 2002)("任何周六的在午夜12点到次日的午前两点销售麦芽或酿制饮料"都是违法的)。这有效地要求饮酒的人事前准备,从而保护那些没有计划饮酒而只是临时起意作出饮酒决定的人。

[5] *The Federalist* No. 10, at 48 (James Madison)(Clinton Rossiter ed., 1999)(这时大部分人都被包括到集团里面去,一般政府的形式使其牺牲其激情或利益到公共利益或其他公民的利益中去)。

[6] See, e.g., Fin. Const. 73 (要求对不紧急的宪法建议拖延到直到下届议员选举);La Const. art. 89 (Fr.)(要求多数情况下,应经过两次议会修改后交付公民投票表决)。

[7] U.S. Const. art. V (要求所提出的修正案需要2/3的众议院成员和3/4的州同意)。

## （四）对消费者选择的限制

有时候消费者所做得不好的决定在有充分信息或令其再思考一段日子后还不能被对默认选项的变化而抵消。在这些情况下，对他们所面临的各种选择进行限制可能使他们受益。由于很明显我们所讨论的此类政策是对个人最具干预性的，我们在限制的时候可以考虑同样的原则：我们寻找"保守的"、可能对有限理性的个体受益甚多而对理性个体只有低成本的限制。但是，由于限制选择明显地伤害到理性的个体，我们需要在分析这类政策是否有净利益的时候要更为谨慎。

一个例子是设定争论拖延的底线。一个正在进行的关于作出决定的行为学的课题是人们倾向于不在整体上作出决定，而是以一种孤立的、逐日的或逐个进行的方法来做决定。[1] 这种以狭窄视角看问题倾向的表现之一是"拖延"（procrastination）[2]。对于那些为数极少的从不拖延的非常态读者，Sabini 和 Silver 有这样生动的描述：设想一下你有两天的时间来写一篇文章。你认为完成文章需要大约六个小时。为了避免太过仓促，你决定开始工作……现在假定你已经决定了在下一个五分钟内如何去做——不管是写文章还是玩弹球游戏……从近期来看，五分钟的弹球游戏比写五分钟的文章要更愉快，而且，在五分钟之内你又能写多少字呢？所以明显会选择弹球游戏。游戏结束之后你必须要决定下一个五分钟要做什么。情况只发生了微小的改变，所以你会作出同样的决定。如果你把你的晚上分割成很多五分钟的小段，你可能会注定了只玩游戏直到或花光所有的钱，或机器爆炸或有人比你更想玩游戏。不理性和拖延的方式之一就是把诸多不理性的短暂期间计算加以理性地叠加起来。[3]

面对拖延，非对称父爱主义式的政策可能涉及设定阶段性的最后决定期限来限制人们不停地把事情拖到下一刻来做。

举个例子，考虑一下一个有些钱想投资的人。假设她知道她想在何处投资，投资只是个时间问题。如果她能在任何她想做的一天投资，那么她可能一直拖延下去。因为她会有个错误的想法，认为在很短的时间内就可完成交易，

---

[1] See, e.g., Daniel Read et al., Choice Bracketing, 19 *J. Risk & Uncertainty* 171, 191 (1999)（认为以统一的方式作出决定一般比逐个地解决效果更好）。

[2] 对于迟延的经济学模型，see George A. Akerlof, "Procrastination and Obedience", 81 *Am. Econ. Rev.* 1, 6—7 (1991)。See also Ted O'Donoghue & Matthew Rabin, Doing It Now or Later, 89 *Am. Econ. Rev.* 148 (1999)（在摘要中和"重要的经济学文本中"讨论了"幼稚拖延"）；Ted O'Donoghue & Matthew Rabin, Doing It Now or Later, 89 *Am. Econ. Rev.* 119 (1999)（当成本是即时的时候，你倾向于拖延；如果你意识到你会在将来拖延，这使你会认为这比现在拖延成本更高）；Ted O'Donoghue & Matthew Rabin, "Incentives for Procrastinators", 114 *Q. J. Econ.* 769, 770 (1999)（在经济激励的背景下考虑拖延的作用）。

[3] John Sabini & Maury Silver, Moralities of Everyday Life 133 (1982).

所以就一直拖延下去。假定有期限规定她这样的金融交易只能在每个月的第一天进行。当月初来临的时候，她就会不得不认识到拖延的成本不是几天，而是整整一个月。因此，她可能会及时行动。当然，这样的政策对那些充分理性的人来说强加了成本，因为他们可能被迫要在执行一个最好的金融交易之前等待几周。但是，就像很多与冷却期相关的短期拖延一样，如果频率不是很低的话，这样的成本可能相当小。

如果将数字与这个例子结合起来可能更有说服力一些。假设一个人有一万美元来投资到年收益为 10% 的基金中。在这种情形下，迟延一天的成本是 2.75 美元，因此，他很容易在明天而不是今天投资。现在将上面谈过的最终期限方法应用到这里（只能在每月的第一天投资），再考虑一下这时她的决定。因为拖延到最终期限后意味着要过至少 30 天才能投资，这样迟延投资的成本至少是 82.53 美元。所以她就更可能避免拖延。[1]

当然，这样的政策是否是利大于弊比前面几个政策更具争议性。激励不理性的人的那 82 美元同时也是对可能会在月中投资的理性投资者的潜在（最大）成本。这一成本不大，但也决不能忽视。从反面来看，这种政策的利益取决于在这一政策缺位的情况下人们会拖延多长时间。如果答案是几年（从个人经验来看这样不大可能），那么收益就非常大，因为可以挽回数以千计的美元。这些数字阐明了我们上述的观点：对于更具有干预性的限制消费者选择的非对称父爱主义式政策，需要对净利益进行仔细分析。

一个真实世界的最终期限的例子来自英国经济与社会研究委员会（Economic and Social Research Council of Great Britain）。他们最近取消了对最终提交期限的规定，现在考虑"滚动"（rolling）的基础接受了准许的建议（尽管这些建议将仍然会被定期评议）；这一政策变化对应的结果是提交实际减少了大约 15%—20%。[2]

另一个真实世界的例子（这个例子一般不用这些术语来表述）是个人退休账户（Individual Retirement Account，IRA）免税的最终期限。法律不允许人们在他们想要的任何时间任何账户来交纳。而是规定每年的最大数额，交纳必须在最终期限——下一年的 4 月 15 日之前进行。[3] 其结果是，如果人们想利用好某一年的收益，4 月 15 日就成为最后期限。如果个人退休账户是一个有价

---

〔1〕 对于更多的此类例子，see Ted O'Donoghue & Matthew Rabin, Procrastination in Preparing for Retirement, in Behavioral Dimensions of Retirement Economics 133 (Henry J. Aaron ed., 1999)。

〔2〕 Letter from Chris Caswill, Economic and Social Research Council, to George Loewenstein (Aug. 15, 2001)(on file with authors)。

〔3〕 See 26 U.S.C.A. 219(b)(5)(A)(West 2002)（规定了最大捐献数额）; id. 6072(a)（要求"在 4 月 15 日之前"记录进去）。

值的投资,那么充分理性的人们应该尽早地在该账户投资以避免对那些在推迟期间的收益交税。因此,这个最终期限除了能使那些不想一年一交而想在来年多交一些的人起作用从而使交纳的总额降低之外,几乎没有什么影响。相反,如果人们拖延,那么交税的最终期限可能会促使人们在最后一分钟行动。实际上,Lawrence Summers 的报告说有 45% 的 1984 年的个人账户实际上是在 1985 年交的税。[1]

第三个例子来自 Dan Ariely 和 Klaus Wertenbroch 近期的实验工作。[2] 他们课题的研究对象是麻省理工教育行政专业的学生(executive-education students),这些学生必须在一门课上交三篇短文。该课题是在两种实验情况下进行的。在第一种情况下,导师确定了三篇文章的最后期限并将三篇文章的任务均匀地分布在一学期内。第二种情况下,每个学生可以自己确定三篇文章的最后期限。在两种情况下,迟交的惩罚都是晚一天增加 1%,不管最终期限是自己定的还是导师定的。[3] 尽管自由选择最终期限的实验组是自己定的最终期限,他们中没有一个选择均匀分布的期限,而且那些最终期限分布不均匀的人相对于那些均匀分布最终期限的人来说表现并不差[4](不管这种均匀分布是自定的还是导师定的)。这些结果表明如何设定最终期限能有利于那些可能直到学期末仍不明智地拖延的人。当然,理性的人可能由于被迫比他们自己来说最佳时机之前交文章而受损,但是只要最终期限不是太过严厉,由理性的人们承担的成本应该是相当小。

## 四、结论

非对称父爱主义的目的是帮助那些有限理性的人们避免犯成本过高的错误,同时仅对理性的人们加以很小以致不加以成本。迄今为止,我们已经记载了很多现有的和潜在的论证这个概念的例子。通过对一些更广泛问题的讨论我们作出以下结论。

我们所要建议的实际上不是新的规制方法,而是一种新的对规制选择的成本收益评估标准。我们的方法给关于是否市场交易应该假定理性人或是否一系列可以预见的算法失败会导致一种新的"反—反父爱主义"增加了一点细微的差别。对于所有与人类认知有关的和社会机构设置的情况,答案看来不是那么直接明了。但是对市场行为个体进行规制的成本收益进行更广义地理解对

---

[1] Lawrence H. Summers, Summers Replies to Galper and Byce on IRAs, 31 Tax Notes 1014, 1016 (1986).

[2] Dan Ariely & Klaus Wertenbroch, Procrastination, Deadlines, and Performance: Self-Control by Precommitment, 13 *Psychol. Sci.* 219 (2002).

[3] Id. at 220.

[4] Id. at 221.

于设定更恰当的规制机制是必要的一步。

除了上述的成本收益外,还要考虑对政策的执行将如何影响今后的政策决定。一些政策现在看起来可能不是人们所想要的,但在人们接受了一些过渡性的政策之后可能会被接纳。这种"光滑斜坡"(slippery slopes)效应的可能性经常在一些政策争论中产生,这里也不例外。但是与在其他领域内的规制一样,对待这些可能性理想的方式不是一劳永逸地不进行政策变革,而是认真思考将来所制定的政策对处在当时当地情况的人们的吸引力大小的程度。

相关的一个问题是对成本收益函数的最佳选项的寻找。[1] 为什么上门销售的"受害者"能享受冷却期而那些在大商场买同样东西的人就不能享受呢?为什么18岁的人有选举权但(在绝大多数的州)直到21岁才有资格喝酒呢?这些数字不是来自精确的神经科学证据,没有这样的证据来证明大脑的投票能力在18岁的时候出现而要到21岁时大脑对酒精的抵抗能力才能发育好。当然,所有的政策决定都会面对如何确定界限这一挑战。与这些政策类似,好的非对称父爱主义式政策应该简单易行,在衡量成本收益时对错误敏感。很难确定边界并不意味着不应该划出边界。

另一个重要的政策决定问题是应否激励私人提供我们前面提到的父爱主义式干预。重要的问题是那些犯认知错误的人们是否意识到他们的错误。如果消费者能意识到他们自己的错误,那么他们会要求对自己的行为进行自我控制或有外部规制,这时他们能够(同时一般也愿意)由商家私下提供规制。比如,酒店可以提供没有迷你酒吧的房间来帮助酗酒者抵制饮酒,比萨外卖店也可以让成熟但意志薄弱的顾客事前约定过了某一特定时间不卖给他,父母们也可以安装聪明芯片(V-chips)或其他的装置来阻止他们的孩子做不允许的行为,等等。

但对于我们已经讨论的绝大多数政策来说,人们不大可能意识到他们自己的错误。考虑一下我们的冷却期讨论。错误的本质是人们对于激动亢奋状态太敏感了。在竞争激烈的市场上,一个自愿提供冷却期的公司(这么做还另有成本)很难获得激动的消费者的生意,因此可能会比不提供这种服务的公司获得更少的利润。具有投射偏好的购买者需要意识到的不仅是引诱他们购买的商家,还要意识到他们对发现这一诱惑是什么实是无能为力。同样的逻辑也可以适用到其他例子上。人们可能不愿意为较高价格的默认选项付款,因为他们没有意识到现状的影响。如果他们意识到了,他们可能会认为他们能够克服。因此,如果其他的计划有不用花钱的再分配功能,很难想象人们愿意为特定的

---

[1] See generally Eyal Zamir, The Efficiency of Paternalism, 84 *Va. L. Rev.* 256—261 (1998)(提出了确认有效率父爱主义式规制的正式模式)。

默认财产分配的退休计划多支付一些。人们也不愿意为信息花钱,因为在不拥有信息的情况下,他们处于一种无法判断信息价值的位置。当然,一旦他们拥有了信息,他们就没有理由花钱来买信息了。[1] 并且,当人们为自己设定最后期限的时候,首先是人们自己在控制自己行为方面的幼稚导致了拖延。对很多人或者绝大多数人来说,靠自己为自己设定最后期限看来不怎么现实。在所有情况下,都可以看到人们不愿意重视对自己有利的政策,比如,不愿意为这些政策付出代价,而不愿意的理由正是他们需要这些政策的理由。

在提倡非对称父爱主义的同时,我们的目标不是去除涉及更严厉的父爱主义式的政策。实际上,对于很多有利于规制的问题,非对称父爱主义政策是不存在的,这时严厉的父爱主义可能比没有规制要好。同时,我们也强调我们的目的也不是提倡更多的父爱主义。在一些情况下,非对称父爱主义可能会引导产生比现有政策更温和的规则。一个极端的例子是,我们关于自杀的讨论就从原来的对自杀的严厉禁止改为一种温和的政策,认为在特定情形下自杀可以是合法的。

新技术可能为非对称父爱主义政策提供新的可能性。比如,醉酒后驾车对于传统的父爱主义式政策来说已经有成熟的处理方式了,因为酒精增加了人们对自己驾车技术的信心而在实际上削弱了他们的技术,使得他们对自己能力的认识出现了严重失误。[2] 新技术能够不那么令人不悦地测量驾驶员血液中的酒精含量,如果含量低于设定的标准还可以让汽车继续行驶(或许还应收取点费用,好在车上标明过失增加等警示语句)。这样的设置是非对称父爱主义式的,因为它并不对那些不需要测试的人(比如那些没有饮酒的人)的尊严过度侵犯,但还能规制那些驾驶和决策都受到削弱的人的行为。这样的规定也可能产生一些成本——比如,如果丈夫的血液中酒精含量达到0.6%就不能开车送他妻子到医院生产(尽管这样的规定可能使丈夫不至于饮酒过量)。但是,收益仍然大于成本。

最后,我们回到我们一开始涉及的问题上来:为了恰当地评定非对称父爱主义政策,我们必须仔细处理明显不理性的行为是一时错误还是一贯如此。为了对这个重要的差别加以区分,可以考虑最近日益增加的从小至电子元件大至家庭用具的耐用品产品保证。行为经济学表明人们经常对非常罕见的事情反

---

[1] Kenneth J. Arrow, *Economic Welfare and the Allocation of Resources for Invention*, in *The Rate and Direction of Inventive Activity* 609, 614—616 (Nat'l Bureau of Econ. Research ed., 1964)(认为信息是一种日用品并评论信息分配中引发的问题)。

[2] 醉酒的驾驶员与将近30%的致命性事故有关,即便他们在某些情况下只负较小责任。See Steven D. Levitt & Jack Porter, How Dangerous Are Drinking Drivers?, 109 *J. Pol. Econ.* 1198, 1199 (2001)(提出在"饮酒量最大的时候,这一比例提高到了将近60%")。

应过度,同时人们还对一些明知会输的小赌很有兴趣。增加的保证就是针对这些行为模式产生的。它们对零售商非常有利意味着对购买者成本很高。那么应该禁止这些保证吗? 我们应该将这些因此而倾向于购买的人视为中等程度理性的人还是视为略有欠缺或是白痴呢?[1] 这取决于为保证付出过高成本是错误还是偏好(在人们的心目中是一种欠缺还是一种"特色")。或许买这些保证的人们没有认识到这些产品在质保期内质量出现问题的可能性有多小,或不知道他们修理这些产品的成本有多低和多容易被日常生活中微小的情绪波动所吸收。从另一方面来看,也可能购买保证的消费者非常清楚地知道相关的可能性并从对保证的花费中获得真实的利益(比如:心安)。面对这种不确定性,正确的政策是鼓励将有关信息披露而非禁止保证。如果信息披露通过提醒消费者产品出质量问题的概率降低了对保证的购买,那么购买保证就是一种错误而非偏好。如果知情的消费者仍然购买,那么很可能就是他们有了很好的理由这么做,但是这个绝对对经济学家来说是个深不可测的问题。

结论是:非对称父爱主义帮助那些有限理性的人们避免犯高成本的错误并对理性的人们不造成伤害。这样的政策应该吸引各种政治立场的人并可能改变父爱主义是否正当的争论,应该吸引人们讨论避免犯错误所获得的利益是否比对理性人们造成的损害更大。本文的目的是集中讨论对这些实践性的事项是否应有父爱主义式的政策。这些尖锐的实践性争论的产生反过来会鼓励社会科学家和法律人产生新的答案。

(初审编辑:艾佳慧)

---

[1] 在经典的"辛普森一家"故事中,荷马·辛普森(Homer Simpson)把一支蜡笔插进鼻子里之后,他的智商大为降低。作者意在通过使荷马说越来越愚蠢的话表现他智商的降低。当外科医生听到荷马最后说:"延长的保修期! 我怎么才能失去?"他知道手术完成了[荷马·辛普森是电视剧《辛普森一家》中的人物,他智商很低,这是跟他13岁时自己从鼻孔插了根蜡笔到了脑袋里有关,发现了之后他让医生拿了出来,由此变的很智慧。但他发现自己的快乐也从此少了,之后他又把蜡笔放进了自己的脑子。于是,他就经常很快乐。——译者注]。The Simpsons: HOMR (Fox television broadcast, Dec. 24, 2000)。

# 正式合同法和合同执行机制在经济发展中的角色[*]

崔麦克 冷 静[**]

傅 强[***] 译 冷 静 译校

# The Role of Formal Contract Law and Enforcement in Economic Development

*Michael Trebilcock & Leng Jing*

*Translated by Fu Qiang*

*Proofread by Leng Jing*

---

[*] 本文英文版曾发表于 92:7 *Virginia Law Review* 1517(2006),并在 2006 年 10 月北京大学—香港大学法学研究中心年会(北京)上提交。我们十分感谢对于本文撰写提供了颇有价值研究协助的瓦苏达·辛哈(Vasuda Sinha)。这篇文章的较早版本曾经在 2006 年 2 月 17—18 日于弗吉尼亚大学召开的"现代政治理论与私法研讨会"(Contemporary Political Theory and Private Law)上宣读。我们感谢研讨会与会者对本文富有洞察力的评论与反馈。我们也非常感谢以下各位曾经对本文先前的数稿提供宝贵意见的同仁:多伦多大学的爱德华·雅可布奇(Edward Iacobucci),哥伦比亚大学的卡塔琳娜·皮斯托(Katharina Pistor)和李本(Benjamin Liebman),哈佛大学法学院的乔治·特里安提思(George Triantis),弗吉尼亚大学的保罗·马哈尼(Paul Mahoney),纽约大学的潘孚然(Frank Upham)和凯文·戴维斯(Kevin Davis),密歇根大学的马克·韦斯特(Mark West),加州大学洛杉矶分校的裴文睿(Randall Peerenboom),乔治华盛顿大学的郭丹青(Donald Clarke),中国政法大学的方流芳,北京大学的葛云松以及中国社科院的谢鸿飞。此外我们也要感谢在乔治敦大学法学院、多伦多大学法学院及迪特利亚大学(阿根廷)举办的数次研讨会的参与者。一切尚存的错误均由本文作者自行负责。

[**] 崔麦克(Michael Trebilcock),加拿大多伦多大学法学与经济学教授;冷静,香港大学法学院助理教授,电子邮箱:jingleng@ hku. hk。

[***] 傅强,北京大学法学院民商法学博士研究生。

本文所讨论的是正式合同法及其执行机制在经济发展中的角色。不同于多篇提交给本次研讨会的其他论文,本文的追问是毫无掩饰的——甚至是毫无歉意的——后果论导向:一套正式的合同法及其执行机制的存在是否会大大有助于发展中国家的经济增长。

我们相信,此论题所涉利害的影响面与程度为这种后果论的进路提供了正当化支持。全世界 65 亿人口中有大约 85% 的人生活在发展中国家,而这些人只获得全球总收入的 1/5;在那些生活在发展中国家的人当中,大约有 12 亿人每天靠不到一美元过活。[1] 尽管对记录全球收入不平等趋势的数据尚存各种不一致的解读,但可以明显看到的是国家间收入差距的持续上升——这表明,就人均相对国民收入而言,发达国家和少数高速发展的发展中国家已经使很多发展中国家相形见绌[2]。尽管人均国民收入及其增长并不能全面衡量发展水平[3],但它的确是很多其他的发展目标得以实现的先决条件。

因为本文的视角是后果论导向的,其关注的焦点也(不同于提交与此次研讨会的任何其他论文)就必然是经验主义的:在现实意义或者假设意义上对一种法律制度(这里指的是正式的合同法及其执行)进行优先于另一种法律制度的施行,将会产生什么样的实际后果或者可能后果?正如本文将详细阐述的,现有的文献对此提出了两种不同的假说。一种假说认为强有力的正式合同法及其执行机制对于经济发展是必不可少的,而另一种假说则针锋相对地认为很多经济发展的成就是通过非正式的合同机制实现的。将这两种假说同本次讨论会的中心议题——政治理论和私法的角色——相联系,我们将分别探讨正式和非正式的合同法及其执行机制在经济发展中的角色。我们通过分析涉及不同的政府种类的模式来探讨这一问题:(1) 存在有效的正式合同法及其执行机制的强势政府;(2) 缺乏这种机制的弱势政府;(3) 高度干预主义的、专制的或者掠夺性的政府。我们讨论的另一相关问题是国家接受一种有效的正式合同法及其执行机制(以及提供对私人财产权利的保护——没有这种保护就不可能存在私人的合同行为)、同时避免接受一种特定类型的政治体制的可能性有多大。我们进一步追问的是,对于私法(这里特指合同法)的结构和角色进行政治理论建构的努力究竟是普适的,还是需要高度依托于特定的政治、文化和社会的价值及实践。简而言之,在本次研讨会上,与会者(全部来自西方和发达国家)究竟是在自说自话,还是在面向世界发言?

我们认为,在经济发展的低水平阶段,非正式的合同执行机制是正式合同

---

〔1〕 Michael P. Todaro & Stephen C. Smith, *Economic Development*, 2003, pp. 47, 54.

〔2〕 Branko Milanovic, *Worlds Apart: Measuring International and Global Inequality*, 2005, pp. 39—49, 44.

〔3〕 Amartya Sen, *Development as Freedom*, 1999, p. 3.

执行机制的不错的替代。然而,在经济发展达到较高水平的阶段,随着大量的、长期存续的和具有高度资产特质化的投资的出现,以及超出重复交易关系范围的日渐复杂的货物和服务贸易的盛行,非正式的合同执行机制逐渐成为对正式机制越来越不完善的替代品。所以,具体到合同执行机制而言,对于当代发展理论论争中的核心问题之一——究竟是好的制度导致了经济增长发展、还是经济增长导致了好的制度——的回答是注重不同语境之细微差异的。

本文将要展开的讨论分为三个部分。第一部分将介绍本文所考察的两种主要假说的基本理据。第二部分将考察文献中现有的、为合同正式主义论者所依据的经验证据——他们基于这些证据,主张正式的合同法及其执行机制是一国经济发展前景的重要决定因素。相应的,第三部分将考察合同非正式主义论者用以支撑相反主张的经验性证据,其中包括两个对于当代发展理论具有重大意义的重要个案,即通常所说的"中国之谜(China Enigma)"和"东亚奇迹(East Asian Miracle)"。在这两个个案中,高速的经济增长都通常在不存在强有力的正式合同法和执行机制的背景下得到了实现。最后,本文将在批判性地评估支持这两种对立假说的经验证据的基础上得出结论。

**一、两种假说**

立基于法律和发展领域里同马克斯·韦伯(Max Weber)[1]相联系的早期学术传统,诺贝尔得主道格拉斯·诺斯(Douglass North)提出了一个强有力的主张:"人类社会缺乏发展出有效、低成本的合同执行机制的能力是第三世界在历史上发展停滞、在当代增长乏力的最重要的根源。"[2]

如诺斯的论著所例示的那样,由新制度经济学(NIE)进路所提供的分析框架主张,对于一国经济发展的完整理解和解释既需要接受新古典经济学的理论前设,也需要认识到其不足。[3] 具体而言,一方面诺斯支持"个体是理智的、自利的、对经济激励作出反应的经济主体"这一理念[4];而另一方面他又进一步认为,新古典主义的进路作为一项解释工具是不足的,因为它没有能够明确认识到,个体作出的决定是从其可以获得的信息和制度(institutions)中得到预示的。[5]

诺斯说机制"是社会中的游戏规则",既可以表现为正式的规则,也可以表

---

[1] "法律和发展"这个领域中的主要著作是 Max Weber, *Economy and Society*, Guenther Roth & Claus Wittich eds., 1978; see also David M. Trubek, Toward a Social Theory of Law: An Essay on the Study of Law and Development, 82 *Yale L. J.* 1 (1972).
[2] Douglass C. North, *Institutions, Institutional Change and Economic Performance*, 1990, p.54.
[3] Id., p.112.
[4] Id., p.108.
[5] Id., pp.108—109.

现为非正式的行为规范。[1] 诺斯分析经济发展的理论框架是以这一观点为理论前设的：支配经济互动的正式规则和非正式规范是导致经济成功或失败的最重要的动力。诺斯对制度在决定经济绩效中作用的强调使他相信：各个经济体的长期发展绩效之所以存在差异，是可以以各个国家所拥有的制度的不同质量来解释的。[2]

沿着相近的分析进路，奥利弗·威廉姆森（Oliver Williamson）主张经济活动能够通过"审视在不同治理结构下计划、修正和监督任务完成所需的相对成本"而得到最好的理解和解释。[3] 他认为即时市场交易和已垂直整合的公司间的交易都不需要正式的执行机制，因为这两种交易形式均隐含了最小的交易成本。[4] 相反，在那些长期的、并非同时履行的交易中，至少交易一方所体验到的关于对方会否履约的不安全感产生了对可信的第三方执行机制的强烈需要。[5] 可信的第三方执行机制所应对的，正是由于缺乏对交易各方经济利益的确定性保护而导致非即时经济活动经常产生巨大的积淀成本（sunk costs）、而使得私人领域的行为主体对于是否参加交易行为犹豫不决的情况。威廉姆森勾勒了一幅微观经济活动的线形图：落在这个线形图两端的都是不需要正式合同执行机制的活动类型，而落在线形图中间领域的经济活动需要得到一定程度的外部执行。[6]

从威廉姆森和诺斯所共同构建的分析视角来观察，鉴于交易费用（transaction costs）的存在，个人需要得到"交易费用不会抵消从交易中产生的好处"的保证。前文提到，诺斯认为制度包括塑造人与人互动模式的各种正式与非正式约束[7]，并且在计算交易费用时，执行是一个重要因素[8]，据此他首先指出自我执行是部落、原始社群和紧密联系型小社区中所达成合同的基本特征——在这类环境中，个体对交易相对方的个人了解是极其丰富的，并且重复性交易普遍存在。[9] 诺斯接着指出，在一个相互陌生的个体间的交易日渐增多的世界中，合同的自我执行是有限度的。在这样一个世界中，即时交易和重复性交易不再是主导性的交易模式；因此，自我执行的合同变得不足够，因为不再存在一个稠密的社会互动网络使得交易可以低成本地进行。[10] 取而代之的，是个体

---

[1] Douglass C. North, *Institutions, Institutional Change and Economic Performance*, 1990, p.3.
[2] Id., p.107.
[3] Oliver E. Williamson, *The Economic Institutions of Capitalism*, 1985, p.2.
[4] Oliver E. Williamson, *The Mechanisms of Governance*, 1996, p.332.
[5] Id.
[6] Id.
[7] Douglass C. North, *Institutions, Institutional Change and Economic Performance*, 1990, p.4.
[8] Id., p.54 n.1.
[9] Id., p.55.
[10] Id.

分工以及在空间和时间两个维度扩展的交易需要确保遵守的额外合同执行机制。诺斯解释说,这些额外的机制包括:人质交换、对违约商人的排斥、丧失声誉的威胁、亲族联系、忠诚、少数群体在非友善社会中所共同持有的信念,以及时时出现的对正直和诚实这类理念的意识形态信奉。[1]

尽管这些仍属非正式性质的额外机制能够——取决于信息成本——为守约提供保证,但由于信息成本和在长期关系中"游戏结束"(而引发交易最后环节的履约风险)问题的存在,使得在缺乏有效的第三方执行机制前提下的陌生人之间的交易所带来的履约难题仍然挥之不去。[2] 正因如此,诺斯认为一套可信的、低成本且由第三方提供的正式执行制度"必不可少"(essential)。在当代的发展研究中,对诺斯的上述评价存在着这样一种特定理解:随着发展中国家的经济开始更加全面地融入更广泛的全球经济中,正式合同执行机制的重要性随之增强。诺斯解释说,"第三方执行"是指"国家作为能够有效监控财产权利和执行合同的一种强制力的发展"。[3]

诺斯总结道,缺乏低成本的、有效的合同执行机制(尤其是运用强制力的有效的国家执行机制)是发展中国家经济无效率和低增长率的最重要的原因。[4] 然而他接下来警告说,至今尚没有人成功地提出过,如何将国家发展成为保护财产权利并有效执行合同的那种强制力量、同时却不会产生国家以有害于社会的方式滥用其权力的风险。[5] 尽管有此警告,但在过去的十数年间可以看到,国际机构和境外援助者孜孜致力于推进许多发展中国家和转型经济国家的法治改革(rule of law reform);这些努力——至少在部分意义上——是以诺斯所信奉的工具主义的经济学原理为支撑的。[6] 这样一种(将法治改革置前的)主次顺序——至少从工具主义的立场出发——是合理的吗?

尽管诺斯所支持的合同正式主义论的进路认为正式的合同执行机制对于一国的经济发展有着根本性的重要意义,另一学派却贬低合同执行的正式第三方机制的必需性。这一派的学者凭据那些强调非正式的社会规范和人际网络在导致私人交易得到自我执行方面起到根本性作用的经验证据,辩称很多促进

---

[1] Douglass C. North, *Institutions, Institutional Change and Economic Performance*, 1990, p. 55.
[2] Id., pp. 55—58.
[3] Id., p. 59.
[4] Id., p. 54.
[5] Id., pp. 59—60.
[6] 参见 Thomas Carothers, "The Rule of Law Revival", 95 *Foreign Aff.*, Mar.-Apr. 1998(在总体上讨论了在发展中国家进行法治改革的复兴起来的热诚);Ronald J. Daniels & Michael Trebilcock, "The Political Economy of Rule of Law Reform in Developing Countries", 26 *Mich. J. Int'l Law* 99 (2004)(认为政治经济学上的各种考虑是发展中国家法治改革的首要妨碍)。

经济发展的经济活动并不需要一种正式的第三方执行手段。[1]例如,按阿韦纳·格雷夫(Avner Greif)的说法,"无论是在历史上和当代兴起的市场中,还是在发展中国家的经济体中,许多交易关系既没有直接也没有间接地受到法律体系的规制"。[2]格雷夫认为,事实上世界经济发展的很大成分是在缺乏一个法律体系规制私人经济交易的情况下发生的。[3]

值得引起注意的是,合同非正式主义论者的视角和合同正式主义论者对发展的理解有着很多共同的理论基础——尤其是个体作为理性经济人的概念。特别是合同非正式主义论者也主张,个体需要确保不会出现合意达成的交易被随意撕毁、却无法使违约方承担责任的情况。因此,合同非正式主义论的视角并没有弱化新古典主义经济学中个体行为需要激励的根本原则。然而,这一视角之所以与合同正式主义论者的进路有区别,就在于认识到了那些非法律的、由社会或文化因素决定的规范的存在能够且确实为激励私人交易参与所必需的稳定性和可预见性提供了保证。在下文中,我们即来审视一番两种假说的支持者所赖以支撑他们各自主张的现有的经验证据。

## 二、合同正式主义者:经验证据

尽管一些发展研究认为,在财产权保护和合同执行两方面均缺乏有效机制

---

[1] 参见,例如,Lisa Bernstein, "Opting Out of the Legal System: Extralegal Contractual Relations in the Diamond Industry", 21, 140—141, 138, 157 *J. Legal Stud.* 115 (1992)[以下简称为Bernstein, Diamond Industry];和相关文本;也参见 Marcel Fafchamps, *Market Institutions in Sub-Saharan Africa*, 2004(对经验证据的考察表明,撒哈拉沙漠以南非洲地区的合同高度依赖于社会网络和个人信用); Lisa Bernstein, "Merchant Law in a Merchant Court: Rethinking the Code's Search for Immanent Business Norms", 144 *U. Pa. L. Rev.* 1765 (1996)(研究美国谷物贸易界的民间私人秩序中的自我执行); Lisa Bernstein, "*Private Commercial Law in the Cotton Industry: Creating Cooperation Through Rules, Norms, and Institutions*", 99 Mich. L. Rev. 1724 (2001); Avner Greif, "*Contracting, Enforcement, and Efficiency: Economics beyond the Law*", 239 in Annual World Bank Conference on Development Economics 1996, Michael Bruno & Boris Pleskovic eds., 1997(挑战主张只有通过法律的合同执行才便利交易的新古典理论); Janet T. Landa, "A Theory of the Ethnically Homogeneous Middleman Group: An Institutional Alternative to Contract Law", 10 *J. Legal Stud.* 349 (1981)(讨论马来西亚和新加坡华裔经纪人的商业实践)。Janet Landa发现,在马来西亚和新加坡,华裔的中间人间紧密交织、基于种族的商业社团便利了相互间的信任,排除了任何采取措施以减轻交易中不确定性的需要,而华人和本地非华人间的交易主要采用现金(而不是信用),以减少合同的不确定性。Id., p.350;亦见 Janet Tai Landa, *Trust, Ethnicity, and Identity: Beyond the New Institutional Economics of Ethnic Trading Networks, Contract Law, and Gift-Exchange*, 1994, pp.164,205(提出了某种关于非正式合同执行机制在实现"有序的无政府状态"中的作用的理论)。

[2] Avner Greif, "Contracting, Enforcement, and Efficiency: Economics beyond the Law", 241in Annual World Bank Conference on Development Economics 1996, Michael Bruno & Boris Pleskovic eds., 1997.

[3] Id., pp.241—242.

的欠发达国家"难以吸引外资和保持增长"[1],这些研究通常没有区分财产权保护和合同执行在这一相关性中的各自角色。此外,在评估同经济增长相关的制度效率和效力时,这些研究所提供的证据也似乎没有赋予由国家采取的合同执行机制以超越其他合同执行机制的优先性。因此,为了检验"诺斯命题"(North proposition)的有效性,就需要获得直接说明"分拆开来的"(unbundled)正式合同执行机制对于经济绩效所具有的独立效果的证据。

克里斯托夫·克拉格(Christopher Clague)同他的合作者检验了"第三方合同执行是生产率和增长之必要前提"的观点。他们提出,"各个社会在何种程度上可以实现……那些在合同执行和财产权保护方面发生率密集的潜在交易,这可以大致等同于通货(currency)相较于'合同密集货币'(contract-intensive money,即CIM)的相对使用率"作者将CIM定义为"非通货货币同货币供应总量的比率"[2]。值得重视的是,作者非常谨慎地提到他们"不是主张对……非通货货币使用率的增加会导致更好的经济绩效"[3]。他们只是主张"更好的制度、尤其是更好的合同执行机制,使得一个社会能够从贸易中获得方方面面的更广泛的(真实)收入……"[4]因此,他们的研究是用CIM来检测改善经济绩效的治理(governance)(或者制度,institutions)的类型,而不是主张CIM本身即经济绩效的一个导因。

作者接着展示了七个简短的关于政治稳定性和经济政策变化对于CIM比率的影响的案例。基于这些案例研究,他们总结道:"强有力和安定的专制政权比短暂存在或者昙花一现的民主政权更能保证合同和财产权利的安全;而这种安全性在持续存在的民主政权下达到峰值。"[5]这个结论提出的问题自然是它对于诺斯所提观点的重要性或者相关性。

上文曾经提到,诺斯认为缺乏第三方执行机制是第三世界在历史上经济停滞和在当代经济欠发展的最重要的原因。第三方执行机制的目的是提供稳定性和可预测性,以此来激励交易方进行非即时交易。为了确立这一主张的有效

---

[1] Avinash K. Dixit, *Lawlessness and Economics*, 14 (2004)(引用 Dani Rodrik, *Introduction to In Search of Prosperity: Analytic Narratives on Economic Growth* 8—15 Dani Rodrik ed., 2003.

[2] Christopher Clague et al., "Contract-Intensive Money: Contract Enforcement, Property Rights, and Economic Performance", 4 *J. Econ. Growth* 185,188 (1999).

[3] Id., p.189. 事实上,俄罗斯的"易货经济"——即使用卢布的现金交易广泛被其他替代性支付方式、例如易货和民间发行的准货币所取代——证明情况并非如此,如后面关于俄罗斯的讨论所揭示的。见 David Woodruff, *Money Unmade: Barter and the Fate of Russian Capitalism* xiii (1999). Dalia Marin & Monika Schnitzer, *Contracts in Trade and Transition: The Resurgence of Barter* 1, 2002, pp.42—43,179—180 和与之相应的正文。

[4] Christopher Clague et al., "Contract-Intensive Money: Contract Enforcement, Property Rights, and Economic Performance", 4 *J. Econ. Growth* 189 (1999).

[5] Id., p.196.

性,有两点需要得到证明。首先,第三方执行机制的存在必须实际上使得非即时交易的数量得以增加。鉴于 CIM 比率度量了非通货货币同全部货币供给的关系,将这个比率的上升视为非即时交易增加的证据是合理的,因为它确实涉及那些交易方在收到所允诺交付的货物或服务时并没有立即付款的交易。因此,基于克拉格及其合作者提供的证据可以推断,当政治稳定的国家充当可信的第三方合同执行人时(尽管对于正式的司法执行是否是国家可用的唯一机制这一点并不清楚),个人更愿意进行非即时交易。

其次,诺斯命题的有效性更进一步地依托于对非即时交易的增加和经济增长本身的相关性的证明。为此,克拉格及其合作者进行了一项回归分析(regression analysis),以期发现 CIM 和投资之间以及 CIM 和增长之间的相互关系。对于 CIM 和投资,作者在这两个自变量之间发现了"某种强烈、正相关、并且极其明显的关系"[1]。对 CIM 和增长的关系,初步的回归分析确实呈示出某种高度的相关性,但是分析得到的证据却显示了两者之间反向的因果关系。在对反向因果关系进行检测的过程中,作者得出了这样一个结论:CIM 和增长表面上存在的高度关联实际上归因于独立于 CIM 之外的因素(如通货贬值、初始收入水平、入学率、人口种族结构和殖民传统),而不是 CIM 自身的函数[2]。

一方面,关于 CIM 和增长关系的研究结果对于那些主张可信的第三方合同执行机制是经济发展前提的论者提出了一个正当的挑战;另一方面,这一研究结果也并未否定关于 CIM 和投资之间关系的研究结果的重要性。如果 CIM 比率确实是第三方合同执行机制在吸引投资的效用方面合理的代用变量,那么,得出"正式的合同执行机制将产生显著的经济收益"这一推论即为合理了。在 CIM 和投资以及 CIM 和增长之间缺乏明确的因果关系,这一点所引出的问题是合同执行第三方机制的存在究竟为何种类型的经济活动提供了便利。具体来说,鉴于其他非正式的机制和社会规范鼓励重复的和/或长期的合同关系,正式的合同执行手段本身可能主要是有助于一次性的、非即时的交易。然而,目前解答这个问题的经验数据仍然欠缺。

另一项在"法律与金融"这一领域的文献方面由罗斯·莱文(Ross Levine)、诺曼·罗伊茨(Norman Loayza)和索斯顿·贝克(Thorsten Beck)进行的跨国研究探察了金融中介在促进经济增长中的的角色,同时也对法律及财会方面的实践(包括合同执行)如何影响金融发展做了评估[3]。在他们的回归分析

---

[1] Christopher Clague et al., "Contract-Intensive Money: Contract Enforcement, Property Rights, and Economic Performance", 4 *J. Econ. Growth* 200 (1999).

[2] Id., pp. 202—203.

[3] Ross Levine et al., "Financial intermediation and growth: Causality and causes", 46 *J. Monetary Econ.* 31 (2000).

中,作者用真实的人均国内生产总值的增长率作为他变量(dependent variable)。主要的回归数是金融中介发展的水平,但是其他的回归数还包括一大堆形形色色的、为回归分析提供限定性信息的变量。[1] 莱文及其合作者推断"金融中介能够获取关于公司的信息、拟订合同、并使那些合同得到执行的水平,将对其确认值得与之交易的公司、施加公司控制权、管理风险、激活储蓄和便利交易的能力产生根本性影响"。[2] 一旦这些作者得出了"在合同执行和金融发展之间存在相关性"的结论,他们便进行了跨产业的分析来确立金融发展和经济增长之间的某种相关性。他们发现"那些比同行更善于改善信息成本和交易成本的金融中介促使更有效率的资源分配和更快的经济增长"。[3] 这一发现使得他们支持拉法叶·拉波塔(Rafael La Porta)及其合作者先前的研究结论[4],即"法律和监管体制将对金融系统提供高质量金融服务的能力产生根本性影响"。[5]

金融合同倾向于高度技术化和复杂化、并且通常涉及巨额的金融资产——这是金融市场尤其依赖法律和国家提供的合同执行机制的主要原因。因此,金融合同的订立通常隐含相当大的交易风险并且需要稳定和可预测的合同保护和履约保证、包括对中小投资者权利的保护(这些权利易受制于管理层的滥权和大投资者的侵占)[6]。这种保证大体上由有效的正式合同法及相关的法律机制来提供最为合适。广义上的"法律与金融"文献将金融活动看作一组合同,在大量的经验研究的基础上,提出了以下主张:一国的合同法、公司法、破产法和证券法同这些法律的有效执行一起,对证券投资者的权利和金融系统的运行起着根本性的决定作用。[7]

在最近的一篇论文中,肯尼斯·戴姆(Kenneth Dam)报告了来自金融市场的其他经验证据,以支持作为重要的合同执行机制的一套有力而有效的法院制度与经济发展之间的正相关关系。[8] 他引用了大量的研究来主张"司法独立

---

[1] Ross Levine et al., "Financial intermediation and growth: Causality and causes", 46 *J. Monetary Econ.* 44 (2000).

[2] Id., p.35.

[3] Id., p.62.

[4] Rafael La Porta et al., "Legal Determinants of External Finance", 52 *J. Fin.* 1131, 1132, 1149 (1997).

[5] Ross Levine et al., "Financial intermediation and growth: Causality and causes", 46 *J. Monetary Econ.* 35 (2000).

[6] Thorsten Beck & Ross Levine," Legal Institutions and Financial Development", in *Handbook of New Institutional Economics* 251, 253 (Claude Menard & Mary M. Shirley eds., 2005)(Citing Andrei Shleifer & Robert W. Vishny, "A Survey of Corporate Governance", 52 *J. Fin.* 737, 742 (1997)).

[7] Thorsten Beck & Ross Levine, *Legal Institutions and Financial Development*, in *Handbook of New Institutional Economics*, Claude Menard & Mary M. Shirley eds., 2005, p.253.

[8] Kenneth W. Dam, "The Judiciary and Economic Developmen", *Univ. Chi. John M. Olin Law & Econ.*, Working Paper No. 287, 2d series, 2006,文本可见于 http://ssrn.com/abstract = 892030.

的程度同经济增长相联系",以及"运作更好的法院被观察到导致发展程度更高的信用市场的建立",因此有利于一个经济体中大小型公司的快速成长。[1] Dam 特别引用了世界银行的《2005 年世界发展报告》,这个报告认为,在拉丁美洲的各个国家,在那些有着适格法院的阿根廷和巴西的省份做生意的公司更容易获得银行贷款。[2] 同样地,在墨西哥那些有着更好法院系统的州可以找到更大和更有效率的公司。[3] 世界银行的这份报告将这些有利的经济结果归功于"更好的法院降低了公司面临的风险,所以提高了公司进行更多投资的意愿"这一因素。[4] 而恰恰相反,无效率和低素质的法院没有能力解决那些同国家和公共部门的机构进行经济交易的私人主体所面临的合同执行问题。

戴姆也描述了巴西这一案例,那里政府的"司法负债"(judicial liability)(也就是针对公共部门的没有得到执行的司法诉求)被认为几乎和这个国家的公共债务大致相当。[5] 巴西法院系统的这一缺陷实质上相当于对私人部门的机构的数额可观的征税,因为他们既不能从其因诉讼程序尚未结束、而暂且无法追回的资产上挣取利息,也不能将这些资产投入能够增值的其他用途。[6] 对于债权人权利保护来说,无效率法院的另一具有同等有害性的后果是,由于银行如果没有法院的帮助就无法行使取消抵押品赎取权(foreclose)以收债,他们被迫以极高的利率放贷。[7] 所带来的一个结果,便是无人去主动开展关键性的基础建设项目,因为投资者怀疑法院在借款人欠款不还时是否有能力保护他们的权利。[8] 最后,戴姆引用了卡塔琳娜·皮斯托(Katharina Pistor)、马

---

[1] Kenneth W. Dam, "The Judiciary and Economic Developmen", *Univ. Chi. John M. Olin Law & Econ.*, Working Paper No. 287, 2d series, 2006, p. 1.

[2] The World Bank, *World Development Report* 2005: *A Better Investment Climate for Everyone*, 2004, p. 86.

[3] Id.

[4] Id.

[5] Kenneth W. Dam, "The Judiciary and Economic Development", 2 *Univ. Chi. John M. Olin Law & Econ.*, Working Paper No. 287, 2d series, 2006, 可获得于 http://ssrn.com/abstract = 892030. (引用 Jonathan Wheatley, "Why Brazil's judicial system is driving the country nuts: A lack of will to alter a dysfunctional legal system is hampering development", 20 *Fin. Times*(London), May 24, 2005).

[6] Kenneth W. Dam, "The Judiciary and Economic Development"(*Univ. Chi. John M. Olin Law & Econ.*, Working Paper No. 287, 2d series, 2006, 可获得于 http://ssrn.com/abstract = 892030. 2—3.

[7] Id., p. 3 (Citing Jonathan Wheatley, "Why Brazil's judicial system is driving the country nuts: A lack of will to alter a dysfunctional legal system is hampering development", 20 *Fin. Times* (London), May 24, 2005.

[8] Kenneth W. Dam, "The Judiciary and Economic Development"3 *Univ. Chi. John M. Olin Law & Econ.*, Working Paper No. 287, 2d series, 2006. 可获得于 http://ssrn.com/abstract = 892030. (引用 Jonathan Wheatley, "Why Brazil's judicial system is driving the country nuts: A lack of will to alter a dysfunctional legal system is hampering development", 20 *Fin. Times* (London), May 24, 2005.

丁·瑞瑟(Martin Raiser)和斯塔尼斯洛·格尔弗(Stanislaw Gelfer)[1]对转型经济体的经验研究的结果,来表明"法律有效性"(legal effectiveness)通过扩大资本市场市值和私人领域信贷规模的方式来促进金融市场发展的关键性作用(能够执行私人间合同的有效法院系统是这一有效性的一项根本性指标)[2]。

雷纳·哈斯曼(Rainer Haselmann)及其合作者指出了广义上的"法律与金融"文献的两个主要缺陷。[3] 首先,这一领域中的大多数研究使用的是衡量金融市场发展的总量性和宏观层面的各项指标,例如信贷市场相对于国内生产总值的规模;但是这种对指标的组合使用使得"廓清法律变革对不同市场参与者的影响"变得十分困难。[4] 其次,这个领域的大多数现有的研究将各种法律机制间所存在的差别和各种经济参数相联系,以此来比较有着良好法律机制的国家和那些有着劣质法律机制的国家。[5] 例如,一些研究者试图解释各国有关债权人和股东权利保护的法律同银行融资与证券市场的发展水平之间的关系。[6] 这种进路忽视了各种"内生性"(endogeneity)方面的考虑:经济绩效可能并非是由法律机制的变革造成,而是由某些被忽略的变量或者没有观察到的国家间差异造成。[7]

在部分意义上本着纠正广义的"法律与金融"文献中的这些方法论缺陷的目的,哈斯曼及其合作者进行了一项经验性研究,旨在探寻在中东欧的12个转型经济体中与银行放贷有关的债权人权利保护法的角色。他们集中研究的是破产法和担保法改革同宏观层面上银行在其放贷活动中的行为变化之间的关系。[8] 他们的研究有三项主要发现。首先,法律(在这里即指破产法和担保法

---

[1] Katharina Pistor et al., "Law and finance in transition economies", 8 *Econ. Transition* 325, 356 (2000).

[2] Kenneth W. Dam, "The Judiciary and Economic Development", 4 *Univ. Chi. John M. Olin Law & Econ.*, Working Paper No. 287, 2d series, 2006 可获得于 http://ssrn.com/abstract = 892030. 类似的,Gillian Hadfield 也强调对合同纠纷作出裁判的有效率和称职的法官的重要性。她认为,纸面上的合同法不足以确保合同的执行;很多其他的法律机制对于建构一部有效率的合同法以及支持合同承诺也是必需的。这些支持性法律机制包括法院和法官、律师、合同法运行其中的法律环境,以及对正式合同法提供补充的民间纠纷解决机制。参见 Thorsten Beck & Ross Levine, "Legal Institutions and Financial Development", 175, 181—200in *Handbook of New Institutional Economics*, Claude Menard & Mary M. Shirley eds., 2005.

[3] Rainer Haselmann et al., "How Law Affects Lending", 1, *Columbia Law & Econ.*, Working Paper No. 285, 2006, 文本可见于 http://ssrn.com/abstract = 846665.

[4] Id.

[5] Id.

[6] 例如可参见:Rafael La Porta et al., "Law and Finance", 106 *J. Pol. Econ.* 1113, 1115 (1998).

[7] Rainer Haselmann et al., "How Law Affects Lending", 1, *Columbia Law & Econ.*, Working Paper No. 285, 2006, 可获得于 http://ssrn.com/abstract = 846665.

[8] Id., p.2.

所提供的对债权人权利的正式保护)确实在事实上通过逐渐地增加贷款数额来促进放贷[1],以此表明了在正式合同执行机制和金融市场发展间存在的某种因果关系。其次,对于扩展银行贷款而言,旨在保护个体债权人诉求的担保法比旨在建立集体执行体制的破产法更具重要性。[2] 尤其是,在那些曾经进行过担保制度改革的样本国家,银行放贷同承认动产(即相对于不动产的个人财产)上所设定的非占有性的担保利益呈正相关;银行放贷也同一个有效的、对这些担保利益予以核实的登记制度的建立呈正相关。[3] 最后,在他们研究的国家中,作者们也发现同债权人权利保护相关的法律改革的最大受益者是外国银行;外国的"新生"银行[4]尤其从法律改革中得益,这从他们在放贷规模上相比既有的国内银行——无论他们是私人所有的还是国有的[5]——显著地大幅增加可以看出来。

值得注意的是,尽管广义上的"法律与金融"文献总体上所强调的中心议题均是"法律制度影响公司融资和金融发展",但在谈到法律制度是否应当仅仅执行私人合同、除此以外不管其他的事(即"科斯派"观点),以及法律制度是否应当设立有关股东和债权人权利的具体法律规则时,各种观点则意见纷呈。对科斯派观点的批评者认为,如果金融市场中的私人订约行为要得到有效运作,法院必须以一种公正和熟练的方式来执行私人合同——即必须注意到这些合同的技术性和复杂性。[6] 然而,这些批评者指出,在许多有着弱势司法系统的发展中国家,有效的司法执行经常不能实现。因此,"发展能够为组织金融交易和保护少数股东和债权人提供一个框架的公司法、破产法和证券法就有潜在的优势"。[7] 不过,对于这种强调让法律制度在规制金融合同行为方面承担更大角色的主张也存在一个告诫:尽管这种强调所导致的规则标准化可能通过降低交易成本使金融交易更加有效率,法律中过多的刚性也可能阻碍合同行为得到有效率的个性化。[8]

尽管广义上的"法律与金融"文献试图探索法律制度如何影响各国金融发

---

[1] Rainer Haselmann et al., "How Law Affects Lending", 1, *Columbia Law & Econ.*, Working Paper No. 285, 2006, p. 2.

[2] Id.

[3] Id., pp. 27—30.

[4] 描述性术语"绿地"指的是新近在国内市场建立的外国银行,相对于那些接管或者兼并国内银行以进入国内市场的外国银行。参见 id. at 17.

[5] Id., pp. 2, 27, 30.

[6] 参见 Edward Glaeser et al., "Coase Versus the Coasians", 116 *Q. J. Econ.* 853, 854 (2001).

[7] Thorsten Beck & Ross Levine, "Legal Institutions and Financial Development", 254 in *Handbook of New Institutional Economics*, Claude Menard & Mary M. Shirley eds., 2005(引用 Andrei Shleifer & Robert W. Vishny, "A Survey of Corporate Governance", 52 *J. Fin.* 737, 742 (1997)).

[8] Id.

展的特定机制,在当代的发展研究中正在兴起的一个新的研究领域已经更为一般性地扩展其追问,将其延伸至研究治理(governance)或者说制度质量(institutional quality)同经济发展的关系。例如,世界银行最近发布的《治理事关紧要》(Governance Matters)这一报告追踪了全球范围内的治理状况。[1] 该报告列出了六个既可以独立使用、又可以集体使用的制度领域作为治理指标:公民议政权和政府问责制,政治稳定性,政府有效性,规制的质量,法治和腐败控制。[2] 该研究将法治指标定义为"对合同执行、警察及法院的质量以及犯罪和暴力的可能性的测量"[3],并且指出在更好的治理(包括得到改善的法治)和更高的收入水平之间存在"实质因果联系"。[4] 在一个更普遍的意义上,该研究的作者发现"在(集体治理指标)上一个单位的标准差的改进最终将引起收入水平两到三倍的增长"。[5] 而且,当他们隔离和去除反向因果关系后,他们发现在治理和发展之间的因果关系仍然显著。[6]

尽管上述各项研究的作者们或者用某些指标反映合同执行的程度、或者将合同执行作为某些指标的一个组成要素,但这些跨国研究中没有一个将合同执行作为独立的变量来检验。到目前为止,最贴近地检验国家合同执行机制力度的研究是由西蒙·德加科沃(Simeon Djankov),拉法叶·拉波塔(Rafael La Porta),佛罗伦西奥·洛佩兹-西拉内斯(Florencio Lopez-de-Silanes)和安德烈·施莱弗(Andrei Shleifer)共同完成的 Lex Mundi 项目[7]。这项研究测量并描述了诉讼人和法院使用的用以驱逐不付房租的承租人和要求兑现被退票的支票的全部程序。该研究提供了在 109 个受到检验的国家中,各国在正式争端解决机制所涉程序方面的跨国数据。研究进一步提供了关于法律制度在实现其所服务之目的方面的有效性的比较证据。然而,凯文·戴维斯(Kevin Davis)在对 Lex Mundi 项目进行评论时则认为,尽管这项研究的结果对于法律改革者是有用的,这些结果却不应作为可供依赖的衡量合同执行与发展之间关系的一项严

---

[1] Daniel Kaufmann et al., *Governance Matters IV: Governance Indicators for* 1996—2004 (2005), http://www.worldbank.org/wbi/governance/pdf/GovMatters_IV_main.pdf.

[2] Id.

[3] Id., p.4.

[4] Id., p.36.

[5] Id.

[6] Id., pp.36—38.

[7] 对 Lex Mundi 项目的一番完整描述和分析,见 Simeon Djankov et al., "Courts", 118 *Q. J. Econ.* 453, 459 (2003);亦见 Kevin E. Davis, "What Can the Rule of Law Variable Tell Us About Rule of Law Reforms?", 26 *Mich. J. Int'l L.* 141, 159 (2004)(Djankov 研究指的是"Lex Mundi 项目")。

格和准确的指标。[1] 戴维斯的批评同该项目的方法论有关——该项目通过收集执行两种特定类型的合同的证据来评估国家执行合同的力度，即驱逐承租人和兑现被退票的支票。[2] 戴维斯认为，最多"这些数据可以被视为特定类型合同的可执行性的度量指标……因为没有理由假定任何给定的司法律体系会同等对待所有类型的合同诉求"。[3] 至多，这项研究证明了某些合同执行机制实现其所服务之目的的能力。此外，这项研究也没有提供关于合同执行对于经济发展的正面效果的任何有用数据。

戴姆则提出了 Lex Mundi 项目的另一个问题：这个项目将术语"形式主义"（formalism）定义为法庭程序中的程序性复杂性，这不能充分揭示国家间司法有效性的真实程度，尤其是在民法法系国家和普通法法系国家间。[4] 他还指出，该项目关于"形式主义对于两种被研究的简单类型案件是没有效率的"这一暗含判断可能带有误导性。他的结论是，尽管以要求走完的法院程序的数量来测量的更高程度的"司法形式主义"，更经常在民法法系国家——包括很多发展中国家——出现，拥有较低程度的司法形式主义的普通法国家——包括比较富裕的国家——并不必然在及时解决这些案件上得分更高。[5] 例如，一些发达的普通法国家在兑现退票支票的案件中显示了不寻常的延迟——相对于在斯威士兰的40天和在伯利兹的60天，在加拿大是421天，在澳大利亚是320天，而它们是有着同样普通法传统的国家。[6] 此外，在亚洲，Lex Mundi 项目里的民法法系国家比普通法法系国家的法院程序延续时间更短，显示了另一项对该项目暗含判断——普通法法系国家通常有着相对于民法法系国家更低程度的形式主义，因此通常有着更高程度的司法有效性——的偏离。[7]

达龙·阿西莫格鲁（Daron Acemoglu）和西蒙·詹森（Simon Johnson）的一项研究提出了一个相类似的问题：作者们发现尽管财产权利的执行同经济发展、金融发展和投资显著相关，正式合同规则只对公司对金融机制的使用——也因此在构建交易的融资方式时——起显著作用。[8] 例如，有着逊色的正式

---

[1] Kevin E. Davis, "What Can the Rule of Law Variable Tell Us About Rule of Law Reforms?", 26 *Mich. J. Int'l L.* 159 (2004).

[2] Id.

[3] Id., p.157.

[4] Kenneth W. Dam, "The Judiciary and Economic Development", 9—10, *Univ. Chi. John M. Olin Law & Econ.*, Working Paper No.287, 2d series, 2006 可获得于 http://ssrn.com/abstract=892030。

[5] Id.

[6] Id., p.10.

[7] Id., p.11.

[8] Daron Acemoglu & Simon Johnson, "Unbundling Institutions", 113 *J. Pol. Econ.* 949, 983—984 (2005).

合同机制的国家有着欠发达的证券市场,所以这些国家的公司更多地通过举债而不是发股票融资,因为执行债权合同的成本更低。[1] 阿西莫格鲁和詹森的结论认为,正式合同机制对于一国经济的增长、投资和信贷总额存在着更加有限的作用。[2]

各种国别研究也指出了为成功和可获利的交易提供便利的合同法的好处。例如,卡瑟琳·亨德雷(Kathryn Hendley),皮特·姆瑞尔(Peter Murrell)和兰迪·瑞特曼(Randi Ryterman)关于俄罗斯企业的研究认为,法律和合同的司法执行机制确实为俄罗斯的经济增加了价值。[3] 作者们发现,自从俄罗斯在苏联解体后的那些年里对其法律制度进行了重大改革,俄国公司逐渐稳步提高其对新设的"仲裁法院"机制的利用率来解决合同纠纷。[4] 尽管俄罗斯的公司越来越倾向于诉求法院来执行合同,那些法院在执行判决方面的可靠性和有效性却广受争议。例如,仲裁法院就一直因为无法有效地执行判决、或者满足诉讼者的其他基本需要而受到批评。[5]

但一个紧接着的问题是,如果判决不能得到有效执行,为什么企业还要告到法院?费德里克·瓦雷泽(Federico Varese)对此提供了一个说得过去的解释。基于俄罗斯仲裁法院在处理涉及欠款的合同争议时的具体操作方面的丰富经验证据,他发现90年代私有化的大型前国有公司构成这些案件诉讼者的主体;相反,私人领域中的小企业通常避免通过法院执行合同。[6] 按照瓦雷泽的说法,这种区别的一个可能的原因是,大型俄国企业通常比那些较小的私人企业缺乏效率和竞争性,故他们的经理人有着强有力的动机将告到仲裁法庭作为某种"发信号"的战略。尽管明知对其有利的法院判决有可能不能得到有效执行,这些经理人仍在发生合同纠纷时诉诸法庭,因为他们试图被视为在通过合法手段努力追回坏账。[7] 向市场和政府发出"守法"信号会给这些公司带来两种可能的好处:或者是由经营不称职而产生的损失被掩盖,以此维持未来的交易机会;或者是他们能够继续获得银行贷款和国家补贴。[8] 相较之下,较小

---

[1] Daron Acemoglu & Simon Johnson, "Unbundling Institutions", 113 *J. Pol. Econ.* 953, 983—984 (2005).

[2] Id., p.988.

[3] Kathryn Hendley et al., *Law Works in Russia: The Role of Law in Interenterprise Transactions, in Assessing the Value of Law in Transition Economies* Peter Murrell ed., 2001, pp.56,88.

[4] Id., pp.56,70.

[5] Kathryn Hendley, "Growing Pains: Balancing Justice & Efficiency in Russian Economic Courts", 12 *Temp. Int'l & Comp. L. J.* 301, 330—331 (1998).

[6] Federico Varese, *The Russian Mafia: Private Protection in a New Market Economy*, 2001, pp.53—54.

[7] Id., p.53.

[8] Id., pp.53—54.

的私企——其相对于大型企业通常面对更大的交易不确定性和有着更短的商务投资期——因为怀疑法院能否以及时的方式执行判决,倾向于在法院外解决合同纠纷。[1] 在及时执行判决方面发生的困难经常在宏观经济不稳定的过渡经济体中产生实质性的不利商业后果。最为要紧的是,在高通胀时期,通过"缓慢的"法院所提供的正式执行机制进行收账即使只发生短暂的迟延,也会导致严重的实际财务损失。

通过以上这一简要的文献综述,可以得出一个关于正式合同法律及合同执行机制同发展之间关系的主要结论:对一个国家的经济增长和作为可信第三方合同执行者的国家之间的关系进行专门检验的现有经验证据只表明了在金融领域存在着某种强相关关系,即较好的合同执行看来在便利间接融资方面是有助益的。然而,除了这样一个不言而喻的道理——大多数富国拥有成熟的正式合同法和执行制度而很多(如果不是大多数)穷国则没有这些——之外,这种相关关系未能在更普遍意义上向合同正式主义论提供强有力的、或者说毫不含糊的确证。这一点观察同样也可以适用于富国和穷国之间很多其他的差异,却对于什么是发展的原因或者结果几无说明。

### 三、合同非正式主义论者:经验证据

下文将讨论的关于贸易和合同实践的研究为合同非正式主义论者的视角提供了经验支持。我们所审视的经验证据与在当代发达经济体、在早期和当代国际贸易以及在当代发展中和转型经济体中所使用的合同实践有关。我们也对所谓的"中国之谜"和"东亚奇迹"给予特别的关注——在通常缺乏可信的正式第三方合同执行机制的情况下,这些经济体实现了辉煌的经济增长率。

(一) 发达经济体:在法律阴影中的合同行为

代表支持合同非正式主义论者观点的最早期研究的是斯图尔特·麦考利(Stewart Macaulay)对美国商人实践进行的一项广受关注的研究。在研究中他发现商界中存在着某种对利用正式法律机制来执行合同条款或者解决合同纠纷的嫌恶(aversion)。[2] 按照麦考利的说法,在执行互利协定时,社会压力和声誉比正式的合同和司法执行得到更广泛的使用。[3] 麦考利贬低正式合同执行作为一种便利经济交易的手段的重要性的一种,而引进了作为合同执行方式的"关系合同"(relational contracting)理念作为替代(尽管围绕关系合同的定义

---

[1] Federico Varese, *The Russian Mafia: Private Protection in a New Market Economy*, 2001, p.54.

[2] Stewart Macaulay, "Non-Contractual Relations in Business: A Preliminary Study", 28 *Am. Soc. Rev.* 55, 61 (1963).

[3] Id., p.63.

仍然有很多尚待澄清的问题)。[1]

丽莎·伯恩斯坦(Lisa Bernstein)经常被引用的关于纽约钻石交易的研究谈到了这种情形:无需诉诸正式法律系统,一个商业族群网络(这里指东正教犹太人族群)的非正式规范可以提供在民间秩序中促进商业交易的稳定性。[2] 伯恩斯坦用纽约钻石交易的惯例表明,在正式法律系统的领域之外,声誉和信任可以在足够低的成本上被用来促使私人交易的发生。[3] 有意思的是,纽约钻石交易和正式法律系统之间不断演进的相互关系也影响到了这个行业自我执行的系统。伯恩斯坦尤其提到,在第一起针对纽约钻石协会的法律诉讼发生之后,这个组织采取了相应的程序以降低其受制于法律诉讼和反托拉斯调查的风险。[4] 当整个行业仅由遵循一套操作守则的单个同质团体构成时,几乎没有诉诸外部的秩序规则的需要。但是,随着新的和陌生的代理商进入这个行业而导致钻石交易席位的族群构成开始多样化,执行系统也随之开始变化。[5] 这种变化支持了下述假设:在一套可信的正式法律体制存在的情况下,当规范某一行业交易行为的需要突破了发源于族群的、法律之外的规则时,可能正式法律将启发、或者决定在那些法律之外规则中的新发展。

非正式合同执行机制的例子数不胜数。正如约翰·麦克米兰(John McMillan)所介绍的,Paragon Cable,一家纽约有线电视公司,发展出一个新奇并且有效的策略来收取账单逾期欠费:不再切断有线发送,而是在其所有频道上播放 C-Span* 的"没完没了的政治演说、辩论和听证会",直到其用户付清欠费。[6] 自我治理作为执行机制的另一个例子是纽约证券交易所用于合同执行

---

[1] 对于关系合同的更深入研究,一般见 Charles J. Goetz & Robert E. Scott, "Principles of Relational Contract"s, 67 *Va. L. Rev.* 1089 (1981)(认为当风险不能在事先得以确定时,关系合同由将成本降至最低的动机驱动)和 Ian R. Macneil, "Economic Analysis of Contractual Relations: Its Shortfalls and the Need for a "Rich Classificatory Apparatus"", 75 *Nw. U. L. Rev.* 1018 (1981)(比较基于关系的交易同基于离散化交易的新古典微观经济学模型)。

[2] 见 Lisa Bernstein, "Opting Out of the Legal System: Extralegal Contractual Relations in the Diamond Industry", 21 *J. Legal Stud.* 140—141 (1992)。

[3] Id., pp.138,157。

[4] Id., p.156;亦见 David Charny, " Illusions of a Spontaneous Order: " Norms " in Contractual Relationships", 144 *U. Pa. L. Rev.* 1841, 1841—1842 (1996)(强调了将一套非法律的机制置于建基其上的法律制度的语境中进行观察的重要性);David Charny, "Nonlegal Sanctions in Commercial Relationships", 104 *Harv. L. Rev.* 373, 378, 426—446 (1990)(详尽探讨了对那些由非法律性约束予以调整的关系所进行法律规制)。

[5] Lisa Bernstein, "Opting Out of the Legal System: Extralegal Contractual Relations in the Diamond Industry", 21 *J. Legal Stud.* 143, 154—157 (1992)。尤其是,Bernstein 解释了近些年正式法律增加了其对钻石行业法律外合同机制的干预,尤其是通过引进可在法律上执行的合同和行业内仲裁程序中的对律师代理使用的增加。

* C-Span 是美国有线频道,全名为有线—卫星公共事务网络(Cable-Satellite Public Affairs Network),主要探讨政府及公共事务议题。——译者注

[6] John McMillan, *Reinventing the Bazaar: A Natural History of Markets*, 2002, p.56。

和争端解决的传统内部规则和程序:在交易所交易的经纪人"在驱逐惩罚的基础上来实现自我管理:成员中谁违约谁就被封杀;非成员在同成员签订的合同上食言就会被打入黑名单"。[1] 这样,即使在发达经济体中,很多交易依赖法律之外的规范和实践来执行合同显然是事实。

(二) 早期国际贸易:国家缺位下的合同行为

论证早期贸易中非正式经济活动可行性的一项重要研究是阿韦纳·格雷夫关于在中世纪晚期的"商业革命"(Commercial Revolution)时期马格里布商人与其在地中海地区的海外代理商之间关系的研究。这些商人通过建立某种基于声誉的机制以解决合同执行问题,这种机制借助信息共享和多边惩罚使事先的可信承诺和合同义务的有效事后履行得以可能。[2]

阿韦纳·格雷夫、保罗·米尔格罗姆(Paul Milgrom)和巴瑞·温加斯特(Barry Weingast)的另一项关于中世纪商人行会的研究也探究了早期国际贸易中的合同执行机制。他们认为,商人行会在中世纪晚期作为有效的合同执行机制而兴起,作为其多项功能中的一项,它使得欧洲和中东/北非一带贸易中心的首领们可向外国商人提供财产权利安全的保障,从而促进了这一时期的贸易扩张。[3]

类似的,肯尼斯·戴姆发现当远洋贸易在中世纪的欧洲得到演进时,法治在欧洲的早期替代是杯葛和声誉丧失的威胁。[4] 然而他同时也指出,对于合同执行问题的这些非正式解决办法恰恰"揭示了为什么法治对于一个现代经济的有效运行是不可或缺的"——现代经济同早期贸易相比,在所涉货物和服务的复杂性上是根本不同的。[5]

许多发展中国家的历史提供了更多的、有关基于信任和承诺的原生商业机

---

[1] John McMillan, *Reinventing the Bazaar: A Natural History of Markets*, 2002, p. 23. 应当提到,在过去的几十年中,纽约证券交易所经历了一个逐渐"职业化"的过程,在这个过程中,其会员受到驱逐的制裁程序被正式化,包括官方听证、上诉权和其他这类的手段。尽管纽约交易所近来已经公开上市,这些正式程序却没有随之变化。然而,诉诸传统的非正式自我治理手段仍然是交易者间的一种实践——当一个交易员违反了传统的合同执行非正式规则或者规范,另一个交易员即会停止同其交易或者拒绝向他提供最有利的报价,这类情况并不鲜见。E-mail from Doug Harris, Director of Policy, Research and Strategy, Market Policy and General Counsel's Office, Market Regulation Services Inc., Canada, to Jing Leng, Post-Doctoral Fellow, University of Hong Kong (Aug. 29, 2006, 07:03 EST)(on file with authors).

[2] Avner Greif, *Institutions and the Path to the Modern Economy*, 2006, pp. 58—90.

[3] Avner Greif et al., "Coordination, Commitment, and Enforcement: The Case of the Merchant Guild", 102 *J. Pol. Econ.* 745, 753—754 (1994).

[4] Kenneth W. Dam, "Institutions, History and Economic Development", *Univ. Chi. John M. Olin Law & Econ.*, Working Paper No. 271, 2d series, 2006,文本可见于 http://ssrn.com/abstract_id=875026。

[5] Id., pp. 3—7t.

制便利了远距离贸易和信贷的例子。这些非正式机制以多边的声誉机制和非正式的行为与执行规范为基础,例如那些为前殖民和殖民时期的印度商人家族及团体、东南亚的中国贸易商以及西非的阿拉伯"贸易侨民"所反复使用的非正式机制。[1]

(三) 当代国际贸易:民间仲裁、跨国网络和易货交易的重现

在考察合同执行和发展之间关系的文献中尚未得到充分讨论的一个问题是合同执行在当代国际贸易中的角色(下文将要提及的由丹尼尔·伯克维茨(Daniel Berkowitz)、约翰内斯·莫尼斯(Johannes Moenius)和卡塔琳娜·皮斯托[2]的研究是一个显著的例外)。在当代国际贸易的舞台,很多非正式的合同执行机制仍然盛行。在发展研究中一个逐渐形成的共识是,经济的长期增长大大依赖于国际贸易的扩张和吸引大规模的外国直接投资。然而,尽管认识到了国际贸易和外国直接投资对于发展的重要性,迄今为止新制度经济学学派的学者对探究国际贸易扩张和经济全球化的加深趋势对于合同执行所带来的影响没有给以足够的关注。

在当代国际贸易中,合同执行的三种非国家机制被广泛用于缓解由跨国交易促生的合同问题:国际商事仲裁、跨国商业与社会网络以及易货/补偿贸易。

在过去二十年间,国际商事仲裁作为解决不同国家私人主体间的贸易和投资纠纷的一项常用机制而出现。和公共法院相比,国际商事仲裁在执行合同上的优势包括更高的灵活性、技术的专业性、私隐性和保密性——所有这些优势对于满足私人主体以低成本、快速和高效的方式解决合同纠纷的需求都是重要的。[3] 随之而来的结果是这种合同执行的机制促进了国际贸易和投资,尽管它仍然未能完全解决某些持续存在的、同国际仲裁裁定在各国境内的可执行性的限度有关的合同不确定性形式。

詹姆斯·劳奇(James Rauch)观察到,跨国社会和商业网络可以减少两种典型的"非正式贸易壁垒"——国际合同的执行不力以及对国际交易机会的信息不足——由此来促进国际贸易。[4] 这类例子包括硅谷的印度籍工程师把软件开发"外包"给印度的一些地区——班加罗尔和海德拉巴,也包括在正式合同执行机制不力或者不存在的情况下,海外华人的商业网络在贸易商间打造信

---

[1] Pranab Bardhan, "Institutions matter, but which ones?", 13 *Econ. Transition* 499, 512—513 (2005).

[2] Daniel Berkowitz et al., "Legal Institutions and International Trade Flows", 26 *Mich. J. Int'l L.* 163 (2004).

[3] Walter Mattli, "Private Justice in a Global Economy: From Litigation to Arbitration", 55 *Int'l Org.* 919, 944 (2001).

[4] James E. Rauch, "Business and Social Networks in International Trade", 39 *J. Econ. Literature* 1177, 1200 (2001).

任的功能。遏制违约的手段包括建立"道德共同体"和集体惩罚的威胁。[1] 正如劳奇所指出的,跨国商业和社会网络在国际贸易中所具角色的一个重要方面在于它们对国际技术转让的贡献。劳奇解释说,这种贡献的产生是因为国际技术转让并不总是某种"公平交易"(arm's-length)现象:对于欠发达国家的企业来说,一个主要甚至可能是支配性的技术及专有管理经验的转让来源就是发达国家买家的指导。[2] 这类买家—卖家的关系通常是长期的,因此符合作为重复交易机制的商业网络的定义。在中国台湾地区制鞋厂商和西方时尚商店之间的中介则提供了另一个国际贸易中通过跨国商业网络执行私人合同的例子。这些中介通常以外贸公司的形式出现,在它们基本的牵线搭桥的功能之外还利用其相对于交易双方的信息优势来发挥争端解决功能。[3]

达利娅·马林(Dalia Marin)和莫尼卡·施尼泽(Monika Schnitzer)最近的研究也揭示了在国际贸易中易货或者补偿贸易的明显重现。[4] 在融合合同理论和国际贸易理论的基础上,这两位作者为国际贸易和转型经济体中易货贸易的重现提供了某种从效率角度出发的解释。她们认为,在国际贸易和转型经济体中对易货贸易的递增应用是在这两种环境中针对合同执行问题的一种最优制度应对。[5] 尤其是考虑到从1980年代开始、特别是在数次地区金融危机席掠过后很多发展中国家逐渐降低的信用度问题,易货贸易通过提供一种交易特定担保物的形式缓解了执行贸易合同的不确定性;因此,易货交易既提供了某种对由超国家机构主导的执行机制的替代,也提供了某种对基于声誉的自我执行机制的替代。[6] 因此,当买家的支付流动性和卖家对其"钳制"(hold-up)地位的滥用共同导致了合同的不确定性时,易货交易便通过鼓励在这种限制条件下交易的发生而便利了技术和资本在发达和发展中国家间的转移。

尽管在国际贸易中非正式执行仍然保持了作为大量交易的盛行机制的趋势,伯克维茨、莫尼斯和皮斯托的重要研究提出了在法律制度和国际贸易流量之间关系方面的新趋势。[7] 这些作者发现,随着各个经济体沿着价值链而上升到更加复杂的出口货品,其国内法律机制的质量对于保证合同执行就益发重

---

[1] James E. Rauch, "Business and Social Networks in International Trade", 39 *J. Econ. Literature* 1180—1181 (2001).

[2] Id., pp.1197—1198.

[3] John McMillan, *Reinventing the Bazaar: A Natural History of Markets*, 2002, p.46.

[4] Dalia Marin & Monika Schnitzer, *Contracts in Trade and Transition: The Resurgence of Barter*, 2002, p.1.

[5] Id., pp.7—8.

[6] Id., pp.6—7.

[7] Daniel Berkowitz et al., "Legal Institutions and International Trade Flows", 26, 164 *Mich. J. Int'l L.* 163 (2004).

要。正如在他们的研究中通过经验验证所确证的那样,糟糕的国内法律制度会对本土企业拓展涉及更加复杂的货物和服务的贸易产生负面影响。[1] 作者们尤其强调,"相对于进口贸易而言,出口商所在国糟糕的国内法律制度会对出口贸易、尤其是涉及复杂货品的出口贸易造成更大的损失"。[2]

(四) 发展中和转型经济体:在法律缺位的情况下、在掠夺性国家的阴影里以及在失序的公共秩序中的合同行为

一方面,许多评论者认为,合同执行问题以及在一个更宽泛的意义上有效法律机制的匮乏,已经成为解释各个发展中和转型经济体之经济绩效差异的重要因素。另一方面[3],学界也广泛认识到,对于这些经济体来说建设这类法律制度不是一蹴而就的。在这个过渡期间,非正式机制可能会填补一些制度裂缝和支撑一些市场的运行。

近年来出现了越来越多的讨论发展中和转型国家的非正式的产品和信贷市场的文献。这些文献揭示了声誉及家族或族群网络在正式合同执行机制缺位时,作为选择可信任的交易伙伴之过滤机制的重要性。例如,谢丽尔·格雷(Cheryl Gray)就指出:"非洲的亚裔商人主要同有着同样族群背景的人做生意;而俄罗斯的经理们则主要同那些自中央计划经济时代起就熟识的商业伙伴打交道。"[4]

一些关于发展中国家中的合同执行方式和公司融资模式之间关系的近期研究表明,当正式的融资来源对于本土公司来说无法获得或者太过昂贵时,各种非正式的合同实践就成为获得外部的(即使仍属非正规的)融资来源的主要渠道。例如,泰勒·比格斯(Tyler Biggs)、马颜克·拉图里(Mayank Raturi)和普拉迪普·斯瑞瓦斯塔瓦(Pradeep Srivastava)在一项关于种族对肯尼亚企业融资实践的影响的经验研究中发现,种族因素并不影响对正式融资来源的获得,但是身为某族群的一员却在很大程度上解释了对于非正式融资来源——例如卖方信贷——的获得。[5] 为了解释这种融资模式,这些作者通常将非正式融资来源的可获得性归因于那些仅在族群内部、而不在族群之间起作用的信息和合同执行机制。这类通过所谓的"后街金融"(back-alley banking)或者"场外

---

[1] Daniel Berkowitz et al., "Legal Institutions and International Trade Flows", 26, 164 *Mich. J. Int'l L.* 166—168 (2004).

[2] Id., p. 165.

[3] 例如可参见,Dalia Marin & Monika Schnitzer, *Contracts in Trade and Transition: The Resurgence of Barter*, 2002, p. 1。

[4] Cheryl W. Gray, "Reforming Legal Systems in Developing and Transition Countries", *Fin. & Dev.*, Sept. 1997, at 14, 14 (citations omitted).

[5] Tyler Biggs et al., "Ethnic networks and access to credit: evidence from the manufacturing sector in Kenya", 49 *J. Econ. Behav. & Org.* 473, 485 (2002).

市场"(curb markets)而进行的非正式金融在一些东亚经济体中同样很盛行,例如在中国内地、台湾地区和韩国,那里的私营部门为其增长进行融资的主要资源就来自这些非正式的金融渠道。[1]

在一项关于斯里兰卡外国投资者的个案研究中,阿曼达·佩里(Amanda Perry)发现,尽管这个国家在治理和法治评级方面得分很低,但大部分受访的外国投资者表示其并未在作出投资决定之前去考查这些问题,并且表示即使在事后得知评级分数也不会改变先前的投资决定。[2] 对于很多投资者来说(尤其是亚洲投资者),特殊势力对国家所施影响力的渗透甚至可能被视为一种优势。[3] 佩里提到,法律制度的质量对大投资者比对小投资者更要紧,对于服务国内市场的投资者比对服务出口市场的投资者更要紧(这一点同伯克维茨、莫尼斯和皮斯托的发现正好相反[4]),尽管她没有区分不同的出口类型。[5] 一些近期的研究也发现,尽管东道国在双边投资条约下同意不适用其国内的法律体制、而适用某种约定的国际法律体制,外国直接投资的流量并没有因此得到显著的增加。这一发现表明,东道国法律制度的质量可能在通常情况下并非很多外国投资者决定是否投资的首要考虑。[6]

萨图·凯赫克宁(Satu Kahkonen)、杨·李(Young Lee)、帕特里克·马尔

---

[1] 例如可参见,Kellee S. Tsai, *Back-Alley Banking*: *Private Entrepreneurs in China ix*, 2002), pp. 223—230。

[2] Amanda Perry, "Effective Legal Systems and Foreign Direct Investment: In Search of the Evidence", 49 *Int'l & Comp. L. Q.* 779, 786 (2000) [下文简称为 Perry, *Effective Legal Systems*]; Amanda Perry, "An Ideal Legal System for Attracting Foreign Direct Investment? Some Theory and Reality", 15 *Am. U. Int'l L. Rev.* 1627, 1642 (2000) [下文简称为 Perry, *Ideal Legal System*].

[3] Amanda Perry, "Effective Legal Systems and Foreign Direct Investment: In Search of the Evidence", 49 *Int'l & Comp. L. Q.* 779, 786 (2000) at 789—790; Amanda Perry, "An Ideal Legal System for Attracting Foreign Direct Investment? Some Theory and Reality", 15 *Am. U. Int'l L. Rev.* 1627, 1642,1650—1653. (2000).

[4] Daniel Berkowitz et al., "Legal Institutions and International Trade Flows", 26 *Mich. J. Int'l L.* 163, 164—174 (2004).

[5] *Amanda Perry*, "An Ideal Legal System for Attracting Foreign Direct Investment? Some Theory and Reality", 15 *Am. U. Int'l L. Rev.* 1627, 1642, 793, 795—796. (2000).

[6] 参见 Mary Hallward-Driemeier, *Do Bilateral Investment Treaties Attract Foreign Direct Investment?: Only a Bit … and They Could Bite* 9, 18—20 (The World Bank Dev. Research Group, Pol'y Research Working Paper No. 3121, 2003);亦见 Tom Ginsburg, "International Substitutes for Domestic Institutions: Bilateral Investment Treaties and Governance", 25 *Int'l Rev. L. & Econ.* 107, 115 (2005); Jennifer Tobin & Susan Rose-Ackerman, "Foreign Direct Investment and the Business Environment in Developing Countries: The Impact of Bilateral Investment Treaties", 2, *Yale Law Sch. Ctr. for Law, Econ. & Pub. Policy*, Research Paper No. 293, 2005,文本可见于 http://ssrn.com/abstract = 557121。但同时也参见 Eric Neumayer & Laura Spess, "Do Bilateral Investment Treaties Increase Foreign Direct Investment to Developing Countries?", 33 *World Dev.* 1567, 1567 (2005)(认为双边投资条约确实增加了外国直接投资(FDI)流入发展中国家的流量)。

(Patrick Meagher)和哈吉·瑟姆博亚(Haji Semboja)则提供了其他一些在非洲采用的作为正式合同执行体制之不完美替代的非正式合同实践的例子。[1] 基于对坦桑尼亚公司的问卷调查和访谈,这些作者发现,重复交往中建立起来的各类长期型相互依赖模式提供了合同规训的主要保证。他们指出:

交易倾向于以简易的订单来记录,并且利用法律咨询的情况极为鲜见。企业对于法律制度的观感同那些揭示薄弱的法治、宽泛的司法裁量权以及过时的商事法律的研究是一致的。于是,在任何稍长时段上的不可替代的固定投资和商业信贷少之又少也就毫不奇怪了。[2]

这样带来的结果是,坦桑尼亚的企业"经常由于(该国)薄弱的法律环境和随之产生的订约困难而放弃有价值的国际商业机会"。[3] 薄弱的法治也对企业就合同争端解决机制的选择有着重要影响。"坦桑尼亚的公司倾向于和商谈或者重新协商合同的条款、而不是诉诸法律手段",因为"非法律的执行机制被认为比法律机制更令当事人满意、并且对商业关系的破坏更小"。[4]

马塞尔·法尚普斯(Macel Fafchamps)提供了有关正式合同框架之外的商业环境内所发生的经济活动的更多证据。[5] 法尚普斯利用来自非洲企业的调研和逸闻证据来评估正式规则在便利或者规治交易方面中的适用程度。他发现,加纳和肯尼亚企业经常遭遇迟延送货和支付,然而这种迟延并没有妨碍它们通过建立"长期的、个性化的关系"来开展重复性交易。[6]

然而,对合同义务的不严格遵守却并非肇始于某种拒斥正式合同形式的"文化品性"。恰恰相反,这正是由于企业意识到对合同的严格信守对于它们自己、它们的客户和它们的供应商来说都只是一个不可企及的理想状态:"因此,缺乏合同规训在很大程度上是经济发展之普遍水平的自然结果。在合同执行方面的种种考虑在企业彼此打交道,以及同最终用户打交道的方式上有着深刻影响。"[7]

如格雷夫所观察到的,非正式的合同执行在以下情况下最有可能盛行——国家缺位时或者"当经济个体预期国家将剥夺、而不是保护他们的财产时,或

---

[1] Satu Kahkonen et al., *Contracting Practices in an African Economy: Industrial Firms and Suppliers in Tanzania* (Univ. Md. Ctr. for Institutional Reform and the Informal Sector, Working Paper No. 242, 2001),文本可见于 http://www.iris.umd.edu/Reader.aspx?TYPE=FORMAL_PUBLICATION&ID=286c60b0-5ad8-4e0f-b927-f8669c7baad9。

[2] Id., p.1.

[3] Id.

[4] Id.

[5] Marcel Fafchamps, *Market Institutions in Sub-Saharan Africa*, 2004.

[6] Id., p.68.

[7] Id.

者当国家不愿、或者无力确保财产权利与执行合同时"。[1] 反映国家作为掠夺者(一只"攫取之手")而不是保护者(一只"援助之手")的一个典型例子可以在前苏联的各个后共产主义转型国家中规模庞大的"非官方"经济(unofficial economies)中找到。这些经济体的出现部分是因为惩罚性或专断的赋税以及对财产权利的不力保护——这些因素导致企业通过"走向地下市场"来隐匿资产和利润。[2] 赫南多·迪索托(Hernando de Soto)也生动地描述了秘鲁经济中的非正式部门如何在正规生产活动面临严重阻碍和高额成本的情况下,基本上于正式法律体系之外进行私人生产和交易行为。[3]

在这种语境下,重要的一点是区分那种基于自愿的"选择脱离"(opting out)正式法律体系的民间秩序(例如纽约的钻石产业)和那种"被迫脱离"(forced out)正式法律体系的民间秩序(例如在秘鲁非正式部门中运营的私人主体和在苏联集团转型经济体中的非官方经济)。根据罗伯特·埃里克森(Robert Ellickson)的说法,当事人在这样两种情形下通常会选择脱离正式的合同法律体系:当当事人试图避免与利用法院解决纠纷相关联的高成本,或者当当事人之间的关系足够紧密(如在紧密织连的社群中的成员之间),而使得诉诸正式的法律体制来起草和执行合同可能会被视为"以暗示当事人的彼此信任度尚不足以支持其依赖非正式交易的方式来破坏某种紧密关系的气氛"。[4]

在这个语境下产生的另一个相关问题是,正式的合同法及其执行是否"挤出"(crowd-out)、或者"挤入"(crowd-in)了非正式合同安排。换言之,正式和非正式合同行为到底是彼此的替代、还是彼此的补充?例如,尤里·格尼茨(Uri Gneezy)和阿尔多·拉切奇尼(Aldo Rustichini)的一篇广受注意的关于以色列托儿所的论文提供了有关"挤出"效果的证据。[5] 作者们在这个关于托儿所的实验中发现,在六个选定的托儿所中,对那些迟来接孩子的家长施以一笔小额罚金实际上却提高了这种行为的发生几率。作者们因此证明,施加罚金"挤出"了先前那些限制家长迟接频率和程度的社会规范。[6]

瑞切尔·克兰登(Rachel Kranton)和阿兰德·斯瓦米(Anand Swamy)在分析法律主义和正式主义如何从英国移植到殖民时期的印度时,也探讨了"挤

---

[1] Avner Greif, *Institutions and the Path to the Modern Economy* 8.58—90 (2006).
[2] See Simon Johnson et al., *The Unofficial Economy in Transition*, 1997 Brookings Papers on Econ. Activity 159, 159—161 (1997).
[3] See Hernando de Soto, *The Other Path: The Invisible Revolution in the Third World*, 1990, pp.4—6.
[4] Robert C. Ellickson, *Order Without Law*, 1991, p.247.
[5] Uri Gneezy & Aldo Rustichini, "A Fine Is a Price", 29 *J. Legal Stud.* 1 (2000).
[6] Id., pp.5—8.

出"先前存在的社会规范的同样问题。[1] 他们发现,殖民时期向孟买德干地区的农业信贷市场植入民事法院确实使得执行信贷合同更加容易。相应的,这种执行上的便利既导致了放贷者之间竞争的强化,也使印度农民获得了来源更广泛和成本更低的信贷。[2] 然而,民事法院的出现也减弱了贷款者在危机时期对农民投资予以补贴的动机,从而使得农民处于更加脆弱的处境。[3] 因此在这种情形下,正式的合同执行挤出了由先前存在于一个竞争性较低的信贷行业中的非正式合同和执行机制所提供的那种保险功能。[4]

基于实验证据,罗伯特·斯考特(Robert Scott)沿着同样的分析理路认为,正式合同执行机制经常挤出非正式合同关系。[5] 这是因为正式合同和执行机制倾向于侵蚀某种作为非正式关系产生前提的"互惠型公平"观念。这种情况的发生部分是因为那些坚持采取正式合同和执行机制的当事人可能会被视为在发送其乃"非互惠者"的信号。[6]

然而,这一观察却同塞尔吉·奥拉兹利尼(Sergio Lazzarini)、盖瑞·米勒(Gary Miller)和托德·曾格(Todd Zenger)所举出的实验证据部分地相抵触——这几位作者发现"通过执行可写入合同的那些交易维度,合同促进了那些不可写入合同的交易维度的自我执行"。[7] 他们也发现,这种"互补"效应在重复交易并不可能、而由此导致自我执行变得困难的情况下尤为重要。[8] 因此他们认为——至少在非重复交易的关系中——正式合同法律和执行可能对于非正式执行机制存在着某种挤进效应,例如关于互惠的各种规范。

选择性的民间秩序通常并不暗指功能紊乱的公共秩序——恰恰相反,却时时必须由一套在其背后支撑的、在必要时执行合同的有效正式法律系统来保证可行。事实上在大多数发达国家,绝大多数进入诉讼的民事案件(包括合同争议)在庭审开始之前就在正式法律的影子之下通过和解结案了。[9] 相反,被迫性的民间秩序却经常是一套有效的正式法律系统无法企及所带来的后果,因此也就可能会非常缺乏效率,并对长期制度建设具有破坏性效果。这些破坏效果经常出现

---

[1] Rachel E. Kranton & Anand V. Swamy, "The hazards of piecemeal reform: british civil courts and the credit market in colonial India", 58 *J. Dev. Econ.* 1 (1999).

[2] Id., p.2.

[3] Id., pp.1—2.

[4] Id., pp.3—4.

[5] Robert E. Scott, "The death of contract law", 54 *U. Toronto L. J.* 369, 388—389 (2004).

[6] Id., p.388.

[7] Sergio G. Lazzarini et al., "Order with Some Law: Complementarity versus Substitution of Formal and Informal Arrangements", 20 *J. L. Econ. & Org.* 261, 261 (2004).

[8] Id., p.264.

[9] 例如,1991 年美国法院年报揭示,在联邦法院受理的民事案件中,只有 4% 通过诉讼结案。见 Marc Galanter & Mia L. Cahill, "'Most Cases Settle': Judicial Promotion and Regulation of Settlements", 46 *Stan. L. Rev.* 1339, 1342 (1994).

在从中央计划体制向以市场为基础的体制转变的经济体中,因为这些经济体总体上既缺乏正常运行的法律系统、又缺乏一个坚实的社会信任基础来促进交易。

例如,越南当前正从计划经济过渡到市场经济。约翰·麦克米兰(John McMillan)和克里斯托弗·伍德拉夫(Christopher Woodruff)发现,直到20世纪90年代后期,这个国家实质上没有一部商法典或者合同法来规范交易或者处理私人主体间的纠纷。[1] 越南尚未改革的金融部门不能很好地服务于小型私人企业;此外,也缺乏市场信息的正式来源,例如行业协会或者公共信用部门。[2] 然而,这个国家的私人部门却正在蓬勃发展,并且一直是越南近年来经济增长的驱动力。

为了探究这个看似自相矛盾的问题,麦克米兰和伍德拉夫于1995—1997间在河内和胡志明两市进行了针对私有制造企业的调查访谈。他们发现,私人部门的商务经常通过由企业家从草根层面设计出来的各种特例型策略来运行。一方面,有超过90%的受访经理表示法院在解决纠纷上对他们没什么用,另一方面,很多企业家采用了对于合同法和正式执行机制的各种替代。[3] 在合同执行方面,经理们采取了以下策略:依靠声誉和社会网络来选择搭档;试图通过向那些已经和他们的客户做过买卖的人了解其客户的财务背景和人格来避免纠纷;定期在茶坊和酒吧聚会以交流信息和讨论市场机会。[4] 麦克米兰和伍

---

[1] John McMillan & Christopher Woodruff, "Dispute Prevention Without Courts in Vietnam", 15 *J. L. Econ. & Org.* 637, 637—638 (1999) [以下简称为 McMillan & Woodruff, *Dispute Prevention*];亦见 John McMillan & Christopher Woodruff, "Interfirm Relationships and Informal Credit in Vietnam", 114 *Q. J. Econ.* 1285, 1286 (1999) [以下简称为 McMillan & Woodruff, *Interfirm Relationships*]。尽管越南确实于20世纪90年代后期制定通过了民法典和商法典,并接着于2005年对这些法律进行了修订以便利市场活动、廓清财产和合同权利,这些法律改革仍未给越南商业生活带来重大的影响。按照于2004—2006年进行的一项对60家越南企业的定性调研,基于家庭联系、友谊以及更晚近出现的自我治理型商业网络(self-regulatory commercial networks)的非正式合同执行和争端解决机制仍然被私人企业广泛应用。这些企业包括建筑、木材加工、铜线交易、电池销售和计算机销售以及服务行业。相比而言,正式国家执行机制、例如商事诉讼,在私人企业家间仍然是极少采取的实践,这部分地归因于法院程序的极其缓慢——据世界银行统计,截至2005一月,通过越南法院执行合同的平均所需时间是343天,包括37个步骤。无须讶异,受访的绝大多数企业家偏爱依赖家庭和基于关系的实践来执行合同和收账。最可能增加对变革中的强调权利和促进市场的正式法律规则的使用、以此来处理合同执行问题的,是那些同外国人打交道的越南私营企业,但是它们仍然是少数派。见 John Gillespie, "Regulating Business Networks in Vietnam", 1 n. 1, 4, 7—8 (Sep. 2006) (unpublished manuscript, on file with the Virginia Law Review Association); World Bank, *World Development Indicators* 2006, http://devdata.worldbank.org/wdi2006/contents/Section5.htm。

[2] John McMillan & Christopher Woodruff, "Dispute Prevention Without Courts in Vietnam", 15 *J. L. Econ. & Org.* 637, 637—638 (1999), at 639—641; John McMillan & Christopher Woodruff, "Interfirm Relationships and Informal Credit in Vietnam", 114 *Q. J. Econ.* 1286—1288 (1999).

[3] John McMillan & Christopher Woodruff, "Dispute Prevention Without Courts in Vietnam", 15 *J. L. Econ. & Org.* 653 (1999).

[4] 见 Id., pp.650—652。

德拉夫将越南私人企业的商业实践描述为"在没有法律荫庇下的、并且仅仅部分地在未来的影子下的"合同行为("未来"指基于声誉的重复交易的可能性)。[1] 这里值得一提的是,越南企业家采用的很多交易策略并非是在试图用非正式的合同执行代替正式的合同执行。相反,这些策略代表着用几乎即时的交易作为对长期的、非人格化的合同的创造性替代。换句话说,这些私人策略似乎只是试图避免、而不是解决那些正式合同执行机制所欲处理的问题。

苏联地区转型经济体中的私人合同执行机制也呈现出了某些问题。按照约翰·麦克米兰的说法,在后共产主义的转型经济体中,因为缺乏一套稳固的、全面的商法体系、包括合同法,导致"重复博弈和已私有化的强制力"成了合同执行的正式法律机制的替代。[2] 例如在保加利亚,私人企业通常对于正式执行机制缺乏信任。结果导致他们不愿同陌生人做生意,而如果他们确实同陌生人做生意的话,经常会要求提前支付。[3] 在乌克兰,银行的放贷实践基于一套选择可信借款人的谨慎的过滤程序。然而,这种筛选是通过一种非正式的方式完成的;银行老板通常选择那些和他们有着私人联系的借款人。此外,为了降低违约风险,贷款通常都是短期的;切断未来借贷的威胁对借款人违约起着阻吓作用。[4] 实际上,转型经济体中一种普遍存在的情况是企业基本上选择和那些已经建立起了还款及履约信用记录的客户和供应商做生意。

一个重要问题由此产生:对于那些既没有有效的正式合同法和合同执行机制(至少在转型期间),也没有一个牢固的社会信任基础或者所谓的"社会资本"(social capital)的转型经济体,到底有何种可作为法律替代的、促进商业交易的其他机制呢?对于那些像俄罗斯这样的几乎从未经历过有效运行的市场机制、并且也不存在社会信任和有效率的商业规范的国家,私人主体到底如何执行他们的合同呢?学者们试图对这些问题提出某些回应,其中的大多数回应都强调种种基于私人的或者"私有化了的"强制力之上的非正式合同执行机制的角色,例如私人保安机构和黑手党。[5] 这类非正式执行机制最显著的一个

---

[1] John McMillan & Christopher Woodruff, "Dispute Prevention Without Courts in Vietnam", 15 *J. L. Econ. & Org.* 652 (1999).

[2] John McMillan, *Markets in transition*, in 2 *Advances in economics and econometrics: theory and applications*, David M. Kreps & Kenneth F. Wallis eds., 1997, pp. 210, 226—227.

[3] Cheryl W. Gray, "Reforming Legal Systems in Developing and Transition Countries", 14 *Fin. & Dev.*, Sept. 1997, (citations omitted).

[4] John McMillan, *Markets in transition*, in 2 *Advances in economics and econometrics: theory and applications*, David M. Kreps & Kenneth F. Wallis eds., 1997, p. 227.

[5] 一般参见 Federico Varese, *The Russian Mafia: Private Protection in a New Market Economy*, 2001, pp. 53—54。亦见 Avner Greif & Eugene Kandel, *Contract Enforcement Institutions: Historical Perspective and Current Status in Russia*, in *Economic Transition in Eastern Europe and Russia*, Edward P. Lazear ed., 1995, pp. 291, 315—317; Jonathan R. Hay & Andrei Shleifer, "Private Enforcement of Public Laws: A Theory of Legal Reform", 88 *Am. Econ. Rev.* 398, 399—401 (1998).

普遍特点,是它们均是在一套失序的公共秩序下生发出来应对合同执行问题的。尤其是,一些私人合同执行机制的应用是一种被迫采取的、对在掠夺性国家阴影下进行合同行为的现实的应对。

也许对这种现象最有揭示性的例子就是俄罗斯庞大的非官方经济,估计其占整个俄罗斯经济的比重超过了40%。[1] 对这个国家税法的专断适用阻止了企业在法律的范围之内运营,而迫使它们走向地下运营和诉诸于合同执行的私人手段。由于大多数俄罗斯企业可能都多多少少涉及对在征税、海关、外汇或者监管方面形形色色的规则的违反,它们出于害怕曝光的原因而不愿意利用官方的法律体系来解决纠纷。[2] 此外,一个掠夺性的国家也可能会对那些在其他情况下即为有效的民间合同执行机制的使用(或者更准确的说是使用不足)带来消极影响。例如,尽管俄罗斯的每个商品期货交易所都已经设立了民间仲裁委员会来执行合同,交易商们却并没有广泛利用这一仲裁形式来解决合同纠纷,因为向仲裁委员会披露信息可能会导致其财务利益向俄罗斯政府曝光。在掠夺性国家的阴影下开展合同行为的风险导致这些交易商发展出了某种通过私人执行者来进行合同的场外执行的偏好。这样的进路损害了对仲裁机制的有效利用,使得其创设的目的——实现交易商之间的自治——落空。[3]

再一点需要注意的是,易货交易在转型经济体(例如俄罗斯)中的重现,同样是一种对在一套失序的公共秩序下产生的合同问题的应对。[4] 如上文所讨论的,在转型经济体中,当企业面临流动性约束时,易货交易通过为贸易信贷提供特定的交易担保来解决合同执行问题。用货品而不是用金钱来付款的一个优点在于,货品可以被专项划拨为债权人的财产。[5] 然而,易货交易却对转型经济体的增长前景带来了长期成本。易货交易可能会导致转型国家陷入某种阻碍有效银行体系之建立和发展的"制度陷阱"(institutional trap)。这个结果是可能的,因为一旦易货和人格化交易变得"锁定",就会一直持续下去,尽管它们属于比更常规化的手段效率更低的交易形式。换言之,某种形式的"路径

---

〔1〕 Jonathan R. Hay & Andrei Shleifer, "Private Enforcement of Public Laws: A Theory of Legal Reform", 88 *Am. Econ. Rev.* 399 (1998).

〔2〕 Id., p.399;亦见 Bernard Black et al., "Russian Privatization and Corporate Governance: What Went Wrong?", 52 *Stan. L. Rev.* 1731, 1752—1756 (2000).

〔3〕 Timothy Frye, *Contracting in the Shadow of the State: Private Arbitration Commissions in Russia*, in The Rule of Law and Economic Reform in Russia, Jeffrey D. Sachs & Katharina Pistor eds., 1997, pp. 123, 123—124.

〔4〕 例如,见 David Woodruff, *Money Unmade: Barter and the Fate of Russian Capitalism* xiii (1999).

〔5〕 Dalia Marin & Monika Schnitzer, *Contracts in Trade and Transition: The Resurgence of Barter* 1 (2002). pp. 42—43.

依赖"(path dependency)由此产生。[1] 结果是,那些有着规模庞大且不断扩张的易货贸易的国家将看到其金融部门的发展滞后。[2]

从上面探讨的形形色色的例子中我们可以看到,在很多发展中和转型经济体中,非正式合同执行机制通常是在一套有效运作的正式法律体系缺位的情况下生发出来,并且经常是合同执行的正式国家机制的不完善替代。在一些极端的情况下,私人的或者"私有化了的"执行机制不仅揭示出国家在其中不能、或者不愿执行合同的失序的公共秩序,同时也带来了这些国家长期制度建设的高额成本,这对他们的增长前景是有害的。

(五)"中国之谜"(China Enigma)

中国在将近二十年里几乎持续不变的9到10个百分点的经济增长率吸引了发展学界的密切关注。这种令中国经验如此动人心弦的"经济例外主义"源自于这个国家在政治、经济和法律体制方面同发达经济之间所具有的根本差异。中国有着一套民主性和透明度不高的政治体系,这导致其在世界银行的大多数治理指标上相对靠后的排位,但是这个国家的经济增长速度却持续地超过大多数发达和发展中国家。

在中国,缺少一个始终如一地得到执行的法律框架,阻碍了国家成为合同的可信第三方执行者——而诺斯认为这样的执行者对于经济发展是必需的。在中国法律体系的各种机制性缺陷中,法院系统通常被认为既缺乏专业能力,也缺乏抗衡政治干涉的独立性。[3] 在裁判和判决执行方面,法院也受制于地方保护主义和部门保护主义。[4] 此外,司法腐败也被认为是对于在中国社会中实现法治的一个严重障碍。[5] 因此,就本文的论证语境而言,这里要提出的问题就是"中国之谜"对于有关合同法在促进一国经济增长中的角色的学术争论到底有何种启发。

出于对"中国之谜"的讨论限定,至关重要的一点是要注意到,在"赶超型"(catch-up)国家——那些正从低收入均衡到快速增长状态转型的国家——中,实现经济增长对正式制度的相对依赖程度要比那些正从中等收入均衡上升到更高收入水平的国家低得多。[6] 换句话说,不同发展阶段上的不同的增长模

---

[1] Dalia Marin & Monika Schnitzer, *Contracts in Trade and Transition:The Resurgence of Barter* 1 (2002). pp.179—180.

[2] Id., p.180.

[3] See, e.g., Randall Peerenboom, "*China's Long March Toward Rule of Law*" 2, 2002, pp. 80—82; Stanley Lubman, "Law of the jungle", 24, 24—25 *China Econ. Rev.*, Sept. 2004.

[4] Stanley Lubman, "Law of the jungle", 24—25 *China Econ. Rev.*, Sept. 2004.

[5] Randall Peerenboom, *China's Long March Toward Rule of Law*, 2002, pp.295—298.

[6] Dani Rodrik, *Introduction to In Search of Prosperity:Analytic Narratives on Economic Growth*, Dani Rodrik ed., 2003, pp.1,17.

式可能需要不同的政策和依赖不同的制度质量水平。在这个意义上讲，中国还是一个"赶超型"经济体，即使这个国家的制度质量对于某个在增长曲线上处于较高点的更发达经济来说是不足的，她也能极大地获益于以市场为导向的改革所带来的生产率的提高。

对于中国在一个薄弱的法治环境下所实现的经济成就，学界存在着五花八门的、互相竞争的解释。同本文相关的是两种得到广泛认可的、在我们看来也令人信服的观点。第一种是同中国政府之"基于政绩的合法性"（performance legitimacy）紧密相关的"可信承诺"（credible commitments）观点。[1] 第二种是同中国的"维系市场的联邦主义"（market-preserving federalism）密切相关的"非正式/事实财产权"（informal/de facto property rights）观点。[2] 这两个观点都探讨了合同执行机制在中国经济增长中的角色。

根据"可信承诺"观点，支撑中国政府的"基于政绩的合法性"（相对于"基于程序的合法性"[3]）要求政府通过实现由高增长率驱动的积极经济成果来保持就业增长和居民生活水平的提高。一种对"可信承诺"观点的解读是，在执政党和全体国民之间存在着某种默示的社会契约，即如果政府能够实现高水平的经济增长和繁荣，后者就不会强烈地要求更为民主的政府形式。为了实现在这个社会契约下的承诺，执政党需要高水平的国内外投资来帮助建立其基于经济政绩之上的政权合法性。因此，执政党需要通过以下方式，来获得、并维持一份尊重国内外投资者同政府及其机构所达成之合同的良好声誉：首先，不会不负责任地随意撕毁合同承诺；其次，对那些不尊重合同的政府机构或者官员实施制裁。因此，执政党（通常是通过地方政府——如下文将要加以解释的）而不是法院向国内外投资者提供了其投资不会受到事后的政治侵犯或剥夺（一

---

[1] "可信承诺"这一名词被新制度经济学派用来确认那些同民间秩序相联系的治理机制。这些机制能够通过有远见政府的旨在向私人经济个体"传达可信承诺"的行动，增强其在合同和投资方面的信心。见 Oliver E. Williamson, *The Mechanisms of Governance*, 1996, pp. 335—336。

[2] "非正式/事实上的财产权利"这个名词通常指的是中国的地方集体所有企业的经理人对他们的企业财产所享有的实际权益，包括管理、收益和处分，这些权利并没有得到法律的确认。参见 Id., pp. 333—335；亦见 Donald C. Clarke, "Economic Development and the Rights Hypothesis: The China Problem", 51 *Am. J. Comp. L.* 89, 104—105 (2003)。"维护市场的联邦主义"这一名词（相对于"扭曲市场的联邦主义"）是由一些政治学家和经济学家创造的，用来描述中国采取的一种特别类型的政府结构，这种结构被认为有利于市场扩张和开展增进企业效率的改革。关于在总体上对中国"维护市场的联邦主义"特点和经济功能的讨论，见 Rui J. P. de Figueiredo, Jr. & Barry R. Weingast, *Pathologies of Federalism, Russian Style: Political Institutions and Economic Transition*, (Apr. 2002) (unpublished manuscript), pp. 29—31, http://faculty.haas.berkeley.edu/rui/mp-frussia.pdf（比较了俄国"扭曲市场的联邦主义"和中国"维护市场的联邦主义"在两国经济中所分别扮演的角色）。

[3] See Samuel P. Huntington, *The Third Wave: Democratization in the Late Twentieth Century*, 1991, pp. 46—58（中译本可见塞缪尔·亨廷顿：《第三波 20世纪后期民主化浪潮》，上海三联书店1998年——编者注）。

且成本已经发生)的主要保证。在一个更普遍的意义上讲,即使在没有可信的法律制度的情况下,政治稳定和一项对于经济发展的坚定政治承诺仍然可能对经济发展提供一个支持性环境。

"非正式/事实财产权"观点则将中国的增长归因于在非国有企业尤其是由地方政府控制的乡镇企业(TVEs)中实施的各种促使经理人开展追求利润的生产和交易活动的激励性机制。[1] 驱动这些经理人激励机制的,是关于国家不会任意没收财产、也不会通过掠夺性的税收剥夺投资收益的相对程度较高的可预期性,即使那时尚不存在法律承认的私人财产权。[2]

对于地方政府没有进行任意的财产征收和侵占的理由,一些学者认为,中国的"财政联邦主义"(fiscal federalism)和产品市场上的地区竞争导致了地方政府以某种有利于市场扩张和促进效率的企业改革的、"维护市场"(market-preserving)的方式行事。[3] 在中国的财政联邦主义下,面对预算约束的地方政府需要从地方企业获得稳定的收入来为地方事务的开展提供经费;因此,地方政府有着强烈的财政激励来确保地方企业的财产权利,从而促进它们的效益和增加它们在跨地区市场的竞争力。地方政府官员也有着不任意侵犯财产权利的激励,这是因为执政党采用的干部评价体系为地方党政干部及官员的政绩——也因此关系到其今后的报酬和晋升前景——设立了各项指标。在这个体系下,占比最重的政绩指标强调促进经济增长、征收税入以及创造就业机会。如果不给地方企业提供某种相当程度的财产安全,这些指标是无法轻易达到的。[4]

总之,这种"事实财产权利"观点其实是在暗示,在支持中国的经济增长方面,合同执行机制不如财产权保护机制那样关键——至少在经济转型的早期阶段是如此。只要财产权保护机制为创造私人主体开展增进效益之活动的动机提供了那种极为需要的可预测性,这种情形就是可能的。因此,这种观点其实将诺斯赋予第三方合同执行的首要性打了折扣。

然而,这种针对经济绩效的"事实财产权"诱因存在着某种显著的局限性。

---

〔1〕 Donald C. Clarke, "Economic Development and the Rights Hypothesis: The China Problem", 51 *Am. J. Comp. L.* 89, 104—109 (2003).

〔2〕 Id., p.107.

〔3〕 参见钱颖一, *How Reform Worked in China*, in Dani Rodrik, *Introduction to In Search of Prosperity: Analytic Narratives on Economic Growth*, 314—318 (Dani Rodrik ed., 2003)(讨论了财政联邦主义在经济增长中的角色);亦见 Shaomin Li & Shuhe Li, "The Road to Capitalism: Competition and Institutional Change in China", 28 *J. Comp. Econ.* 269, 283—284 (2000)(认为中国地方经济之间的竞争促进了增进效率的企业改革).

〔4〕 Donald Clarke et al., "The Role of Law in China's Economic Development", 26—27, *George Wash. Univ. Law Sch. Pub. Law & Legal Theory*, Working Paper No. 187, 2006,文本可见于http://papers.ssrn.com/sol3/papers.cfm?abstract_id=878672.

奥立弗·威廉姆森曾经预测,在中国的基于关系的合同执行和财产权保护的治理模式下,对前沿技术的必要投资将缩减或者凝滞;因为在这样一种制度环境下,在高度专门化投资中的大量积淀成本(sunk costs)无法得到收回的风险很高。[1] 这一预测似乎在最近的一些研究报告中得到了部分证实:中国出口商品的技术含量主要是由外资企业提供的,而本土企业却因为对研发活动的投资严重不足而受制于落后的技术创新能力。[2]

这里我们也注意到,在一个真实的市场缺失的情况下,"统合主义"(corporatism)和"庇护主义"(clientelism)作为一种将市场型机制引入经济互动的手段而得以崛起。[3] 统合主义是指一种将经济活动纳入到政治治理结构中去的、存在于政府、行业和产业之间的制度化关系。倪志伟(Victor Nee)和苏思进(Sijin Su)认为,各种社会机制的作用使得从企业家和地方政府官员之间的互动中产生的经济活动成为可能。[4] 具体到中国的情况,支持私有财产诉求和促进重复性社会交易的各种制度安排创造了个人参加经济交易所需要的信任和合作。约翰·麦克米兰(John McMillan)和巴里·诺顿(Barry Naughton)也提供了类似的发现,即"中国的合同对于关系的依赖超过了对法律的依赖。中国的商人(大多数时候)遵守他们的承诺不是因为法律要求他们这样做,而是因为……违约可能会摧毁这个商人在未来做生意的能力"。[5] 郭丹青(Donald Clarke)、彼得·穆雷尔(Peter Murrell)和苏珊·维婷(Susan Whiting)最近的一项关于法律在中国经济发展中的角色的研究发现,非正式合同执行机制——例如谈判、调解和建立在声誉及长期关系上的自我执行——在中国商界中得到广泛的应用。[6]

一批关于在中国经济转型期合同执行的近期研究揭示了地方政府和私营企业之间互动的更多方面。最值得一提的是,黄少卿发现,地方政府官员经常充当私人合同当事人之间的联络人来确保合同的执行,尤其是在合同一方当事

---

[1] Oliver E. Williamson, *The Mechanisms of Governance*, 1996, pp. 334—335.

[2] George J. Gilboy, "The Myth Behind China's Miracle", 33, 34 *Foreign Aff.*, July-Aug. 2004.

[3] 倪志伟 & 苏思进, *Institutions, Social Ties, and Commitment in China's Corporatist Transformation*, in *Reforming Asian Socialism: The Growth of Market Institutions* 111, 132—133 (John McMillan & Barry Naughton eds., 1996).

[4] Id.

[5] 倪志伟 & 苏思进, *Institutions, Social Ties, and Commitment in China's Corporatist Transformation*, in *Reforming Asian Socialism: The Growth of Market Institutions* 3,8 (John McMillan & Barry Naughton eds., 1996).

[6] Donald Clarke et al., *The Role of Law in China's Economic Development*, 38 (George Wash. Univ. Law Sch. Pub. Law & Legal Theory, Working Paper No.187, 2006), 可获得于 http://papers.ssrn.com/sol3/papers.cfm? abstract_id = 878672。

人来自当地辖区之外的情况下。[1] 因为地方政府官员既支配着正式的行政权力(这通常决定着当地经济和社会资源的分配),也拥有着对当地关系网络(即各种社会纽带)的有利的介入,故他们在衔接当地商务环境中的正式和非正式制度要素方面具有某种巨大的优势,而这两类要素都是有效的合同执行所需要的。[2] 按照黄少卿的说法,在同其他地方的生意伙伴做生意时,中国私营企业家已经发展出了某种创造性的在非人格化交易中执行合同的方法:在当地政府中寻找到一个官员作为他们的"合同执行代理人"。[3] 有时,这种行动需要来自第三方的协助,由其作为联系当地官员和外地企业家的中间人。在大多数情况下,外地企业家通过提供对当地官员现时消费的赞助(而不是直接的行贿)所进行的个人投资是确立两者之间稳定关系的一个前提。[4] 结果便是,地方政府官员(现在作为外地合同当事人的"代理人")对本地合同当事人履行其合同承诺施加影响或者压力。黄少卿的结论是,尽管这种合同执行的非正式机制在中国经济转型的早期阶段曾有利于促进跨地区商业和扩大地方市场[5],但从长期看来却将导致中国社会、政治、经济和法律机制的多种缺陷的进一步恶化,最终使得这个国家跌入"裙带资本主义"(crony capitalism)的陷阱。[6]

类似的,中国的统合主义和庇护主义也会产生显著的成本,这通常表现在它们的地方化或者区域化的特性上;而这种现象对于一个统一的国内市场的建立和通行全国的商业规范的演进有着根本性的危害。正如裴文睿(Randy Peerenboom)所指出,这是因为"庇护主义性质的社会网络更可能分裂、而不是融合社会"。[7] 结果是,就合同纠纷来说,当胜诉的一方来自当地辖区之外时,地方保护主义一直是地方法院(由当地政府财政支持)有效执行法院判决和仲裁裁决的一个严重阻碍。[8] 在最近几年里,外国企业也同样遇到

---

[1] 黄少卿:《中国转轨时期合同执行机制研究》,江平、吴敬琏主编:《洪范评论》第三卷第二辑,中国政法大学出版社 2006 年,页 184、192。

[2] Id., pp. 188—189.

[3] Id., p. 192.

[4] Id.

[5] Id., pp. 198—204.

[6] Id.

[7] Randall Peerenboom, "Social Networks, Rule of Law and Economic Growth in China: The Elusive Pursuit of the Right Combination of Public and Private Ordering", 31 *Global Econ. Rev.* 1, 16 (2002), http://papers.ssrn.com/sol3/papers.cfm? abstract_id = 372740.

[8] 中国民事判决执行难的问题被广泛记载于中文和英文文献。参见,例如, Stanley B. Lubman, *Bird in a Cage: Legal Reform in China after Mao*, 1999, pp. 266—269; Donald C. Clarke, "Power and Politics in the Chinese Court System: The Enforcement of Civil Judgments", 10 *Colum. J. Asian L.* 1 (1996); Kathryn Hendley et al., *Law Works in Russia: The Role of Law in Interenterprise Transactions*, in Assessing the Value of Law in Transition Economies 180, Peter Murrell ed., 2001, pp. 190—194; Half of China's civil court rulings remain on paper,《人民日报》,2004 年 3 月 13 日,见人民日报英文网站 http://english.peopledaily.com.cn/200403/13/eng20040313_137390.shtml。

了这一困难。[1] 尽管地方保护主义是中国民事判决执行难的一项最常被引用的原因,其他一些因素也共同造成了这个问题,包括作为债务人的国有企业的普遍性资不抵债、法院对于在民事案件中使用强制手段的保留态度、法院程序之最终确定性的缺乏以及可供法院支配的行政资源的不足。[2]

据最高人民法院执行庭庭长的估计,在中国,民事和经济判决的平均执行率在基层法院是60%,在中级法院是50%,在高级法院是40%——[3]也就是说有几乎半数的法院判决只存在于纸面。有意思的是,尽管中国法律界通常将执行判决中的困难认定为在中国有效施行司法的一个主要障碍,一些西方评论者却寻思着,那些公布出来的执行率是否在一个比较的意义上确实"低"。[4]例如,郭丹青曾经以美国的执行问题作为参照,来质疑中国执行问题的相对严重程度。[5] 根据他的说法,一项在1993年由新泽西州最高法院委托进行的研究发现,"1987年,在新泽西州11个受调查的县中,在民事案件(不包括小额诉讼和租客—房东纠纷案件)所产生的执行令中,只有25%得到了完全执行";在小额诉讼案件中,这个数字是37%。[6] 不过,因为缺乏具有可比性的系统数据,加上各国间多种多样的社会现实,中国和发达国家(如美国)在判决执行数据方面究竟在多大程度上是可比的还尚不清楚。[7]

抛开中国判决执行率是否"低"的问题不谈,我们仍然倾向于认为执行问题在中国确实是个严峻的问题。我们之所以持这样的观点,不仅是因为执行率的官方统计可能未能反映真实情况(考虑到地方法院低报执行难的可能性),也是因为那种最有可能涉及巨额未清偿债务的合同纠纷类型——那些牵涉到银行和国有企业纠纷的案件,即使按照官方统计也只有12%的平均执行率。[8]

在过去的十年间,中国经历了民事诉讼的急剧膨胀,一些评论者由此声称,

---

[1] 参见 Stanley Lubman, "Law of the jungle", 24—25 *China Econ. Rev.*, Sept. 2004。

[2] 参见 Donald C. Clarke, "Power and Politics in the Chinese Court System: The Enforcement of Civil Judgments", 10 *Colum. J. Asian L.* 1 (1996), 34—68;亦见《人民日报》2004年3月13日,见人民日报英文网站 http://english.peopledaily.com.cn/200403/13/eng20040313_137390.shtml(描述了法庭不足的经费开支)。

[3] Donald Clarke et al., *The Role of Law in China's Economic Development* 42 (George Wash. Univ. Law Sch. Pub. Law & Legal Theory, Working Paper No. 187, 2006),可获得于 http://papers.ssrn.com/sol3/papers.cfm? abstract_id = 878672。

[4] Id.

[5] Donald C. Clarke, " Power and Politics in the Chinese Court System: The Enforcement of Civil Judgments", 10, 33—34. Colum. J. Asian L. 1 (1996)。

[6] Id., p. 34.

[7] Id., pp. 33—34.

[8] 《人民日报》,2004年3月13日,见人民日报英文网站 http://english.peopledaily.com.cn/200403/13/eng20040313_137390.shtml。

改革时期的中国法院在纠纷解决上"似乎扮演了越来越重要的角色"。[1] 然而,法院的有效性和国外投资者对正式合同执行机制的满意水平均显示出法院系统中显著缺陷的存在。[2] 在合同纠纷中,诉讼当事人举出的种种顾虑包括执行司法判决的困难以及已经得到显现的这样一个事实:当有必要由法院来就合同所涉的实体权利和义务作出裁决时,中国的法院却宣布私人主体间的合同无效(有时仅仅是出于形式上的理由)的情形并不鲜见,这样就使得当事人通过法院解决纠纷的预期落空。[3] 值得一提的是,在中国,商事诉讼启动之后由法院主持调解来达成当事人之间的和解得到广泛的应用。未予履行的合同义务可能会导致企业出于财务困境而解雇员工或者拖欠工资时,政府官员经常参与调解过程。据报道,调解也容易受到私人关系和组织关系的影响;调解的这种脆弱性伤害了合同当事人的自治。[4]

在中国,尽管在法院裁判和判决执行两方面的过程中均存在问题,诉诸法院的合同纠纷的数量却呈现出显著的增加,因为法律强制性要求某些私人经济活动(其中有许多在经济改革于 20 世纪 90 年代开始加速之后得到了扩展)必须采取正式合同的形式。[5] 这些经济活动包括外贸公司和外资企业的设立、保险合同、银行贷款合同、房地产交易、股票发行、公司并购以及商业合伙。[6] 这些活动必须采取正式合同形式,这一事实在很大程度上从供应角度解释了中国正在向一个"更为好讼"的社会发展的趋势。不仅私人当事人如今更经常地将合同执行问题提交法院,国有商业银行和国有企业、尤其是大型企业也构成

---

[1] Donald Clarke et al., "The Role of Law in China's Economic Development", 40 *George Wash. Univ. Law Sch. Pub. Law & Legal Theory*, Working Paper No. 187, 2006),可获得于 http://papers.ssrn.com/sol3/papers.cfm? abstract_id = 878672. 作者们介绍说,在改革时期法院受理的所有经济纠纷案件中,合同纠纷诉讼占了最大的一块;从 1983 到 2001 年,合同纠纷案件的平均年增长率是 20.1%。Id. 而且,按照官方统计,在过去的十年间,法律职业人士的数量,尤其是律师的数量也大幅增长——律师的数量(包括全职律师和兼职律师)从 1994 年底的 83619 增加到 2003 年底的 142543。见《中国法律年鉴》(1995—2004)(on file with the authors).

[2] 一方面中国的法院系统经常被指责为不能以一种无偏私和有效率的方式执行法律,另一方面,中国的商务仲裁系统(其在中国通常被认为在部分意义上是一种正式合同执行机制,因为其仲裁裁决需要通过法院执行),也面临着外国投资者日益加深的不满。例如参见 Jerome A. Cohen, *Time to Fix China's Arbitration*, 168 Far E. Econ. Rev., Jan. 2005, at 31; Stanley Lubman, "Law of the jungle", 24—25, China Econ. Rev., Sept. 2004。

[3] 中国政法大学尊敬的民商法专家方流芳教授注意到了中国法院中存在的这种宣布私人合同无效的倾向。来自于对方流芳的电话采访(Feb. 9, 2006)。这一观察也得到了中国社会科学院的谢鸿飞博士在其向以下法院的一些法官收集来的信息基础上的证实:北京市高级法院,北京市朝阳区法院,山东省聊城市中级法院,河南省高级法院。来自谢鸿飞给冷静的电子邮件(Feb. 16, 2006, 01:41 EST)。

[4] 参见 Donald Clarke et al., "The Role of Law in China's Economic Development", 41—42 (*George Wash. Univ. Law Sch. Pub. Law & Legal Theory*, Working Paper No. 187, 2006).

[5] 来自方流芳给冷静的电子邮件(Feb. 14, 2006, 23:21 EST)。

[6] Id.

了合同纠纷诉讼当事人的一个重要成分。[1] 这种现象产生的原因同适用于大型俄国公司的原因相似：表明经理人并未同违约的债务人合谋侵吞国有资金或资产。在中国银行业中不良贷款所带来的问题的语境下，这种考虑尤其盛行。

虽然那些在中国发展起来的社会机制可能会对提高经济活动的水平有所促进，但重要的一点是认清这些活动所牵涉的主体到底是哪些。尽管将那些源自市场的结构引入中国经济、并对其实现因地制宜的调整确实有利于外国投资，但投资中的大部分或者是直接来自于中国香港、台湾和海外华人商业网络中的投资者、或者是由这些投资者提供便利而间接促成。实际上一些估算数据也指出，中国香港、台湾和澳门的华裔经济大约贡献了1978到1999年间中国内地外商直接投资总额的60%。[2] 格雷厄姆·前田（Graham Mayeda）指出，"海外华侨的投资程度显示了在华外国投资者能够受益于华裔商人对华商界通行之非正式规则的谙熟。"[3] 按照诺埃尔·特雷西（Noel Tracy）和康斯坦斯·勒沃-特雷西（Constance Lever-Tracy）的说法，"华商倾向于通过一整套基于友谊和信任的个人化网络做生意，这些网络并非在一个公开市场或者一个制度框架中获得实质内容，而是由长期关系和可信任、可依赖的声誉来赋予实质内容"。[4] 当投资中国内地时，中国海外侨民通常是首先去熟悉他们打算投资的乡镇的地方官员。那些通过在共同的语言和地域渊源方面的认同而铸建起来的、在海外华侨内部的已有联系也在促进这些联系的继续拓展方面成为一个关键的商业优势。环环相扣的关系以及由此产生的网络化效果，又反过来支持了合同执行的可预测性和信守度。所以，中国海外侨民的商业网络的巨大能量表现为："在垂直层面的科层结构对他们的商业事业并不必然起支持作用时，构建水平层面的各种链接"的能力。[5]

总的看来，在中国，法律（包括合同法）同经济发展的关系似乎显示出反向的因果关系。按照郭丹青、穆雷尔和维婷的说法：

> 尽管法律体系在改革发端以来得到了极大的发展，并且目前也在经济中起着一定程度的作用，但不可能就此得出结论说正式的法律机制以某种

---

[1] 来自方流芳给冷静的电子邮件（Feb. 14, 2006, 23:21 EST）。

[2] Yasheng Huang, *Selling China: Foreign Direct Investment during the Reform Era*, 2003, p. 36.

[3] Graham Mayeda, "Appreciate the Difference: The Role of Different Domestic Norms in Law and Development Reform-Lessons from China and Japan", 51 *McGill L. J.* (forthcoming 2006) (manuscript at 33, on file with the Virginia Law Review Association).

[4] 参见 Noel Tracy & Constance Lever-Tracy, A New Alliance for Profit: China's Local Industries and the Chinese Diaspora, in *Chinese Entrepreneurship and Asian Business Networks*, Thomas Menkhoff & Solvay Gerke eds., 2002, pp. 65, 71—72。

[5] Id., p. 72.

重要的方式对中国瞩目的经济成就有所贡献。如果一定要得出某种结论的话,那么是经济成就促进了法律的发展、而不是相反。[1]

郭丹青及其合作者提出,尽管可以认为"过去二十年里中国的政治、社会和经济均衡在某种程度上确实对维护合同和保护财产权提供了支持",但"……法律体系却无论如何不是支撑这一均衡状态的核心要素……"[2]他们的结论是,韦伯和诺斯所倡导的"权利命题"(rights hypothesis)——将财产权保护和合同执行的正式机制看做是发展的前提——"在中国这一案例中被明显推翻"。[3]

### (六)"东亚奇迹"

按照潘孚然(Frank Upham)的说法,"亚洲各经济体的经验显示,对于财产和合同权利的严格司法执行不是经济发展的必要条件……。"[4]具体而言,不仅中国内地实现了著名的"东亚奇迹",日本、韩国、中国台湾地区、马来西亚等和这个地区的其他一些绩效良好的经济体也一样,这就对法治的主流学说提出了一个严峻的挑战。

潘孚然就日本经济发展的分析所提供的证据表明,正式的合同执行不是一个国家经济发展的前提。[5]他举出的事实是,贯串20世纪下半叶,日本一方面实现了经济的高速发展,另一方面也同时经历了法律体系的萎缩——这可部分地由供职于法律体系的专业人士数量的减少和诉讼率的相应降低来衡量。[6]潘孚然在其评价正式法律体制的角色方面走得更远。他认为,在一些发展中国家,非正式合同执行机制不仅仅只是正式机制的补充;相反,引进源于外部的正式机制可能会损害那些由非正式社会机制促成的既有经济活动的成功,并且还可能会扰乱有价值的本土机制、或使其错位(即"挤出"假设)。[7]

不过在这里,认识到日本经验的特殊性是很重要的——这些特殊性限制了日本经验作为某种发展的普适模型的效用。首先,日本国民在文化上是极端同质的。这种同质性可能使日本社会交往的各种文化规范——尤其是诚实和互

---

[1] Donald Clarke et al., *The Role of Law in China's Economic Development*, 51 (George Wash. Univ. Law Sch. Pub. Law & Legal Theory, Working Paper No.187, 2006),可获得于 http://papers.ssrn.com/sol3/papers.cfm? abstract_id = 878672. (emphasis added)。

[2] Id., p.52.

[3] Id.

[4] Frank K. Upham, "Speculations on Legal Informality: on Winn's Relational Practices and the Marginalization of Law", 28 *Law & Soc'y Rev.* 233, 237 (1994).

[5] Frank Upham, *Mythmaking in the Rule of Law Orthodoxy* 21—31 (Democracy & Rule of Law Project at the Carnegie Endowment for Int'l Peace, Rule of Law Series, Working Paper No.30, 2002).

[6] Id., pp.23—24.

[7] Id., pp.32—33.

惠的文化规范——能够对商业关系带来启示,并因此避免了对正式合同执行机制的惯常需要。然而,今天很少有其他的发展中国家有着相似的同质性国民。恰恰相反,对于许多发展中国家而言,种族、宗教、部落或者文化上的多元性与散裂性是常态而不是例外。[1] 因此,任何主张行为上的文化规范可以作为正式法律的替代来执行一套私人秩序体制的观点,在现实中只有有限的适用范围。第二个限制日本经验普适化的因素是,相对于大多数其他国家,日本对外国投资的依赖一直以来都是有限的。当前在发展学界的一个共识是将外国投资看成是促进国家经济增长的一种不可或缺的手段;所以,看来很多发展中国家似乎是不可能追随得起日本经验的。因此,日本经验表明的是没有国家对合同的执行经济发展也可以发生。但是日本文化和经济的独特性以及日本不同寻常的对外国投资的不依赖性,表明应谨慎地利用单一的成功案例作为反驳诺斯观点的证据。

一些持批判态度的评论者也质疑在正式法律体系之外解决纠纷的日本经验的价值。例如,通过提及"私人秩序的黑暗面"("dark side of private ordering"),柯蒂斯·米洛特(Curtis Milhaupt)和马克·韦斯特(Mark West)发现,日本有组织犯罪团伙的成员在诸如"纠纷调解、不动产回赎权取消、监督公司高管[以及]借贷"等商业领域内活动频繁。[2] 论及这种私人秩序的"黑暗面"同日本社会在财产权利和合同执行方面的公共机制之间的关系,他们指出:"在日本,有组织的犯罪团伙的活动紧密地追踪正式法律安排中的各种失效现象,包括缺乏效率的实体法律,以及国家所造成的法律专业人士和其他权利执行人员的短缺。"[3] 因此,这种在私人秩序中执行合同的日本模式不可能如潘乎然所似乎隐示的那样,在一个令人信服的意义上为最优,而不存在重大的局限性。

现在,我们再来考察一番"东亚奇迹"中的其他经济体是如何在不具备一个主流的法治模式的情况下(新加坡和香港是显著的例外——它们在各类法治指标上均达到了很靠前的评级,尽管在民主指标上均评级较低)实现经济增长的。具体而言,我们来探索一下合同执行机制在经济增长的过程中究竟起到了怎样的作用。

1996年,学界受亚洲开发银行的委托进行了一项比较研究,考察在亚洲从

---

[1] 参见 Robert Klitgaard, *Adjusting to Reality: Beyond "State versus Market" in Economic Development*, 1991, pp.169—174; Pranab Bardhan, "Method in the Madness? A Political-Economy Analysis of the Ethnic Conflicts in Less Developed Countries", 25 *World Dev.* 1381, 1381 (1997); William Easterly & Ross Levine, "Africa's Growth Tragedy: Policies and Ethnic Divisions", 112 *Q. J. Econ.* 1203, 1206—1207 (1997).

[2] Curtis J. Milhaupt & Mark D. West, "The Dark Side of Private Ordering: An Institutional and Empirical Analysis of Organized Crime", 67 *U. Chi. L. Rev.* 41, 44 (2000).

[3] Id., p.41.

1960—1995年这35年间高速的经济增长阶段,法律和经济发展之间的关系。[1] 这项研究所探讨的一个问题是,争端解决机制在处理发生在非政府当事人之间的商业纠纷、以及便利他们之间的合同执行过程中所扮演的角色。这项研究的一个主要结论是,"就长时段来看,民事和商事纠纷的诉讼率在所有经济体中都提高了"。[2] 关于样本经济体的可得经验数据表明,在人均诉讼率(显示了私人部门主体使用诸如法院等正式纠纷解决机制的频度和深度)和社会分工指数(可被视为经济发展水平的一项可用代理指标)之间,存在着某种正向的、在统计学意义上显著的关联。[3]

上述发现似乎支持了这项研究的作者们所提出的"趋同假说"(Convergence Hypothesis)——"随着经济的发展,世界各地的法律机制将担负起越来越相近的功能"。[4] 从表面上看,就证据表明在那些作为样本的东亚经济体中正式的合同纠纷解决机制和经济发展之间存在某种正向关联而言,诺斯命题似乎从这个研究获得了一些支持。然而,亚洲发展银行的这项研究并没有将其他一些可能独立促进了某些亚洲经济体的增长的因素(例如人力资本积累和好的政策)纳入考虑。恰恰相反,这项研究将利用法院的频度和深度作为一个独立的外生变量,来衡量其同经济发展的关系。而非常有可能的是,在商业纠纷解决中对法院利用率的提高是经济发展的结果、而不是原因——因为经济发展扩大了市场、拓宽了经济活动的范围。简言之,反向因果关系的存在是可能的。

上面曾谈到的中国正向一个更为"好讼"的社会发展的新近趋势同其他亚洲经济体在达到更高的增长阶段时所发生的情况是一致的。即使在先前"不好讼"的日本,最近由托姆·金斯伯格(Tom Ginsburg)和格伦·霍耶特克(Glenn Hoetker)收集的数据显示,在民事诉讼和对正式合同执行机制诉诸率方面出现了某种快速增长;这一增长随着各种各样在正式法律体系运用方面的制度约束(例如律师的相对稀少以及昂贵的庭审程序)在20世纪90年代得到松绑而出现。[5] 作者们提到,"随着法治改革的推进,日本人开始更加频繁地诉讼。"[6] 有趣的是,他们也预测经济变革和诉讼之间的关系将会发生"倒转",因为持续的经济下滑(如日本近年来所经历的)很可能导致至少一些长期商业

---

[1] Katharina Pistor & Philip A. Wellons, *The Role of Law and Legal Institutions in Asian Economic Development* 1960—1995 (1999).

[2] Id., p.215.

[3] Id.

[4] Id.

[5] Tom Ginsburg & Glenn Hoetker, "The Unreluctant Litigant? An Empirical Analysis of Japan's Turn to Litigation", 35 *J. Legal Stud.* 31, 36, 56 (2006).

[6] Id., p.36.

关系的破裂,并因此产生更多的诉讼。[1] 这个预测也似乎在主张反向的因果关系:经济中的结构变化导致了正式合同执行机制的更广泛使用。尽管我们不相信更多的诉讼引起了经济增长(亚洲开发银行的研究也没有主张这一点),我们仍然倾向于从上面讨论到的经验证据得出一个普遍的观察:在大多数东亚经济体,正式合同执行机制在更高水平的增长阶段得到更加广泛的运用。

从一个政治经济学的视角出发,对所谓"东亚奇迹"最常提供的解释通常将这些经济体的增长归因于他们各自的政府在协调发展和保持政治和宏观经济稳定中的作用。然而,对于各个政府究竟扮演了何种角色,这些解释的说法各不相同,出现了从"市场友好"(market-friendly)论到"发展型国家"(developmental-state)论的各种观点。[2] 同本文的讨论特别相关的,是由 Shuhe Li 在解释"东亚奇迹"以及其后发生的 1997—1998 年间的金融危机时提出的"基于关系的治理"(relation-based governance)理论。[3]

按照 Li 的说法,在金融危机前的三十年间,基于关系的治理模式已经被东亚经济体广泛接受。这个模式在以下两种显著现象中得以展示:(1)"合同基本上是默示的、个人化的,并在法庭之外得到执行";(2)"政府、银行和企业之间有着紧密的关系。"[4] 在协调经济活动的过程中,基于关系的治理既有优点(例如,当经济的特色表现为长期型关系和少数参与者时在信息和交易成本方面的优势)[5]、也有成本(包括不透明性和"压抑私人对更优的协调策略进行探索或试验的动机")。[6] 不过,在经济赶超的早期阶段,基于关系的治理的好

---

[1] Tom Ginsburg & Glenn Hoetker, "The Unreluctant Litigant? An Empirical Analysis of Japan's Turn to Litigation", 35 *J. Legal Stud.* 42—43 (2006).

[2] 例如参见 The World Bank, *The East Asian Miracle*, 1993, pp.1—15。"市场友好"论和"发展型国家"论两种观点都将市场视为私人部门得以组织起来的初步基础,认为在赶超型经济体中,市场失灵是普遍存在的。然而,这两种进路在它们对待市场失灵或者市场缺陷的解决方案上有根本性的不同。"市场友好"论认为私人部门的主动举措和机制是主要的对策,而政府的角色应仅仅是补充性的,即仅限于提供一个市场交易和公众福利的法律框架。相对的,"发展型国家"论的观点却将政府干预作为解决方案。第三种观点——"市场增强"论——在近年出现,反映了一种探索调和"市场友好"轮和"发展型国家"论两种观点的中间地带的尝试,认为东亚经济体的成功大部分归因于政府政策在发展的早期阶段在便利或者补充私人部门协调机制上的角色。参见 Masahiko Aoki et al., *Beyond The East Asian Miracle: Introducing the Market-Enhancing View*, in *The Role of Government in East Asian Economic Development*, Masahiko Aoki et al. eds., 1996, pp.1, 1—2,8—11.

[3] John Shuhe Li, "Relation-based versus Rule-based Governance: An Explanation of the East Asian Miracle and Asian Crisis", 11 *Rev. Int'l Econ.* 651 (2003).

[4] Id., p.652.

[5] Id., p.658.

[6] Pranab Bardhan, "Institutions matter, but which ones?", 13 *Econ. Transition*, 516 (2005).; see also John Shuhe Li, "Relation-based versus Rule-based Governance: An Explanation of the East Asian Miracle and Asian Crisis", 11 *Rev. Int'l Econ.* 661 (2003).

处倾向于超过其成本。[1]

在基于关系的治理模式下,政府在通过利用国家控制的银行来组织集中化的融资以及鼓励和指示私人和公共投资流向战略性企业和行业方面扮演了一个积极的角色。普兰纳布·巴德汉(Pranab Bardhan)和丹尼·罗德里克(Dani Rodrik)都曾提到,东亚经济体实现经济协调不是通过一套正式合同法制度,而是通过政府(经常为官僚式的)干预;在组织公司融资、资本的形成,以及"在大规模重建和资本与技能严重短缺时期,在新行业领域中积累金融专业知识"[2]方面,这种协调尤其普遍。

在东亚国家,这种政府介入被证明有利于经济增长,因为它为经济主体提供了积极和消极两方面的适当动机,来为工业发展筹集长期融资。[3] 尽管并非通过法院实现,国家仍然以一种可以预见的方式确保了金融领域合同的执行。作为对赶超型经济体而言能够促进发展的各项经济活动的一个关键性组成部分,这种金融合同行为基本上是由一个政治稳定的、强烈地致力于经济发展的、能够在金融市场上处理信息和衔接总体协调的国家来引导的。[4] 这种现象再一次就基于关系的治理模式提出了一个重要的警诫:东亚经济在组织集中化金融方面的经验几乎是很难移植到大多数非洲、拉丁美洲和前苏联的发展中国家的,因为这些国家的政府没有表现出具有那种可同东亚国家的政府相比较的、充当金融市场的催化剂和协调者的能力。[5]

对于一个极其主动的、以发展为导向的政府是否是东亚各经济体经济成功发展的前提条件,我们在这个问题上并不持有一个强烈立场(这个问题一直处在一场在"市场友好"论与"发展型国家"论之间开展的长期论战的中心)。我们在这里要强调的是,在为国内和国外投资者提供其进行长期投资所必需的保证方面,政治稳定以及在一个相关意义上宏观经济的稳定所扮演的角色。这些国家的政权或者政治精英对于发展目标所作出的长期承诺在提供这类保证方面扮演了举足轻重的角色。

在那些高速增长的亚洲经济体中,既然基于关系的治理据称是"东亚奇

---

[1] See John Shuhe Li, "Relation-based versus Rule-based Governance: an Explanation of the East Asian Miracle and Asian Crisis", 11 *Rev. Int'l Econ.* 659—660 (2003).

[2] Pranab Bardhan, "Institutions matter, but which ones?", 13 *Econ. Transition*, 517 (2005).; see also Dani Rodrik, "Getting interventions right: how South Korea and Taiwan grew rich", pp.53,78—79 *Econ. Pol'y*, Apr. 1995.

[3] Pranab Bardhan," Institutions matter, but which ones?", 13 *Econ. Transition*,527 (2005).

[4] Id., pp.517—518; Dani Rodrik, "Getting interventions right: how South Korea and Taiwan grew rich", 78—79. *Econ. Pol'y*, Apr. 1995.

[5] See Pranab Bardhan, "Institutions matter, but which ones?", 13 *Econ. Transition*, 518 (2005).

迹"的一个主要解释,那么20世纪90年代后期的亚洲金融危机对这种治理模式到底有何种意义呢?在20世纪90年代,东南亚国家联盟("ASEAN")已经代表着一个极其依赖国际贸易和外国直接投资的地区。因此,亚洲危机"并非因为这个地区缺乏资本和出口机会而发生,而是因为低劣的公司治理和泛滥的腐败导致了公司部门中资本的巨大浪费和缺乏效率"。[1] 按照Shuhe Li的说法,这些经济和制度缺陷的潜在原因是基于关系的治理模式所具有的那种不可避免的"自我摧毁"性质。最终,这些经济体到达了一个拐点——从这里开始,基于规则的治理开始变得更为成本有效(cost-effective);这个点的出现随着赶超型的重商主义国家开始向工业化国家转变而发生。[2] 亚洲危机发生的前夜,这些经济体就已经开始从基于关系的治理向基于规则的治理转型,而后者强调的是正式法律和合同执行机制的作用。制度的调整以及基于关系的治理退场所留下的真空——这一真空尚未被正在兴起的基于规则的治理所填补——在这些经济体中制造了强化了的不确定性和风险,尤其是在金融自由化伴随着这一过程的情况下。[3] 结果是,在一个竞争性的全球经济中,作为从基于关系的治理向基于规则的治理转变的成本的表现,亚洲金融危机爆发了。

总结而言,"东亚奇迹"看来已经部分修改了新制度经济学关于发展与制度之间关系的命题,但同时也并未推翻其有效性。我们认为,这是一个对新制度经济学命题的"非标准"偏差("non-standard" deviation):一方面,"东亚奇迹"表明在不具备一个基于规则的治理环境(正式合同法和法院在其中作为合同执行的主要渠道)的情况下,高速的增长确实可能发生。另一方面,这个例子也揭示出,对于赶超型经济体,国家在为经济交易提供可预测性方面确实有重要作用,这有限度地支持了新制度经济学的命题。国家在协调金融合同行为和投资上尤其重要,尽管这些特点并不必然体现在正式的法律规则和执行机制中。然而,亚洲金融危机鲜明地展示了基于关系的治理在重商主义国家向工业化国家转型的拐点上所产生的严重代价。这使得新制度经济学的命题需要通过纳入增长的模式和阶段及其对合同执行机制的意义这

---

[1] Yasheng Huang & Bernard Yeung, "ASEAN's institutions are still in poor shape", 17 *Fin. Times* (London), Sept. 2, 2004.

[2] John Shuhe Li, "Relation-based versus Rule-based Governance: an Explanation of the East Asian Miracle and Asian Crisis", 11 *Rev. Int'l Econ.* 659 (2003).

[3] Id., pp.665—666. 值得一提的是,有论者认为,在亚洲金融危机沉重打击后,各国经济显著的迅速好转显示了其私人部门中非正式机制的"优点",尤其是家庭和社会网络所提供的金融的可获得性。参见 Randall Peerenboom, "Social Networks, Rule of Law and Economic Growth in China: The Elusive Pursuit of the Right Combination of Public and Private Ordering", 31 *Global Econ. Rev.* 1, 2,16 (2002)。

一维度来实现进一步改进。

## 三、结论

对讨论正式和非正式合同执行机制之相对重要性的、连篇累牍且相互冲突的种种理论和证据所进行的这番综述将引导我们向何处去？我们对证据的初步解读是，合同正式主义的支持者和非正式主义的支持者都能够举出一堆支持性的理论和经验证据，但是都担着夸大、或者至少是过度简化其主张的风险。

首先来看看合同正式主义论者的主张。显而易见的是，无论是在发达还是发展中国家中，有很多合同是自我执行的。非正式的交易规范经常出于种族、宗教或者文化关联的原因得以产生，并且通过非正式的、法律之外的制裁方式来得到执行。即使在不存在这类合同网络的情况下，在发达和发展中经济体中，长期性的、不完全的、内容不确定的合同对于处于"公平交易"关系中的商业伙伴来说也随处可见。当这些合同包括了针对以特定关系定义的资产的大量投资时，维系关系的动机非常强烈。当然，即使长期型的关系合同最终也要结束，并且，取决于这类合同所建立起来的单方依赖性或双方依赖性的性质，这些合同很容易受制于"钳制"(hold up)和机会主义所带来的问题（即"游戏结束"所带来的问题）。在有些时候，这些问题可能只能通过交易各方完全的垂直整合(vertical integration)来解决，尽管这样做在其他情况下可能没有效率。[1]

正如本文前面所指出的，威廉姆森认为，处于线形图两端的即时交易市场和科层化（即公司整合状态下的）交易几乎不需要正式法律体系的支持；与此形成对比的是，落入线形图中间区域内的交易（即长期性合同行为）如果缺乏可信的第三方执行机制就会尤其脆弱。[2] 从威廉姆森的主张可以引申出一幅说明在赶超型经济体中的各种经济协作与合作形式的线形图：一端是完全的垂直整合，另一端是即时交易市场，而中间则是一个巨大的真空。

---

[1] 例如参见 Robert Cooter & Thomas Ulen, *Law and Economics*, 4th ed, 2004, pp. 225—235; Lawrence M. Friedman, *Contract Law in America*, 1965, p. 89; Paul Milgrom & John Roberts, *Economics, Organization and Management*, 1992, pp. 131—140; Charles J. Goetz & Robert E. Scott, "Principles of Relational Contracts", 67 *Va. L. Rev.* 10 (1981); Benjamin Klein & Keith B. Leffler, "The Role of Market Forces in Assuring Contractual Performance", 89 *J. Pol. Econ.* 615 (1981); Stewart Macaulay, "Non-Contractual Relations in Business: A Preliminary Study", 28 *Am. Soc. Rev.* 58—59 (1963).; Ian R. Macneil, "Contracts: Adjustment of Long Term Economic Relations Under Classical, Neoclassical, and Relational Contract Law", 72 *Nw. U. L. Rev.* 854, 889—890 (1978); Ian R. Macneil, "The Many Futures of Contracts", 47 *S. Cal. L. Rev.* 691, 758—759 (1974).

[2] Oliver E. Williamson, *The Mechanisms of Governance*, 1996, p. 332.

然而，即使就威廉姆森所勾勒的线形图两端的情况而言，认为垂直整合能够完全避免一个薄弱的正式法律体系所造成的种种问题的观点也是不成立的。正如许多评论者所言、且也在经验上被证实的那样，那些对投资者保护不力的国家——以法律规则的特性和法律执行的质量来衡量——有着规模趋小和范围趋窄的资本市场；当少数股东受制于经理人或者控股股东所带来的高昂的代理成本（机会主义）时，这一点就尤其明显。[1] 此外，雇用合同——包括竞业禁止条款和集体协议——经常需要某种正式的执行机制。无论在何种情况下，如威廉姆森自己所承认的，垂直整合可能比那些由一套有效的正式合同制度促生的其他经济合作形式更缺乏效率。[2] 在线形图的另一端，即使即时交易（例如商品合同）也可能需要在出现质量或者产品缺陷问题的情况下诉诸正式法律体系，至少在缺乏工业或行业协会自己制定的行为守则、规范和其他纠纷解决机制时是如此。[3]

在这两极之间，正如我们已经看到的，威廉姆森通过对关系合同作用的忽视，而夸大了正式合同执行机制的重要性。他也忽视了由私人部门中的第三方进行的、对基于人格化关系和非人格化关系的合同的执行，这些第三方执行者包括信贷公司、股票交易所、期货交易所、仲裁者和行业协会；他也在线形图的两端将正式合同执行的重要性降至最低。[4]

相应的，合同非正式主义论者也冒着言过其实的风险，因为他们暗示大多数合同是自我执行的，由此使得正式的第三方执行机制对于经济发展来说没有必要、或者不重要。如上所述，长期性的关系合同可能会产生游戏结束所导致的、需要诉诸法院来解决的种种问题。

进而言之，在很多关于在不可恢复型资产——例如基础建设或者复杂技术——方面作出大型投资（即积淀成本）的合同中，当事人仍将试图签订一份完全明细的、附条件的合同。通常，投资者不会同这些交易中的对方当事人共同分享一个种族、文化或者宗教的网络，投资者也不会希望将有关合同细节或

---

〔1〕 例如参见 Thorsten Beck & Ross Levine, *Legal Institutions and Financial Development*, in *Handbook of New Institutional Economics* 253—254 (Claude Menard & Mary M. Shirley eds., 2005); Bernard Black et al., "Russian Privatization and Corporate Governance: What Went Wrong?", 52 Stan. L. Rev. 1731, 1734—1736 (2000).; Rafael La Porta et al., "Legal Determinants of External Finance", 52 J. Fin. 1136—1139(1997).; Simon Johnson & Andrei Shleifer, *Coase and Corporate Governance in Development* (2000) p.3 (unpublished workshop paper, on file with the Virginia Law Review Association), http://www.worldbank.org/wdr/2001/wkshppapers/berlin/johnson.pdf。

〔2〕 Oliver E. Williamson, *The Mechanisms of Governance* 235,332 (1996).

〔3〕 参见 Lisa Bernstein, "Opting Out of the Legal System: Extralegal Contractual Relations in the Diamond Industry", 21 J. Legal Stud. 130—135 (1992)。

〔4〕 参见 Oliver E. Williamson, *The Mechanisms of Governance*, 1996, p.332。

执行的后续谈判暴露给东道国专断的国内政治、监管或法律程序的反复无常。那些可能曾经确实促进过日本在战后的经济成功,以及在更近些年以来中国的经济成功的条件,并不能轻易地普遍化,以适用于大多数其他发展中国家。如前所述,日本是一个文化高度同质化的社会,在这个社会中,对非正式的社会规范和制裁手段的依赖可能特别有效。此外,日本的经济成功——在一个令人咋舌的意味上——从来没有依赖过大规模的外国直接投资。尽管中国近年来依赖于外国直接投资的大量涌入,但是这些投资中有很多来自于中国境外的华人商业网络。从这一点上讲,中国在吸引外国投资方面的经验不能够轻易被那些缺乏一个大规模的侨民群体(并且这个群体不仅富有资本且愿意投资于母国)的其他发展中经济体所复制。如前所述,发展中国家经济的长期增长极大地依赖于两大因素:一个是扩展国际贸易;另一个是吸引来自那些不分享共同种族、文化或者社会特征的投资者的大规模外国直接投资。在这个语境下,缺乏有效的正式合同执行机制就很可能隐含了许多消极的意义。[1]

就国际贸易而言,劳奇(Rauch)观察到,尽管国内网络在克服信息障碍和降低合同不确定性上具有优势,它们在国际贸易中也带来了成本。[2] 这些网络能构成"非正式贸易壁垒,"因为它们的成员可能会通过串通以增加其市场支配力和限制来自外国的竞争。[3] 迪西(Dixit)提到,"基于关系的治理在那些由家庭姻亲关系、邻里结构和种族—语言联系加以衔接的小群体中运行良好,因为这些链接促进了重复性交往和良好的交流"。[4] 然而,尽管关系合同确实有利于这些群体内部的经济收益,它也可能带来可观的负面外部效应。麦克米兰和伍德拉夫认识到了排他性商业网络的经济弱点,例如他们观察到私人秩序"有时通过排除新的参加者进入交易或者通过建立价格联盟而减损了效率"。[5] 格雷则注意到了一个基于种族的商业网络所带来的类似效应,即一个外来者几乎不可能在一个交易层面进入这个圈子。[6] 这种"新的企业和新的人员的短缺"以及"缺乏签订长期合同的能力"将阻碍复杂技术的应用和发展。[7] 由此,格雷

---

[1] 参见 Daniel Berkowitz et al., "Legal Institutions and International Trade Flows", 26 *Mich. J. Int'l L.* 166—168 (2004)。

[2] James E. Rauch, "Business and Social Networks in International Trade", 39 *J. Econ. Literature* 1183 (2001).

[3] Id., p.1178.

[4] Avinash K. Dixit, *Lawlessness and Economics*, 2004, p.66.

[5] John McMillan & Christopher Woodruff, "Private Order Under Dysfunctional Public Order", 98 *Mich. L. Rev.* 2421, 2423 (2000).

[6] Cheryl W. Gray, "Reforming Legal Systems in Developing and Transition Countries", 14, *Fin. & Dev.*, Sept. 1997, (citations omitted).

[7] Id.

夫也同样认识到,"支持人格化交易的基于声誉的机制[可能]有着较低的固定成本,但在同不熟悉的个人交易时有着较高的边际成本。"[1]

就一个紧密联系起来的社群而言,巴德汉提到了私人秩序的另一个明显代价:"交易成本低,但是……生产成本高,因为劳动的专业化和分工受到由小社群中人格化交易过程所限定的市场范围的严格限制。"[2]结果是,正如迪西所指出的,在一个基于关系的合同执行体系内,最终可能出现的是那些"除了由一个层层相连的姻亲家族或者一个类似的网络所共同享有的所有权之外,其各个组成部分没有任何共同点的产业多元化的大型企业集团。"[3]除了贸易和生产这两个方面,关系合同还可能使得公司融资成本高企,因为在这样一种制度下,资本市场倾向于在各个关系企业之间被那些很可能缺乏效率的关系借贷所分隔。[4]

法尚普斯提到,"只要商业团体建立在种族、宗教或者性别联盟的基础之上,网络效应所带来的总是明显的歧视。"[5]无需讶异,他发现在分配贸易信贷过程中的种族偏见始终"对非裔企业家产生损害而有利于非非裔企业家"。[6]因此,尽管基于种族的商业网络可能提供了某种有助于某些经济交易的可预见性,但这些交易的发生却是以两种成本的产生为代价的——对网络外个体的歧视以及由于放弃了原本互利的交易而引起的无效率。实际上,在格雷夫所举的马格里布商人的例子里,便利合同执行的贸易商联盟"并非是动态有效的",因为"那些确保其自我执行性的因素也同样阻碍了其因应增进福利机会的扩展"。[7]

麦克米兰(McMillan)和伍德拉夫(Woodruff)分析框架的一个优点是他们区分了在运行失效的法律体系下和在有效运行的法律体系下的正式合同法律(本文采纳了这一区分)。[8] 例如他们提到,在一个有效运行的法律体系中,关系合同倾向于对正式的经由国家执行的合同框架进行补充;然而在一个运行失效的法律体系中,关系合同可能成为一个对正式合同执行体系的不完善替代。[9]

---

[1] Avner Greif, *Institutions and the Path to the Modern Economy*, 2006, p. 311.
[2] Pranab Bardhan, "Institutions matter, but which ones?", 13 *Econ. Transition* 499, 511—512 (2005).
[3] Avinash K. Dixit, *Lawlessness and Economics* 79 (2004).
[4] Id., p. 80.
[5] Marcel Fafchamps, *Market Institutions in Sub-Saharan Africa*, 2004, p. 347.
[6] Id., p. 368.
[7] Avner Greif, *Institutions and the Path to the Modern Economy*, 2006, p. 88.
[8] John McMillan & Christopher Woodruff, "Private Order Under Dysfunctional Public Order", 98 *Mich. L. Rev.* 2425 (2000).
[9] Id.

对于发展中国家来说,如何确立一套有望确保一个既公平、又有效率的合同领域的混合机制取决于一系列高度特定化的、反映各国具体条件的因素,而这些高度特定化的因素绝非简单的普遍性归纳所能概括。最近的发展学文献也强调在研究制度时必须进行高度特定化和具体化的分析,从而强烈地表达了上述告诫。[1] 在进行这类研究的过程中,有两点考虑尤其相关。

首先,如上所述,同那些中等收入的经济体相比,从低水平经济均衡出发的赶超型经济体对于制度有着不同的需求——就此而言,增长的模式和收入水平对于研究制度是重要的。正如罗德里克所言,尽管"经济增长的发端不需要深刻的和广泛的制度改革……但在不利条件下继续维持高速增长却需要不断强化的制度"并且"在一个中等收入国家实现增长的制度要求可能会明显地更加严格"[2]。类似的,丹尼尔·克勒曼(Daniel Klerman)发现,从历史上考察,"经济增长经常在没有强有力法院的情况下起步,而提高司法系统质量的种种努力经常是经济发展的结果、而不是原因";但是,如果经济增长是在没有良好司法制度的情况下起步,这可能将在经济的较高发展水平上创造某种对高质量法院的需求。[3] 此外,从国际贸易模式中发现的新证据也支持了这种对于制度依赖度的区别对待。伯克维茨、莫尼斯和皮斯托的研究成果表明,(复杂性程度不同的)交易货品的性质如何能够影响正式——相对于非正式——合同的相对重要性。[4] 他们的这一发现印证了这样的观点:随着各经济体沿着发展曲线上升,它们对于正式制度的质量的要求变得更加严苛。

其次,在市场发展的早期阶段,那些组织个体行为的通行的社会性结构也

---

[1] 例如参见 William Easterly, *The White Man's Burden: Why the West's Efforts to Aid the Rest Have Done So Much Ill and So Little Good*, 2006, pp. 77, 100—101, 345—347; Avner Greif, *Institutions and the Path to the Modern Economy*, 2006, pp. 350—352; Rohini Pande & Christopher Udry, *Institutions and Development: A View from Below* 2—3 (Yale Univ. Econ. Growth Ctr., Discussion Paper No. 928, 2005), http://www.econ.yale.edu/growthpdf/cdp928.pdf; Francis Fukuyama, *Development and the Limits of Institutional Design*, Presentation at the Seventh Annual Global Development Conference of the Global Dev. Network 2 (Jan. 20, 2006), http://www.gdnet.org/pdf2/gdnlibrary/annualconferences/seventhannualconference/Fukuyamaplenary1.pdf.

[2] Dani Rodrik, *Introduction to In Search of Prosperity: Analytic Narratives on Economic Growth* 1, 15—17 (Dani Rodrik ed., 2003)).; 亦见 Kenneth W. Dam, *China As a Test Case: Is the Rule of Law Essential for Economic Growth?* 41 (Univ. Chi. John M. Olin Law & Econ., Working Paper No. 275, 2d series, 2006), http://www.law.uchicago.edu/Lawecon/WkngPprs_251-300/275-kd-china.pdf(认为 Rodrik 的观点被中国的例子所印证)。

[3] Daniel Klerman, *Legal Infrastructure, Judicial Independence, and Economic Development* 1, 4 (Univ. S. Cal. Ctr. in Law Econ. & Org., Research Paper No. C06-1, 2006); 亦见 Edward L. Glaeser et al., "Do Institutions Cause Growth?", 9 *J. Econ. Growth* 271, 298 (2004)。

[4] 参见 Daniel Berkowitz et al., "Legal Institutions and International Trade Flows", 26 *Mich. J. Int'l L.* 169—172 (2004)。

有其重要性,例如在社群主义(communalist)和个体主义(individualist)社会中不同的社会互动模式。社群主义的社会倾向于更多依赖于强调团体内部约束的、基于关系的合同执行机制。与此形成对比的是,个体主义社会倾向于用正式合同执行机制支持跨越不同团体的更多交易。[1]

至于政策方面的考虑,建设支持市场的合同执行机制并非一蹴而就。[2]在这一制度演进的过程中,各种非正式解决方案、尽管在发展的特定阶段带有过渡性,能够在制度改革得以稳固和产生效果之前起到价值附加和增进福利的作用。这一点对于那些处在工业化早期的国家尤其如此,正如东亚经济体所揭示出来的。正如迪西所言,"从零开始制造西式国家法律机制的复制品并不总是必要的;而从那些既存的制度入手、并在其基础之上进行进一步的制度建设,却是可能的。"[3]所以,这样的一种制度改革的进路——将有效率的合同执行的本土机制纳入到现代法律体系中,使得正式和非正式执行机制作为彼此的补充而不是替代,同时使得法律对于普通大众来说更易接受,从而便利法律在实践中的执行——有着合乎情理的正当性。[4]

我们以一个最后的提醒来结束本文:在发展中国家,不当降低发展中国家中有效的正式法律机制、包括法院的重要性,无论这些机制在促生一个公平和有效率的合同领域中的角色到底如何,都会对其他非工具的价值带来严重的后果。任何完整详尽的关于发展的观念都必定要考虑到这些结果,包括任何对于阿马蒂亚·森(Amartya Sen)在《作为自由的发展》(Development as Freedom)一书中所描述的各色各样的个人自由的有害影响。[5]因此,举个例说,尽管缺乏有效的正式合同执行机制迄今为止尚未成为经济发展的一个主要障碍——例

---

[1] 参见 Avner Greif, *Commitment, Coercion, and Markets: The Nature and Dynamics of Institutions Supporting Exchange*, in *Handbook of New Institutional Economics*, Claude Menard & Mary M. Shirley eds., 2005, pp. 727, 762。

[2] ohn McMillan & Christopher Woodruff, *Dispute Prevention Without Courts in Vietnam*, 15 J. L. Econ. & Org. 637, 640 (1999) [下简称为 McMillan & Woodruff, *Dispute Prevention*]。

[3] Avinash K. Dixit, *Lawlessness and Economics*, 2004, p.4。

[4] 在这样的语境下,值得一提的是,一些作者认为在发展中国家,法律移植是通向法治改革的一条可选道路,他们提出,使移植进来的法律适应本土条件的"调整"过程对于该法律在接受移植国实现合法性是重要的——这一评价同我们在本文中的观点一致。例如可参见 Daniel Berkowitz et al., "Economic Development, Legality, and the Transplant Effect", 47 *Eur. Econ. Rev.* 165, 192 (2003); Hadfield, "The Many Legal Institutions that Support Contractual Commitments" 197 (引用 Daniel Berkowitz et al., "The Transplant Effect", 51 *Am. J. Comp. L.* 163, 189—190 (2003))。

[5] 参见, Amartya Sen, *Development as Freedom*, 5 (1999)。

如在中国(尽管一些评论者对此持不同观点[1]),在一个更加完整的关于发展的理念中,薄弱的法治必定会带来其他一些高昂的成本。而且,如果将法治改革的大部分努力仅仅集中于财产权保护和合同执行(如理查德·波斯纳所主张的那样[2]),等于是仅仅动员极窄范围内的一批政治选民来作为改革的拥护者,而放弃一个广泛得多的潜在政治选民基础的支持——对这些选民来说,正式财产权利和正式合同执行几乎没有什么当下的重要性(甚至在有些情况下还会成为潜在的催生反感情绪的来源);对他们来说,保护其基本的公民和政治权利免受侵犯才是一个更为普遍的关注。在这些方面,私法和公法应被视为必要的功能性补充和和政治性补充。[3]

(初审编辑:缪因知)

---

[1] 参见,例如,Yasheng Huang, "Comment, China is not racing ahead, just catching up", 19 *Fin. Times* (London), Jun. 8, 2004(认为由于次下的政策选择、以及未能实现某些领域的市场改革,中国尚未实现其"经济潜力";Martin Wolf, "Why Is China Growing So Slowly?", *Foreign Pol'y*, Jan.-Feb. 2005, at 50, 51(将中国的经济描述为"极其无效率",并指出经济增长的很多社会和政治障碍); Kenneth W. Dam, China As a Test Case: Is the Rule of Law Essential for Economic Growth?, 40—42 (Univ. Chi. John M. Olin Law & Econ., Working Paper No. 275, 2d series, 2006), http://www.law.uchicago.edu/Lawecon/WkngPprs_251-300/275-kd-china.pdf (stating that Rodrik's argument is supported by the example of China)(叙述了"当前金融部门中的困难和窘境"所表明的、因为政策选择的不足而带来的各种复杂因素)。在中国,正式合同执行机制的不足所带来的可见后果可以在一些地方观察到,例如在薄弱的银行领域的不良贷款问题可能带来系统性金融风险的威胁(由于这个原因,中国政府已经在过去几年里进行了重大的银行改革),由于不能通过正式合同获得银行贷款,私人部门持续地面临着对资本的饥渴,以及由于雇员合同权利的法律保护不力,导致外国投资企业对民工的欠薪。参见 Anastasia Liu, "China's migrant worker pool dries up", *China Daily*, Nov. 10, 2005, 文本可见于 http://www.chinadaily.com.cn/english/doc/2005-11/10/content_493467.htm。所有这些负面的结果都带来显著的社会成本,并且可能导致经济增长和社会稳定方面的潜在风险。

[2] 参见 Richard A. Posner, *Creating a Legal Framework for Economic Development*, 13 World Bank Res. Observer 1, 1 (1998);亦见 Douglass C. North, *Institutions, Institutional Change and Economic Performance*, 1990, 51—53。

[3] 参见 Ronald J. Daniels & Michael Trebilcock, "The Political Economy of Rule of Law Reform in Developing Countries", 26 *Mich. J. Int'l Law*, 118 (2004); Daniel A. Farber, "Rights as Signals", 31,83,84—85 *J. Legal Stud.* (2002); Amartya Sen, *What is the Role of Legal and Judicial Reform in the Development Process?*, Address Before the World Bank Legal Conf. 1—2 (June 5, 2000), 文本可见于 http://www1.worldbank.org/publicsector/legal/legalandjudicail.pdf。

# 论个人在票据上的签名

戴立宁[*]

## The Signature on Checks by Natural Person

*Dai Li-ning*

```
                    ┌ 本名(译名)
            名的问题 │ 别名(字、号、绰号、笔名、艺名、乳名、化名……)
            │       │ 全名(姓和名)
            │       └ 非全名(姓或名)
   签名 ────┤
            │       ┌ 亲自签名
            │       │ 非亲自签名(代行)
            签的问题│ 代签名(盖章、指印、花押……)
                    │ 签名的复制(印刷、电子打印……)
                    └ 电子签章
```

## 一、前言

必也正名乎,名不正,则言不顺。票据上的"签名"尤其特别重要,几乎

---

[*] 台湾东吴大学法学院兼任教授,北京大学法学院、光华管理学院兼职教授,电子邮箱:Linin-Day@ so-net. net. tw。

所有的票据行为,都是以签名作为出发点;所有票据上责任,也因之而生。[1]

我国台湾地区的《民法》第 3 条第 1 项规定:"依法律之规定,有使用文字之必要者,得不由本人自写,但必须亲自签名。"[2]在第 2 项、第 3 项,并规定了"代签名"的方式:盖章;指印;十字(十字花押)[3];其他的符号(花押[4]……)。

票据法上的签名,规定在第 6 条:"票据上之签名,得以盖章代之。"[5]台湾地区的《票据法》在 1973 年修订前,曾一度许可画押,修正时,立法部门同意行政部门的看法,认为:"画押为我国旧时代替签名之方式,辨别困难,易滋纠纷"[6];而将画押的代签名方式删除。票据上的签名,刻意排除了民法上所允许的指印、花押或其他的符号[7],从而突显出票据对签名的特别重视。签名既然是所有票据责任之依归,自然有详加探讨的必要。

---

[1] 中国人民银行 1997 年颁布的《支付结算办法》第 209 条规定:"单位、个人按照法定条件在票据上签章的,必须按照所记载的事项承担票据责任。"我国台湾地区的《票据法》第 5 条规定:"在票据上签名者,依票据上所载文义负责。"所以原则上,在该票据上的签名人,都是票据债务人。

[2] 《中华人民共和国民法通则》并无类似规定。

[3] 十字花押:古人签订合同时,若不会写名字,就用笔在名字下画一个十字,表示承认该份合同的法律效力。《喻世明言》(卷二十二)〈木绵庵郑虎臣报冤〉:写了卖身文契,落了十字花。欧美也有类似的制度:CROSS: A mark made by persons who are unable to write, to stand instead of a signature. in Black's Law Dictionary. CROSS: 1. A mark made by persons who are unable to write, instead of their names. 2. When properly attested, and proved to have been made by the party whose name is written with the mark, it is generally admitted as evidence of the party's signature. Black's Law Dictionary, revised 4th Edition, West Publishing Co., 1968, p. 450. Bouvier's Dictionary, 1856 Edition, http://www.constitution.org/bouv/bouvier_c.htm.

[4] 花押:在文书、契约上所签的名字或记号。《西游记》第二十九回:国王见了,取本国玉宝,用了花押,递与三藏。《初刻拍案惊奇》·卷三十三:当下各人画个花押,兄弟二人,每人收了一纸,管待了李社长自别去了。花押或称为花书、花字。

[5] 我国台湾地区票据法相关规定在第 7 条,内容大致相同。接受签名、盖章,或签名及盖章,排斥画押、指印及其他符号。

[6] 我国台湾地区"立法院"联席会审查《票据法》修正要点中指明:"(一)现行法规定,票据上之签名为票据记载要件之一,但得以盖章或画押代之;惟画押为中国旧时代替签名之方式,辨别困难,易滋纠纷,票据上不宜使用,特予删除;至不能签名者,得以盖章代之,故本案予以改订。"(第六条)

[7] 法律问题:在支票上捺指印全签名为背书,是否发生背书之效力?台湾地区的讨论意见包括否定说和肯定说两种:甲说(否定说):不生背书效力。理由:票据债务人,以在票据上签名或盖章为必要。盖捺指印系以指纹明瞭其异同真伪,非借助于机械与特别技能无从凭肉眼鉴别,与票据法之流通性质不兼容,1973 年 5 月修正票据法第 6 条时,已将"画押"删除,排除《民法》第 3 条第 3 项之适用。乙说(肯定说):仍生背书效力。理由:本印章之使用,仍签署本名之另一种方式;所指印如经二人签名证明者,依台湾地区《民法》第 3 条第 3 项规定,亦与签名生同等效力。票据上签名既得以印章代之,捺指印者,亦不应不在排斥之列。结论:采甲说为当(参看我国台湾地区"司法行政部"民事司台 67 民司函 0441 号)。

## 二、名的问题

### （一）从孙中山名字谈起

民法也好,票据法也好,对于"签名"都作了些规定,更有些要求;但是偏偏对于要签写的对象:"名",却毫无着墨。什么叫做"名"？"名"和"姓"相连叫"姓名",和"字"相连叫"名字",那么,"姓名"何所指？"名字"的意义又何在？民法、商事法关于姓或姓名的规定也不少,但是,什么叫"姓名"？却付阙如。[1]

名可名,非常名。什么是"姓名"？各个民族的姓氏制度各有其渊源,不尽相同;中国人的名字尤其复杂,姓是姓、氏是氏[2];名是名、字是字,都有不同的意义。现代人对于这些用语不太讲求了,"姓名"和"名字"相通,成了同义词。

不谈"姓氏",姓氏是家族符号,跟宗祧有关[3],源远流长;只谈谈比较容易,有关"名字"的一些事例。"名"这个字,从"夕"从"口",指夜间无光的时候,骤然相遇,难以辨识,口呼己名以告知对方。[4] 名字是一种称呼,是一种辨识符号。举一个大家熟知的名人为例:孙中山先生。

孙先生的墓陵叫"中山陵",为了纪念他肇造国家的丰功伟绩,孙先生的出生地香山县,改名称"中山县";中国内地和台湾地区各地几乎无处不有"中山堂"和"中山路";但是,令人不解的,孙先生的名字似乎并不叫做"中山"。

根据《国父年谱》记载:"国父孙先生,名文,字载之,号逸仙,谱名德明,幼名帝象。18岁时就读香港,入基督教,受洗时署名日新,又尝自署公武,32岁时,旅居日本,曾署名中山樵,后尝署名高野长雄,辛亥革命前,世人常称逸仙先

---

[1] 《民法通则》第99条规定,公民享有姓名权,但什么是姓名,却付阙如,民间遂有订定《姓名法》的倡议。

[2] 《诗经·唐风·杕杜》:"岂无他人,不如我同姓"。《毛传》:"同姓,同祖也。""姓"是同一祖先有血缘关系族人的标志;"氏"则为姓的分支。详请参阅籍秀琴:《中国姓氏源流史》,台湾文津出版社1998年。

[3] 我国台湾地区"内政部"1990年1月18日台内户字第669088号准"法务部"1989年1月5日法78律决0089号函以:"民法第1059条第1项但书约定子女从母姓之规定,其立法意旨系为适应当前社会民众延续子嗣之实际需要而增设。本件郭继舜君为其三子申请从母姓疑义乙案系因母虽有兄弟,但其兄弟因患严重多重障碍脑性瘫痪症,如无法生育,延续子嗣,似宜从宽解释,使其得依民法1059条第1项但书之规定,约定其子从母姓。"《内政法令解释汇编》(户政类)(1995年9月版) p.2269;"法务部"1995年3月21日(83)法律字第05613号:"按本部1993年10月8日法82律字第21210号及1994年2月3日法82律字第02583号函关于子女出生完成户籍登记后,始发生母无兄弟之情事,得否将其子女改从母姓之疑义所为之解释,系认为嗣后发生母无兄弟之情事,属重大情事变更,非当事人所能预见,基于尊重国人传统宗祧观念之考虑,而例外准予申请子女改从母姓。本件当事人张○女女士仅有养兄一人,于张女士子女出生完成户籍登记后,因其养兄与养母终止收养关系致张女士嗣后发生无兄弟情事,此等情事显非当事人所能预见,基于尊重传宗接代之传统宗祧观念之考虑,并参照本部上开函释精神,似宜准予其子女改从母姓。"《法务部法规咨询意见》(二)(上册),页254—255。

[4] 参见《正中形音义综合大辞典》,台湾正中书局2003年版,页203。

生,及民国建立,遂皆以中山先生称焉。"

"孙文"一般被认为是正式姓名。手头上正好有一份 1912 年发行的"中华民国军需公债",中华民国临时大总统的签署,使用的图章,印文就是"孙文之印"四个字。遗嘱上的签名也同样是"孙文"。

"中山"其实也不是名字,而是日本人的姓氏(孙先生在日本时的化名:中山樵、中山方、中山二郎;中山是姓,樵、方、二郎是名);孙中山是把两国不同的两个姓氏凑在一起,反倒成了他最通俗、最为人知的"姓名"。

鲁迅也许是另一个适当的例子;2002 年初,鲁迅的长孙周令飞在绍兴成立了"绍兴鲁迅纪念酒有限公司",并代表所有鲁迅家属委托上海商标事务所向国家工商总局申请在第 33 类酒类产品上注册"鲁迅"商标。2002 年底遭国家工商总局驳回,理由是"禁止用鲁迅从事商标活动"。周令飞在第一时间向商标评审委员会提出了复审申请。

国家商标局驳回"鲁迅"的原因是,从某种意义上来说,"鲁迅"这两个字已不仅仅是个名字,而是中华思想文化和民族精神的象征,具有某种神圣意味,用其作商标,可能对其有欠尊重,让消费者不舒服,可能会造成"滥用伟人姓名"等不良社会影响,因此禁止将"鲁迅"用以商业活动。[1]

问题是:"鲁迅"是"鲁迅"的名字吗?

鲁迅,中国现代伟大的文学家、思想家和革命家,1881 年 9 月出生于浙江绍兴。当时其祖父周福清在京做官,当抱孙的喜讯传到他那儿的时候,恰巧张之洞来访,于是其祖父便以所遇为孙取名"张",之后又以同音异义的字取名"樟寿",号"豫山"。

鲁迅 7 岁进私塾就以"豫山"为名。绍兴话"豫山"和"雨伞"音近,同学们常以此取笑他,便请祖父改名,先改名"豫亭",再改"豫才"。1898 年,17 岁的鲁迅离开了家乡,来到南京,投奔一个名叫椒生的叔祖,入了江南水师学堂。

周椒生本人在水师学堂做官,却对这种洋务学堂极为蔑视,认为本族的后辈不走光宗耀祖的正路,而跑到这里来准备当一名摇旗呐喊的水兵,实在有失"名门"风范。为了不给祖宗丢脸,他觉得鲁迅不宜使用家谱中的名字,遂将"樟寿"的本名改为"树人",取"十年树木,百年树人"之意。

---

[1] 据报道,2001 年 8 月 12 号国家工商总局近日驳回这项(鲁迅酒)申请。国家商标局审查处解释说,鲁迅先生是一代大家,把他的名字作为商标用在商业活动中,是不合适的。"鲁迅酒"引发内地不少人的争议,担心会损害一代大师的形象。绍兴鲁迅纪念馆名誉馆长裘士雄认为,鲁迅是中国的民族之魂,如果把鲁迅的名字用在公益事业上,是值得肯定的,但是把鲁迅作为酒的一种品牌,总让人觉得有些不妥当。他还意有所指地说,鲁迅不是私有财产,不是一种纯粹的经济符号。参阅张立廷:"关于'鲁迅'姓名法律保护的思考",http://www.tianhlaw.com/bestweb/thlaw/corpus/showcorpus.jsp.corpus_id=45。

1918年5月,鲁迅在《新青年》第4卷第5号发表了中国现代文学史上第一篇白话文小说《狂人日记》,首次使用笔名"鲁迅"。在"鲁迅"之前,还曾用过"迅行"的笔名。他一生用了一百四十多个笔名,而以笔名"鲁迅"闻达于天下。

如今,孙中山、鲁迅之名,家喻户晓,誉满天下;而谈到孙德明、周樟寿,恐怕绝大多数人都会不知所云。中国人姓名之复杂、奥妙,由此可见。

(二) 姓名法律上的意义

"姓名"法律上的意义,也许可以从台湾地区的《姓名条例》谈起:姓名条例是在1953年制定的,最近的一次修正在2001年6月,主要是为了原住民姓名的问题,给予了一定的尊重。《姓名条例》的第1条第1项规定:"国民之本名,以一个为限,并以户籍登记之姓名为本名。"从而,本名就是户籍登记的姓名[1]。本名的使用,依姓名条例的规定,有下列几种:

  国民依法令之行为,有使用姓名之必要者,均应使用本名(第3条);

  学历、资历、执照及其他证件应使用本名;未使用本名者,无效(第4条);

  财产之取得、设定、丧失、变更、存储或其他登记时,应用本名,其未使用本名者,不予受理(第5条)。

本名是户籍登记的名字,身份证、资历证件、财产登记乃至一切依法令的行为,都要以此为准。假如问题到此为止,当然就一切天下太平;问题是:姓名的问题,似乎没有办法就此打住。

身份证以外,另一种常用的身份证明是护照。台湾地区的《护照条例》的规定原则上和《姓名条例》相同:以户籍登记的姓名、也就是本名,为原则;但是,对于在台湾境内无户籍的国民(华侨),不得不另设一套规范[2]。同时为了出国旅行或办理其他涉外事项,有使用外国文字书写姓名的必要,作为身份的

---

[1] 我国台湾地区《票据管理实施办法》有类似规定。
[2] 护照上的中文姓名,以身份证或户籍数据为准,对于境内无户籍的"国民",护照上的中文姓名依下列方式为准:一、父为"国民"者,从父姓。但母无兄弟,约定其子女从母姓者,从其约定。二、非婚生子女,从母姓。三、父非"国民",母为"国民"者,其子女之姓氏,依下列方式依序优先适用:(一) 母无兄弟,约定其子女从母姓者,从其约定。(二) 母系有户籍"国民",且户籍誊本中已有其父之中文姓氏者,以该姓氏为姓氏。(三) 父之姓氏符合台湾习俗者,得以该姓氏为姓氏。(四) 父之姓氏不符台湾习俗者,应改依法律命名习俗取姓氏。(五) 父无中文姓氏者,以父之外文姓氏相近之中文译音或符合台湾命名习俗者为姓氏。四、中文姓名之排列,应姓在前、名在后。参看台湾地区《护照条例施行细则》第26条。

认证,从而对于外文姓名,也有一系列的规定,颇为细腻。[1]

综合《姓名条例》和《护照条例》的规定,中文的姓名,最多可以容许四种:本名、译名、两个别名。其实际,似乎还是不能涵盖一切。台湾"外交"部门虽然明文规定:译名之外,外文别名,以两个为限;必须要用英文字母并成,长度不能超过39个英文字母;台湾地区内政部门则认为:"每种外文译名以一个为限"。[2] 听起来,似乎不一定要翻成英文字母,好像每一种文字就可以有一个译名。

1956年修正施行的台湾地区《监督银钱业存款户使用本名及行使支票办法》第4条,配合姓名条例的规定,金融业者于存款户开户时,应要求提示"身份证"以证明其"真实姓名"[3]。支票存款户开户时,并要求"金融业者对于申请开户的个人,应核对确为本人,并由开户人依约定当面亲自签名或盖章,或签名及盖章于支票存款户约定书暨印鉴卡上,并留身份证复印件……"[4]"外籍人士(如有中文姓名)或华侨,应以其护照上所载中文及原文姓名(英文大写全角字体)提供"。

依照这些规定,"财政部"似乎依违在"内政"和"外交"两部之间,银行往来,境内设有户籍的台湾人,以身份证上登记的姓名为准;境内无户籍的华侨或外籍人士,则以护照上登记的姓名为准。

回到孙中山先生姓名的例子:他所用的六十几个名字中,外文的译名、别名

---

[1] 我国台湾地区的《护照条例施行细则》中,对于中文姓名和中文译名都有详细的规定。"护照中文姓名及外文姓名均以一个为限;中文姓名不得加列别名,外文别名除第27条第2项另有规定外,以一个为限。"(§25)"护照外文姓名之记载方式如下:申请人首次申请护照时,已有英文字母拼写之外文姓名,载于下列文件者,得优先采用:(一)台湾政府核发之外文身份证明或正式文件。(二)外国政府核发之身份证明或正式文件。(三)国内外医院所核发之出生证明。(四)公、私立正式学历学校制发之证书。(五)经政府主管机关登记有案之侨团、侨社所核发之证明书。申请人首次申请护照时,无外文姓名者,以中文姓名之国语读音逐字音译为英文字母。但已回复传统姓名之原住民,其外文姓名得不区分姓、名,直接依中文姓名音译。申请换、补发护照时,应沿用原有外文姓名。但原外文姓名有下列情形之一者,得申请变更外文姓名:(一)音译之外文姓名与中文姓名之国语读音不符者。(二)音译之外文姓名与直系血亲或兄弟姊妹姓氏之拼法不同者。(三)已有第一款各目之习用外文姓名,并缴验相关文件相符者。外文姓名之排列方式,姓在前、名在后,且含字间在内,不得超过39个字母。已婚妇女,其外文姓名之加冠夫姓,依其户籍登记资料为准。但其户籍数据未冠夫姓者,亦得申请加冠。外文姓名,非属英文字母者,应翻译为英文字母。依前项第三款变更外文姓名者,应将原有外文姓名列为外文别名,其有外文别名者,得以加签方式办理。但外文别名以二个为限。"(第27条)

[2] 我国台湾地区"内政部"1955年11月02日台内户字第78429号:查侨民之外文译名,似应由所在地我"驻外使领馆"登记,每种外文译名并以一个为限,嗣后在外国就学、就业、产权登记、存储银钱等,即应使用该登记之外文译名,而不得另请发给二名同属一人之证明书。参看《内政法令解释汇编(户政类)》(1995年9月版),页2330。

[3] 我国台湾地区《监督银钱业存款户使用本名及行使支票办法》第2条规定:"银钱行庄于存款户开户时,应嘱存户将真实姓名、职业及详细地址在开户。"第3条规定:"银钱行庄于存款户开户时,应属存户提出国民身份证、营业执照或有关证明文件,核明第2条规定填明事项。"

[4] 参看我国台湾地区《支票存款户处理办法》第4条。

（或化名），除了日文的中山樵、中山方、中山二郎、高野长雄之外，用英文字母拼成的有：Sun Yat-Sen, Y. S. Sims, Dr. Y. S. Sun, Dr. G. S. Sun, Dr. Araba, Dr. Alaha, Dokanno, Longsang, Lin Yin Sen 等。如果只能用本名或者"外交部门"所规定的译名的话，这些名字一概都不能使用，包括最熟为人知的 Sun Yat-Sen 在内。

问题如果只到这儿，倒也简单方便；但是世事往往不能尽如人意，就是有人不按牌理出牌。

举个简单的例子：在银行按规定开户、领支票、签上自己的本名、发票，算是规矩的人了；如果有人不是那么规矩，就是不在银行开户、用买来的"空白支票"、签上为人熟知但不是他本名的名字（如：艺名往往更为人熟知），签发支票。支票最终被退票了。问题是：他要不要为这张退票的票据，负票据上责任？更直接一点：这张票据上签的不是本名，非本名的签名是不是还是有效的签名？[1]

问题又回到了原点，姓名或者名字，究竟是什么？

### （三）美国的一件实际案例

美国南卡罗莱纳州的卫生当局，为了改善儿童的牙齿健康，特意地安排了循回教学的车辆，到每一所国民学校去教导儿童如何刷牙。车上配置了两位随车小姐，负责指导、示范儿童如何清洁口腔的。车子上标示着南卡罗莱纳州卫生局的标志，还画了一个大大的卡通人形和一把牙刷。卡通人被叫做"小杰克"（Little Jack）。因为经常在一定的地区巡回，当地人都很熟悉这部车子和随车的两位女郎，亲热地叫她们"小杰克女郎"（The Little Jack Girls）。1961 年 11 月 18 日，那一天的晚上，暴徒侵入了两位女郎的住宿处，强暴了这两位女郎；事后，驾着她们的车子逃逸。

第二天，她们的车子被发现弃置在路旁。当然成了地方上的大新闻，于是当地的媒体纷纷抵达现场采访，电视记者尤其周到，电视镜头详详细细地扫描了车子的牌照、外型和显示在车子上的"小杰克"，巨细无遗；当地所有的人几乎都知道什么样的事发生在两位"小杰克女郎"身上。这两位女郎为了这些报导而困扰不已，精神上几不能负荷，不能继续工作。

根据南卡罗莱纳州的法律，任何大众传媒不得报导显示性犯罪被害人的"姓名"（disclosure the "name" of the victim）。违反者要负民事上的赔偿责任，并在刑事上构成一定的犯罪。两位杰克女郎遂一状告到法院，向电视台求偿并

---

〔1〕 日内瓦统一支票法的规定可供参考。其第 3 条规定："支票必须以持有发票人得以处分之资金之银行业者为付款，而且必须符合明示或默示之协议，依此协议，发票人对该项资金，有以支票处分之权。但发票人不遵守此项规定时，其所发票据仍发生支票之效力"，是采肯定说。中国内地 1997 发布施行的《票据管理实施办法》第 17 条，采否定说。

要求将主事者绳之以法。问题发生了,电视台究竟有没有报导了被害人的"姓名"？什么是"姓名"？

被告是一家人寿保险公司,那是因为这家保险司是电视台的大老板。第一审的法院判决原告败诉,被告不需要负赔偿责任。[1] 理由很简单,从事实去了解,被告并没有报导被害人的"姓名",充其量只是一些图形和影像,可能因此推测到被害人的身份而已。

什么是"姓名"？应当从法律规定文字的最通常意义(plain meaning)去了解、去解释,才能符合法律的本意。法律为什么要公布才实施,就是要大众能够了解法律的规定。不了解法律的规定将如何守法？所以法律的解释应以通常人所了解的意义为第一优先。本案的事实显示:被告并没有报道被害人在通常意义下的"姓名"[2]。

原告不服,上诉到第二审;同样的事实,同样的法律,这一次,法院却做了和第一审完全不同的判决。法院认为法律的解释一定要注意法律所以要如此规定的精神,不必拘泥其所用的文字。南卡罗莱纳州的法律所以要有如此的规定,目的在使性犯罪的被害人免于第二度伤害,鼓励她们能够尽早出面控诉、指认,使违法者能够早日发现,早日绳之以法。"姓名"在这儿就不必是那么拘泥得果真要有名有姓,凡是可以构成"人格同一性符号(identification)"的,都应该在这条法律所规定的"姓名"范围之内。

这件案子没有打到第三审,在第二审判决后就和解了,所以并不知道最终的法律审判意见。不过,从这件案子的发展,一方面让我们进一步地了解所谓"姓名",更深一层的意义;也同时体验到法律解释的重要性。

法律解释绝不是机械的、固定的。一种思想,经过一定时期的酝酿,慢慢成熟为多数人所接受,再经过漫长的立法程序,好不容易三读通过、公布成了法律;但是社会和思想进步的潮流是不会等待的,新的思想、新的需求又开始形成……所以说:成文法的落伍是宿命的。要让成文法跟得上时代的脚步,唯有靠法律解释学的发展,法律解释是一种艺术,不能有匠气。

我国台湾地区《民法》第575条规定:"指定居间人不得以其姓名或商号告知相对人者,居间人有不告知之义务。"这里所谓的"姓名",似乎应该和前面所提到的美国案例中的"姓名"相呼应:指的是"人格同一性符号";绝对不可以解释说:只要不告知"本名",就符合不告知义务的规定。

---

[1] *Nappier v. Jefferson Standard Life Insurance Co.*, 213 F. Supp. 174 (E.D.S.C. 1963).

[2] A person's "name" consists of one or more Christian or given names and one surname or family name. It is distinctive characterization in words by which one is known and distinguished from others, and description, or abbreviation, is not equivalent of a "name". See *Black's Law Dictionary*, West Publishing Co., 1968, p.1174.

（四）能不能以偏概全？

美国统一商法规定的签字可以签写任何名字，包括商业名称，以及任何代替签名的文字或符号[1]；德国、日本的规定也大致相同。从而，签名似乎并一定不要求要签写特定的名字（如本名）；笔名、艺名、俗名甚至化名都无不可[2]；即令字迹草率或用简写、略字、讹字，都和签名的本质无碍[3]。

中国台湾地区《票据法》第6条在1973年修订前，原规定："票据上之签名得以盖章或画押代之。"画押之所以删除，是因为"画押是我国旧时代替签名之方式，辨别困难，易滋纠纷"。遂有学者认为，这次的修正，删除"画押"并不表示排除书写本名以外之情形；因此，书写本名以外的名称，仍具有签名的效力。[4] 书写本名以外的名称，并不是画押（十字花押或花押），当然也就不需要有两人之签名证明，如台湾地区《民法》§3-3的规定。

签名既不限于本名，则只签写部分名称，则效力如何？如只签"姓"，（如：陈）或祇签"名"（如：水扁），或祇签部分的"名"（如：扁），是不是合法的签名？

对于这样的问题，司法实务的意见不一，1974年台上字2660号判决及1975年台上字867号判决都采否定立场；台湾地区"最高法院"乃于1975年7月第5次举行民庭庭推总会议就此问题提出讨论[5]：

  甲说（否定说）：票据乃无因证券，在票据上签名者，即应依票据上所载文义负责，故执票人仅凭签署于票据之文字，而知其人姓名（不需另凭其他证据即可证明者），得对之请求负责者，始能谓为票据上之签名，如仅写姓或仅写名，而不能凭票证明其为何人之姓名者，自不能认为已备签名之效力，不生签名之效力。

  乙说（肯定说）：所谓签名，法律上并未规定必须签其全名，且修正前《票据法》第6条更规定，票据上之签名得以画押代之，仅签姓或名，较画押慎重，足见票据上之签名，不限于签全名，如仅签姓或名者，亦生签名之效力。至于所签之姓或名，是否确系该人所签，发生争执者，应属举证责任

---

[1] UCC §3-401(2)："A signature is made by use of any name, including any trade or assumed name, or by any word or mark used in lieu of a written signature." 陈良玉中译为：票据上之签名得用全姓名为之，包括商业或职位名称，亦得用任何文字或符号代替书写之签名。参看《美国统一商法典·商用票据篇》，陈良玉译，台湾银行编印，页19。"Assumed name"翻译为"职位名称"，或可商榷。

[2] 1975台上字1421号判决：本名朱红虾，不因签章俗名朱碧珠而免责。并请参看姚嘉文：《票据法专题研究》，1979版，著者自印，页69。

[3] 1976台上字5号判决：福轮公司法定代理人谢智通，误写为福伦公司谢志通，"不因其错写字异音同之伦志二字于中，而得免责"；并请参看林咏荣：《商事法新诠》下册，1974增订六版，著者自印，页44。

[4] 同上书，页69。

[5] 参看我国台湾地区《"最高法院"民刑事庭会议决议暨全文汇编（上册）》，页180、719。

问题;此与签全名,而就其真正与否发生争执者,并无差异。

决议采乙说(肯定说),和前述美、日、德的见解趋于一致。对于这样的观点,1982 年度台上字第 4416 号判决,再一次加以阐明[1]:

> 签名云者,于文书亲署姓名,以为凭信之谓。虽关于支票上之签名,因法律上并未规定必须签其全名;是故,仅签其姓或名,即生签名之效力。且所签之姓名,不以本名为必要,签其字或号,或雅号、艺名,均无不可。但除以盖章代之者外,要必以文字书写,且能辨别足以表示为某特定人之姓名者,始足当之。

(五)渐渐消失了的名和姓

"要必以文字书写,且能辨别足以表示为某特定人之姓名者",才叫签名。那么,什么叫"文字"? 如何"书写"? 由谁来"辨别"? 引申而来的,至少有两个问题:

签名和画押的差异在那里?"密码"、电子签章是不是签名?

姓名只是一种辨识符号,那么"签名"的辨识究竟是主观的(我知道我在签写名字),还是客观的(别人也可以认识你签写的名字);是普遍的(一般人都可以辨识),还是特定的(基于特约,只有特定人才能辨识);需要不需要特殊的仪器或者专家才能判别、辨认?

签名和画押的差异只在一线之间(如下图[左]:国父遗嘱正本上孔祥熙的签名,[箭头指示者],对照同一人在救国公债上的签名[右],是画押还是签名?);未必如《票据法》修正理由说得那样画押为"旧时代替签名之方式"。画押,其实是古今中外都有的制度;关键是我们要用什么样的态度来对待——尤其在票据法,票据最要强调的是"交易安全";票据行为的解释永远偏向"有效解释"。

图 1　孔祥熙的签名

---

[1] 参看我国台湾地区《"最高法院"民刑事裁判选辑》3 卷 4 期,页 5。

签名和姓名关系的模糊化，不限于画押；高科技的开发，电子化时代的来临，"文书"和"签名"的概念，突破了传统知觉的支配和限制，迈向另一度崭新的空间。

美国在2000年6月16日率先通过了电子签章法之后，德国在次年的2月15日随之通过，而我国台湾地区"立法院"在同年（2001年）的10月31日也三读通过了《电子签章法》[1]；2004年8月28日《中华人民共和国电子签名法》也通过。随着网络化时代的来临，电子签章法被视为赋予网络社会合法化的利器，随着法律的通过，将有助于民间凭证机构提供网络银行、网络证券及其他电子交易等相关认证服务，建立电子交易法制环境，促进数字经济活动及行政服务，使电子商务能尽速与国际接轨。

依法令规定应以书面为之者，今后将可用电子文件取代；依法令规定须签名或盖章的，也可用电子签章取代。电子签章可以比拟为传统之签名或盖章，当签署者在档上签章后，表示其本人同意档的内容，且将留下可供鉴别签署者身份的证据。

电子签章是以电子形式存在，依附在电子文件上，两者逻辑相关，可用以辨识电子文件签署者身份并表示签署者同意电子文件的内容。电子签章不限于一般非对称型密码技术制作的数字签章，这几年来，利用指纹、声纹、眼纹、DNA等鉴别身份的生物科技大幅发展，只要任何电子技术能符合确保数据完整性、鉴别使用者身份，以及防止事后否认（undeniable）等的安全需求，都可以作为电子签章。

电子签章法完成立法，为电子商务发展立下新的里程碑，网络运用将趋活络，网络时代正式来临；也同样地为电子票据建构了开发的基础。

其实早在电子签章法法案提出之前，非传统签名的问题已经因为自动提款机（ATM）的普及而浮出台面。ATM无法使用传统上的签章；但是，还是要有能够满足法律上"认证"要求，类似乎提款签章的法定手续和程序。

在这种客观情事的要求下，解决方案是以"密码"（pass word）作为身份的认证；或者说得更直接一点，以"密码"替代签名。"密码"应该不属于《民法》第3条所规定得为代签名的任何方式之一；它不是签名，不是盖章，当然也不是"以指印、十字或其他符号"代签名，因为《民法》第3条所规定的代签名方式，还要有两人的签名证明，如此只是把问题变得更复杂。

"密码"是不是合法的"签名"？问题还是回到了原点：什么是"签名"？签

---

[1] 关于电子签章法相关问题，请参看廖纬民："论述电子签章法草案"，载《律师杂志》第75期；张冀民："论电子签章法之'电子签章'"，载《月旦法学》第59期；黄茂荣："电子商务契约的一些法律问题"，载《万国法律》第110期；蔡宛宜："数字签章立法原则之研究"，台湾大学1998年度硕士论文；冯震宇：《网络法基本问题研究》，我国台湾新学林出版社1999年。

名的意义何在？

1992 年 9 月 8 日我国台湾地区"最高法院"第 11 次刑事庭会议[1]曾就提款卡冒领是否构成刑法上行使伪造私文书罪提出讨论：

> 某甲强劫取得某乙在行社或邮局设立存款账户而发给之提款卡（或称金融卡）后，持往行社或邮局冒领自动提（付）款机（或称柜员机）内之存款，除应牵连触犯强劫及诈欺取财两罪外，其将某乙提款卡擅自送入自动提（付）款机内，输入提款人设定之密码，按提款键及提领金额，使自动提（付）款机将款送出交付某甲之行为，是否应另成立刑法§216§220、§210 行使伪造准私文书罪之牵连犯？

经讨论有甲、乙两说：

> 甲说（肯定说）：以行社或邮局自动提（付）款机之提款卡领取存款，除须送入提款人（即存款人）之提款卡外，尚须输入存户向行社或邮局设定之密码，经自动提（付）款机计算机辨别无误后，再按提款键及所欲提领之金额，提（付）款机始将现钞连同提款记录及存款结余账单（即存户取款明细表）出交付提款人领取。此种提款方式，提（付）款机无异行社或邮局放款人员之手足，提款人既已输入密码及提款金额而由计算机留存纪录以为提款凭证，依习惯系表示提款用意之证明，自属刑法第二百二十条以文书论之私文书。某甲既以强劫方法取得提款卡而冒用提款人之提款卡名义提领存款，自足以生损害于提款卡之所有人，除牵连触犯强劫及诈欺取财两罪外，应另牵连触犯刑法§216、§220、§210 行使伪造准私文书罪名。

> 乙说（否定说）：在自动提（付）款机（计算机）键盘上打密码之数字及领取金额之数字，仅系对计算机之一种指令，使已设定之程序，依其指令之指示为一定之操作，故打密码数字及领取金额数字之行为，不能认系伪造以文书论之私文书，而提款记录及存款结余账单（即存户取款明细表）系付款人所制作，供提款人对账之用，某甲且无制作该单据之意思。某甲之行为，尚难绳以§216、§220、§210 之行使伪造准私文书罪名。

决议原则上似采乙说，唯有相当程度的调整。决议认为：

> 电磁纪录物系在永续状态中，记载于磁带、磁盘等物体上之意思或观念，虽其系以无形之正负磁气存在于其上，即由程序语言之此种计算机特有之符号予以表示，但由重现装置予以印出时，既可藉其处理之机械作为文书而再生，故非不可视之为刑法所保护之文书。

---

[1] 参看我国台湾地区《"司法院"公报》第 35 卷 1 期，页 60。

自动付款机系计算机之一种，其伪造、变造自动付款机软件所储存之信息、数据、程序，或取款卡上磁线部分所载之资料等，固应成立文书伪造、变造罪；而其以他人之提款卡持向自动付款机冒领款项者，因该付款机系该机构办理付款业务人员之替代，对其所施用之诈术，应视同对自然人所为，自应成立刑法上之诈欺罪。

至其为冒领所按上之"密码"数字，目的乃使计算机辨识其与原先所设定者是否相符，并以此判定其是否确系有权使用该提款卡之人，而接受其后续之指令，该"密码"并未在磁带、磁盘上储存（记载），亦非对已有之程序或信息、数据予以变更（窜改或涂去），而仅具有辨识之作用，虽其不无表示一定用意之证明，但仍不合乎"永续状态中记载一定意思或观念"之刑法文书概念，自不能认系文书。又其虽亦不无表示"人格同一性"之功能，但其既仅为瞬间之辨识，并不存在于一定物体上，究不能与印章、印文、署押同视。

再其于自动付款机所按上之"提款数字"，则是一种付款操作之指令，即命软件程序依此就其所控制之自动付款系统为一定之处理，并付出与该数字相同之现款。所为既非输入虚伪之数据，亦非变更原先储存之纪录，当亦不生伪造、变造文书之问题。

至其因自动记账系统之运作，经为自动记账之结果，而使原先储存之数据，内容上有所变更，并据之输出提款记录及结余账单，此则系自动付款系统及自动记账系统处理后，致其有关之存款数字前后有所不同而已，并非对程序或原先储存之信息、数据，为使其有所更易，而直接予以输入其他之信息、数据，俾变更其内容。此正如存折之提款，经计算后，其在"内账"及"存折"上为一定之记载然，非特为付款人（金融单位）自行所记载，以为账簿凭证及使存款人得为核对之用；且提款人主观上亦无制作此等文书之意思，客观上尤无制作之行为，其冒领者，虽不无使人为业务上登载不实之情事，然此一行为，刑法既无处罚之明文，自亦不为罪。

请特别注意前面所引讨论的决议，认为签章应具备两项要件：人格同一性符号；以持续相当之时间而存在于一定物体上。

讨论的决议认为密码"仅为瞬间之辨识，并不存在于一定物体上"所以不能和印章、印文、签署同视。随着现代科技的发展，"密码"其实已经能够符合确保数据完整性、鉴别使用者身份，以及防止事后否认（undeniable）的安全需求；它是可以记录的；这些纪录可以保存，可以事后核对，换句话说，是可以"持续相当时间（可以自由订定保存期限），存在于一定物体上"的。技术上，应该是和"签章"一样（甚至更超过），具有"认证"的效果。这样的效果，法律上应该没有理由加以否定。

好在这样的问题,随着台湾地区1997年《刑法》第220条[1]的修正和2001年《电子签章法》的通过,都将一一获得解决[2]。随着电子签章或者"密码"的普遍使用,"姓名"总算可以和传统宗祧观念下的姓名正式脱钩;从此渐渐消失了姓和名,剩下的也许只是一组信号,一串数字,一篮数据,一种"人格同一性"的"符号"。

### 三、签的问题

**(一) 亲自签名不必亲自?**

台湾地区的《民法》第3条规定:"依法律之规定,有使用文字之必要者,得不由本人自写,但必须亲自签名。"其立法理由如下:

> 谨按文字者,所以证明法律行为之成立,或权利义务之存在也。依法律之规定,有使用文字之必要者,即法律上规定某种法律行为,须以订立书面为必要也。此种书面,原则上应由本人自写,方符法定程序,然教育尚未并及,不能自为文字之人殊居多数,故其例外,而许其使他人代写。但为慎重计,在他人代写之后,仍为由本人亲自签名耳。

> 第一项所谓签名,即自己书写姓名之谓,经自己书写姓名,即不盖章,亦能发生效力,若由他人代写,于其姓名下加盖印章,以代签名(第二项),其效力亦与自己签名无异。

> 第三项所谓代签名者,或用指印,或用十字,或用其他符号,均无不可。唯此种方法不似亲自签名之正确故必须经二签名证明,始与亲自签名生同等之效力。

从法条用语和立法理由观察,签名就是"自己书写姓名"的意思;必须亲自书写,应该事属当然、不在话下。签名如果不是"自己书写姓名",而是由他人

---

[1] 第220条的修正理由是:一、纸上或物品上之图画或照相,虽非文书,亦复不少,其与公共信用关系密切,爰增订"图画"、"照相"以文书论之规定,以处罚其伪造、变造之行为。二、近代社会对于录音、录像、计算机之使用,日趋普遍,并渐用以取代文书之制作,如有伪造、变造行为,有加以处罚之必要,特增列第二项,将"录音"、"录像"、"电磁纪录"亦视为文书之规定,已应实际需要,另参酌日本刑法第七条之二之立法例,增列第三项有关"电磁纪录"之界定。三、又本条所指文字、符号、图画、照相、录音、录像或电磁纪录之使用,在社会上已日趋普遍,其重要性不亚于一般文书。参见本法第134条之立法例,将本法原规定"关于本章之罪",修正为"关于本章及本章以外各罪",以期扩及本法有关文书之规定,以应需要。

[2] 我国台湾地区"法务部"1982年度台上字第3641号,参看《法务部公报》第214期,页141。法律问题:邮件内遭虚伪标示之姓名,是否为署押?甲说:电子邮件并非一般信件,无从签名,且C之姓名亦系以正负磁气方式储存传送,与文件之内容无异,并非署押。乙说:署押系指署名画押或签押,其方式本不限于签名一种,即令画十字亦非不可,苟该C之姓名系表示该电子邮件由C所制作之意,即为署押。本署研讨意见:采乙说。台高检署研究意见:多数采乙说(即署押说)。"法务部"检察司研究意见:同意讨论意见结论以乙说为当。

代为书写姓名,立法理由里面其实已经说得极为清楚,也提供了替代方案。

签名不能代签(代行)的理由可以归纳成三点:签名为事实行为,事实行为不能代理;代签本人的姓名,无从辨认授权关系的存在;代签本人的姓名,无从认证签名的真正。

签名是否是事实行为？能否和代理的观念兼容？什么是"事实行为"？事实行为乃是基于事实的状态或经过,法律上因其所生的结果,而赋予法律上效果的行为,如先占、加工、遗失物拾得、埋藏物发现、住所的设定和废止。签名旨在表明法律行为由签名人做成的事实,用以辨识行为是否为真正的证明;所以说:签名是事实行为。

司法实务对于签名能否代理的问题,似乎别有考虑。我国台湾地区1991年度台上字第1426号判决[1]认为:"票据行为亦为法律行为之一种,民法上有关代理之法条亦适用之,票据上之签名亦系意思表示,自可由代理人为之",即签名是意思表示,可以代理,不必亲自。

1996年度台上字第407号[2]判决:"代理人任意记明本人之姓名盖其印章,而成为本人名义之票据行为者,所在多有,此种行为只需有代理权即不能不认为代理之有效形式;又经理人有为商号管理事务及为其签名之权利,而签名得以盖章代之,故经理人自书商号名称并自刻商号印章使用者,当然属于有效之行为。"

我国台湾地区"最高法院"1981年度第13次民事庭会议决议(二)[3]曾讨论:票据背面仅盖商号印章,未由商号负责人签名或盖章,能否认已发生背书效力？1986年类似的问题再被提出[4]:以公司法人为发票人之票据,仅盖公司印章,而未经公司负责人签章,其效力如何？有甲、乙两种不同见解:

> 甲说(否定说):公司法人之法律行为,须由其代表人为之,故公司为票据行为时,应由其代表人签章并表彰为公司之代表人,若仅盖公司印章,而无其代表人之签名或盖章,无从识别是否为公司代表人所为,不足以表示其行为有效,应认其票据欠缺要式行为而无效。

> 乙说(肯定说):商号名称(不问商号是否法人组织)既足以表彰营业之主体,则在票据背面加盖商号印章者,即足生背书之效力,殊不以另经商号负责人签名盖章为必要。除商号能证明该印章系出于伪刻或盗用者外,要不能遽认未经商号负责人签名或盖章之背书为无效("最高法院"1981年5月19日第三次民事庭会议)。发票与背书均为票据行为,未经商号负

---

[1] 参见我国台湾地区:《"最高法院"民事裁判书汇编》第4期,页680—684。
[2] 同上注,页322—326。
[3] 同上注,页180、189、838。
[4] 参看我国台湾地区"司法院":《民事法律问题研究汇编》第5辑,司法周刊社出版,页131。

责人签章之背书,既生背书之效力,则同一情形之发票行为,自亦无否认其效力之理由。

研究结论采乙说(肯定说)。

如果把前引 1996 年的判决,和两次的法律问题讨论的决议对照、归纳整理,似乎可以得到一项结论:"商号的经理人,只要写明商号的名称,盖上自刻的商号印章(刻有商号名称的印章),纵使该经理人并未亲自签名(自己的名字)或盖章(刻有自己姓名的印章),乃属合法有效的签名。"

如果把前述结论类推到自然人签名的情形,是不是也可以整理出如下的观点:"代理人书写本人姓名,代为签名者,发生签名的效力。"

学者有将此种"直接签本人之名"的情形,称为"签名之代理";虽然认为签名是事实行为,但也不妨便宜使用"代理签名"一词[1];并认为:"他人之代行签名,如依笔迹得辨别何人代行签名,且该签名人有此权限时,实无否认本人责任之必要。"[2]

(二) 书写不是唯一的方式

签名是自己亲自书写自己的姓名;这里所谓的"书写",是不是每一次、每一回都得自己亲自动手,一再重复。把"签名"刻制成固定形式,以机械的方法或现代科技,加以重复使用将如何? 这里实际上涵盖了两个问题:(1) 签名的复制:亲自所签的名,运用复制方式一再使用;(2) 盖章:将姓名刻制成印章,可以重复使用。

盖章的问题,留待下文讨论;这里我们先谈签名的复制。

1986 年台湾地区银行公会曾就"公司签发支票,盖的是董事长的橡皮签名章,而不是一般使用的印章,是不是有效的签名?"有所解释[3]:认为一般银行对公司签发支票以盖某某公司董事长某某之橡皮签名章(正式条戳)代替图章,是否认其完成发票行为? 因为支票存款之付款银行,是处于"受托付款人"的地位,所以在付款时,只要注意支票上的签章,是不是和发票人原留存于印鉴卡上的签章相符即可。

至于银行的印鉴卡上所留存的印鉴,可不可以用橡皮的签名章? 银行实务上的处理则颇富趣味:

……印章之形式及质料,法无明文规定,何者始称有效或无效,似属经办人之常识判断问题。例如:橡皮印章,因盖章时用力之轻重,即足以影响

---

[1] 姚嘉文:《票据法专题研究·票据签名论》,1979 版,著者自印,页 72—74。

[2] 陈世荣:《有关退票问题之研究》,我国台湾地区合作金库研究室编印,页 105;"票据上之签名与盖章",载《台湾合作金融》7 卷第 1 期。

[3] 我国台湾地区银行公会 1986 年 5 月 9 日全会业(二)字第 1012 号函,《金融业务法规辑要·下册》,页 1015。

印模之不同,且其使用寿命亦较其他材料之印章为短,故不能作为印鉴使用。如以之背书,因银行对背书印章之真伪不负认定之责,自可认为有效。[1]

银行实务上的处理非常清楚也颇为合理:签名章可以用为印鉴;但是橡皮签名章则不可。橡皮签名章可用于背书;但不可用于发票。

问题是:总是有人要用橡皮的签名章来发票,结果将如何?银行肯定会退票,退票固然解决了银行的问题,但是持票人的权益如何保护?问题又回到了原点:盖印橡皮的签名章(不涉及伪造、盗用等非真正签章的问题;也不涉及真伪的辨识、鉴定问题),是不是合法有效的发票签章?

我国台湾地区"财政部"在1991年,也曾就银行可否接受存户以连续签名机器的签名,作为支票存款户的印鉴?以1980年7月30日法务部的意见[2]为依据,函复银行公会[3],认为:

> 印章并无一定之形式,以机器印录方式(facsimile)签章,其印版自属印章之一种。又印章委由他人代盖,并无不可,故以连续签名机器方式签章,与亲自签章同具法律上之效力。在实务处理上,付款银行仅注意核对支票上之签章与发票人原留存之印鉴相符即可。

台湾的"法务部"更于1983年5月16日发函[4],依同一意旨,认为:

> 印章并无一定之形式,签名章或以机械印制方法签章之印版,均属印章之一种,至于其印文系采铅字体抑或其他字体,意义并无不同,又委由他人代盖印章,依法并无不可。故股份有限公司股票上记载董事签名等情形,其系委由他人加盖铅字体之签名章或以机械排印铅字方式签章者,与本人亲自签章,在法律上具有相同之效力。

随着科技水平的提升,新的复制方法不断地出现,1999年"法务部"院应"财政部"询问,把问题扩及发票人以计算机扫描仪将发票签章存录至个人计算机,再以彩色喷墨式打印机或激光打印机打印,是否可视为发票人之签章?

> 按我国台湾地区"民法"第3条第1项、第2项规定:"依法律之规定,有使用文字之必要者,得不由本人自写,但必须亲自签名。""如有用印章

---

[1] 参看台北市银行公会1964年12月7日银业字363号函。
[2] 参看我国台湾地区"法务部"1980年法律字第1098号;《法务部行政解释汇编》(第一册),页55。
[3] 参看我国台湾地区"财政部"1991年9月10日台财融字第801620981号函;《金融业务参考数据》1991年11月号,页17。
[4] 参看我国台湾地区"法务部"1983年5月16日(72)法律字第5721号函;《法务部行政解释汇编》(第一册),页56。

代签名者,其盖章与签名生同等之效力。"又"票据法"第6条规定:"票据上之签名,得以盖章代之。"所谓"签名",系指于文书亲署姓名,以为凭信之谓("最高法院"1982年台上字第4416号裁判要旨参照);且其除包括自己签名外,尚包括使用签名章及以机械方法大量签名于契约文书或有价证券等情形在内。

……发票人本人将亲署之签名或亲盖之印章,以计算机扫描仪将发票签章存录至个人计算机,再以彩色喷墨式打印机或激光打印机打印出来之签名或印文,可否认属"民法"第3条所定签章之一种,宜请贵部参酌前开说明自行认定。

综前所述,签名除了不必亲自书写之外,连书写这一道手续都可以免了;签名的方式,除了亲自签名和代行(代笔签名)之外,竟然可以将自己的签名(第一次签名,还是要自己亲自签)。用下列的方法无限复制,以因应现代人大量签名的需要:签名章盖印;机械排印;打印机打印。

图2 机器签名

### (三) 盖章的问题

本人不能签名(不会写字或者不能到场),盖章其实是最好的代替方式。依照"票据法"第6条规定,盖章也是唯一可以替代签名的法定方式。签名是原则,盖章是例外;但是实务上,因为签名鉴定的技术要求较高,反而是盖章是原则,签名反而是例外了。盖章替代签名的情形极为普遍,从而相关的问题水涨船高、也就浮现得特别多了。

盖章是签名的替代,当签名可以以偏概全,只签姓或名;也可以使用非本名的其他名称的时候;盖章,是不是还是采取同样的观点?我国台湾地区"内政部"作为《姓名条例》的主管机关,站在户政的立场,还是有所坚持[1]:

> 查印章之使用,乃签署本名之另一方式,其代替签名之效用,在证明法律行为系由于其本人所作成,现行法令对印章之文字虽无明文规定,唯在习惯上印章之文字,多为本名之全部,若其印鉴仅为姓名之部分,或为其他代用名称,参照姓名条例有关姓名使用之规定,及台湾省人民印鉴登记办法有关印鉴登记之规定,均欠妥适,自不应发生前项证明之效力。

"内政部"虽能始终如一,忠于《姓名条例》的规定,强调绝不能以偏概全;司法实务上则还是一以贯之,并不妥协。1980年"法务部"援引"最高法院"1975年度第5次民庭庭推总会议决议,再次强调[2]:"所谓盖章,法律上并未规定其印章应包括姓名之全部,如所盖印章虽未包括姓名之全部,但能证明确系出于本人之意思表示者,当亦生盖章之效力。"

盖章和签名的差异,在于签名要亲自书写自己的姓名(可以复制,但是至少第一次签名还是要自己亲签)。盖章,则连第一次的亲签也都免了。

印章内的文字,也许不一定要用本名、全名,甚至于化名(假名)、艺名都行;但是总得是个名字才成。印章的印文不是名字,而是职称,效力如何?

职称章能否为有效的签章?1992年我国台湾地区"司法院"[3]曾就此一问题提出讨论,问题的发生在于《民事诉讼法》第117条有关签名及盖章的规定:公、私法人其起诉或声请裁定与强制执行的书状,不盖用法定代理人(即代表人)名章而盖用无姓名之职称章,其书状程序是否合法?有甲、乙、丙三说:

> 甲说:(肯定说)公、私法人其起诉或声请,只要书状盖用其法人用印及职章,于法即生效力(参阅台湾高等法院1988年度抗字第816号裁定)。

> 乙说:(否定说)依民事诉讼法第117条或非讼事件法第14条第2项、强制执行法第44条准用民事诉讼法第117条规定,代理人除有不能签名之事由外应于书状签名,惟鉴于一般法人、政府机关团体之代表人,无暇亲自签名,类推适用民法第三条第二项结果,实务上向许以用印章代签名,惟

---

[1] 参看台湾地区"内政部"(1958)台内户字第13916号函;《内政法令解释汇编(户政类)》(1995年9月版),页2228。

[2] 参看台湾地区"法务部"(1980)台函民字第5269号函。

[3] 参看台湾地区1992厅民一字第345号函;"司法院":《民事法律问题研究汇编》第8辑,页432—435。

法文称盖章,通说指盖用自己之章而言,仅盖用职章,因无法定代理人姓名,不能认为合法(台湾桃园地方法院1988年8月5日1988年度民执字第625号裁定、台湾高等法院1990年度家抗字第1号裁定采否定说)。

丙说:(折中说)对公法人、公营机构,依实务惯例采甲说,对私法人团体则采乙说。

审查意见:采甲说。研讨结果:照审查意见通过。

"司法院"民事厅研究意见:(采乙说)公私法人提出之当事人书状,依"民事诉讼法"第117条第1项之规定,其代表人除不能签名者外,应于书状内签名。实务上鉴于代表人多无暇亲自签名,向来均从宽解释,类推适用"民法"第3条第2项规定,许代表人以印章代签名。所谓印章,系指刻有姓名之图章或印文而言,仅有职称而无姓名之职称章应不属之。故书状如仅盖法人印及代表人职称章,尚难认为合法,本题应以乙说为当……"[1]

所谓印章,就自然人而言,是指刻有姓名之图章或印文;就法人或非法人的团体而言,似乎应该是刻有法人名称的图章或印文。如果以公司的注册商标代替公司的名称为票据的签章,则如何:"财政部"的回答是否定的:

依"票据法"第125条第1项规定:支票应由发票人签名,所谓签名,自系指签署自然人之姓名或法人之名称,或非法人之商号等而言。是以公司之签名,应以法人名义行之,如以注册商标替代公司法人签名,执票人及第三人将无从识别孰为发票人。[2]

## 四、结语

前面所谈的林林总总,用的材料所以偏重于台湾地区的法律,只是因为这些材料比较就近,取得方便。相关的基本的思路和规范应该是一般性的,没有甚么特定时间或空间上的要求。

不过,法律永远是为人服务的,是解决人和人之间共同和谐生活的规范。法律的理论架构必需考虑到它的实用性。一谈到实用、适用,就必然和时空发生了关联。

把时间、空间拉回到了现在、中国内地,前面所谈论的林林总总,似乎已经没有什么实用上的价值,因为《中华人民共和国的票据法》和相关的配套,似乎都已一言九鼎、一锤定论,所有的问题几乎都解决了。

---

[1] 国际通例似采甲说,美国统一商法之规定 UCC §3-401(2),可供参考。
[2] 参看台湾地区"财政部"1979台财钱字第19400号函参照;《金融业务法规辑要(下册)》,页1015。

中国大陆《票据法》及相关配套,就个人(自然人)在票据上的签名,约可概略归纳为如以下几点:

票据上的签名,可以签名或盖章,也可以签名加盖章(《票据法》第7条第1项);

签名或盖章,均以本名为限(《票据法》第7条第3项;《支付结算办法》11条);

本名是指符合法律、行政法规以及国家有关规定身份证件上的姓名(《票据管理实施办法》第16条);

出票人的签章,限于"在银行预留签章一致的签名或盖章"(《票据管理办法》第15条后段;《最高人民法院关于审理票据纠纷案件若干问题的决定》第41条1项4款);

票据上签章,应使用红色印泥;并不得使用原子章(万次印章)作为预留银行的签章(《中国人民银行关于执行〈支付结算办法〉有关问题通知》:1997年7月4日银会计(1997)55号);

票据上的签名,不符合票据法或票据管理实施办法规定者,其签章无效(《最高人民法院关于审理票据纠纷案件若干问题的决定》第46条)[1];

出票人在票据上的签章不合票据法、票据管理实施办法和支付结算办法规定的,票据无效;其他签名人(承兑人、保证人、背书人)签章不符规定的,签章无效[2](《票据管理办法》第17条;《交付结算办法》第24条)。

票据上的签名,必须符合"在银行预留签章一致的签名或盖章"。签名不符规定的,重者,票据无效;轻者,签名无效。这样的规定,对于在票据上签名的人(票据债务人),可算是极尽保护之能事,放眼全球,绝无仅有。[3] 但是——天下没有白吃的午餐,如此这般的安排,牺牲的可能是交易安全;而交易安全正

---

〔1〕 这儿有一点小问题,《最高人民法院关于审理票据纠纷案件若干问题的决定》第41条规定:"票据出票人在票据上签章不符合票据法以及以下规定的,该签章不具有票据法上效力:……(四)……出票人为个人的,为与该个人在银行预留签章一致的签名或者盖章。"法律效果是"不具有票据法上效力,(但不排斥其他法律上可能发生的效力);而同《决定》第46条却径自规定为"签章无效;(不发生票据法上签章效力,也不发生其他法律上签章效力)。它似同实异,值得进一步思考。

〔2〕 "签章无效"与"票据无效"的法律效果有重大差异,唯2000年《最高人民法院关于审理票据纠纷案件若干问题的决定》第66条规定:"具有下列情形之一的票据,未经背书转让的,票据债务人不承担票据责任;已经背书转让的,票据无效不影响其他真实签章的效力:(一)出票人签章不真实的;(二)出票人为无民事行为能力人的;(三)出票人为限制民事行为能力人的。""票据无效"一词或为"签章无效"之误。

〔3〕 这和日内瓦支票法第3条但书的规定,形成极为明显的对比。美国统一商法UCC §3-401 规定:"签名:……2,票据上之签名得用任何姓名为之,包括商业或职依名称,亦得用任何文字或符号以代替书写之签名"(A signature is made by use of any name, including any trade or assumed name, or by any word or mark used in lieu of a written signature)可对照参考。

是商事立法的根本所在,取舍得失,值得进一步深思。

**附**:本文对中国内地法制的主要参考资料(其余详附注):

1. 法律及其配套规定编写组编:《票据法及其配套规定》,中国法制出版 2001 年。
2. 黄赤东主编:《票据法及配套规定新释新解》,人民法院出版 2001 年。
3. 马原主编:《票据法分解适用集成》,人民法院出版社 2001 年。

(初审编辑:夏小雄　缪因知)

# 先天理性的法概念抑或刑法功能主义
## ——雅各布斯"规范论"初探兼与林立先生商榷[*]

张 超[**]

## The Law Concept Grounded on Transcendental Reason or Criminal Law Functionalism: Preliminary Analysis of Jacobs's Theory of Norm and Dispute with Mr. Lin Li

*Zhang Chao*

## 一、引言

自德国波恩大学刑法学暨法哲学教授雅各布斯提出与"市民刑法"相对立的"敌人刑法"以来,一时成为众矢之的,引起了许多争论与批判。"敌人刑法"的核心主张是:把持续性地、原则性地威胁或破坏社会秩序的犯罪人不当作法

---

[*] 感谢初审评稿人和复审评稿人对拙文提出的宝贵意见,然文责自负。
[**] 山东工商学院法学院讲师,电子邮箱:binhechao@yahoo.com.cn。

秩序下的市民来对待,而是应把他当作仇敌进行战争。[1] 就自由法治国的基本原则而言,"敌人刑法"的命题显然走得太远,排除犯罪人的人格身份或人性尊严的做法必将危及人权。

面对这样一个令人震惊的"敌人刑法",中国台湾地区的著名学者林立先生亦著文发表了自己的见解。在"分析与批判"一文中,林先生不满足浮于表面的简单批评,而是追根溯源深入到该学说的理论脉络,对雅各布斯教授的刑法法哲学之根本立场——"规范论"展开探究。[2] 整篇文章的运思周全而深刻。然而,在该文最关键之处,即对规范论的反省上笔者认为林先生的观点值得商榷。他认为雅各布斯一贯秉持的规范论归属于康德法哲学的思想渊源,进而把康德先天理性的法概念作为文章检讨的主要对象。对此,笔者不以为然。正如德国当代法学家诺依曼所言,雅各布斯的观点"一方面与黑格尔的刑罚哲学相联系,另一方面与卢曼的法社会学分析相联系,提出国家刑罚的任务是稳定社会规范"。[3] 在雅各布斯本人的著述里,我们更多看到的是其基于整体秩序观和社会系统论的立场对康德先天理性法概念的异议。1995年5月在德国罗斯托克大学举办的全德刑事法教授会议上,雅各布斯教授曾作了以《处在功能主义和"古典欧洲"原则思想之间的刑法》为题的大会报告,开篇就指出:

> 刑法的功能主义在此指的是这样一种理论,即刑法要达到的效果是对规范同一性的保障、对宪法和社会的保障。这里所言的社会与——继笛卡尔之后——从霍布斯至康德的以个人的意识为基点的哲学中所指的社会不同,不是由缔结契约、产生绝对命令或者类似东西的主体所组成的系统……[4]

这里,再清楚不过的表明雅各布斯不是康德哲学的信徒,康德的绝对命令或先天理性信念绝不是其理论建构基点;他的规范论毋宁展现了一种刑法功能主义[5],强调的是刑法对规范同一性的保障,即维护社会规范性理解的功能。

---

[1] 关于"敌人刑法"概念的详细说明请参见京特·雅各布斯:"市民刑法与敌人刑法",徐育安译,载许玉秀主编:《刑事法之基础与界限——洪福增教授纪念专辑》,台湾学林文化事业有限公司2003年。

[2] 参见林立:"Jakobs'仇敌刑法'之概念反省刑法'规范论'传统对于抵抗国家暴力问题的局限性——对一种导源于 Kant'法'概念先天性信念之思想的分析与批判", http://www.china-legaltheory.com/homepage/Article_Show.asp?ArticleID=1225。下文简称文题为"分析与批判"。

[3] 乌尔弗瑞德·诺依曼:《国家刑罚的法哲学问题》,冯军译,载郑永流主编:《法哲学与法社会学论丛》第3卷,中国政法大学出版社2003年,页28。

[4] 京特·雅各布斯:《行为 责任 刑法——机能性描述》,冯军译,中国政法大学出版社1997年,页101。

[5] 刑法功能主义对应的是德文 Strafrechtlicher Funktionalismus。日文常翻译为"刑法机能主义",这也未尝不可。在有关的中文文献里,功能、机能甚至效能都曾出现。本文主要使用"功能"的中文翻译,但功能、机能以及效能意涵完全一致,没有区分。

显然,"分析与批判"一文设错了靶子。因此,纵然该文对康德先天理性法概念的批判精辟入理,但对雅各布斯的规范论来说却无关痛痒并且误导了我们的认识。基于以上初步看法,笔者不揣学浅,试图对雅各布斯的规范论重新加以理解:一方面,揭示雅各布斯对康德先天理性法概念的拒斥;另一方面诠释雅各布斯的刑法功能主义思想。希望借此展开理性的学术对话,不断深化我们对规范论内涵与走向的思考。[1]

## 二、规范论与存在论之法哲学对峙

雅各布斯被公认为属于规范论的法哲学理论阵营。在刑法哲学领域,雅各布斯"不但高举规范论的大旗,甚至从20世纪50年代末期至今缔造了一个规范论的世界风潮"。[2] 因此,在具体分析与界定"雅各布斯的规范论"之前,形成一种对规范论的"先前理解"或"前见"是必要且不可避免的。这当然涉及由来已久的规范论(Normativismus)与存在论(Ontologismus)之法哲学对峙。

一直以来,探寻规范的内容乃人类的夙愿。近代的自然法理论乐观的希求从人类经验的自然中,自逻辑的观点,导出人类的自然权利。这样的自然权利具有绝对性,即它是绝对、普遍且超历史的。很容易看出,这里遵循的是从"实然"推出"应然"、从"存在"推出"规范"、或从"是什么"推出"应该是什么"的"一元方法论"。存在与规范并无矛盾,而是一个和谐的体系,实然包含着价值和应然层面——存在论的核心主张即在于此。正如考夫曼所言:"唯有从本性上,把法理解成一种外在于我们的思维和意志的既存之物,唯有不否认法的存在属性,才可能有真正的自然法学说。"[3]

然而,大卫·休谟针砭时弊的"怀疑论"把知识之锚定在事实(经验)领域,规范判断被赶出了知识的范围。事实与规范分属不同的领域,二者之间不能互相推导,只有事实领域才涉及知识的问题。在休谟命题下,自然法学说显然是混淆了知识的界限,从而不具科学性。奥斯丁的"法律命令论"是休谟理论在法学上的代表。在奥斯丁那里,法学的认识对象必须限定在可为感官感知的事实领域,因而其加以分析的是"主权者"、"命令"、"习惯性服从"这样的实在概念。

---

[1] 笔者写作的直接动机来自于对林立先生把雅各布斯"规范论"与康德"先天理性法概念"直观对接的质疑,因此本文的脉络安排重在与上述观点对话,深层意旨是要尝试对雅各布斯"规范论"正本清源。至于雅各布斯的"敌人刑法"命题并不在本文的讨论范围之内。

[2] 台湾许玉秀大法官甚至还认为,"几乎单独为规范论奋战不懈的只有雅各布斯一人"。许玉秀:《当代刑法思潮》,中国民主法制出版社2005年,页9—10。

[3] 阿图尔·考夫曼、温弗里德·哈斯默尔主编:《当代法哲学和法律理论导论》,郑永流译,法律出版社2002年,页15。

这样一来,规范性的命题在一定程度上被取消了。在规范领域难道要陷入绝对不可知论的深渊?紧随休谟的是康德,康德同样也承认"存在"与"规范"乃两个不同的领域,没有从"存在"通往"规范"的桥梁。康德的"纯粹理性"批判业已证明"经验"不可能是"纯粹的",即普适和精确的。这就是说,那种认为从人的"自然本性"(经验)中可以建构一个具有明确规范内容的自然法被驳倒了。面对休谟对规范问题的束之高阁的策略,康德的问题意识是要去拷问在存在与规范之间的幕墙竖立之后,有关规范的知识该如何获得。在此意义上,需要检讨的是我们认识规范问题之理性作用方式与界限。康德的答案是,先验给我们的仅是观察和思考的形式,单从形式的先天原理无法推出规范的内容。所以,在规范性内容方面,并没有先验的综合判断,并无明确的知识存在。不过,舍弃了规范的内容并不意味康德放过了规范的形式。这就是每个人心中的具有普遍性的道德律令,即康德式的自然法观念——绝对命令。它具有无内涵的本质,"它非常抽象,没有时间关联,超越具体场合的特定情状"。[1] 绝对命令实乃一个细致的思考程序,属于程序正义的一种。

规范和存在是两个无法沟通的体系,规范不能从客观现实的存在结构中形成,只能从规范当中形成。这就是由康德开启的"规范论"及其"方法二元论"的思维方式。康德之后,规范论得到了不同程度的发展。作为新康德学派的凯尔森,他的"纯粹法学"明确反对侧重心理学与社会学事实的法律经验论,也完全放弃了对价值与规范内涵的论述,即只以法律规范的逻辑结构为研究对象。在"方法二元论"的框架下,以论证理论与商谈伦理学为代表的程序正义论则接过了康德的程序性思维,希望从论证形式或对话程序来获得一规范内容。如哈贝马斯就是要用对话和共识来取代康德绝对命令中的个人独白,从而重建规范的普遍性。此外,还存在一种不甚严格意义上的"规范论",即规范没有向存在领域完全闭合。其典型代表分别为拉德布鲁赫与哈特。前者固然是"方法二元论"的信徒,但所建立的"拉德布鲁赫公式"却把"不法"的判准放在实证法违反正义的程度已达到"不可忍受"这样的实然面;后者的学说虽被通称为"规则说",但在规则体系中居核心地位的"承认规则"却具有经验的性质。

当然,存在论也并未停滞不前。第二次世界大战以后,在德国学界对纳粹极权统治反思的背景下,自然法复兴运动带回了存在论的思维模式:"法与存在"以及"事物的性质"的讨论为"存在"对"规范"的意义提供了较有说服力的阐释,形成了与规范论的对抗。前者是以具体的生存意义的存在诠释角度,后者则从事物的内在秩序、物之理性或目的思想来考察法的正当性,从而赋予规

---

[1] 考夫曼:《法律哲学》,刘幸义等译,法律出版社2004年,页253。

范以实质的内涵。[1] 著名刑法学者威尔哲尔则从现象学存在论的立场出发,坚持认为刑法学的研究对象是一个本体的存在。对他来说,所有的秩序和意义原本就存在于客观现实中,法律只是去描述一种有价值关系的现实,在生活秩序中可以导出法秩序、导出规范。[2]

以上是笔者对规范论与存在论两大对立派别理论轮廓的粗略描述。然而,同一理论谱系内部也总存在着若干差异与分歧。就规范论而言,其渊源虽然是来自于康德,但却呈现出纷呈复杂的走向。回到本文的研究主题,在规范论的脉络下,雅各布斯亦是对康德的修正式发展。批判"雅各布斯的规范论"不能用对"规范论"的总体批判来化约和代替,更不能换成对"康德的规范论"批判。本文重在指明的是雅各布斯并非一如康德,把规范认知看作是一个个人之理性能力问题,而是以共同体、社群、交往来引入规范意识;在此基础上,雅各布斯构建了规范论的功能主义面向,以现代功能论视角来对规范提供说明,从而提出了刑法功能主义的理论。由此,下文有必要转入对雅各布斯本人规范论的具体解读。

### 三、雅各布斯规范论的基础性说明

雅各布斯规范论的构建含有三个前提性基础概念——规范、人格体与社会。[3] 对这三个概念需要从两个方向加以说明:一是作互为条件的循环式陈述;二是比较各自的对应性概念。对前一点可作如下概括:社会是由人格体组成的,人格体是受共同体作用化的人,人格体以当为/自由为整序图式进行规范性交往,社会因而现实性的得以呈现。后一点则涉及规范论的理论预设:实存与规范的二元论——规范体系与事实的存在结构乃两个无法沟通的体系,从实然无法推出应然,反之亦然。依从实存与规范的严格区分,雅各布斯标举了"个体"与"人格体"两种对立的人类图像。见表1。

表 1

| 人类图像 | 诸个体 | 人格体 |
|---|---|---|
| 整序图式 | 快/不快 | 当为/自由 |
| 交往模式 | 认知性交往 | 规范性交往 |
| 存在形态 | 无限制的自己世界 | 社会 |

从表一可见,与人格体对应的诸个体是依感官活动的生物人,以快/不快的

---

[1] 参见舒国滢:"战后德国法哲学的发展路向",载《比较法研究》1995年第4期,页343。
[2] 参见许玉秀:《当代刑法思潮》,中国民主法制出版社2005年,页134—136。
[3] 人格体是冯军教授对德文"Person"一词的创造性翻译。Person表示具有规范地位的存在者,不同于自然意义上的人。为了体现出这种概念的区别,冯军教授把Person翻译成"人格体"。关于对于此词翻译的斟酌,参见京特·雅各布斯:《规范 人格体 社会——法哲学前思》,冯军译,法律出版社2001年,页89。

图式来支配行为,而这不过是一种认知性的交往,由此形成的不是社会而是无限制的自己世界。对这个"无限制的自己世界"雅各布斯曾作有如下描述:

> 如果个体中的一个享有足够的食物储备而另一个体在挨饿,那么,对另一个体来说涉及的是一个认知性问题:他应该如何获得这一个体实际上拥有的东西?如果这被证明是不可能的,那么,情形就同力图摘取果实而不得一样。不仅如此,如果这一个体事先从另一个体那里拿走他的捐献物,那么,这也是一个仅仅必须认知地加以处理的事情,就像因为山崩造成该捐献物被埋没一样。[1]

当然,人格体而非个体才是雅各布斯规范论中设置的人类图像。人类图像其实就是关于"人是什么"的观念。雅各布斯把人格体看做是具有规范地位的存在者从而否弃了自然意义上的生物人。此种实存与规范的截然两分可以解释为何雅各布斯的理论被公认为"规范论"而非"存在论"。人格体是不能由个体来定义的,实存无法推导出规范。因此,规范、人格体、社会才被雅各布斯作了互为前提的循环解释。不过,正是在此解释中,雅各布斯拒绝了康德的先天理性法概念。

在康德哲学中我们自是可以找到了实存与规范的二元对立。康德主张法的概念不可以源于经验世界,否则就不会有普遍必然性。所以法是先天存在的概念,每个人在意识中都认识到法律是无论如何应该被遵守的义务,这是任何有理性者都能意识到的。这里,康德的法概念似乎与雅各布斯刻画的"人格体"之人类图像相契无间。但如果就此推论雅各布斯承认了康德的"绝对命令"则显得武断,因为这只注意到了个体与人格体两个世界的划分而忽视了雅各布斯对规范、人格体、社会作出的内在性说明。所以,笔者认为有必要将进一步辨明与阐释雅各布斯规范论建构中的这三个基础性概念,以此显示他迥异于康德的"规范论"风格。

1. 有机性的社会概念

人格体绝非先于社会的概念,规范、人格体、社会三个概念互为条件、各为前提。细加审视,我们就会发现雅各布斯是在交往意义的背景下来逐渐引入规范世界的。孤单的个体是不可能具有规范意识的;两个个体也仍然会停留在自己的世界。只有当交往不断扩大且复杂化时,认知性的预测将不敷应对,规范性交往的人格体世界才变得可能。雅各布斯如是说,"一个唯一的人格体是一

---

[1] 京特·雅各布斯:《规范 人格体 社会——法哲学前思》,冯军译,法律出版社2001年,页11。

个自我矛盾;只有在一个社会中……才存在人格体。"[1]换句话说,人格体不仅是社会的前提,而且是社会的结果。如果说康德对先天理性概念的阐发仍是用原子论的观点看待人与社会的关系,那么雅各布斯设想的却是人与社会之间的有机主义关系。在主体与社会共同体何者更为本质的问题上,雅各布斯明确指出他是搭在从亚里士多德到黑格尔这条称为"古典欧洲"见解的发展脉搏上。[2]

雅各布斯对社会契约论的一贯反对态度也可证实上述判断。雅各布斯认为所谓的社会契约必然被要求产生规范性的约束力——或者是通过设置事实上的暴力来维系其效力或者是把缔约者作为拥有先天规范意识的理性生物来看待。这两种方法分别代表了霍布斯式与康德式的不同契约论模式。对于前者,雅各布斯的批判是不遗余力的:在霍布斯那里,实际上起规范作用的不是契约而是暴力,所以契约不过为相互一致的事实,约定的恒常性无法保障,这依然是一个认知性交往的世界;对于后者,雅各布斯也并没有放过,他说:"就像被孤立的诸个体的世界绝对地设定了其世界一样,共同的理性生物的世界的内在规定也没有对约束性做更多或更少的说示。"[3]雅各布斯之所以把矛头也指对准了康德,在于后者分享了契约论的基本逻辑方法:把社会分析到最简单、最基本的元素,即个人及其自由,再以此为基础通过普遍统一的契约建立一整套共同体秩序。可以说,在评价社会契约论这一关键点上,雅各布斯接受并延续了黑格尔对康德的批判。

2. 人格体的双重定义

雅各布斯赞同沃尔夫对人格体的定义。"在共同体中,人们应该力求使每个人不做任何与共同体的福利和安全相违背的事,和不停止做被认为对共同体有益的事。"[4]可见,人格体的定义蕴含着消极与积极两个面向。雅各布斯指出康德的法概念仅局限于前者,反映出"规范性纽带的稀薄化"[5]。康德从道德律令中引申出权利的普遍法则:"外在的要这样去行动:你的意志的自由行使,根据一条普遍法则,能够和所有其他人的自由并存。"[6]雅各布斯如此评价,"这具有一种消极的内容,即不损害另一个人,不扰乱另一个

---

[1] 京特·雅各布斯:《规范 人格体 社会——法哲学前思》,冯军译,法律出版社2001年,页30。

[2] 京特·雅各布斯:《行为 责任 刑法——机能性描述》,冯军译,中国政法大学出版社1997年,页113。

[3] 京特·雅各布斯:《规范 人格体 社会——法哲学前思》,冯军译,法律出版社2001年,页14。

[4] 同上注,页103—104。

[5] 同上注,页105。

[6] 康德:《法的形而上学原理》,沈叔平译,商务印书馆1997年,页41。

人;也就是说,这一个人和另一个人在基本原则上被设想为相互孤立的诸个体。他们的共同性局限于在其存续中不得互相扰乱。"[1] 而真正的人格体则必须被理解为作为一个共同体的组成部分以一种特定的方式而参与到这个世界之中。

那么,从哪里寻求对人格体的积极定义? 受黑格尔市民社会的经济关系结构的辩证法理论影响以及今天福利国家对工业营利社会克服的现实启发,雅各布斯的目光转向了经济领域,把经济作为群体联合的精神纽带(宗教与民族精神已皆难委以重任),"人格体是在群体中必须进行经济活动者,并且享有为进行经济活动所必需的各种权利"。[2] "谁属于生产和消费的共同体,谁就仍然是人格体,这始于一起行动的义务。"[3] 这里又一次表明,雅各布斯眼中的社会不是孤立的原子的集合,而是一个为了实现共同目的而存在的有机体。重要的不是人格体享有的"消极自由",而是社会全体成员充分自我实现的"积极自由"。显然,雅各布斯的思想更适合贴上社群主义而不是自由主义的标签。[4] 雅各布斯再一次偏离了康德。

3. 规范的作用在于降低沟通的风险

康德通过主体的先天意识来证立规范的普遍存在,雅各布斯却委任规范的功能对规范自我证明。雅各布斯认为规范为群体提供了交往的实质基础,规范降低了沟通的风险,匿名的合作成为可能;反之,以个体欲望的满足为指向的交往具有认知性或者工具性,即便设立暴力的秩序也不能超越这种个体性的任意世界,社会无法形成。雅各布斯在此区分了"规范性交往"与"认知性交往"两种不同模式,强调规范对交往及社会同一性的重要作用。这主要是借鉴了卢曼的系统论法社会学思想。

卢曼的出发点是把现代社会看成是一个充满复杂性和偶然性的社会。所谓复杂性是指"现实中总是存在多种行为选择的可能性","偶然性是指经验可能和预期存在偏差"。[5] 社会如果想减少这种复杂性和偶然性,就必须通过

---

[1] 京特·雅各布斯:《规范 人格体 社会——法哲学前思》,冯军译,法律出版社2001年,页106。

[2] 同上。

[3] 同上注,页109。

[4] 我国台湾的黄经纶先生在雅各布斯的法哲学思想本体论层面上进行省思,亦认为雅各布斯属于社群主义的流派(至少并非纯粹自由主义)。参见黄经纶:"对抗'敌人刑法'——浅析的敌人刑法与德国法下客观法秩序维持之冲突性",载我国台湾《刑事法杂志》第48卷第5期,页95—96。

[5] Niklas Luhmann, *A Sociological Theory of Law*, Routledge & Kegan Paul, 1985, p. 25.

"一般化"或"规范化"以减少预期的不确定性。[1] 法律作为现代社会功能分化所产生的子系统就承担了稳固社会中的规范预期,协助社会的复杂性化约的功能。因此,社会规范及法是一切社会系统所不可欠缺的构成要素。"人类的共同生活,都直接或间接地带有法的性质。作为社会构成要素的法,与知识一样,会渗透到社会的每一个角落,欠缺法律的社会是不可想象的。"[2] 回到雅各布斯那里,"欠缺法律的社会"同样无法想象亦不会存在,因为雅各布斯所定义的社会就是规范性理解的社会。

### 4. 在"古典欧洲"原则与功能论之间

通过以上分析可初步作结,在一定意义上,康德的先天理性法概念是雅各布斯"规范论"的检讨对象;而黑格尔的"启蒙辩证法"是雅各布斯在这项工作中所运用的主要理论资源。这无疑涉及康德与黑格尔的启蒙观差异。

近代世界的特色,无非就是人作为"主体"的出现。以康德为代表的启蒙思想家要确立的就是这种主体性哲学以及与其紧密联系的理性原则。理性最突出的标志是普遍性,康德正是通过摆脱客观经验的制约,建立了源自人之先天理性的法概念。黑格尔则在肯定启蒙事业的同时展开了对主体性哲学的反思:抽象的理性离开了周遭世界及社会中所呈现的意义与秩序就会流于空洞,不存在超越历史与社会的先验自我。所以,法秩序的生成不是源于所谓的先天理性,而是来自于社会共同体成员的相互主观性——社会共同体成员的了解与交往。这个信条在雅各布斯那里得到了坚守,人格体的内涵要用社会与规范来加以界定。这样一来,对法的理解就不能依凭任何先在的抽象概念,无论是理性、权利还是法益都不堪担当法秩序的建构基点。可见,雅各布斯"规范论"的基石非立于"个人意识"之上而是立于"共同体"、"秩序"或"社群"的概念之上,这就是为他所赞同的"古典欧洲"原则。显然,对于雅各布斯的"规范论",用自由主义的思想范畴来解读构成了理论工具的误用;从另一个方面来说,雅各布斯对黑格尔理论资源的借鉴展示了其在现代福利国家的背景下超越自由主义法学范式的努力。

当然,卢曼的系统论法社会学更是雅各布斯的重要理论资源。卢曼认为,在高度复杂的现代社会,规范无法从实体或存在获得内容;决定性的是规范系

---

[1] 卢曼认为人们对待预期的落空有两种不同态度:适应改变或维持预期。如果人们在期望落空的情况下适应现实,预期就是认知性的;而如果预期被违背之后,人们并不否认这种预期,这样的预期就规范性的。卢曼进而指出预期的认知结构和规范结构的不同在于,在预期落空的情况下是"学习还是不学习"。在认知性预期落空的情况下,人们一般及时从落空的预期中进行认识,获得经验,因而学习这一过程就很快运作起来;而在规范性预期落空的情况下,人们不会认为规范本身存在问题,仍然坚持原来的预期。一个人在失望的时候是学习还是不学习,这太重要了,以至于不能留待个人解决。选择必须被制度化。Id., p.39.

[2] Id., p.1.

统具有降低复杂性之功能,规范因此也是可以互相取代的。这样的思想一是属于方法二元论,二是对正义也不闻不问。雅各布斯遂把这种功能分析引入到他的"规范论"建构中,形成了他的规范论中的功能主义面向。可以说,"古典欧洲"原则与功能论实为互相支撑:正是处于逻辑优位的"社会"概念才使得规范稳定社会的功能是必须的;规范的此种功能又确保了"古典欧洲"原则。

**四、刑法的功能:确证规范与保障社会**

在对雅各布斯所谓的"法哲学前思"[1]进行初步的预备考察后,我们再来关注其规范论思想在刑法领域的具体展开。规范论在刑法领域的应用乃是这一理论本身的必然逻辑。上文提到,在雅各布斯规范论中,规范、人格体、社会这三个基础概念无逻辑上的先后次序,而是互为前提。这一点尤其为雅各布斯本人所强调。然而,"人格体"和"社会"都是可以用"规范"来加以定义的,唯独"规范"还需要提供一种自我说明,规范要获得一现实性的存在形式。这就要求引入制定法(在雅各布斯那里就是刑法)来确认规范。立法机构的职能在于选择某些规范,并赋予其以实证法的普遍效力。所以,被选择的规范通过制定法的形式获得了稳固。以立法方式运作的规范选择机制意味着:就刑法规范而言,我们既不能把其源头放到立法者那里,又不能再妄想自然法的正义观念。我们不能再从本体的角度理解刑法,而是要从刑法稳固社会中规范预期的功能来审视它。

这样,我们转入了对雅各布斯规范论中蕴含的刑法功能主义思想的考察。雅各布斯把规范的存在置于重要位置,当且仅当规范作为群体交往的内在标准时,社会才能形成。犯罪则是对这种规范性交往的偏离,刑法就是要通过刑罚来否定犯罪,维护规范的同一性,证实规范的客观有效。由此,社会也得以保障。要言之,刑罚是为确证规范作出的回答,意味着规范的自我确认,刑罚维持了人格体对规范正确性的信赖。在上述规范体系的运作中,我们看到了雅各布斯对刑法所作的功能主义描述。刑法作为法系统的重要组成部分,在社会中发挥其特有的稳定社会规范的功能。

1."积极一般预防"理论

"根据社会的机能的立场,刑法只保证一点,即与认为规范是无效的意义表达相对抗。"[2]在这样的观点下,雅各布斯并非期盼刑法可以保障犯罪人将

---

[1] "法哲学前思"是雅各布斯在《规范 人格体 社会》这本著作中所加的副标题,意在表明书中的内容主要是阐释一些具有确定倾向的"基础概念"。参见京特·雅各布斯:"作者中译本序",载京特·雅各布斯:《规范 人格体 社会——法哲学前思》,冯军译,法律出版社 2001 年。

[2] 京特·雅各布斯:《行为 责任 刑法——机能性描述》,冯军译,中国政法大学出版社 1997 年,页 131—132。

来不再犯罪或者保障一般公民都遵守规范,而是说刑法要保障规范在受到破坏时仍然发挥作用,要证明公民对规范有效性的信赖是正确的。用卢曼的话说,就是法律绝不是对行为的强制而是对预期的强制。因此,在与以犯罪人为对象的"特殊预防"之刑罚理论划清界限的同时,雅各布斯超越了一般预防的威慑意义来理解刑罚,这即为他所力主的"积极一般预防"理论:刑法用刑罚否定犯罪,从而维系了公民对规范的忠诚、确证了规范,保障了社会。[1]

"积极一般预防"理论的提出不能说不受黑格尔的影响。黑格尔以双重否定为出发点:犯罪否定了法,而这种犯罪又被刑罚所否定。[2] 黑格尔指出,犯罪是虚无的,刑罚应看作是对犯罪之虚无的一种宣示,法通过对侵害自己东西的扬弃而达到法的现实性。黑格尔的这一观点符合一般预防的理论,因为如果罪行不能通过刑罚昭示其虚无的话,犯罪有被认可的危险;而否定之否定的辩证逻辑则使法获得了自身的肯定,法正是在匡正不法中获得存在的价值,一般预防因此具有积极意义。[3]

此外,"黑格尔描述了从个别的受害人向'行为对社会的危险性'的视角转换是如何使行为变得严重的,因为行为针对的是更重大的东西,针对的是共同体……"[4]正是受到黑格尔刑法思想的启发,雅各布斯认为刑法不仅积极证明了规范的有效性,而且保障了规范性理解的社会。显然,这并非以犯罪和犯罪人为支点的刑罚目的之思维,而是转变为对于法规范的伦理性思考。离开社会这一伦理实体,刑法将毫无意义。"刑法不是在个别的意识中而是在交往中发挥作用的。"[5]在雅各布斯看来,如欲对刑罚作出合理的说明,对社会现实性的考虑才具有终极意义。康德曾提出著名的关于刑罚必要性的"孤岛事例":假

---

[1] 有学者指出:"积极的一般预防思想将刑罚的目的性建构在法规范的信赖,以及法确信的强化上,唯是否刑罚的制裁果真能单向实现此种形而上的理想,又国家刑罚权单极化地作用于犯罪行为人,是否即能使得社会不平的法律情感得以平复,都是尚待验证的问题,此种构想仍旧充斥着令人质疑的形象。"柯耀程:《变动中的刑法思想》,中国政法大学出版社2003年,页375—376。

[2] 黑格尔指出:"犯罪行为不是最初的东西、肯定的东西,刑罚是作为否定加于它的,相反地,它是否定的东西,所以刑罚不过是否定的否定。现在现实的法就是对那种侵害的扬弃,法显示出其有效性,并且证明了自己是一个必然的被中介的定在。"黑格尔:《法哲学原理》,范扬、张企泰译,商务印书馆1961年,页100。

[3] 在黑格尔那里,承受刑罚,对犯人而言是将他作为人来尊重,所以刑罚是犯人的权利。这样,虽然犯罪行为是非理性的,但在处罚犯人时还要尊重他为理性的存在。刑罚是以"积极"而非"消极"。在这一点上,黑格尔曾如此评论费尔巴哈威慑主义刑罚理论:"如果以威吓为刑罚的根据,就好像对着狗举起杖来,这不是对人的尊严和自由予以应有的重视,而是像狗一样对待他。"同上注,页102。

[4] 京特·雅各布斯:《规范 人格体 社会——法哲学前思》,冯军译,法律出版社2001年,页98。

[5] 京特·雅各布斯:《行为 责任 刑法——机能性描述》,冯军译,中国政法大学出版社1997年,页134。

设孤岛上有一个社群,即使社会根据孤岛上所有成员的同意要自行解散,在他们离开孤岛之前关在监狱中的最后一个谋杀者也必须被处死。[1] 毋庸置疑,雅各布斯是根本不能接受康德应因先天理性法概念的绝对主义报应刑观念。之于康德,即便世界消亡,正义当在;之于雅各布斯,当社会系统崩溃时,刑法稳定社会的功能无从谈起,刑罚已完全失去了意义。

2. 反对"法益"概念

在雅各布斯那里,刑法的任务一开始就不是法益保护,而是证明规范的有效性与保障社会。但雅各布斯反对法益的概念并非因为他固守康德的先天理性法概念。康德当然会反对法益保护说,因为他认为:"法律是对一切有理性者的义务",而法益来源于经验,如果刑法的目的落实在具体而又变动的法益保护上面,那就失去了法律义务的严格普遍性和必然性。雅各布斯虽然仍对规范与实存作有严格区分,但居于首要地位的是卢曼系统论中系统与环境的区分(卢曼认为社会是从这两者间的区分中被建构出来)。

雅各布斯明确指出,"在功能的说明中初步的基本区别是:社会或环境,在与交往的联系上我想表述为:意义或者自然"。[2] 这样,如果把法律作为一个社会子系统,法系统之外就构成了环境。利益应属于环境的因素。"法律不是一堵放置在利益周围的保护墙,相反,法律是人的关系的结构。"[3] 这里的要点是虽然系统要对环境的某些方面作出选择,法律事实却不是从外部输入的,而是经由法律系统的运作而在法律内部建构起来的。这即为卢曼所言的"法律是一个在规范上封闭而在认知(对环境的反应)上开放的系统。"[4] 由于法律系统靠分辨"合法/非法"的二元符码来维系运行,为了不至于混淆系统与环境的界分,所以雅各布斯说刑法不能笼统地被称为保护法益,恰当的表述为"刑法保护的是对利益的攻击不会发生这样一种期待"。[5]

概言之,单凭利益是无法作出决定的,因为只有法律上值得保障的利益才能在法律系统中被接受。刑法上的任何利益都不能脱离法系统成为外在的对象,利益总是作为规范,作为有保证的期待来表现的。这样,与其说刑法是为法益保护服务,毋宁说刑法是在保护"规范适用"。

---

[1] 福田平等:《日本刑法总论讲义》,李乔等译,辽宁人民出版社 1986 年,页 10。

[2] 京特·雅各布斯:《行为 责任 刑法——机能性描述》,冯军译,中国政法大学出版社 1997 年,页 129。

[3] 京特·雅各布斯著:"刑法保护什么:法益还是规范适用?",王世洲译,载《比较法研究》2004 年第 1 期,页 97。

[4] Niklas Luhmann, *The Unity of Legal System*, in Gunther Teubner(ed.), *Autopoietic Law—A New Approach to Law and Society*, Berlin Walter de Gruyter, 1987, p.20.

[5] 京特·雅各布斯:"刑法保护什么:法益还是规范适用?",王世洲译,载《比较法研究》2004 年第 1 期,页 97。

### 3. 基于法系统自我循环的实证性

刑法就是要宣告行为人的主张不足为据,重建对规范的承认。而规范之信赖能重新被建立,必然有赖强制力。雅各布斯认为:"规范的效力必须依赖强制力,没有强制力的规范是愚蠢的,可是强制力从何而来呢？规范给的!"[1]可见,强制力来自于规范本身的自我演绎。强制力不过是规范自己的回馈,规范给予自己强制力以保障自己。"强制力是法律赋予的,而法律又是靠强制力支持才成为法律"[2],这确实是一种常被人诟病的循环论证。其实,此种循环论证在雅各布斯那里处处可寻,例如,在罪责概念中,他用罪责作为归责的前提,又以归责作为罪责的依据;在行为理论中,行为必须透过规范效力受损加以定义,规范效力是否受损又必须以有行为为前提。总之,刑法功能主义理论为一种封闭循环式的建构——刑罚的根据是规范,刑罚又证实了规范的有效。刑法的功能就是要维护规范的稳定。

规范之所以要通过刑法制裁——刑罚来加以确证,在于社会规范不具有自我稳定的先天力量。雅各布斯认为,自然科学的认知性规律不需要任何特别的稳定,谁不服从科学规律行事,必然会给自己带来自然的惩罚,"一所不符合静力学的房子很快就会倒塌"[3]。社会规范的情形显然不同于前者,在后形而上的现代社会,自然法已失去了证明规范的力量,因此,法律必须在循环的实证性中来确证自身。法律有效性的保障,"在刑法规范中就是通过一个在正式程序中所决定的刑罚"[4]。在雅各布斯的论证逻辑中我们又再一次发现了卢曼的法社会学思想。

卢曼提出"法律自动生成"理论:法律的效力来源于一种规范首尾连贯的循环,有效性是法律系统不断循环运作或自我繁殖的产物。一句话,法律系统"自我生效"。法律的自生自导切断了一切实证法之外的根据,但满足了功能分化的现代社会对法的需求。卢曼也由此认为实在法是社会进化的结晶。在对法的"实证性"这一问题的处理上,卢曼显然迥异于凯尔森与哈特这两位二十世纪法实证主义著名代表人物。后两者都企图在法律体系内部为实证法的效力定锚,为了克服"明希豪森三重困境"中的套套逻辑,寻找规范效力的理由

---

[1] 许玉秀:《当代刑法思潮》,中国民主法制出版社2005年,页20。

[2] 文章原文的完整表述是:"如果Jakobs教授主张:强制力是法律赋予的,而法律又是靠强制力支持才成为法律,则这是一个循环论证,也充分暴露只立基于超经验的先天知识的'规范论'之弊病。"林立:"Jakobs'仇敌刑法'之概念反省刑法'规范论'传统对于抵抗国家暴力问题的局限性——对一种导源于Kant'法'概念先天性信念之思想的分析与批判",http://www.chinalegaltheory.com/homepage/Article_Show.asp? ArticleID=1225。

[3] 京特·雅各布斯:《行为 责任 刑法——机能性描述》,冯军译,中国政法大学出版社1997年,页108。

[4] 同上注,页109。

分别停靠在"基本规范"与"承认规则"上。卢曼则反对这种以某一理论范畴来演绎法律效力的做法,而是在法律系统的内部网状循环结构中找到了有效性。他说,"判决在法律上有效的根据仅仅是规范性规则,因为仅仅当判决得到执行时规范性规则才有效。"[1]这样,我们亦可断定雅各布斯的规范论决非康德的"奠基于先天理性法概念的法实证主义"。[2] 所以,当林立先生在《分析与批判》一文中最后推论得出"作为刑法法律哲学重大学派之一的规范论不能亦不应成立之结论"时,最多不过只是驳倒了康德的先天理性法概念,与雅各布斯本人的规范论没有太大干系。

**五、限于"学术"概念的刑法功能主义**

行文至此,不难发现把雅各布斯的规范论完全置于康德法哲学的思想脉络确实欠妥。从康德那里,雅各布斯至多采纳了规范与实存的"二元论"。在不甚严格的意义上,可以说二者的理论属于同一范式——规范论(区别于存在论);但仅此而已。在具体的规范论建构上,雅各布斯不仅偏离了康德,而且把后者的先天理性法概念作为批判的对象。另一方面,显而易见的是从亚里士多德到黑格尔的"古典欧洲"见解、黑格尔的刑罚思想以及卢曼的系统论法社会学思想才真正构成了雅各布斯规范论中的重要思想质料。

正是通过对以上思想渊源的继受与综合,雅各布斯建构了他独树一帜的规范论,从中提供给我们一种对刑法的社会学功能"令人信服"的分析。[3] 站在所谓"古典欧洲"的立场上,他的社会概念不是以个人意识为基点而是强调共同体或社群的优先性;系统论的观点被采纳,社会概念又与规范性交往联系起来。刑法的功能就是要确证规范、稳定社会。刑法的此种功能无疑赋予了社会自我维持的力量。雅各布斯说:"没有任何一个系统会放弃这种力量,强使尽可能地采用民法上的措施这种'公共请求权的危机',不只是一个刑罚请求权的危机,而且也是一个公共的危机。"[4]

---

[1] 卢曼:"法律的自我复制及其限制",韩旭译,李猛校,载《北大法律评论》第2卷第2辑,北京大学出版社2000年版。

[2] 林立先生认为康德的法概念只谈论法律的义务源自先天理性概念的必然性及普遍性,这可能导向"不问法律内容,只要是法律就应该视为义务加以遵守的结果",他将这种实证主义倾向称之为"奠基于先天理性法概念的法实证主义"。参见林立:"Jakobs'仇敌刑法'之概念反省刑法'规范论'传统对于抵抗国家暴力问题的局限性——对一种导源于Kant'法'概念先天性信念之思想的分析与批判",http://www.chinalegaltheory.com/homepage/Article_Show.asp?ArticleID=1225。

[3] 参见乌尔弗瑞德·诺依曼:《国家刑罚的法哲学问题》,冯军译,载郑永流主编:《法哲学与法社会学论丛》第3卷,中国政法大学出版社2003年,页28。

[4] 京特·雅各布斯:《行为 责任 刑法——机能性描述》,冯军译,中国政法大学出版社1997年,页113。

在这种刑法的功能主义描述中,雅各布斯实把规范论发挥到了极致。较之康德本人的理论,雅各布斯的理论可谓一个"激进的规范论"。如果说康德的先天理性法概念还意欲从形式获取内容——康德的绝对命令作为一种纯思维程序,却也导出了"把人作为目的而不是手段"的实质性内容,那么雅各布斯则不管人的目的是什么,只关心规范的生存目的,只是单纯解释刑法体系的功能性运转。显然,把雅各布斯的理论定位于"丝毫不再容忍内容"的纯粹形式法哲学并不为过。

然而,问题是雅各布斯对刑法的功能主义描述明显忽略了刑法的内容问题,或者说没有对公共刑罚权进行合法性或正当性证明。如许玉秀大法官所评论的:"如果没有法益这个目的的元素引领规范体系运作,整个规范体系会形成空转,除了强制力巩固了体系的存在之外,无法从规范体系找到对规范主体的具体回馈,只有规范对强制力所有人,也就是对规范自己的回声。"[1]

无疑,在法益保护论的赞成者看来,"法益"的概念可以对立法者进行批判,即刑法保护必须要直接或者间接地为人的自由的法益服务。不过,雅各布斯对此却不屑一顾,他认为这些命题是"不科学"的。这是因为,对雅各布斯来说,法益是属于规范系统以外的环境,在功能性运作的闭合刑法系统之内,法益是不重要的。他说,"根据规范保护的理论,人们也会政治性地为规范选择对人的自由生命的规定,并且,因此获得法益保护理论引以为自豪的批评性出发点,但是,这是一个政治性的出发点,不是学术性的,对此更多的就不必说了。"[2] 罗克信教授对此的回应是,雅各布斯是在有意回避规范内容的合法性或者不法性的任何命题。

> 在我看来,这里紧缩的学术概念导致法学家给立法者提供恣意和专断。如此的刑事政策肯定还不是学术。但是,来自法治国—自由主义的宪法秩序预先规定的刑法立法的内容界限的发展,肯定是法理学的学术任务,同样的任务还包括,这种发展是否在学说和宪法管辖权中得到证实。[3]

罗克信的这段话固然找到了雅各布斯的硬伤,但雅各布斯对"学术"概念的限定难道不也为卢曼一直所主张——现代社会已失去了批判的潜能,社会理论家的任务只能着重探明社会的机制,即要做的是去"分析社会"而不是"改造社会"。卢曼认为我们不能再从本体论的角度来理解法律,而只能从功能上去

---

[1] 许玉秀:《当代刑法思潮》,中国民主法制出版社2005年,页26。
[2] 京特·雅各布斯:"刑法保护什么:法益还是规范适用?",王世洲译,载《比较法研究》2004年第1期,页105。
[3] 克劳斯·罗克信:"刑法的任务不是法益保护吗",樊文译,http://www.iolaw.org.cn/showarticle.asp?id=1945。

理解它。[1] 在雅各布斯的规范论中,雅各布斯更为关心的是"刑法如何运作"而不是"刑法是什么"。换言之,他的理论建构意旨在于完成从"刑法本体论"到"刑法功能论"之理论视角的现代转变。当《分析与批判》一文写道,"他的这种思想方式,正是导源于其对康德形式主义思维方式的执着;其整个思维自始至终漂浮在形式的表面浅层,对于法律应该有什么内容……毫无兴趣"时,林立先生既对康德的先天理性法概念作出了精辟解读又造成了对雅各布斯规范论思想的遗憾"误读"。在笔者看来,如要彻底对雅各布斯的规范论彻底进行反省,除了与他所谓从亚里士多德到黑格尔的"古典欧洲"见解进行对话,恐怕还要直面卢曼对现代社会的法律所作的系统——功能分析。这无疑触及了"法律现代性"这一更为根本且无从回避的法哲学问题。

(初审编辑:于佳佳)

---

[1] 马丁·洛克林:《公法与政治理论》,郑戈译,商务印书馆2002年,页357。

# 美国上市公司私有化相关法律问题

颜炳杰[*]

## Legal Regulation on Going Private in U. S. A

*Yan Bing-jie*

近两年,中石油、中石化等纷纷对旗下的上市子公司发起了以终止上市为目的的要约收购,并宣称流通股股票终止上市交易后,收购人可能择机将这些上市子公司依法变更为全资有限责任公司或依法取消其独立法人地位,媒体称之为"上市公司的私有化"。[1] 资本市场上出现的这一"私有化"(going private)不同于国企改革中的"私有化"(privatization),后者指国有股东退出企业,将股权转让给民营资本,而前者是指上市公司公众股东接受大股东的收购条件而退出公司,使上市公司丧失公众公司性质。在这一过程中,如何既使大股东有确定手段来完成私有化、实现其战略意图,又能有效保护小股东利益,是一个富有挑战性的问题。由于美国作为世界上资本市场最为发达和成熟的国家,对此问题有了诸多实践与研究,法律制度和理论也最为翔实,因此,本文将对此作出相关介绍,以期对有识之士就我国上市公司私有化问题的研究提供启示与帮助。

---

[*] 北京大学法学院法律硕士(金融法方向),现任职中国农业银行法律与合规部。
[1]《金融实务》第7期:"私有化飓风",http://www.caijing.com.cn/newcn/home/investor/2006-04-17/8029.shtml。

## 一、概述

私有化在美国的第一次大规模涌现,是在20世纪70年代初。当时美国股市萧条,公司股票价格大跌,而此价格下跌并不是因为公司利润下降造成的,这使得公司的股票市值严重低于其实际价值。为了利用股票价值被低估而获利,大多数上市公司,尤其是60年代后期在牛市时上市的公司,开始买回公众股东持有的股票。这些公司通过大幅度削减公众股东数量,使公司股份不再受《证券交易法》(1934年)第12条约束,并享受从证券交易所退市后的好处。在此过程中,那些谋划购买公众股份的大股东,最后成为存续公司的唯一股东。这一现象被称为上市公司的"私有化"。[1]

在美国的文献中,其实没有唯一或确切的词语来表达"私有化"这一概念,但通常使用 going private 一词来指代"私有化"行为。不过,对于 going private 实际上也没有完全一致的定义。SEC 制定的规则 13e-3 (rule 13e-3)[2]中使用了 going private transaction 一词。该规则从交易的目的和可能产生的效果对私有化进行界定,认为,私有化交易可能直接或间接地导致受《证券交易法》第12(g)条或第15(d)条管辖的权益证券持有人少于300人,或导致原来上市流通的权益证券不能再进行上市交易。可以说,规则 13e-3 对 going private 的界定,侧重考虑私有化对证券交易的影响,是从证券法视野进行的描述。布莱克法律词典将 going private 界定为,通过终止公众公司的地位、使其发行在外的公众股份为单个股东或少数关联人所拥有,将公众公司变为封闭公司的过程。[3] Robert Charles Clark 教授也认为,going private 是将公众公司变为封闭公司的过程。[4] 这两种定义揭示了私有化对公司组织形式的影响,即私有化会导致公众公司变为一个由单个股东或关联股东集团控制的封闭公司。许多文献在此意义上使用 going private 一词。

美国语境下还有 freeze-out(排挤)一词与"私有化"联系紧密,在不严格区分的情况下,特别是在公司法领域讨论私有化问题时,多数人会用 freeze-out 来表达"私有化"的含义。布莱克法律词典将 freeze-out 解释为,大股东或董事会通过对小股东施加压力,迫使小股东在有利于控制人的条件下退出公司的过程。[5] Clark 教授也认为,freeze-out 是公司的控制人利用其控制权,迫使小股

---

[1] See Notes, "Going Private", 84 *Yale L. J.* 903, 903 (1975).
[2] See 17 C.F.R. § 240.13e-3.
[3] See Bryan A. Garner, *Black's Law Dictionary*, Thomson/West, 2004, p.712.
[4] See Robert Charles Clark, *Corporate Law*, Little, Brown & Company, 1986, p.500.
[5] See Bryan A. Garner, *Black's Law Dictionary*, Thomson/West, 2004, p.691.

东丧失股东地位的交易。[1] 可以说,freeze-out 从对小股东权益影响的角度,反映了大股东将小股东排挤出公司、使其丧失股权权益这一情况。从私有化的实践来看,私有化的完成通常都伴随着"排挤"的运用。

结合上述分析,并考虑到文章论述的需要,本文研究的"私有化"将被界定为:拥有上市公司控制权的股东及其关联人,通过向目标公司的公众股东进行要约收购或者与目标公司进行合并等手段,以排挤小股东、实现对目标公司100%控制为目的,进行的一个或一系列交易活动。整个私有化过程通常包括了公众公司的下市或类似行为,但它不限于此,还包括退市公司的小股东被进一步完全排挤出公司。

在美国,与私有化问题相关的法律规定集中在州公司法(主要是特拉华州)和联邦证券法律中。虽然公司法与证券法的目标都是要保障私有化交易的公平性,但两者的理论基础与规制方法却是不同的。证券法采取对信息的报告(filing)、披露(disclosure)和传送(dissemination)施加特殊要求,通过禁止"欺诈(fraudulent)、欺骗(deceptive)及操纵(manipulative)行为"来实现公平。而公司法则通过禁止大股东违反其对小股东的信义义务来保证完全公平。[2] 在接下来的部分,笔者将先介绍证券法对私有化的规制,其后再讨论公司法对私有化相关问题的规制。

## 二、美国证券法关于私有化的特别规则——SEC 规则 13e-3

私有化在美国第一次大规模涌现时,美国证券交易委员会(SEC)很快就注意到了私有化中出现的各种问题。早在 1974 年,当时的 SEC 主席 A. A. Sommer 在 Notre Dame 大学的演讲中就公开批评,"在一些[私有化]实例中,高超而梦幻般的设计使得小股东几乎没有选择。依照我的评价,正在发生的是严重的、不公平的、甚至可耻的行为,是对整个公开融资过程的颠倒,这一过程将不可避免地导致个人股东对美国公司的作风和证券市场产生更多敌意"。[3] 为进一步规制私有化交易中的特殊问题,SEC 制定了专门的规则,即规则 13e-3 (Rule 13e-3)。规则 13e-3 并不是排他性适用的,私有化交易还会受联邦证券

---

[1] See Robert Charles Clark, *Corporate Law*, Little, Brown & Company, 1986, p.500.
[2] See Christopher R. Gannon, "An Evaluation of the SEC's New Going Private Rule", 7 *Iowa J. Corp. L.* 55, 65 (1981).
[3] A. A. Sommer, Jr., Going Private: A Lesson in Corporate Responsibility, Law Advisory Council Lecture, Notre Dame Law School, reprinted in Fed. Sec. L. Rep. (CCH) P 84,695, (November 20, 1974), quoted from Guhan Subramanian, "Fixing Freezeouts", 115 *Yale L. J.* 2, 10 (2005).

法律下其他规定的约束。[1]

（一）SEC 规则 13e-3 概况

1975 年 2 月 6 日，SEC 发布通告，首次公布了制定私有化特别规则的程序，并提出了两个规则草案（规则 13e-3A 和规则 13e-3B）。[2] 到了 1977 年 11 月 17 日，SEC 对规则草案（1975 年）进行了修订和扩充，重新发布了提议稿，并向公众征求意见。该提议稿不仅要求进行充分信息披露，还提出对私有化交易公平性进行实质性规范，但后一规制引发了对 SEC 权限和规制必要性的争论。1979 年 8 月 2 日，综合考虑了对 1977 年提议稿的各种反馈意见后，SEC 删除了 1977 年提议稿中的实质公平要求，并颁布了新的规则和相应的披露表，即规则 13e-3 和 13e-3 表（Schedule 13e-3）。[3]

1. SEC 制定规则 13e-3 的理由

在 1977 年 11 月发布的通告[4]中，SEC 就为何要进一步制定规则来规范私有化交易进行了说明。

第一，私有化交易可能对投资者造成损害。首先，由于进行私有化交易的时间由发行人及其关联人掌控，他们可以选择在股市萧条的时候进行私有化，这样，投资者将被迫作出他之前没有预期的投资决策，会因此而遭受损失。其次，有些交易会等到交易结束才提交报告与进行披露，并且不需向股东传送信息，这样，投资者被剥夺了在交易结束前获得披露信息的权利。最后，私有化交易具有强迫效果。如一些非自愿交易（如简易合并）会迫使股东失去其股权权益。另一些看起来自愿的交易（如发行人要约收购），实际上仍含有强迫因素，因为没有接受要约的股东会面临着糟糕的前景（如一个非流通的股票市场、联邦证券法律保护的消失、收购人对其股权权益的进一步清除）。

第二，对于私有化交易潜在的危害效果，州法律并没有提供足够的救济。虽然在理论上，州公司法下的评估请求权（appraisal）可以为异议股东提供救济，以避免特定交易（如合并）对其的不利后果，然而，在实践中，这一救济常常是繁琐、昂贵、无效的，评估请求权救济甚至对某些特定类型的交易还不适用。此外，州法下的其他救济也可能是无效的，因为股东要提起诉讼必须先克服一些程序性障碍。

第三，个人投资者被牵连在私有化交易中，不仅会对单个公司失去信心，也将导致其对整个证券市场丧失信心，进而造成了对公共利益的损害。

---

[1] 例如，如果受《证券交易法》第 12 条约束之发行人的关联人向该发行人的公众股东发出收购要约，则该关联人除受规则 13e-3 约束外，还将受到《证券交易法》第 10 条(b)款、14 条(d)款、14 条(e)款及相关 SEC 规则的约束。不过，本文只介绍规则 13e-3 对私有化交易的规制。

[2] See SEC Release No. 34-11231, 1975 *SEC LEXIS* 2298 (1975).

[3] See SEC Release No. 34-16075, 1979 *SEC LEXIS* 969 (1979).

[4] See SEC Release No. 34-14185, 1977 *SEC LEXIS* 352 (1977).

因此，考虑到私有化交易对中小投资者的潜在危害以及由此导致的投资者丧失对证券市场信心的不利影响，SEC认为，对私有化交易制定规则进行约束是必要的和适当的。

2. 规则13e-3的适用与例外

规则13e-3的适用取决于三个要素：(1) 所涉及的交易是否为"规则13e-3交易"；(2) 如果是，则考虑是否存在不适用规则13e-3的例外情形；(3) 如果不存在例外，则考虑"规则13e-3交易"下的权益证券是否依据《证券交易法》第12条进行了注册、或者该证券的发行人是否需要根据《证券交易法》第15(d)条提交定期报告。

(1) "规则13e-3交易"（Rule 13e-3 transaction）

规则13e-3中引入了"规则13e-3交易"的概念，并将其定义为：任何包含本规则所描述特定交易的一个交易或一系列，只要该等交易具有直接或间接产生本规则所描述特定效果的"合理可能性"或以产生这些特定效果为"目的"。本规则规定的特定交易为：(A) 发行人或其关联人对发行人权益证券的购买；(B) 发行人或其关联人发出的收购发行人某类权益证券的要约或要约邀请；或(C) 受条例14A或条例14C约束的与特定公司事件相关的征集（solicitation）与分发（distribution）行为。本规则规定的特定效果是指：(A) 使受《证券交易法》第12(g)条和第15(d)条约束的任何一类权益证券的持有人少于300人；或(B) 使在全国性证券交易所上市交易或在全国证券协会中间交易商报价系统有权报价的任何一类权益证券下市或不再报价。

从该定义可知，判断交易是否为"规则13e-3交易"的关键在于，是否有产生特定效果的"合理可能"或以其为"目的"。这里的检验标准是"合理可能"或"目的"两项，出现任何一项都会导致被认定为"规则13e-3交易"。其中，"合理可能"标准注重考虑发行人的境况，"目的"标准注重考虑交易的原因。[1]

有评论家批评这两种检验标准都太过主观化，但SEC却认为，一个更客观的标准可能会容易被技巧性的安排所规避。况且，发行人及其关联人的特殊地位使得其可以在交易开始前就能确定是否满足检验标准。因为它们能通过对发行人的控制，获得确定是否有"合理可能"的所有信息，至于"目的"，发行人或其关联人所处的地位显然能知晓交易是否会产生特定效果。故SEC相信，要求发行人或其关联人来判断是否满足检验标准是合理的。[2]

此外，根据定义，"规则13e-3交易"的发起人应为发行人或其关联人，也就

---

[1] See SEC Release No. 34-14185, 1977 *SEC LEXIS* 352 (1977).
[2] See SEC Release No. 34-16075, 1979 *SEC LEXIS* 969 (1979).

是说，由非关联人发起的交易就算能产生上述特定效果也不能被视为"规则13e-3 交易"，从而也就不适用本规则。SEC 限定规则适用的交易必须是关联人发起的私有化交易，其原因在于，那些发生在发行人与非关联人之间的交易通常是对等谈判（arm's-length negotiation）的结果，一般不存在压迫和滥用权力的可能，因此规则并不对其进行规制。[1] 这也符合 SEC 在 1977 年提案中表达的思想："私有化交易中会产生欺诈、欺骗、操作行为特别是压迫行为，一定程度上是因为交易中缺乏对等的讨价还价。"[2]

（2）例外事项

规则 13e-3 在第（g）条规定了规则适用的例外事项，其中比较重要的例外事项是第一项。该项规定，当原要约收购是针对发行人的所有证券时，原要约收购已完全披露了该收购人进行私有化交易的意图、形式、效果，且后续私有化交易与要约收购中披露的实质上相似，或当原要约收购不是针对发行人的所有某类证券时，原要约收购完全披露了一个合并、清算或类似的拘束协议计划，且后续私有化交易是根据要约收购中披露的事项进行的，那么，只要该私有化交易发生在要约收购终止后一年内，且给予小股东的对价至少等于要约收购期间的最高出价，规则 13e-3 将不适用。

规定此例外的原因是，SEC 认为，符合上述例外条件的两步交易（即非关联人先发起要约收购、再进行第二步清除交易），等同于由非关联人发起的旨在收购目标公司全部股份的一个整体交易。该交易中的第二步，虽然形式上符合了规则适用的规定，但并不存在压迫、滥用的可能，它不是规则 13e-3 欲规制的对象，因而规定该种情况为例外。[3]

（二）SEC 规则 13e-3 的披露内容

规则 13e-3 对披露信息的范围、信息披露的方式等进行了规定，13e-3 表则规定了具体需要披露的事项。

1. 信息披露的范围、方式

规则 13e-3 在第（e）条规定了须向证券持有人披露的范围。该条规定，除披露其他可适用条例及规则所要求的信息外，发行人或其关联人还必须向证券持有人披露如下信息：① 13e-3 表第 1 项要求的摘要表（Summary Term Sheet）；② 在披露文件前部分"特殊因素"中的显著位置披露 13e-3 表第 7、8、9 项所要求的信息；③ 文件封面中必须显著说明，SEC 和任何州证券委员会均没有：赞成或不赞成该交易、判断该交易的价值和公正性、判断文件中信息披露的充分性和准确性。该说明还必须清楚地指出，任何相反的陈述都将构成犯罪。

---

[1] See SEC Release No. 34-17719, 1981 *SEC LEXIS* 1647 (1981).
[2] See SEC Release No. 34-14185, 1977 *SEC LEXIS* 352 (1977).
[3] See SEC Release No. 34-17719, 1981 *SEC LEXIS* 1647 (1981).

④ 13e-3 表第 16(f)项所要求的与评估请求权有关的信息;以及⑤ 13e-3 表其余项目所要求的信息。

规则 13e-3 在第(f)条规定了向股东传送信息的方式。如果事项涉及证券购买、合并表决等内容,则应在发生上述事项 20 天前向股东传送信息。有人认为规定这 20 天的等待期是武断的、没有理由的。但 SEC 认为,除非股东能在交易结束前知晓披露内容,否则披露对股东的作用是有限的,因为他仍会在没有足够信息的情况下被迫作出匆忙决定。而要求提前 20 天披露,可以保证信息能被充分传送至股东,使股东能够从容不迫地作出深思熟虑的决定。[1]

2. 13e-3 表的项目[2]

13e-3 表规定了 14 项需要具体披露的事项(除了第 1 项的摘要和第 16 项的展示外),其中,第 6、7、8、9 项较为重要。

第 6 项规定,必须声明交易的目标并说明被收购证券的用途(如被收购证券将被保留、注销、库存还是其他处理)。第 6(c)项还要求披露任何后续的计划、提议或谈判,如果它关系到或会导致:① 包含有目标公司或其子公司的特别交易,如合并、重组或清算等;② 目标公司或其子公司重大资产的购买、出让或转移;③ 目标公司股利政策等的重要变化;④ 目标公司现任董事会或管理层的变化,包括但不限于,改变董事数量或期限、对管理层雇用合同的重大修改等;⑤ 其他涉及公司结构或经营的重大变化;⑥ 目标公司任意种类证券的下市或停止报价;⑦ 目标公司任意种类证券终止在证券交易法第 12(g)条下的注册;⑧ 目标公司暂停依据《证券交易法》第 15(d)条进行报告;⑨ 目标公司其他证券持有人进行的收购;⑩ 可能阻止对公司控制权收购的公司章程等的变化。

第 7(a)项规定,必须声明进行私有化交易的目的。第 7(b)项规定,如果发行人或其关联人考虑过实现其声明目的的其他办法,应简要的描述这些办法,并说明不采纳它们的理由。第 7(c)项规定,必须声明设计该私有化交易结构和决定采取现在进行该交易的理由。第 7(d)项还要求,描述该私有化交易将对目标公司、关联人和小股东产生的影响(包括联邦税赋后果),该描述必须包括交易对目标公司、关联人和小股东产生好处和危害的合理详细讨论,其中,交易的好处与危害必须量化至可操作的程度。对第 7 项的披露如果只有结论性陈述,将不被视为进行了充分披露。

第 8(a)项要求发行人或关联人声明其是否"合理相信"(reasonably believes)该私有化交易对小股东是公平的或是不公平的。发行人或关联人对私

---

[1] See SEC Release No. 34-16075,1979 *SEC LEXIS* 969 (1979).
[2] See 17 C.F.R. § 240.13e-100.

有化交易公平性"没有合理信心"(no reasonable belief)的陈述,将不被认为对此进行了充分披露。第8(b)项规定,必须披露判断公平性所考虑的因素,即要合理、详细的讨论第8(a)项公平性判断所基于的重要因素及每个因素被赋予的权重(达到可操作程度)。这一讨论必须分析声明人的公平性判断有多少是基于指示(2)、第8(c)、(d)、(e)项以及第9项规定的因素。结论性的陈述,如"考虑到净账面价值、持续经营价值和发行人的前景,该私有化交易对小股东是公平的",将不被视为对第8(b)项进行了充分披露。第8(c)项规定,必须声明设计的交易结构中是否需要经过非关联股东的多数表决通过。第8(d)项规定,必须声明非经营层董事中的多数是否决定雇用非关联代表,由该人代表小股东利益进行谈判,或准备关于交易公平性的报告。第8(e)项规定,必须声明该私有化交易是否经过了非经营层董事的多数表决通过。指示(2)指出,向小股东提供的对价是否为公平价值,与当前市场价格、历史价格、净账面价值、持续经营价值、清算价值、以往购买价格、第9项中描述的报告、意见、评价等因素相关。

第9(a)项规定,必须声明发行人或其关联人是否从外部人士获得了任何与私有化交易重大相关的报告、意见、评价,包括但不限于任何涉及支付对价、对价公平性、交易公平性的报告、意见、评价。第9(b)项规定,涉及第9(a)项或第8(d)项的关于交易条件的报告、意见、评价,应当① 表明外部人士或非关联代表的身份;② 简要描述外部人士或非关联代表的资格;③ 描述外部人士或非关联代表的挑选方法;④ 描述外部人士或非关联代表与目标公司及其关联人之间在过去两年中存在过的重大关系;⑤ 如果报告、意见、评价关系到对价的公平性,则目标公司及其关联人要声明是否决定支付该对价;⑥ 提供关于报告、意见、评价的摘要。

(三) 对规则13e-3披露的评价

证券法一般通过向投资者披露有助其作出最佳判断的重要信息来实现对投资者的保护。规则13-3是否通过要求披露特定信息实现了对投资者的保护?

我们可以假定自己是一个投资者。当我们面对私有化交易时通常希望获得什么?首先当然是希望有足够的时间来进行思考和分析。规则13e-3第(f)条为投资者提供了20天的考虑时间,这样,投资者有了足够的时间。然后,投资者需要有充分的信息来作出判断和选择。可供投资者选择的机会有:接受私有化交易中的对价、行使评估请求权、提起诉讼。[1]

---

[1] See Christopher R. Gannon, "An Evaluation of the SEC's New Going Private Rule", 7 *Iowa J. Corp. L.* 55, 66 (1981).

对于是否接受私有化交易提供的对价,投资者需要判断该交易是否公平。首先,投资者可以通过13e-3表第8(a)项的披露,获悉发行人或其关联人对公平的态度。其次,投资者可以根据13e-3表第8(b)项披露的公平性基础因素和第7项披露的关于对交易影响的详细讨论,来自行判断价格是否公平。如果披露文件显示,私有化交易获得了非关联董事的多数批准,以及需要经过小股东多数同意,那么投资者可能会倾向于认为价格是公平的。再者,投资者还可以通过13e-3表第9项,获悉外部人士或非关联代表对公平性的意见。当然,在考虑外部人士的意见时,投资者会关心该外部人士的专业水准、为什么会挑选他来提供意见、他与收购人是否存在利益关系,这些信息都可以从第9项的披露中获得。最后,投资者能通过13e-3表第6项得知后续交易的安排,这有助于其选择何时接受对价。

如果投资者不满意私有化交易中的对价而希望选择行使评估请求权,那他可以从13e-3表第4(d)项获得与评估请求权有关的信息,该项要求公司"声明是否给小股东提供了评估请求权,如果没有,则需简单介绍投资者享有的其他法律权利"。如果投资者希望选择提起诉讼,由于13e-3表第8(b)项要求披露的因素通常与州法院进行公平审查时关注的事项相同,他可以利用这些披露的事项来预先衡量胜诉的可能性。

除提供了重要信息,13e-3表第8项的披露要求还将不公平对待小股东的私有化发起人置于"囚徒困境"中。[1] 因为,一方面,根据一些州的法律要求,交易必须对小股东是公平的,如果私有化发起人真实声明该交易是不公平的,则声明的不公平几乎确定性的构成了违反信义义务的初步证据。另一方面,如果私有化发起人发表声明称根据规则13e-3设定的标准该交易是公平的,而实际上该交易并不是公平,或公平性判断的基础是不充分的、误导的、或不完全的,那么就违反了规则13e-3。故此种境地下的私有化发起人一般会选择公平对待小股东。此外,通过13e-3表第8项的披露要求,还使得规则13e-3具有规制私有化交易实质性公平的效果。因为,如果SEC或股东不满意发行人或关联人的"公平"声明,他可以主张,"没有一个理性的人会认为该交易是公平的,发行人的陈述构成了虚假陈述,违反了13e-3规则"。为解决这一问题,法院就需要判断一个理性的人是否会认为交易是公平的。法院对此进行调查必然需要深入研究公平问题,这实际上使得交易的公平性成为是否符合规则的决定性因素。[2]

---

〔1〕 See Christopher R. Gannon, "An Evaluation of the SEC's New Going Private Rule", 7 *Iowa J. Corp. L.* 67 (1981).

〔2〕 See Harold N. Iselin, "Regulating Going Private Transactions: SEC Rule 13e-3", 80 *Colum. L. Rev.* 782, 787 (1980).

从以上的分析来看,规则 13e-3 的披露要求似乎对投资者提供了重大帮助。尽管规则 13e-3 对私有化问题进行了不错的规制,不过,此后的发展表明,对私有化问题起主要规制作用的却是州公司法,特别是特拉华州公司法。

### 三、美国公司法下的私有化路径与规制之一:长式合并

美国州公司法对私有化的规制主要是通过对私有化所依赖的路径进行规范来实现的。在美国,设计私有化路径可以依赖比较多的法律手段,如法定合并(statutory merger)、要约收购(tender offer)、反向股份分割(reverse stock split)、资产出售与解散(asset sale and dissolution)等。[1] 从传统上来看,运用较多的私有化手段是长式合并(long-form merger),不过,受特拉华州最近几个判例的影响,要约收购 + 简易合并(tender offer followed by short-form merger)也变得越来越具有吸引力,而反向股份分割、资产出售与解散等手段则较少被运用。本部分主要讨论长式合并路径下的相关问题,下一部分将讨论要约收购 + 简易合并路径下的问题。

(一) 长式合并路径的发展

长式合并路径,是指利用州公司法规定的长式合并制度[2],由大股东直接与目标公司合并,或由大股东先设立一个全资子公司,然后通过该子公司与目标公司进行合并。在合并协议中通常会规定,小股东放弃目标公司股份后所获的对价为现金或是债券、可赎回优先股等。通过这一安排将小股东清退出了公司。[3] 著名的 *Weinberger v. UOP, Inc.* 案就采取了长式合并手段。

能利用长式合并来进行私有化,得益于公司法允许使用合并手段将小股东排挤出公司。其中,允许使用现金作为合并对价来排挤小股东又起了关键性的作用。现今,美国绝大多数州的公司法以及标准公司法中都允许使用现金作为对价,如特拉华州公司法(Delaware General Corporation Law)第 251(b)条就规定,合并协议中可规定被兼并公司股票转化为现金、财产、权利或任何其他该公司或实体的证券。当然,现金排挤合并(cash-out merger)的发展也经历了制定法和普通法上的漫长过程。

1. 早期的发展

早期的普通法让公司股东拥有很大的权力,股东可以运用一票否决权来阻止公司在业务领域、财务结构、重组、合并等方面的任何基础性变化。理由是,

---

[1] See Charles L. Moore, "Going Private-Techniques And Problems Of Elimination The Public Shareholder", 1 *Iowa J. Corp. L.* 321, 323 (1976).

[2] 指依照特拉华州普通公司法《General Corporation Law》第 251 条进行的普通合并。

[3] See Joshua M. Koenig, "A Brief Road Map To Going Private", *Colum. Bus. L. Rev.* 505, 531 (2004).

公司的章程是股东与公司之间以及州政府与公司之间的契约,该契约赋予了股东特定的权利,根据每个特定的契约,股东投资于特定的企业实体,而对章程的重大修改、合并重组、重大资产处分等行为是对原企业实质性的改变,改变后的企业将不再是根据原契约组建的企业,这种对原契约的实质性改变应得到全体契约当事人的一致同意,否则就是不公平的。[1]

到了20世纪初,州立法机关开始承认,要求对公司组织结构、公司经营、合并等基础性变化达成一致意见会产生少数人的暴政。如果让少数股东运用否决权来阻断商业上有利的交易,将导致无效率的产生。[2] 面对日益增长的公司灵活性要求,许多州开始在其制定法中规定,只需经过公司董事会和绝大多数股东的表决同意,公司就可以进行包括合并在内的一些基础性事项。尽管制定法对合并放宽了同意要求,但仍规定被兼并公司的所有股东都应在存续公司中取得普通股。法院也否决了几乎所有的排挤合并,其理由是,对维持小股东在公司中股权利益的保护,是刺激投资、履行大股东义务以及执行立法者意图所必需的。[3]

与此同时,随着州制定法允许在一定范围内使用票据、债券、现金等来替代股票作为合并对价,法院对排挤合并的态度也有了一定转变。如 Beloff v. Consolidated Edison Co. 案[4]中,纽约州法院支持了现金排挤合并的合法性。该案中,原告认为他享有继续在存续公司中作为股东的既定权利。法院拒绝了原告的请求,支持了制定法的有效性,并认为"被合并公司股东只有一项实际权利,就是保护其拥有的价值,而这种权利通过赋予其评估请求权实现了。他们没有在合并后继续留下或分享未来收益的权利"。

2. 对现金排挤合并的初步肯定

法院表示出对现金排挤合并的明显容忍,始于州立法机关修改了公司法、并明确规定在所有的合并中均可使用现金对价之后,其中特拉华州被认为是这一制定法修改运动中的先行者。该州公司法于1957年允许在简易合并中使用现金作为对价,其后在1967年允许现金在长式合并中作为对价。

特拉华州审理的第一个关于现金排挤合并的案件是 Coyne v. Park & Tilford Distillers Corp. 案[5]。该案中,原告声称州公司法第253条并没有授权现金排挤合并,因为逐出小股东违背了该州法律的既定政策。特拉华州最高法院经过审理后认为,自1941年特拉华州就允许使用"股票或其他证券"作为长式合并

---

[1] See William J. Carney, "Fundamental Corporate Changes, Minority Shareholders, and Business Purposes", 5 *Am. B. Found. Research J.* 69, 77—79 (1980).

[2] See Elliott J. Weiss, "Balancing Interests In Cash-out Mergers: The Promise Of Weinberger v. UOP, INC.", 8 *Del. J. Corp. L.* 1, 4 (1983).

[3] Id., p.7.

[4] See *Beloff v. Consolidated Edison Co.*, 87 N.E. 2d 561 (N.Y. 1949).

[5] See *Coyne v. Park & Tilford Distillers Corp.*, 154 A. 2d 893 (Del. 1959).

中的对价,而这使得以发行可转换债券或相似的货币债券来终止股东的股权利益成为可能。法院还认为,1957年修订案是在第253条增加了"现金"作为支付对价的独立手段,并且第253条的规定并没有违宪。最终,法院否定了原告的异议,认为第253条明确规定了现金可以作为简易合并中的唯一支付对价。其后的 Stauffer v. Standard Brands, Inc. 案[1]也涉及在简易合并中使用现金作为对价排挤小股东。经过审理后,特拉华州最高法院同样认为,制定法赋予了母公司单方面实施排挤小股东的权力,并且赋予了其使用现金来支付小股东的权力。

1971年的 David J. Greene & Co. v. Schenley Industries, Inc. 案[2]是1967年公司法修订后第一个涉及在长式合并中使用现金排挤小股东的案例。特拉华州衡平法院在判决中说到,本案涉及现金和债券作为对价排挤小股东,我们需要解决的问题只是对价是否接近被清除股份的公平价值。这一论述表明法院允许使用现金作为对价进行长式排挤合并,并且只关注对价是否公平。

但到了1977年的 Singer v. Magnavox 案[3],特拉华州最高法院对现金排挤合并的态度又出现了转变。Singer 案中,州最高法院指出,就像小股东不能无理由的阻碍合并一样,大股东也不能仅仅为了使用现金清除小股东而进行合并。尽管被告举出之前的 Stauffer 和 David J. Greene 等案例证明其排挤小股东是合理的,但法院认为,这些案例中没有一个是纯粹为了清除小股东而通过"现金—对换—股份"手段将小股东完全彻底清除的。经过一番论证后,法院认为,纯粹为了达到清除小股东的目的而进行长式合并是对信义义务的违反,也是对公司权力的滥用。其后的 Tanzer 案[4]和 Najjar 案[5]也表达了类似的观点,即只有在具备商业目的或善意的情况下才能使用现金排挤小股东。

3. 现金排挤合并的合法化

不过,"商业目的"要求也存在不少问题,如不容易判断、容易被大股东规避以及引发不必要的诉讼等。[6] 最终,特拉华州最高法院在 Weinberger v. UOP, Inc. 案[7]废除了"商业目的"要求。法院在该案的判词中提到,"考虑到公平检验一直适用于母子合并,现今被拓展了的评估请求救济也能为股东所使用,以及衡平法院创造救济形式的广泛裁量权,我们认为商业目的要求对小股东不可能再提供任何有意义的其他保护,因此,商业目的要求不再发生任何效

---

[1] See *Stauffer v. Standard Brands, Inc.*, 187 A.2d 78 (Del. 1962).
[2] See *David J. Greene & Co. v. Schenley Industries, Inc.*, 281 A.2d 30 (Del. Ch. 1971).
[3] See *Singer v. Magnavox*, 380 A.2d 969 (Del. 1977).
[4] See *Tanzer v. International General Industries*, 379 A.2d 1121 (Del. 1977).
[5] See *Roland International Corporation v. Najjar*, 407 A.2d 1032 (Del. 1978).
[6] See Elliott J. Weiss, "Balancing Interests In Cash-out Mergers: The Promise Of Weinberger v. UOP, INC.", 8 *Del. J. Corp. L.* 1, 41—43 (1983).
[7] See *Weinberger v. UOP, Inc.*, 457 A.2d 701 (Del. 1983).

力"。至此,特拉华州法院对长线排挤合并的关注点完全集中到了该合并对小股东是否公平上,也就是说,只要长线排挤合并对小股东是完全公平的,小股东就可以被排挤出公司,现金排挤合并就是合法的。

(二) 公司法对长式合并路径的规制

公司法对长式合并路径的规制实质上是对运用于私有化的长式排挤合并进行规范,因此,讨论公司法对长式合并路径的规制,也就是考察公司法对长式排挤合并的规制。

特拉华州《普通公司法》在第251条对长式合并做了一般性的规定,如进行合并需要经过双方董事会的批准,以及全体具有表决权股份的半数通过等。第262条还为反对长式合并及不满意合并价格的股东提供了评估请求权救济(appraisal)。不过,法院认为,由于制定法对合并程序和实体方面的规制相当有限,仅仅符合制定法规定的程序与要求并不保证公平,因此,在特定情况下,法院将对合并的实体和程序公平进行衡平审查。[1]

1. 利益冲突交易与完全公平审查

在对合并交易的公平性审查时,法院会区分"对等合并"(arm's length merger)与"利益冲突合并"(interested merger)。在对等合并中(一般发生在公司与第三方的合并中),交易双方的利益是不相关的,双方在合并中都为了各自的利益进行激烈的讨价还价。[2] 而在利益冲突合并中(如大股东与其子公司之间的合并),交易一方同时站在了交易的两边,即交易的一边是大股东自己,交易的另一方仍是由大股东控制的子公司。由于大股东可以控制子公司并且站在了交易的两边,大股东就具有单方面决定交易条件的能力,这一能力使得大股东极有可能作出有利于自己而损害小股东利益的决定。[3] 因此,法院对上述两种合并进行审查时会施加不同的审查标准。

就特拉华州公司法而言,有一个基本的前提,即公司事务由董事掌控,董事对公司和股东负有注意义务和忠实义务。对于一般交易,法院在商业判断规则下审查董事会的决定,即假定"在进行商业决策时,董事知晓决策内容,并善意和理性的相信其行为符合公司的最佳利益"。如果不能反驳上述的假定,商业判断规则的运用将使得董事会决定的实质性内容不受法院事后审查。[4] 不过,当董事与进行的交易存在利益关系时,其决策将不再受商业判断规则的保护。在利益冲突合并中,董事会通常受大股东的控制,使得董事很有可能违反

---

[1] See *Singer v. Magnavox*, 380 A. 2d 969 (Del. 1977).

[2] See Robert Charles Clark, *Corporate Law*, Little, Brown & Company, 1986, p. 464.

[3] See Carole B. Silver, "Fair Dealing Comes of Age in The Regulation of Going Private Transactions", 9 *Iowa J. Corp. L.* 385, 386 (1984).

[4] See Robert Charles Clark, *Corporate Law*, Little, Brown & Company, 1986, pp. 123—124.

忠实义务。如果被指控违反忠实义务,董事必须接受最严格的完全公平标准的审查。[1] 作为一般原则,股东并不对其他股东负有责任,股东可以只按照自己利益的最大化进行决策。但是,在利益冲突合并中,考虑到大股东可能对交易的支配,特拉华州法律对行使控制权的大股东施加了对小股东的信义义务。因此,当大股东站在合并交易的两边时,交易将接受法院的完全公平审查。[2]

运用于私有化的长线排挤合并属于典型的利益冲突合并,法院似乎也应对其进行完全公平审查。这一思路在1983年的 Weinberger v. UOP, Inc. 案中得到了特拉华州最高法院的肯定。法院在判词中指出:

> 既然没有任何在对等基础上构建交易的努力,Signal 就不能避免其对利益冲突产生影响,特别是它对 UOP 董事会的任命,使得其没有从这一事情中脱离干系。在特拉华州,对分裂忠诚(divided loyalties)不存在'安全港'。当特拉华州公司的董事们站在交易的两边时,他们必须证明自己的最大善意和交易的内在公平性。当大股东同时站在交易的两边时,大股东必须承担建立完全公平的责任,以便能通过法院的详细审查。[3]

2. 完全公平标准(Entire Fairness Standard)

在 Weinberger v. UOP, Inc. 案中,特拉华州最高法院对完全公平审查中适用的"完全公平标准"进行了全新的阐释。法院认为,完全公平包括"公平交易"(fair dealing)与"公平价格"(fair price)两个方面。"公平交易"包括交易何时进行、交易如何开始、交易结构如何设计、谈判如何进行、如何进行信息披露,以及董事批准与股东批准如何进行等问题。"公平价格"涉及合并的经济与财务事项,对此要考虑一切影响股份内在公平价值的相关因素(如资产、市场价值、收入等)。但是,公平检验不应被机械的分割为行为与价格两部分,只要是涉及完全公平,就应将问题的所有方面视为一个整体来检查。不过,在非欺诈性交易中价格可能是超过其他方面的优势性考虑因素。

(1) 公平价格

通常来说,衡平诉讼中用来确定公平价格的方法与评估请求程序中确定公平价值使用的方法是一致的。在 Weinberger 案之前,特拉华州法院使用的是权重平均方法,即所谓的"Delaware block method"。Weinberger 案中,州最高法院发现这一传统方法将现今金融领域和法院都普遍接受的其他方法均排除在外,

---

[1] See Michael J. McGuinness & Timo Rehbock, "Going Private Transactions: A Practitioner's Guide", 30 *Del. J. Corp. L.* 437, 439—442 (2005).

[2] See Ely R. Levy, "Freeze-Out Transactions the Pure Way: Reconciling Judicial Asymmetry between Tender Offers and Negotiated Mergers", 106 *W. Va L. Rev.* 305, 332—334 (2004).

[3] *Weinberger v. UOP, Inc.*, 457 A.2d 701 (Del. 1983).

有过时之虞。因此,法院决定采纳一种更加灵活的估值方法。

法院认为,确定公平价格应当考虑包括公司价值在内的所有相关因素,这早已被确认为特拉华州的法律。就像 Tri-Continental Corp 案阐述的那样:

> 评估请求权法律下的基本价值概念是,必须向股东支付从他那拿走的价值,也就是他在继续经营实体中按比例可享有的利益。对股东按比例可享有的利益进行估值才能反映他被拿走股份的内在价值。在确定多少才代表股份的内在价值时,评定者和法院必须将能合理确定价值的所有因素考虑进来。这样,市场价值、资产价值、红利、盈利前景、公司性质以及任何其他在合并日已知或可能确定的因素都将被考虑。[1]

法院进一步指出,这样来确定公平价格不仅符合现今的实际需要,同样也完全符合《普通公司法》第262(h)条的目的和意图,因为第262(h)条也规定,确定公平价值必须基于"所有相关因素",只有那些投机性的因素会被排除。最终,法院确立了完全公平标准下的公平价格应符合评估请求权的基本原则,也就是说,确定价格时将要考虑所有相关的因素。

(2) 公平交易

历史上,特拉华州法院曾认为,只要向小股东支付公平价值就能满足私有化交易中的完全公平标准。[2] 到了 Weinberger 案,特拉华州最高法院将"公平交易"概念引进了完全公平标准。

Weinberger 案引入"公平交易"概念的目的是要在利益冲突合并中营造对等谈判(arm's-length bargaining)的环境,使得经过"公平交易"而达成的合并协议能被假定为是实质性公平的。[3] 通常来说,对等谈判达成的协议可被假定为是实质公平的。因为对等谈判中的每一方只有在认为协议符合其利益与目的时才会同意该交易,也就是说,在所有参与方都有能力拒绝其认为是不好的交易时,能达成协议这一事实就意味着每一方都已视该交易是实质公平的。而长线排挤合并中一般不存在对等谈判,若不求助于法官的公正判决很难评价交易实质公平性。因此,要求建立"公平交易"是要拟造对等谈判,使得满足了"公平交易"就能产生类似于对等谈判的结果。[4]

大股东对交易的控制权是导致可能不存在对等谈判的根本原因。要能成功的模仿对等谈判,"公平交易"必然要求建立一些保护措施来避免大股东对

---

[1] Weinberger v. UOP, Inc., 457 A.2d 701 (Del. 1983), citing Tri-Continental Corp. v. Battye, 74 A.2d 71 (Del. 1950).

[2] See Sterling v. Mayflower Hotel Corp., 93 A.2d 107 (Del. 1952).

[3] See Carole B. Silver, "Fair Dealing Comes of Age in The Regulation of Going Private Transactions", 9 Iowa J. Corp. L. 385, 397 (1984).

[4] Id., p.397.

交易的控制。*Weinberger* 案中列举了一些能通过行使控制权而获利的特定要素,如交易进行的时间、交易的发起人、交易的结构设计、谈判过程、信息披露,以及董事与股东批准等。因此,如果大股东采取与上述要素相关的特定行为来影响交易,那么这些行为可表明存在交易中缺失了"公平交易"。相反,如果大股东采取措施来中和其控制权对交易的影响,并保证子公司能代表自己利益行使权力,则这些行为可表明存在"公平交易"。[1]

就公平交易中的特定要素来说,不可能建立一个精确的数学公式来赋予每个要素确定的权重,也很难在事前就确定哪个要素比其他要素更有决定性,只能根据每个案件的特定情景来裁定。不过,如果公平交易中存在"小股东多数批准"或"独立委员会"程序,则会产生某些特定的法律效果。

3. 小股东多数批准(Approval by a Majority of the Minority Shareholders)

在对等合并中,股东们的利益是一致的,全体股东的多数一定程度上能代表全体股东的利益,因此,对等合并只要经过了全体股东的多数批准就可认为该交易是公平的。但是,在利益冲突合并中,大股东与小股东的利益是对立的,全体股东的多数并不能代表小股东的利益,因此,利益冲突合并只有经过全体小股东的多数批准才能在一定程度上代表小股东们的利益。但是,小股东多数批准到底能产生什么样的法律效果呢?

虽然在 *Weinberger* 案中特拉华州最高法院指出,当充分知晓(informed)的小股东多数批准了公司行为时,证明完全公平的责任完全转移至控告交易不公平的小股东身上,但仍有人认为 *Weinberger* 对该问题的阐述不清楚。对此,特拉华州最高法院借 *Rosenblatt v. Getty Oil* 案[2]再次澄清了其立场。*Rosenblatt* 案中,法院强调,作为大股东的 Getty 站在了交易的两边,需要承担证明完全公平的责任,不过,小股东多数对合并的批准,尽管不是必备的法律要求,仍将导致证明责任转移至原告。

由于只有一定条件下的小股东多数批准,才构成对对等交易下全体股东多数批准的模仿。因此,要产生上述法律效果,小股东多数批准还必须具备以下条件:第一,小股东必须被充分告知(informed)。*Weinberger* 案中,法院就指出,本案的记录并不支持小股东表决是在被充分告知的情况下作出的,因为小股东应当知晓的重大信息(关于 Signal 和 UOP 谈判地位的信息)被抑制了,故不发生证明责任的转移。[3] 第二,小股东必须是在没有压迫下作出的决定。对等交易的基础是股东可以自由的拒绝不好的交易,要构造对等交易中的环境当然

---

[1] See Carole B. Silver, "Fair Dealing Comes of Age in The Regulation of Going Private Transactions", 9 *Iowa J. Corp. L.* 398 (1984).

[2] See *Rosenblatt v. Getty Oil*, 493 A.2d 929 (Del. 1985).

[3] See *Weinberger v. UOP, Inc.*, 457 A.2d 701 (Del. 1983).

不允许存在压迫。第三，必须是全体小股东股份的多数批准，而不是参与表决的小股东多数。虽然特拉华州最高法院并没有对该问题做过明确表态，但法院在判决书中的描述暗含着需要全体小股东的多数同意。其次，制定法对合并表决的要求是基于"全部发行在外的具有表决权的股份的多数"，以此类推，在没有大股东参与的情况下应同样使用"全部发行股份的多数"作为标准。再者，对小股东来说，没有比被排挤出公司更为重要的决策了，适用高标准表决要求来决定是否导致证明责任转移是很符合逻辑的。[1]

此外，小股东多数批准程序还具有能减轻排挤的强迫性、激励大股东支付足够对价等作用。[2]

4. 独立委员会（Independent Committee）

独立委员会，是指由公司非关联董事组成的特别委员会，其经董事会授权后代表公司进行谈判或对合并进行表决。早在 *Weinberger* 案，特拉华州最高法院就对独立委员会的作用有所提及，在该案判决书的脚注7下，法院说到，

> 尽管完美是不可能、不可预期的，但如果UOP指定一个由外部董事组成的独立委员会与Signal进行对等的谈判，结果可能完全不一样。因为那种谈判下的公平性，就如同由一个理论上完全独立的董事会进行谈判产生的。在母子公司合并情形下，如果能够证明该交易经过了双方激烈的对等谈判，则可以作为达到了公平标准的强有力证据。[3]

虽然这段话表明建立独立委员会将对整个交易的公平性审查产生一定影响，但到底是什么影响却有些模糊。

（1）产生的法律效果

对于独立委员会批准将导致什么样的法律效果，衡平法院的法官们作出了不同的裁决。在 *TransWorld Airlines, Inc.* 案中，法官就认为，独立委员会的批准将使得审查标准由完全公平转变为商业判断标准。[4] 与此相反，在 *Citron v. E. I. Du Pont de Nemours & Co.* 案中，法官认为，独立委员会的批准将只导致完全公平标准下的证明责任由被告转向原告，而不发生审查标准的转变。[5] 不过，这种争议在其后的 *Kahn v. Lynch Communication Systems* 案[6] 中得到了

---

〔1〕 See William Prickett & Michael Hanrahan, "Weinberger v. UOP: Delaware's Effort To Preserve A Level Playing Field For Cash-out Mergers", 8 *Del. J. Corp. L.* 59, 65 (1983).

〔2〕 See Kent T. van den Berg, "Approval of Take-out Mergers by Minority Shareholders: From Substantive to Procedural Fairness", 93 *Yale L. J.* 1113, 1121—1126 (1984).

〔3〕 *Weinberger v. UOP, Inc.*, 457 A.2d 701 (Del. 1983).

〔4〕 See *In re TransWorld Airlines, Inc. Shareholders Litigation*, 1988 WL 111271 (Del. Ch. 1988), abrogated by *Kahn v. Lynch Communication Systems*, 638 A.2d 1110 (Del. 1994).

〔5〕 See *Citron v. E. I. Du Pont de Nemours & Co.*, 584 A.2d 490 (Del. Ch. 1990).

〔6〕 See *Kahn v. Lynch Communication Systems*, 638 A.2d 1110 (Del. 1994).

解决。

  *Kahn* 案中,特拉华州最高法院指出,独立委员会对交易的批准将导致证明完全公平的责任转移至原告股东,不过,不管其证明责任是否从控制股东身上转移,完全公平仍是利益冲突型合并中最适当的司法审查方法,因为利益冲突交易的不变本质需要仔细审查。

  法院进一步阐释了需要适用完全公平审查的政策理由:在母子公司合并中,大股东依据其地位可能影响小股东对该合并的表决。即便在没有蓄意强迫的情况下,小股东也可能会觉得他们对合并的反对将招致大股东的报复,如大股东可能决定停止分红或是以更低价格进行一个现金挤出合并。针对这些报复,就算能获得相应救济,也将耗费大量时间和成本。由于不能完全消除上述威胁及其对股东表决的影响,因此,在公司与其大股东之间进行的合并,即便是由独立董事进行的谈判,也没有任何法院可以肯定,交易条款是否接近真正独立的交易方在对等谈判中获得的结果。考虑到这种不确定性,法院得出的结论将会是,即便小股东批准了合并,他们仍需要其他的程序性保护,能提供这种保护只可能是法院的完全公平审查。

(2) 产生法律效果的条件

  设立独立委员会的目的是要仿造对等交易中的董事会,因此,独立委员会只有像该董事会那样具有独立的谈判能力、能充分知晓信息,才会产生转移证明责任的法律效果,一个形式上的独立委员会并不会产生上述法律效果。*Rabkin v. Olin Corp.* 案[1]中,法院还建立了决定是否导致证明责任转移的两步检验法:第一,大股东不能支配合并条件,第二,独立委员会必须具有可对等行使的真正议价权力。

  此外,"说不的权力"(the power to say no)也是衡量独立委员会独立性的重要因素。*Kahn* 案中原告诉称,大股东的行为剥夺了独立委员会有效的"说不的权力"。州最高法院支持其观点,认为本案中压迫是现实存在的,并且指向了一个特定的价格,它以"要么接受、要么离开"(take it or leave it)的最后通牒形式存在,这使得独立委员会实际上不具有"说不的权力"。不过,独立委员会拥有否决权也会产生问题。实证研究发现,独立委员会经常动用其否决权[2],而这将阻止一些有效率的合并发生,因为独立委员会拒绝某些合并可能并不是为

---

[1] See *Rabkin v. Olin Corp.*, 1990 Del. Ch. LEXIS 50 (Del. Ch. 1990).

[2] "In my database of all post—Siliconix freezeouts, I find that the controller withdrew in eighteen out of the eighty freezeout merger negotiations with an SC that were announced between June 2001 and April 2005, a 23% failure rate, even though the controller's first offer invariably represented a premium over the prevailing market price." See Guhan Subramanian, *Post-Siliconix Freeze-Outs: Theory & Evidence*, at http://www.law.harvard.edu/programs/olin_center/papers/pdf/Subramanian_472_revised.pdf.

了小股东的利益,而是基于自身的利益。[1]

### 四、美国公司法下的私有化路径与规制之二:要约收购 & 简易合并

要约收购 & 简易合并路径通常的操作分为两个步骤,第一步是大股东通过要约收购获得足够多的股份,使其控制的股份达到目标公司总股份的90%以上;第二步进行一个简易合并,合并决议中规定,小股东放弃目标公司股份后所获的对价为现金或是债券、可赎回优先股。[2] 该简易合并只需要母公司董事会作出决议即可实施,不需要母、子公司的股东大会决议通过。

(一)要约收购 & 简易合并路径的演进

在特拉华州的 *Glassman v. Unocal Exploration Corp.* 案和 *In re Siliconix Inc. Shareholders Litigation* 案两个重要判例之前,虽然采取简易合并在制定法规定的程序上较长式合并有一定优势,但是法院在简易合并适用审查标准上的不确定态度,使得这一路径并不具有太大优势。上述两个判例中,法院明确了对要约收购、简易合并适用标准的态度,使得要约收购与简易合并相结合成为一条极具吸引力的私有化路径。

1. 简易合并与 *Glassman v. Unocal* 案

(1)简易合并

特拉华州《普通公司法》第253条对简易合并进行了规定。该条规定,只要母公司拥有其子公司90%以上的股份,就可以进行简易合并,并只需要母公司董事会作出合并决议即可,不需要子公司董事会、母子公司股东大会的批准。在母公司向州务卿提交一份董事会决议的复印件和持有90%以上股份的证明后,合并即生效。如果母公司不持有子公司的全部股份,则合并决议中还应当规定支付给子公司小股东的对价。这一对价可以是现金、财产、权利或任何其他该公司或实体的证券等。可以说,第253条授予了母公司单方面将其子公司合并进入母公司的权力,并可以单方面决定支付给子公司小股东的现金对价。[3] 对于反对简易合并的股东来说,制定法规定其可以获得第262条规定的评估请求权救济。不过,对于简易合并是否应接受法院的完全公平审查,则存在争议。直到 *Glassman v. Unocal* 案,特拉华州最高法院才表明了其态度。

(2)*Glassman v. Unocal* 案[4]

*Glassman* 案中,原告诉称,每一个简易合并都是自我交易(self-dealing

---

[1] See Guhan Subramanian, "Fixing Freezeouts", 115 *Yale L. J.* 2, 40 (2005).

[2] See Michael J. McGuinness & Timo Rehbock, "Going Private Transactions: A Practitioner's Guide", 30 *Del. J. Corp. L.* 437, 438 (2005).

[3] See *Coyne v. Park & Tilford Distillers Corp.*, 154 A.2d 893 (Del. 1959).

[4] See *Glassman v. Unocal Exploration Corp.*, 777 A.2d 242 (Del. 2001).

transaction），就像 *Weinberger* 和 *Kahn* 案下的利益冲突交易一样，应适用完全公平审查。一审中衡平法院指出，仅仅因为交易贴上了"自我交易"的标签，并不构成适用完全公平审查的逻辑前提。相反，对制定法条文仔细检查后会发现，在纯粹的简易合并中，并不存在双方间的实际谈判和交往，更确切地说，是持有子公司 90% 以上股份的母公司能单方面决定合并价格、作出合并决议、提交合并证明，而所有这些都不需要与子公司本身及其董事和其他股东进行商议。可见，简易合并是制定法为母公司的提供一种工具，通过这种最新型的方法可以更有效的清除子公司的小股东。因此，完全公平审查不符合州立法机关为母公司提供单方面清除小股东措施的立法本意。[1]

原告不服，上诉至特拉华州最高法院。在对公司法第 253 条的历史以及曾适用于简易合并的不同审查标准进行回顾后，法院认为，尽管根据既定的原则，母公司及其董事进行的简易合并确实构成自我交易，也应该受到完全公平审查（包括公平价格和公平交易），但是，公司法第 253 条规定了该种合并的进行只需要履行简单的程序（不需要经过双方谈判来达成协议，母公司可以单方行动来决定其子公司不再为独立实体，子公司小股东不提前收到合并通知，子公司董事不需要考虑和批准该合并，该合并不需要经过子公司股东大会批准），只履行简单程序显然达不到"公平交易"的要求。

法院进一步指出，如果允许衡平请求（进行完全公平审查），就会与制定法发生冲突。因为，如果要求在简易合并过程中设立谈判委员会、雇用财务和法律专家等，那么简易合并将失去制定法特意为其提供的便利———一种简单、快捷、便宜的完成合并的程序。"解决这一冲突，只能遵循州立法机关的意图让制定法发挥其效力，也就说，根据第 253 条进行的合并不要求符合完全公平标准。"[2]

最终，州最高法院认为，应当重新回到 *Stauffer* 案[3]的立场，即如果不存在欺诈（fraud）或不合法（illegality），评估请求权将是反对简易合并的小股东的唯一救济手段。虽然持上述观点，但法院为了强调对股东的保护，特意重申了 *Weinberger* 案对评估请求权的态度，即确定公平价值必须考虑包括损害和将来价值在内的所有因素。法院还强调，尽管信义义务人在简易合并中不需要建立完全公平，但仍负有完全披露信息的义务。

2. 要约收购与 *Siliconix* 案[4]

历史上，特拉华州法院根据要约收购的性质和形式，通常视其为自愿性交

---

[1] See In Re Unocal Exploration Corporation Shareholders Litigation, 793 A.2d 329 (Del. Ch. 2000).

[2] Glassman v. Unocal Exploration Corp., 777 A.2d 242 (Del. 2001).

[3] See Stauffer v. Standard Brands, Inc., 187 A.2d 78 (Del. 1962).

[4] See In re Siliconix Inc., Shareholders Litigation, 2001 Del. Ch. LEXIS 83 (Del. Ch. 2001).

易,如 Eisenberg 案中说到,"不像现金排挤合并中那样,公众股东被非自愿地排挤出企业,在行为适当的要约收购中,受要约的股东可以基于自己的投资目的和对要约的评价来自由选择是否接受要约。"[1]在完全自愿性的要约收购中,法院不会施加任何获得特殊价格的权利给股东,决定自愿性的因素为是否存在强迫(coercion)和与要约有关的重大欺诈或误导性披露。不存在强迫或披露违规时,自愿性要约中价格的足够性并不是一个问题。[2] 但是,在大股东发起的旨在收购小股东全部股份的要约收购中也适用上述原则吗? In re Siliconix Inc., Shareholders Litigation 案中法院对此做了表态。

Siliconix 案中,衡平法院将特拉华州最高法院在 Solomon 案[3]中对公平价格的立场引进了该案。法院认为,在自愿性要约收购中股东可以自由的接受或拒绝要约,需要法院对要约收购进行的干预仅是确保股东有进行自愿选择的权利,当不存在强迫(improper coercion)和披露违规(disclosure violations)时,要约便具有自愿性。因此,法院认为,除非有证据显示存在重大披露违规或要约具有某种强迫性,大股东向其控制公司的小股东发出要约时,没有义务向小股东的股份提供特殊价格。只要要约收购进行得恰当,小股东对要约的自由选择能够提供足够的保护。

Siliconix 案中,原告还诉称对该要约收购应当适用完全公平标准进行审查。衡平法院否定了其观点,并指出,"除非存在强迫或披露违规,否则被告没有责任来证明该要约收购是完全公平的"。法院认为其对要约收购和合并适用不同的审查标准可以从两方面来理解,第一,接受或拒绝要约是股东自己的决定,至少就要约本身来说,如果拒绝要约,小股东仍可以留在目标公司;第二,合并中的被兼并公司是合并协议的一方,但要约收购中的目标公司并不是,因为要约的实际目标并不是公司(或其董事),而是股东。

针对原告援引 Kahn v. Lynch 案[4]和 Kahn v. Tremont Corp. 案[5]来支撑"大股东应当证明完全公平"的观点,法院认为这并不恰当,因为那些案件都涉及大股东站在合并交易的两边,属于自我交易,而本案中大股东只站在要约收购的一边,大股东并没有控制小股东,小股东依然可以拒绝要约。故大股东没有义务来证明交易是完全公平的,他的义务只是披露所有的重大信息(当然也不能进行压迫威胁)。

针对原告认为董事违反了注意义务和忠实义务而应当适用完全公平审查

---

[1] Eisenberg v. Chi. Milwaukee Corp., 537 A.2d 1051 (Del. Ch. 1987).
[2] See Solomon v. Pathe Communications Corp., 672 A.2d 35 (Del. 1996).
[3] Id.
[4] See Kahn v. Lynch Communication Systems, 638 A.2d 1110 (Del. 1994).
[5] See Kahn v. Tremont Corp., 694 A.2d 422 (Del. 1997).

的观点,法院指出,尽管《普通公司法》第 251 条对批准合并协议的目标公司董事会施加了法定责任,但是制定法缺乏相应的条款对要约收购中目标公司的董事会施加法定责任或是要求这些董事批准。对合并与要约收购中董事会权力的不同处理,很大程度上来源于观念上的考虑,即要约收购本质是股东单独买卖其股权,不涉及"公司"行为,也不涉及"公司"利益。依据这一思路,法院驳回了应对本案适用完全公平审查的主张。

最终,Siliconix 案明确了这一观念,即大股东向小股东要约收购其股份时,只要是进行了真实、完全的"披露"并且不存在"强迫",那么完全公平审查就不适用于该交易。

3. 要约收购与简易合并的结合

Glassman 案与 Siliconix 案的结合,为大股东提供了一条不同于长式合并的私有化途径,即大股东可以先通过要约收购获得目标公司 90% 以上的股份,然后进行简易合并将小股东清除。这一新路径可以达到与长式合并路径一样的排挤效果,却可以不受法院的完全公平审查,因为该路径下的两个步骤均不受完全公平审查的约束。但是,这条不受公平审查的路径是否给以小股东足够保护了呢? 探索这一问题,有必要对支持上述两个案件的基础进行一些分析。

Siliconix 案的逻辑是,自愿性要约将不受完全公平标准的审查,只要要约进行得适当,小股东对要约的自由选择为其提供了足够的保护。法院判断"自愿性"的标准是,不存在涉及与要约相关的重大的欺诈或误导性披露,以及因发出要约时的情景或条件导致的不正当强迫。[1] 不过这一自愿性判断标准实际上并不能完全保证要约的自愿性。就披露方面而言,该标准只关注是否披露了所有重大信息以及信息披露的"真实性",而事实上,仅仅满足"真实性"并不必然意味着该信息会对股东产生正面影响,有些真实的信息可能会误导股东,导致股东作出的决定实际上是非自愿的。[2] 就强迫方面而言,上述自愿性判断标准并没有注意到如下一些因素。第一,受要约人在决定是否接受要约时面临"囚徒困境",导致这一困境的因素有,受要约人害怕大股东不进行第二步的简易合并或第二步中的价格低于要约价格等,以及就算第二步中会支付相同的价格,其价值还是低于要约价值(因为货币具有时间价值)。[3] 第二,特拉华州法院一般认为,只要要约将"小股东多数接受"设为要约成功的条件,该要约就

---

[1] See In re Siliconix Inc., Shareholders Litigation, 2001 Del. Ch. LEXIS 83 (Del. Ch. 2001).

[2] See Bradley R. Aronstam, R. Franklin Balotti & Timo Rehbock, "Delaware's Going Private Dilemma: Fostering Protections for Minority Shareholders in The Wake of Siliconix and Unocal Exploration", 58 Bus. Law. 519 (2003).

[3] Id.

不具有强迫性。但在实践中,这一条款却并不具有太多意义,因为小股东们不像在合并中那样可以接受董事会的实质性推荐,也没有类似的会议场所来充分交换意见,很难形成集体行动。[1] 第三,Kahn 案中法院认为,大股东对小股东进行报复是一种难以克服的内在强迫,使得对排挤合并仍必须适用完全公平标准。但问题是,这种报复在私有化要约中同样也会存在。[2] 因此,Siliconix 案的要约自愿性逻辑基础并不让人满意。

Glassman 案的逻辑是,如果不存在欺诈或不合法,评估请求权是反对简易合并的小股东的唯一救济手段。从理论上来说,设计评估请求权救济的目的是为了校正大股东的机会主义行为,即通过评估请求权的威胁迫使大股东向小股东支付一个公正的价格,达到保护小股东的目的。[3] 但是,实践中,评估请求权却充满了缺点和不足,使得将其并不能有效地保护小股东免受大股东的欺压。这些不足表现在,评估请求权必须是小股东亲自申请才能参加,不存在集团诉讼,必须符合严格而繁琐的程序,还需要承担高额的行权成本等。因此,即便对大股东给的合并价格不满意,小股东们也不愿意寻求这一救济。[4] 但当大股东认识到小股东通常会选择接受合并对价而不寻求评估请求权救济时,大股东就会有压低合并对价的倾向。而简易合并中对价的压低,无疑会增加要约收购中的强迫程度。[5] Guhan Subramanian 教授的实证研究也证实了,要约收购路径下整体支付的对价比合并路径下支付的价格要低。[6]

可见,Siliconix 案和 Glassman 案本身的保护制度并不令人满意。那对此路径该如何进行规制呢?需要适用完全公平标准来进行审查吗?还是只需要在现有规制上进行一些改进即可?

(二) 公司法对该路径的规则

面对如何规制要约收购 & 简易合并路径,法院、实务界和学界提出了各种各样的解决办法。

---

[1] See Bradley R. Aronstam, R. Franklin Balotti & Timo Rehbock, "Delaware's Going Private Dilemma: Fostering Protections for Minority Shareholders in The Wake of Siliconix and Unocal Exploration", 58 *Bus. Law.* 519 (2003).

[2] See *In Re Pure Resources, Inc., Shareholders Litigation*, 808 A.2d 421 (Del. Ch. 2003).

[3] See Richard T. Hossfeld, "Short-Form Mergers After Glassman v. Unocal Exploration Corp.: Time to Reform Appraisal", 53 *Duke L. J.* 1337, 1352 (2004).

[4] Id., p.1339.

[5] See Bradley R. Aronstam, R. Franklin Balotti & Timo Rehbock, "Delaware's Going Private Dilemma: Fostering Protections for Minority Shareholders in The Wake of Siliconix and Unocal Exploration", 58 *Bus. Law.* 519 (2003).

[6] See Guhan Subramanian, *Post-Siliconix Freeze-Outs: Theory & Evidence*, at http://www.law.harvard.edu/programs/olin_center/papers/pdf/Subramanian_472_revised.pdf.

## 1. 法院的态度——Pure Resources 案[1]

在 *In re Pure Resources, Inc. Shareholders Litigation* 案中，Strine 法官对要约收购+简易合并路径下的相关问题做了深入的分析。

### (1) 是否适用完全公平审查

*Pure Resources* 案中，原告提出，要约施加了与"内在强迫"(inherent coercion)相同的威胁，而正是这一威胁，使得州最高法院在 *Kahn* 案中坚持对利益冲突合并适用完全公平标准。被告则认为，本案涉及的是要约而不是合并，*Kahn* 案并不适用，而应当适用 *Solomon* 案的标准。

法院首先承认，*Kahn* 案中支持其适用完全公平审查的理由（大股东报复行为、不信任小股东多数同意的理由、大股东具有优势信息或控制交易时间等）在要约情形中都同样存在，*Solomon* 标准也存在保护不足的问题。不过，经过一番论证后，法院认为，对于适用标准更为可取的做法是，仍适用灵活、较少约束的 *Solomon* 标准，同时对引发 *Kahn* 案适用完全公平的内在强迫和结构性偏差问题给予更多的关注。法院解释道，作出这样的选择，是考虑到机构投资者活动的增强，及其获得更多的信息流的能力。最近的案例也表明投资者有能力拒绝大股东的要约，如本案的原告就表示了其不怕大股东的报复。当然，这并不是说大股东的要约不会给小股东产生风险，法院要表达的是，设计公司法不应以小股东弱不禁风为前提，而应该给予小股东有见识并自愿批准的交易以更多的尊敬。

### (2) 对 Solomon 标准的改进

法院认为，为了适当的解决 *Kahn* 案下关注的那些问题，有必要增加一些措施来确保要约的非强迫性和公平性。

首先，为了解决"囚徒困境"问题，法院提出，只有当要约收购满足下列条件时才会被视为非强迫性：① 要约不可撤销受"小股东多数同意出售股份"的约束，② 大股东承诺在获得 90% 以上股份时将以相同价格迅速完成一个简易合并；③ 大股东没有进行报复威胁。法院认为，这些保护措施将减少对自愿选择的扭曲，也考虑到了股票交易数量减少使股东面临的不利状况。这些保护措施给小股东提供一个能实现的预期，即只要一起努力是可以阻止要约继续进行的，这可以部分解决股东分散问题(disaggregation problem)。

其次，如果要为小股东提供真正的机会使其能作出知晓的、自愿决定，大股东拥有的信息和时间优势需要一些保护措施来抵消。基于此，法院认为，大股东负有义务让独立董事有足够时间和自由对要约作出反应，如至少让其能够雇用自己的顾问，能为小股东提供关于要约是否可接受的推荐，能向小股东披露便于其作出知晓判断的足够信息。同时，对独立董事来说，他们负有善意和勤勉的执行上述任务、为小股东追求最大利益的义务。

---

[1] See *In Re Pure Resources, Inc., Shareholders Litigation*, 808 A.2d 421 (Del. Ch. 2003).

最后,法院认为,投资银行的分析通常解决的是对股东来说最重要的问题——支付给股东的对价是否足够。投资银行报告中真正具有价值的信息并不是其最后的结论,而是支撑其结论的价值分析过程。当由小股东独自来决定是否接受要约时,价值分析信息就显得尤为重要。现在要求投资银行披露的所谓"公平意见"其实仅仅是一个结论性意见,这对保护股东没有太大含义。因此,法院决定,当董事会是基于投资银行的建议来推荐要约时,小股东有权获得投资银行实质性工作的"公平摘要"。

(3) 对法院处理的评价

一些人对法院的处理表达了赞同意见,如 Jon E. Abramczyk 等认为,这些重要的保护措施已经为小股东提供了足够的保护。[1] A. C. Pritchard 认为,对强迫的关注是多余的,价格的不足其实在小股东先前从大股东那里购买股份时就已经获得过补偿。[2] 不过,也有人对法院的处理表达了不同意见。Christopher A. Iacono 认为,法院增加的保护措施几乎没有现实意义,因为这些条件条件早已经被引进了实践中,法院再规定它们并不具有显著作用。[3] Brian M. Resnick 认为,由于公平价格其实是在一个价格区间内,当不存在完全公平下的"公平交易"要求时,小股东极有可能获得的就是这一区间的最低价格。这是因为,完全公平下的独立委员会具有极大的权力和谈判力,当不适用于完全公平审查时,大股东没有动力来建立一个强大的独立委员会。[4] Guhan Subramanian 也认为,由于独立委员会不具有实质性的谈判权力、也不存在完全公平审查的威慑,使得对价格的唯一约束标准是市场价格,而这将引发大股东的机会主义行为,即其通过控制交易时间和影响目标公司价值来控制市场价格。[5] Kimble Charles Cannon 则认为,*Pure Resources* 案的规定要发挥效用,需结合董事的某种积极义务,即帮助小股东评估要约公平性的义务。[6] 此外, Bradley R. Aronstam 等还认为,简易合并中的评估请求权缺陷增加了对第一阶段的强迫,

---

[1] See Jon E. Abramczyk, "Jason A. Cincilla & James D. Honaker, Going-Private 'Dilemma'? —Not In Delaware", 58 *Bus. Law.* 1351 (2003).

[2] See A. C. Pritchard, "Tender Offers by Controlling Shareholders: The Specter of Coercion and Fair Price", 1 *Berkeley Bus. L. J.* 83, 101—110 (2004).

[3] See Christopher A. Iacono, "Tender Offers and Short-Form Mergers by Controlling Shareholders under Delaware Law: The '800-Pound Gorilla' Continues Unimpeded-In Re Pure Resources, Inc., Shareholders Litigation", 28 *Del. J. Corp. L.* 645, 665—669 (2003).

[4] See Brian M. Resnick, "Recent Delaware Decisions May Prove to Be 'Entirely Unfair' to Minority Shareholders in Parent Merger with Partially Owned Subsidiary", 2003 *Colum. Bus. L. Rev.* 253, 258 (2003).

[5] See Guhan Subramanian, "Fixing Freezeouts", 115 *Yale L. J.* 2, 30—32 (2005).

[6] See Kimble Charles Cannon, "Augmenting the Duties Of Directors To Protect Minority Shareholders in The Context Of Going—Private Transactions the Case for Obligating Directors to Express a Valuation Opinion in Unilateral Tender Offers after Siliconix, Aquila, and Pure Resources", 2003 *Colum. Bus. L. Rev.* 191, 240—241 (2003).

而 Pure Resources 案并没有针对简易合并中的问题进行改进。[1]

从上述反对意见和主张来看,尽管 Pure Resources 案通过增强要约阶段的"自愿性"提高了对小股东的保护,但法院的解决办法似乎并不完全令人满意。

2. 学界的主张

鉴于 Pure Resources 案并没有提出令人完全信服的解决方案,探讨不同的解决办法仍有必要。

(1) 通过"模仿对等交易"来解决

Guhan Subramanian 教授主张回归到模仿"对等交易"来对要约收购+简易合并进行规制,即小股东应该得到与对等合并过程一样的程序性保护。[2]

在对等交易中,完成合并或收购通常要求经过两个程序:第一,董事会的批准,第二,目标公司股东大会的批准。对等交易的特征是,先由具有实质性权力的目标公司董事会与收购人进行谈判,最后的检查则通过股东表决来进行。毫无疑问,这些特征在由大股东控制的合并中通常是不存在的。不过,特拉华州法院通过一系列的判例,创造了与对等交易特征相似的程序,如由独立董事组成的独立委员会、独立委员会享有否决权、由小股东多数对交易进行表决。

将上述程序与实践中要约收购路径下的程序进行对比后会发现,要约收购下的独立委员会缺乏足够的议价权力。这无疑将降低第一阶段谈判的效果,而第一阶段谈判是对等交易中保证价格足够的关键。为了在要约收购路径下复制对等交易中的董事会批准程序,就需要增加独立委员会的议价权力。增加独立委员会的实质性议价权力,将减轻谈判双方之间的信息不对称,同时也会削减大股东的机会主义行为。

增加独立委员会的议价权力有两条途径。[3] 第一,通过构建司法审查标准鼓励交易经过独立委员会批准。也就是说,如果独立委员会没有肯定的批准该要约而大股东却继续进行收购,则交易须受完全公平审查。这样,大股东为了免受完全公平审查,会谋求与独立委员会达成协议,客观上使得独立委员会拥有了否决权,从而极大地提高了独立委员会的议价能力。这一办法的优点是简单、低成本,因为大股东通常都会选择避免接受完全公平审查,一般不会导致诉讼的实际发生。第二,授权独立委员会可以使用"毒丸"。最近的一个案例显示,通过采用毒丸手段,最终价格比刚开始的出价高出了近12%。[4] 不过,由于大股东通常能控制董事会,它有可能废除独立委员会采取的毒丸计划,从而也就削弱了独立委员会的实际议价能力。

---

[1] See Bradley R. Aronstam, R. Franklin Balotti & Timo Rehbock, "Revisiting Delaware's Going Private Dilemma Post—Pure Resources", 59 *Bus. Law.* 1459 (2004).

[2] See Guhan Subramanian, "Fixing Freezeouts", 115 *Yale L. J.* 2, 49—53 (2005).

[3] Id., p.56.

[4] Id., p.57.

### (2) 通过"增强简易合并中的保护"来解决

增强对简易合并步骤中小股东的保护，可以减轻第一步要约收购中的强迫性，有助于整个交易的公平。因此，针对简易合并中的保护不足，可以提出相应的解决办法。

简易合并中的保护不足体现在，评估请求权是小股东的唯一救济手段，而评估请求权又存在较多的缺陷。故对评估请求权进行改进是增强对小股东保护的途径之一。Bradley R. Aronstam 等认为，评估请求权可进行如下修改：在《特拉华州普通公司法》第 262 条中规定，如果简易合并中的评定价值超过母公司支付的对价，则：母公司应向所有小股东支付该评定价值，不管小股东是否行使了评估请求权；母公司应向股东支付在行使评估请求权中发生的所有合理的诉讼费用（包括律师费和专家费用）。[1] 通过这两方面的修改，会激励律师更多的参与评估请求权案件，使得评估请求程序成为小股东更容易实现、更有效果的救济方法。同时，这些修改还会使母公司在简易合并中不敢向小股东支付不足的对价，因为，母公司在评估请求程序中可能支付的诉讼费用和价值差额（评定价值与对价的差额），会超过其支付较低对价所获得的利益。[2]

增强对小股东保护的另一途径是不让评估请求权成为唯一救济。Bradley R. Aronstam 等提出了"有限公平听证"（the limited fairness hearing）。[3] 该听证要求母公司证明简易合并中对价的支付方式是怎么确定的、其是否利用了时间优势，并且法院会审查价格的公平性。提议者认为，该听证程序能为小股东提供类似完全公平审查的好处，但又不与公司法第 253 条的精神和要求相冲突。

### 五、余论

在厘清美国法上相关法律问题后，我们更需要关照中国的现实，这才是本文真正意义之所在。而这无疑是一项系统的工程，不仅仅是因为实践经验的缺乏，更是因为一项域外制度在中国本土资本市场上能否"玩得转"，涉及太多复杂的因素，诸如该项制度与中国法制和市场的兼容性等，都是值得我们进一步考量的。本文仅"点到为止"，期待学界与实务界有更为深入的剖析。

（初审编辑：郭剑寒）

---

[1] See Bradley R. Aronstam, R. Franklin Balotti & Timo Rehbock, "Revisiting Delaware's Going Private Dilemma Post—Pure Resources", 59 *Bus. Law.* 1459 (2004).

[2] Id.

[3] See Bradley R. Aronstam, R. Franklin Balotti & Timo Rehbock, "Delaware's Going Private Dilemma: Fostering Protections for Minority Shareholders in The Wake of Siliconix and Unocal Exploration", 58 *Bus. Law.* 519 (2003).

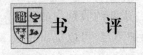

# 自由与权力:如何超越零和博弈?
## ——《权利的成本》读后

姜 峰[*]

## A Review of *The Cost of Rights*:
## How to Move beyond the Zero Sum Game
## between Liberty and Power?

*Jiang Feng*

《权利的成本——为什么自由依赖于税》一书,系美国当代著名政治学和宪法学者史蒂芬·霍尔姆斯(Stephen Holmes)和凯斯·桑斯坦(Cass Sunstein)合著,已由毕竞悦女士精心译成中文,自北京大学出版社自 2004 年首版以来,数次重印,是一本深受欢迎的学术作品。在这本不厚但颇为耐读的书中,两位作者素有的睿智表现得淋漓尽致,细致入微的分析虽忠于常识,但读来确如有评论所说的那样,真的是让人"目瞪口呆"和"无法抗拒"。[1] 这是一本值得精读的书,这篇书评主要讨论一下全书的主题思想所针对的理论和实践问题,以

---

[*] 北京大学法学院 2004 级博士研究生、山东大学法学院讲师,电子邮箱:j-feng0501@sohu.com。

[1] 分别是乔·埃尔斯特(Jon Elster)和布鲁斯·阿克曼(Bruce Akerman)的评价,见封底页。

及对我们的可能启示。

## 一、个人自由的公共属性

仅从书名来看,作者好像是要对权利进行某种会计学调查,但正如他们自己说的,"这是一本关于法律权利本质的书,而不是一项对财政的详细研究"(页9)。[1] 因此,书中列举的一些表示权利成本的数据,都是解释性的。对于本书真正的主题而言,"自由依赖于税"这一命题只是一个引言,它并未太多地挑战常识,而继之对权利本质的探究,却深入地涉及了多个方面。所有的概括都是要冒以偏概全的风险的,何况作者的论证已极为精炼,这里只能删繁就简地列举几个逻辑环节,以作为进一步评价的基础。

作者认为,个人自由依赖政府的积极行动,"自由不是不需要依赖于政府;相反,积极的政府为自由提供了条件"(页153)。尽管无意彻底推翻"消极自由/积极自由"的经典分类,作者还是提出了有力的质疑。按照这种分类,消极自由拒绝政府,积极自由呼唤政府,前者省钱,后者花钱。本书则认为,保护消极自由既不比积极自由少花钱,对政府行动的要求也不少。如为了保护财产和契约免受侵害,必须依赖政府积极地维持秩序,而这需要财政的支持。如果没有强制性的政府权力加以干预,或作为对潜在侵权者的威慑存在,个人自由就可能面临侵害。在防备流氓官员的骚扰时,也需要借助于政府的积极作为,一个部门的错误需要另一个部门来纠正,"权力的滥用只能通过另一种权力成功地防止,人身保护令的历史证明了这一理论的正确性"(页77)。无论是防止政治专制(当权者的压迫)还是社会性侵害(社会中一部分人侵害另一部分人),权威总是必不可少的,权利在本质上依赖于政府汲取和分配税收资源的能力。

政府对于保障自由是必要的,它又必须借助于税收才能运作,所以权利是有财政成本的。"这种机器的操作成本高昂,纳税人必须为其支付费用。"(页29)一旦靠税收养活的庞大司法系统松懈,公民权利就会变得脆弱。美国移民局经常以资格、政见、国籍为理由对外侨实施差别对待,由于他们没有为美国政府纳税,所以少有机会得到公共资助的司法部门的救济,他们几乎没有什么法律权利,这从反面说明了政府保障自由时对税收的依赖。[2] 作者也指出,法院不是唯一的由税收资助的提供救济的政府实体。例如1996年,美国全国劳动关系局花费了纳税人1.7亿美元对管理者施加责任来保护工人权利;职业安全

---

[1] 除非特别注明,引文皆出自《权利的成本——为什么自由依赖于税》,为行文简便,仅注出页码。另外需要说明的是,尽管"权利"与"自由"在法理学上的含义有所不同,但本文未做区分,它们都指个人的某种法定利益,这同本书作者的理解是一致的。

[2] 新近的例子是关塔那摩的虐囚事件,伊拉克囚犯既没有为美国的法律救济机制纳税,也没有方式享受它,而美国当局以同样方式对待本国公民的情况,是无法想象的。

与健康委员会支出了3.6亿美元,强制雇主提供安全和健康的工作场所以维护工人利益;平等就业机会委员会那年的预算是2.33亿美元,为捍卫雇员的权利,它禁止雇主在雇用和升迁问题上实施差别对待。(页28—29)

宗教自由是典型的"消极自由",按照"政教分离"的原则,政府不得干涉宗教事务,第一宪法修正案明确禁止政府"建立宗教或禁止宗教自由"。但是,"政府必须像给其他人一样给宗教组织提供标准的服务——首要的是警察和消防。这需要花费大量的金钱,尤其是当宗教组织之间或者非宗教组织之间的关系紧张时,成本会急剧飞升"(页135)。耶和华见证会成员能够在天主教地区播放反对的录音,这种自由若没有国库的支持是不可思议的。宗教自由之所以昂贵,是因为政府必须随时准备公平地介入到不同教派之间的冲突当中。"事实上,宗教自由比防止政府更需要防止私人教派偏狭的、专横的傲慢态度。"(页139)如果没有强有力的公共权力对可能恣意妄为的宗教领袖施加压力,美国的宗教自由将很快化为泡影。

由于权利所依赖的税源是有限的,所以它不可能是没有限度的,道理很简单:"涉及钱的东西没有绝对的。"(页69)进而,如果权利都是有限的,那么,为了协调不同权利的保障方式和程度,权衡就不可避免。根本的问题在于"权利之间的冲突根源于全部权利对有限的预算费用的一般依赖性。但是财政限制就排除了所有基本权利在同一时间被最大限度执行的可能性。权利总是需要或者包含着金钱性质的权衡,并且开支模式在某种程度上是由政治决定的。关注成本有助于解释为什么财产权会与财产权相冲突,为什么地方警察局已经派它唯一的巡逻队保卫张三豪华的宅院后就不能充分保护李四荒废的家宅"(页73)。

霍尔姆斯和桑斯坦发现,关注权利的成本问题能够"促使我们再思考并修正我们熟悉的但是被夸大了的个体与社会之间的对立"(页173)。个人权利是"共同体资产"的个人权利(页163)。权利依赖于税而不是费,原因即在于权利服务于所有人,用税来供养,政府为特殊人提供的利益,用费来供养。有人享有权利意味着就有人承担尊重权利的责任,同样,权利人也要尊重他人的同样权利,所以权利话语并不像社群主义者批评的那样意在鼓励自私,减少对共同体的责任。作者敏锐地揭示了权利和责任之间的内在联系:权利话语强化而不是削弱了对共同体的责任。"实际上,大多数宪法权利的设计是为了促使政府机构负责任地行为。"(页106—107)排除强迫获得证据的权利,旨在防止执行逮捕和询问的官员对被拘者严刑逼供。作者指出,那种认为权利削弱责任的论调有一个前提性误解,即权利和责任是零和博弈:任何一方的增加都会使另一方减少。但事实上,一旦自由主义权利良好地运作,它们就会强烈地施展诱惑,以促使负责任的行为以及使得公民和公职人员的自律。因此,"权利文化同时是一种义务文化,因而也是责任文化"(页118)。选举权就激励公职人员负责行事。"许多权利反映了普通公民某种程度的利他主义,大多数权利一旦切实地得到保护就能有助于促进利他主义和负责任的习惯。"(页118)[1]

权利的公共性还意味着可以成为政治整合的手段。就此而言,消极自由和积极自由有相同的功能。一些关键性的"消极自由",例如言论自由和结社自由,旨在促进深思熟虑和公众互动,它们并不纵容自私自利、恣意妄为和社会分裂。"言论自由培育了自由主义的社会性、提供了人们在公共领域相互间随心所欲交流、争执和妥协的机会。言论自由,作为公开的公共交流渠道的后盾,它特别具有公共性。"(页118)宗教自由同样促进社会整合,而不是鼓励分裂,它"通过在异质社会为非暴力解决纠纷和平抑社会期望提出清晰的规则,权利创造了一种特别稳定的社会共存和合作模式"(页134)。财产权亦然,"正如亚里士多德反对柏拉图时所说的,私有权可以激励对社会有益的行为"(页110)。

"积极自由"同样有促进社会整合的功能,作者对福利权的辩护有着普遍的启示意义。传统的看法是,同言论自由、宗教自由这些重要的"消极自由"不同,福利权被认为强化了依赖性,济贫意味着鼓励懒惰,保障福利权的理由要么诉诸人道主义,要么诉诸一种策略性考虑:防止穷人对富人进行暴力清算。霍尔姆斯和桑斯坦提供了一个更具建设性的视角:支持福利权不是要纵容懒惰和依附[2],而是促进自治和社会的整合。作者以《1862年宅地法》为例指出,政府把西部土地分给愿意耕种的移民,不仅仅是为济贫而施舍,它也是公共资源的选择性投资,能够促进自律、长远规划和经济增长,因为宅地法把穷人视为生产者而非消费者,"它提供给个体和家庭自我谋生的手段和机会"(页160)。以税收资助的公立教育等福利权,也有同样的功能:公立学校的学生不仅是在被动地接受利益,他们也在积极地学习;为贫民提供的工作培训,则意味着把不熟练的雇员变成能够扩大税基的劳动力。壮年纳税人对青少年和老年人福利甘心买单,在本质上可以理解为履行一项代际契约,在这一权利契约中,每个人都是潜在的受益人。福利权所依赖的财富再分配,并未带来贫富和强弱之间的仇恨和社会分裂,契约式的安排促进了社会的整合。

通过对个人自由的一系列特征所进行的阐释,作者揭示了权利的属性:无论是积极自由还是消极自由,都具有公共属性,它们依赖于建立在税收基础上的政府权威;权利的增长伴随着责任的强化,因而具有政治整合的功能;这种对

---

[1] 作者强调,即使在社会责任已经明显衰落的地方,归因于日益增长的个体权利诉求也是"智识上的不负责任"。(页115)例如,乱交在很大程度上并非权利过度的产物,而是源于技术进步提供的方便。犯罪行为的增加也不能归罪于权利的增长,而是源于人口、科技、经济、教育以及文化变迁等权利之外的因素。(页102)

[2] 况且,依赖性也需要区别对待,警察和消防无疑使公民依赖于公共援助,但"这种家长式的支持也促进了私人装饰和添附所有物的积极性"。(页159)

权利本质属性的揭示,对那种认为个人自由与公共权力此消彼长的传统论调构成了重要的挑战。

## 二、理论意义与规范性启示

20世纪以来,自由主义在为所取得的巨大历史成就欢呼雀跃的同时,也面临来自不同层面的质疑。社群主义倚仗着对"现代性"的怀疑,带着浓厚的形而上学味道,构成了最大的外部挑战。[1] 在社群主义者眼中,现代民主制体内的自由主义意识形态是原子论的,它鼓励对共同体价值漠不关心,把公共领域变成了权利话语的牺牲品。格林顿(Mary Ann Glendon)担心,权利话语已经把美国人引向更加自私和个人主义,权利文化已经在政治上使利他主义、相互关心贬值。[2] 与此同时,自由主义意识形态内部也并非和气一团。在古典宪政主义的核心观念中,对自由的热爱和对权力戒备是一枚硬币的两面,它衍生出了一组根深蒂固的命题:政府是一个必要的恶,保障自由意味着远离政府;消极自由和积极自由泾渭分明,前者排斥政府,后者依赖政府;权利乃是私人之物,它的正当性仅在于满足个人诉求而与共同体无关;宪法权利仅防范政府,而不对抗私的当事人等。简言之,自由与权力就是此消彼长的零和关系,霍尔姆斯和桑斯坦也正是根据这一背景来勾画20世纪后期的观念景象的:反对政府一度成为美国民粹主义的既定主题,它的口号是"不要压榨我!"或者如罗纳德·里根(Ronald Reagan)所言:"政府不是解决问题的办法,它就是问题。"更近的还有像查尔斯·默里(Charles Murray)和大卫·波阿斯(David Boaz)这样逮着政府问题就批评的人,宣称"成人在诚实地生活和考虑他自己的事情时不应该受到干预",因此美国的麻烦被认为也是众所周知的问题:政府太多(页13—14)。反思这一景象,无疑构成了《权利的成本》一书的主题。

通过对权利成本和相关属性的分析,霍尔姆斯和桑斯坦为自由主义的宪政民主体制作出了有力的辩护。前面对本书内容的概括,可以归结为两个方面,它们有力揭示了对立理论所存在的问题。一方面,通过揭示权利依赖于税从而依赖于政府、权利的有限性和权衡特征,作者在自由主义阵营内部清理了关于权利属性和功能的种种误解。布鲁斯·阿克曼认为这一目的无疑是成功的,他评价本书"为自由主义在智识上的失败以及呼吁更好的自由主义模式的强烈需要提供了令人无法抗拒的分析"(封底页)。另一方面,通过阐明个人权利与共同体责任的内在联系,以及揭示权利促进社会整合的功能,作者令人信服地

---

[1] 对"现代性"的批评始于海德格尔,20世纪50年代后流行于欧美学界,七八十年代以后,反现代性的矛头指向自由主义意识形态及其体制。

[2] 参见 Mary Ann Glendon, *Rights Talk*, New York: Free Press, 1993。

阐释了个人自由的公共属性,这就有力回应了来自自由主义宪政体制之外的批评。[1]

就作者的目的而言,权利有成本这一命题只是探讨权利属性和功能的一个开始,更为重要的是,它引导人们打开了一扇窥探权利世界的门,透过它所提供的新视角,可以重新看待一些老问题,它提醒人们正确评价古典自由主义作为一种意识形态的特定历史功能,基于此,应给予公共权力在现代社会中的地位一个客观的评价。"公共政策的决定不应该以假想自由与征税者敌对为基础,因为如果这两者真的是对立的,那么我们所有的基本自由都将等候被废除。"(页16)进而,一旦我们认可政府在保障权利方面的积极角色,就会深入考虑一些有意义的制度性问题,"不仅是有关各种权利实际上花了多少钱的问题,而且还有关于由谁决定如何分配我们的稀缺公共资源用于保护何种权利,保护谁的问题。通常调用哪些原则指导这种分配? 而且这些原则能够不受攻击吗?"(页16)

由于受制于公共财政的约束,权利不可能是绝对的,这就需要在权利的保障种类和程度上进行权衡。这一见解的意义是显而易见的,它不可避免地引导我们拓展对于公共财政属性的认识。公共财政学将不再简单的是一门会计学,它"是一门伦理科学,因为它迫使我们为共同体决策产生的损失提供公共会计,迫使我们说明在追求更重要的目标时我们愿意放弃什么"(页69)。更进一步而言,如果权衡不可避免,那就必须关注权衡过程(公共决策过程)本身的合理性。霍尔姆斯和桑斯坦强调,权利既然要以广大纳税人的钱袋为基础,那么其设置就必须尊重公众的支付意愿,"当涉及有争议的价值判断时,应该以公开、民主的方式作出决策……关于何种权利应该以何种方式得到保护以及多少社会财富应该投资于保护这些权利的判断应该接受正在进行的、民主审议过程中的公共批评和争论"。(页170)这样,由于公共预算中政治选择是不可避免的,德沃金(Ronald Dworking)所主张的"权利就是王牌"在很大程度上就要让位于盖伊·彼得斯(Guy Peters)"政治就是王牌"的说法了。(页89)

《权利的成本》主要是对美国读者写的,它所论及的具体问题无疑也首先是本国的,但是,本书不只是"扭转了美国人的偏见"[2],对于我国也具有启示意义。注意到自由与权力之间的协调关系,有助于拓展我们对当前改革路径的认识。长期以来,由于种种原因,我们似乎更多地坚持自由与权力的二元对立,这导致了理论与实践上的双重困境。在理论上,它使制度改革的空间变得狭窄,制度变迁似乎只能在无政府与威权统治之间徘徊。如果政府仅仅是一个"必要的恶",那么问题就容易化约为如何尽可能减少它的存在;如果个人自由

---

[1] 同样的主题,在霍尔姆斯的《反自由主义剖析》(曦中等译,中国社会科学出版社2002年版)中有更为详尽的阐述。

[2] 阿兰·瑞安(Alan Ryan)的评价,见《权利的成本》封底。

被一般地认为是共同体的累赘,那就可能为追求秩序而牺牲自由。这种非此即彼的选择是危险的。在实践中,现代社会的复杂性已经迫使政府权力在广度和深度上不可避免地扩张,这种状况让自由主义者感到迷茫,如果不能在原则上作出说明,公共权力的扩张固然有着强有力的现实需求,却有可能在威权与无政府之间迷失方向。霍尔姆斯和桑斯坦的启发是,在自由与权力的关系问题上是可以超越零和博弈的认知模式的。

不仅如此,权利成本理论对于具体制度的选择也能够提供有益的启示,它为我们保障一些常被忽视但又非常重要的权利提供了理由。霍尔姆斯和桑斯坦从政治和社会的角度理解权利的功能。以表达自由为例,它之所以重要,不仅是由于它促进个人的完善,也因为它是"民主自治的前提","它有助于确保政治责任,肃清政治腐败,曝光权力滥用,并且通过向官员以及公众以外的专家充分征求意见和批评从而提高制定政策的质量"。(页107)表达自由之所以能改善民主政治的审议质量,是因为它"减少了政府考虑不周的风险,促进了科学进步,鼓励了知识的传播,确保了政府压制和滥用职权有时会遭遇强烈的抗议"。(页84)如果接受这一认识,我们对改善表达自由的状况就会更有动力,而不会认为表达自由除了满足个人诉求之外只会给政府制造麻烦。再以福利权为例,正如霍尔姆斯和桑斯坦所提示的那样,福利权上的公共投入是建设性和富有效率的,它不仅仅是在花钱,而且是在为集体的长远利益进行投资,它不仅体现道德意义,而且具有工具价值,一旦公众认识到福利权对促进自治、效率和维持社会整合的意义,我们在提供公共教育、实施反贫困、乃至提供基本的医疗保障上的观念障碍就更易消除,对于我国当下的情况而言,这一点无疑具有重要的现实意义。

### 三、一个需要强调的前提

权利成本理论昭示的意义是理论上的,而它对制度改良的现实启示,也不仅仅是上面提到的方面,对于我国的读者来说,一些隐含的前提性命题需要进一步揭示。

霍尔姆斯和桑斯坦成功阐明了"自由依赖于税"这样一个中心命题,但是不能忽视的一个问题是,政府能否合理地攫取税收资源并进行有效分配,是要取决于一些条件的。首先,只有一个受到民意约束的政府才可能保障自由。"当政府合宪的建立并且作为对民主的回应而组成时,它是有效地动员和引导分散的共同体资源以精细的工作应对任何突发事件的不可或缺的设置。"(页15)其次,一个能够有效干预社会的政府,必须在多元的社会利益(尤其是宗教立场)之间保持中立,否则无法公正地制定和执行公共决策。从这一意义上说,宪法应当被视为政治生活中的反托拉斯法:它防止任何势力集团垄断对真理的解释权、对人民的代表权和对公共事务的决定权。再次,正如在前面部分所提到的,合理地汲取税收并进行有效率的分配,除了依赖于民意控制之外,还取决于是否存在一个良好的公共决策过程,事实上,20世纪80年代后政治学和宪法学研究对审议性民主理论的关注,就体现了这一要求。[1]

在对权利的成本进行讨论的过程中,政府与公民、自由与权威、公共领域与私人领域的二元划分被霍尔姆斯和桑斯坦令人信服的分析悄然消解了,而这些概念曾经盘踞于政治和宪法理论的核心。对于自由民主的宪政体制,两位作者显然持肯定和乐观的态度,这不仅是因为他们有支持这种态度的深刻见识,也因为他们处于一个特定的制度环境中。对于当代的美国而言,古典宪政观所警惕的那种政治专制危险,由于周期性选举、言论自由、司法约束对官员施加的政治压力,事实上已经得以消除,是民主改善了政府的品格,使它成为负责任的、同时也是人民实现自治的手段。所有政治理论都是根据问题来提出的,那么在自由民主的条件已经具备的情况下,政治专制似乎不再是个值得讨论的问题,在西方它已淡出政治争论的核心领域,人们不再像古典政治思想家那样关心基本的宪法问题(例如政体类型),而是不厌其烦地讨论细微的公共政策问题:遗产税应该高一点还是低一点,对失业者的救济期长一点还是短一点,以及政府对经济的干预多一点还是少一点。总之,霍尔姆斯和桑斯坦所强调的自由与权威之间的协调,在很大程度上立基于这样一个前提之上:公共权威已经受到了良好的约束,需要警惕的不再是政府,而是社会自身。

问题也许就在这里。当这里面的论述扩展到美国以外的很多国家时候,这个民主前提却是值得讨论的。如果我们从本书获得的启示仅仅是为强化政府权威扫清障碍,而不问对政府的民意约束和合理的公共决策过程存在与否,那就会误解作者关于权利本质的研究。无论如何,权力对权利的积极功能,只有在权力本身拥有良好品格时才能发挥。霍尔姆斯和桑斯坦虽未对此做详尽阐述,但他们也指出,一个有效的自由主义政府,在试图镇压暴力和犯罪的同时,又必须避免专制独裁的手段,行使强制手段的人必须有制度上的约束,只为公共目的而非私人目的,"一个理想中勾勒的自由主义政府是这样的:公平有效地提取社会资源,然后巧妙负责地重新分配这些资源,制造出对社会有用的公共物品和服务,比如制止偷窃。正是在这种意义上,一个成功的自由主义国家必须是政治上组织良好的"。(页43)

所以在读这本书时,有必要注意到不同国家在宪政步伐上的时间差。由于对政府的民主约束尚不完备,有的国家还处在前宪政时代,古典宪政主义所强

---

[1] 关于审议性民主的讨论,可参见桑斯坦:《设计民主:论宪法的作用》,金朝武、刘会春,法律出版社2006年版。

调的对政治权力的约束,对于西方成熟的宪政国家或许已经不再是个问题,对其他国家却仍是一个有待完成的事业;但与此同时,在全球化加剧了经济、文化和政治冲突从而客观上呼吁公共权力全面干预的条件下,政府又确需能动行事。一个无可回避的现实是,对权力的警惕和依赖奇异地结合在了一起。这也进一步促使我们思考公共决策过程的合理性问题:一个尚未有效地受到民意约束的公共权力,如何保证能够"公平有效地提取社会资源,然后巧妙负责地重新分配这些资源,制造出对社会有用的公共物品和服务"?一块钱花在国防上还是教育上效率更高?这一关于效率的价值评价由谁作出以及如何作出?再以一个经常为公众关心的问题为例:为什么一方面政府的消费性支出数额庞大,另一方面警察的办案费和基本的社会保障经费又严重不足?如果不能有效改善政府的品质并优化公共决策过程,它就难以公平地处理政治、经济和宗教纠纷,难以合理地攫取税收资源并负责而有效率地加以使用。没有权力作为保障的自由是无法实现的,而没有自由精神的权力则不过是赤裸裸的暴力。对于缺少民主控制而不负责的政府而言,将保障自由的任务交给它,无异于让兔子与狐狸共进晚餐。一句话:我们能否坦然地接受霍尔姆斯和桑斯坦所提出的关于自由与权力协调一致的命题,在强化政府权能方面义无反顾?对此,我们一定会有所踌躇。

## 四、结语

《权利的成本》给我们的启示,首先在于重新认识权利的本质——权利依赖于权力,个人自由具有公共属性,但同时我们也注意到,并非任何品质的政府都能够提供自由这种公共物品。所以也许更重要的是,本书与其说启示我们强化政府的权力,不如说强化了我们对改善政府品质的关注。公共权力对于保障自由必不可少,但权力自身的品质更为重要。如果权力仅仅意味着暴力,将民意约束从它的属性中剥离出去,权力势必堕落为自由的敌人。因此,对于那些有着威权传统的公共权力体系而言,改革实际上面临着双重任务:一方面,正如本书作者所启示的那样,要重新理解公共权力在现代社会中的角色和功能,反思自由与权力二元对立的传统论调;另一方面,要约束政府的力量,通过强化包括表达自由在内的民主监控来改善公共权力品格,毕竟,只有一个受到民意约束的政府,才能对人民当中广泛而多样的利益诉求保持高度的敏感。只有兼顾两个方面,自由与权威才可能存在一种稳定而具有建设性的协调关系。政府,只有确保其不做坏事,才能考虑如何让它做好事。

(《权利的成本——为什么自由依赖于税》,〔美〕史蒂芬·霍尔姆斯、凯斯·桑斯坦著,毕竞悦译,北京大学出版社2004年版。)

(初审编辑:李晟)

# 功能主义视角下的俄罗斯宪法变迁
## ——评《俄罗斯宪法：本质、演进与现代化》

温恒国[*]

**The Change of Russian Constitutions from the View of Functionalism:**
**Конституция России: природа, эволюция, современность**

Wen Heng-guo

## 一、引言

无论过去苏联宪法对中国宪法有过怎样的影响，我们都不得不承认，如今我们对俄罗斯的情况十分陌生。我们对美、英、法、德等国的宪法远比对俄罗斯的情况更为熟悉，尽管从地理上讲，它们只是远邦，俄罗斯才是近邻。近几年，国内对俄罗斯法律、法学的研究有所回暖，学者们开始关注俄罗斯在制定新宪法后，它的宪法学所发生的变化；在告别了苏联法学之后，他们的新进展。对此，我们不可不

---

[*] 北京大学法学院宪法学与行政法学博士研究生。

读的一本书是2000年莫斯科大学的阿瓦基扬教授出版的《俄罗斯宪法:本质、演进与现代化》(第二版)。该书在俄罗斯法学界引起了很大的反响与争议,我们可以从中发现当前俄罗斯宪法学研究的一些新的发展与变化。

根据俄罗斯司法研究院《俄罗斯著名法学家(20世纪下半叶)生平百科辞典》,阿瓦基扬·苏林·阿季别科维奇教授,生于1940年,法学博士,现为莫斯科大学法律系宪法与地方自治法教研室主任。他曾作为起草小组成员参与了大量苏联、俄罗斯社会主义联邦苏维埃共和国、俄罗斯联邦和莫斯科市的法律草拟工作。目前还担任国家杜马主席下属的立宪专家理事会联合主席等重要职务。同时还是《国家与法》、《莫斯科大学学报》的编辑组成员,是宪法与地方自治法领域最卓著的俄罗斯学者之一,发表的学术论著有225件之多,部分作品被译为多种语言出版,[1]可谓是俄罗斯当代一位"重量级"的宪法学家。

《俄罗斯宪法:本质、演进与现代化》(第二版)则是阿瓦基扬教授近几年来最有影响力的作品之一。在该书中,作者不太赞成只对宪法文本进行解读的研究方法,因为如果研究仅仅是探询宪法规范所蕴涵的精神,那宪法变迁所带来的不过是从对一种意识形态的阿谀到对另一种意识形态的盲目崇拜。真正有价值的研究应该去发现宪法在现实中的实际作用,看它是否解决了现实的问题,带来了怎样的效果。于是作者从功能主义的视角出发,对俄罗斯20世纪的宪法演变进行了一次全面而系统的论述。总的来说,阿瓦基扬教授在书中批判了一种流行的宪法观念,综合了两种学术理论,提出了一种全新的研究架构。

**二、核心观点:作为时代标志的宪法**[2]

早在苏联解体之前,全面否定社会主义的观念就已经开始盛行。新闻媒体中流行的观点是:苏联20世纪七十多年的社会主义建设是一个历史的错误。这种观点也反映在法学的研究中,一大批19世纪末20世纪初的法学著作被挖掘出来,重新刊印,跳过中间七十年的社会主义时期,将俄罗斯世纪末的法学发展与世纪初的法学探索直接嫁接,前苏联法学成了被刻意遗忘的角落。具体到宪法学中,有学者就认为前苏联时期的宪法学作品对今天没有什么价值,只有"个别作品,因其包含有实证的内容,在今天看来也具有一定的科学性,它们是国别性研究和比较法研究性质的作品"[3]。因为俄罗斯"正处于从以前非法治的社会主义向后社会主义法治建设的转折之中。在这种情况下要讨论的,就不

---

〔1〕 摘译自 Сырых. В. М. Видные ученые-юристы России (Вторая половина XX века). Энциклопедический словарь. Российская академия правосудия, 2006 г. с 11.

〔2〕 这一说法源自阿瓦基扬教授的另一篇文章的标题,见 Авакьян. С. А. Конституция как символ эпохи. «Конституция как символ эпохи». Т. 1. М. : Изд-во МГУ, 2004. с 5.

〔3〕 Козлов. А. Е. Конституционное право. БЕК. Москва. 1996. с 24.

是如何完善已确立的法律和法律秩序的继续发展问题,而只能是在社会与国家生活中如何开始确立法治原则进程的问题"[1]。甚至很多学者在写俄罗斯宪法史时,绝口不谈前苏联宪法,"造成一种印象,似乎苏联就不曾存在过"[2]。作者对这种流行观念并不认同,相反,他采用功能主义的视角,对俄罗斯20世纪的宪法发展史进行了全面回顾与细致梳理。

功能主义的研究就是对宪法实效性的论证,其评价标准在于宪法文本与社会现实的符合程度,这事实上包括了两部分论述内容,一是社会在其发展的某个特定阶段所面临的主要问题和需要是什么,二是通过宪法解决这些问题的效果如何。因此,只有回到当时具体的历史情境中去,本着理解的精神去考察宪法,才能得出正确的评价。

于是,作者在对宪法的概念、职能、特性等做了简短的论述后,从第二章开始就对俄罗斯20世纪的宪法发展史开始了细致的叙述与评论。由于功能主义关注的是法律的宪法性实质内容与精神,所以这时法律的名称是否是宪法不那么重要。

早在14世纪,宪法与宪政的精神在俄罗斯就已经得到传播和普及,最早的宪法性文件是1905年12月公布的关于完善国家秩序的沙皇告示。在1917年《苏俄宪法》出台之前,一批具有宪法性质的文件已经出台并开始施行。对于1917年《苏俄宪法》来说,最主要的任务就是确认这些文件的规定,承认苏维埃政权的合法性,并且宣告对国家未来建设的构想。而1924年《苏联宪法》的主要任务在于建立苏维埃社会主义共和国联盟,因而其主要内容是关于国家结构和权力划分,并不涉及有关社会经济制度与个人地位等内容,这一特点也反映在1925年俄罗斯社会主义联邦苏维埃共和国(以下简称苏俄)宪法当中。而1936年《苏联宪法》和1937年《苏俄宪法》几乎完全是斯大林在政治斗争中获胜的产物,对这部历史上饱受诟病的宪法,作者也给予了理解,"对于那个年代所发生的各种事件,包括对政治冒险主义背景下出台的宪法的种种评价,是有相当充分的理由的。但是这仅仅是一个方面的观点,不应忘记,胜利者对于他要建设的作为社会主义的社会应该是个什么样子,又应当沿着何种道路推向何方等问题是有着自己的一套想法的。此外,作为一名政治与国务活动家,这一切都迫使他要考虑国家的发展道路,以及他自己在人民中的声望"(页62)。而1977年《苏联宪法》和1978年《俄罗斯宪法》则与发达社会主义理论紧密相连,它解决了当时阶级统治理论的不适合性,对国家的下一步发展也作出了规划与

---

[1] Нерсесянц. В. С. Конституционализм как общегосударственная идеология. «конституционно-правовая реформа в Российской Федерации». ИНИОН РАН, 2000. с 7.

[2] Авакьян. С. А. Конституция России: природа, эволюция, современность. 2-е изд. РЮИД, "Сашко", 2000. с 54. 以下引用本书的内容,只在正文标注页码。

指引。不过后来,随着国家开放程度的扩大,人们面对国外资本主义市场经济的成功产生了心理失落,一系列的政策失误又恰逢其时,以及共产党自身也出现了危机,才从1988年起开始了一系列的宪法修改。只是这一发展过程令人叹息,一个旨在完善社会主义、强化苏联团结的宪法改革却最终摧毁了它们,并终结了自身。正是"通过对1978年宪法进行修改和补充的方式,在俄罗斯一个全新的宪法制度形成了"(页120)。人们对1993年《俄罗斯宪法》的溢美之词其实是言过其实,"事实上,这部宪法中反映的大部分规定,其实在苏俄1978年宪法的修改过程中都已经出现过"[1]。

所有宪法都是俄罗斯历史的产物,旧的历史孕育了新的历史,当旧宪法不足以解决俄罗斯的现实问题时,社会的发展与变化就会催生新宪法的产生。这里无所谓"对"与"错",这就是俄罗斯的历史现实。国家在历史发展进程中,根据社会的变化,感觉有必要通过制定宪法的方式对一些事情进行明确,于是就制定了它们。宪法不是法律的"圣经",也不必然正确。它们只是对一个时代的社会现实与人民愿望的记录与反映。因此,"如果说,宪政历史是指在相应的阶段制定过宪法,形成了国家发展中的次序标志的话,那么我们可以说,20世纪的俄罗斯拥有自己的宪政历史"(页7)。

### 三、论证方法:两种理论的综合

作者的这种宪法观在俄罗斯宪法学界独树一帜,既备受瞩目,也包受争议。作者观点的新奇性其实是由他所采用的研究方法的独特性所决定的,他所采取的方法既不同于传统的苏联法学,也有别于流行的欧美法学。阿瓦基扬认为,在对宪法性质的认识中,存在两种观念,"可以称为阶级政治理论和理性主义理论"(页9)。有关这两种理论,我们都不陌生。阶级政治理论是前苏联宪法学理论的核心,其中最著名的当然是列宁关于宪法是社会各阶级力量对比关系的反映的论断,它体现的是宪法的政治性,强调的是宪法产生的原因。而理性主义则是欧美国家宪法学的传统,在俄罗斯还是新事物。它突出的是宪法的法律性,强调的是宪法的结构性作用,认为宪法作为国家的根本法,是新型的国家制度与国家法律进一步发展的方向、基础与开端。

作者认为,这两种观念都是有道理的,但是又都有失偏颇。

人们为什么要制定宪法?是因为社会发生了转型。此时新宪法的出台,"几乎毫无例外的是因为,人民希望他们的政府体制有新开端"[2]。阶级政治理论可以解释宪法的现实决定性,说明了宪法从何而来,而理性主义理论则说

---

[1] Авакьян. С. А. Конституция как символ эпохи. «Конституция как символ эпохи». Т. 1. М.: Изд-во МГУ, 2004. с 14.

[2] K.C.惠尔:《现代宪法》,翟小波译,法律出版社2006年,页6。

明了宪法的现实指导性,即国家要向何处去。作为时代标志的宪法,恰恰出现在社会的历史转折点上,是两段历史进程的联结点。那么他就不仅要说明宪法因何而来,也要说明宪法向何而去。因此,"在说明宪法出现的原因及其实质时,应当兼顾这两种观念"(页10)。

当然,作者的贡献绝不是仅仅简单地完成了这种新老理论的联结。而且,这种联结也不是那么容易完成的,因为,在阶级政治理论与理性主义理论之间存在着一个潜在的冲突:阶级力量对比的结果和理性标准可能并不一致。为了消解这种冲突,完成阶级政治理论与理性主义之间的协调一致,作者对这两种理论都进行了改造。

首先,历史地来看,宪法的制定确实往往都伴随着激烈的斗争,这并不奇怪,社会总是由不同的力量构成,它们之间存在着冲突。在社会转型期这种冲突还会加剧,而制宪权更是社会力量争夺的焦点。但是,如果具体地来看历史上围绕着制宪而发生的"斗争",就会发现,这种斗争,未必都是阶级斗争。围绕1993年宪法制定而发生的总统与议会的冲突充分证明了这一点,他们在告别社会主义、建立民主法治国家这一总的目的上是一致的,但对于以什么样的方案来建设新国家却有着严重的意见分歧。但斗争并不必然要通过武力解决,"武装的或有形的冲突或许可以避免,但思想的斗争不可回避"(页10)。观念冲突的解决才是问题的关键。

其次,从功能主义的角度来看,理性的标准也并不是什么天然的、永恒的真理,而是对客观世界的准确反映,"对于宪法来说,人们既不希望它落后于社会发展,也不希望它超前,不希望它所包含的规范在现实中找不到实施办法"(页18)。因此,就应当把宪法及其规范理解为"社会、政治的重要性事实,而不能仅仅因为某些社会关系目录被写进了宪法,就认为这成了它们'万古不易'的前提"(页28)。尽管制宪者们总是会习惯性地标榜宪法是某种终极真理的宣示,但事实上,任何宪法在反映客观现实的同时,又是一部未来社会的规划大纲,是对未来美好生活的憧憬,不可避免地带有假想的成分。大多数立法建议"看起来往往并不是战略方针,而是以试错的方法来寻找道路"(页21)。所谓的理性也绝非那么确定无疑。

进化是功能主义方法论的核心观念,但作者的进化观毫无疑问是有异于传统的,反倒是更贴近某些后现代主义哲学理论。例如波普尔就强调要从错误中学习,认为科学是"通过不断提出尝试性的猜测与清除猜测中的谬误而获得发展"[1]。而库恩认为科学研究并不会使认识趋近真理,其价值更多地体现在

---

[1] 波普尔:《猜想与反驳》,付季重等译,上海译文出版社1986年,页47。

"解难题"活动上[1]。而面对众多解决问题的方法,人们"在相互竞争的理论之间进行选择,都取决于客观因素和主观因素的混合,或者说共有准则和个人准则的混合"[2]。阿瓦基扬也同样强调宪法改革的"试错"性、宪法规范的非"永恒性"、宪法制定的主观性和宪法发展的无方向性。阶级政治理论和理性主义理论的缺点在于忽视了宪法制定过程中的主观性,前者认为宪法是客观结果的反映,后者认为宪法是客观真理的体现。但事实上,"选择何种前进的道路,这不是由某种抽象的社会力量来决定,而是由具有自己观点的具体的人及团体来决定的"(页 21)。于是,阶级政治理论与理性主义理论就通过制宪者的认识观念统一在了一起,一部好的宪法必须让理性的认识奠基于充分的观念交流与竞争之上,在实践中通过解决实际问题而不断改进和发展。从这点上来看,阿瓦基扬的方法论又具有了某些后现代主义的特征。在他眼里,俄罗斯宪法的进化并不是朝向某种终极真理的实践史,而是对一个又一个现实问题的解决过程,是一场没有方向性的历史变迁。

### 四、主要目的:对现行宪法的反思

历史的研究其实关注的是现实问题。作者对历史的归纳,对宪法理论的综合,都是为了以此标准来检讨俄罗斯现行宪法。在作者看来,无论在实体结果上,还是在制定程序上,1993 年《俄联邦宪法》都存在着合法性不足的问题。

从实体方面来看,对现行宪法的评价当然不是看宪法说了什么,而要看宪法实现了什么。虽然现行宪法规定尊重人与公民的权利与自由,国家应当致力于建立条件,以保证人的生命尊严与自由发展,但事实的情况却是,俄罗斯经济持续低迷,秩序涣散,犯罪猖獗,腐败现象十分严重。这样的宪法规定没有多少实际意义。甚至和社会主义时期相比,它也进步不大。作者指出,俄罗斯"每个历史阶段都表现出一种悖论:威权政府不尊重个人的尊严,但它创造了大量的物质财富供个人享用,当前的政府高度尊重自由、人权与民权,却允许横在相对少数的富有者与大量勉强维持生计的人们之间的鸿沟越扩越大"(页 7)。

当然,从实质后果的角度来判断合法性,并不全面,也不够公平。因为决策失误是不可杜绝的。事实上,现代国家的合法性主要通过民主过程来证明。只要决策反映的是全体公民真实的意愿,那么即使这个决策失败了,人们也只能是事后去改正这个决策,但并不妨碍这个决策本身的合法性。

如果做一下历史比较,我们会发现 1993 年《俄联邦宪法》的制定过程与 1918 年《苏俄宪法》的制定过程惊人地相似。在十月革命之后,尽管苏维埃政

---

[1] 参见佟立:《西方后现代化主义哲学思潮研究》,天津人民出版社 2003 年,页 82。
[2] 库恩:《必要的张力》,纪树立等译,福建人民出版社 1981 年,页 319。

权已经建立，但它并没有坚决地表示反对立宪会议。相反，苏维埃政府在革命胜利后于 1917 年年末举行了选举，结果并不如意，布尔什维克没有取得多数席位。立宪会议不承认苏维埃政权和十月革命的合法性。于是，苏维埃政权解散了立宪会议，制定了 1918 年宪法。这一史实在上世纪 80 年代末被挖掘出来，成为质疑布尔什维克执政的有力论据，因为，苏维埃政权是通过武力战争取得的，不是民主选举的结果。[1]

而围绕 1993 年的宪法制定，在俄罗斯又是一场腥风血雨。虽然最后是以全民公投的方式通过了宪法，但是，其合法性却存在众多疑点。为制定宪法，俄罗斯在 1990 年 6 月 16 日成立了宪法委员会，当年秋天，第一份宪法草案出台，其后，经过了近三年的反复讨论与磋商，各社会团体也都纷纷提出自己的宪法草案，经过长期、慎重的考虑，大家的观点渐趋一致。然而，总统却并不满意这份草案的权力分配方案，与议会的冲突日益激烈，并最终通过武力取得了这场政治斗争的胜利，于 1993 年 5 月提出了总统宪法草案，这份草案仅经过半年时间的仓促修改与审议，于 1993 年 12 月 12 日提交全民公投。首先，这份宪法草案是以武装斗争取代观念竞争后的成果，而且只经过短时间内的仓促修改，很难说它是一部成熟的宪法。其次，公投的结果是草案仅以微弱的多数获得通过，但选票已被立即销毁，其真实性不得而知。再次，即使是真实的，也不应忘记，这次全民公投是在什么场合下进行的，当时"先是国家议会被解散，坦克被用来向其大楼开火，所有下级权力代表机关被解散，俄联邦宪法法院的活动被停止，全部权力都集中在总统手中"，"还应当考虑到人民的恐惧，他们害怕惹上麻烦。对于这些受到压制的大多数公民来说，本国历史的惨痛经验教会他们，最好不要和现实政权争辩"（页 228）。这种武力恐怖气氛下的全民公投，很难讲是人民真实意愿的体现。

作者认为，对于这样一部宪法，如果要问"宪法改革的必要性是否已经成熟？我们必须得说：是的，存在宪法改革的理由，既因为宪法制度的结构不合理，也因为大量宪法规定的不明确"（页 215）。作者总结了宪法需要改革的七大问题，包括总统权力过大，破坏了分权原则；国家杜马被剥夺了对政府的影响力，破坏了制衡原则；联邦委员会的非常设性影响了它的正常工作；此外还有像地方自治、联邦结构等也都存在问题。尽管现行宪法有如此多、如此严重的问题，但宪法的修改却迟迟没有进行，作者认为，这是因为现行宪法关于宪法修改程序过于复杂，过于困难，影响了宪法的完善。

阿瓦基扬认为，虽然俄罗斯在上个世纪里制度几经更迭，但有一个问题却始终根深蒂固，那就是"无论是过去还是现在，始终存在着以联邦与地方执行

---

[1] 国内研究可参见金雁：《回望 1917》，载《经济观察报》2007 年 9 月 3 日。

权为代表的、粗暴的、实质上官僚化的管理"(页6)。在这里,我们不难看出作者对议会制国家类型的偏爱。考虑到其本人的社会职务,我们不难理解他的这种态度。但是,宪法的稳定性与现实性之间总是存在着矛盾,需要谨慎的平衡。而且大部分国家对宪法修改程序也都规定了比普通法律更严格的程序,尽管过于复杂和严格的修宪程序也是很少的。

决定宪法修改最重要的因素,不在于修改程序,而在于修改的意愿与现实条件。在这一点上,我们很遗憾,作者似乎并没有坚持其实证的态度。在当前的俄罗斯,总统的权力与地位的确是最高的,相比议会有着更大的影响力,因而,意图限制总统权力的修宪所面临的最大困难不是复杂的程序,而是来自总统的反对。而且,总统在民众中的声望与权威事实上也比议会高,根据2002年的一项社会调查表明,在俄罗斯,有71.2%的人信任总统,但对联邦委员会、国家杜马和法院的信任率却只有21.6%,21.2%和26.7%。[1] 更多的人相信公民权利的最大保护者是总统,而不是议会。由此可以看出,作者试图通过修宪来改变国家权力配置的想法可能过于理想化了,这种想法在当今的俄罗斯既缺乏足够的公民修宪意愿的支持,又会面临掌权者的坚决反对。因此,作者的修宪蓝本只能是他本人的一厢情愿,不大可能成为现实。

**五、衍生产品:一种新的宪法学体系**

这部宪法学著作不但观点独到,形式也很新颖。对于苏联宪法学的体系,我们并不陌生。它以法律关系为核心概念,在基础理论部分主要讲述宪法的概念、种类,宪法关系的主体、对象、特点等,而后按国家宪法的章节顺序,逐章地对现行宪法的内容进行解释。虽然1993年俄罗斯的宪法内容发生的变化,但宪法学的结构安排却依然得以保持。不仅苏联和现在的俄罗斯宪法学是这样,中国的宪法学也如出一辙,欧美有成文宪法的国家的宪法学著作也都大致如此。宪法学基本上就是现行宪法的法律注释学。

但阿瓦基扬的《宪法学》在体例上与此则有极大的不同。该书主要分正文和附件两大部分,其中附件共有4项,总的页数比正文还多,主要是1978年前苏俄宪法文本,1993年俄联邦宪法制定过程中出现的主要宪法草案文本和俄罗斯关于宪法问题的论著索引。正文部分一共分四章,作者用极简洁的语言介绍了宪法的概念和方法论问题,而后,重点介绍了宪法的功能,结构和特点,并且用专门一节来论述宪法的法律属性;接下来则用大量篇幅分两章介绍了苏联时期的宪法和1993年制宪过程中出现的若干重要宪法草案。第四章则主要探

---

[1] Митрошенков. О. А. Правовая культура населения Российской Федерации: состояние и тенденции формирования. «Социология власти». № 1. 2003. с 56. Таблица 14.

讨俄罗斯宪法的现代问题。

如果将以前的宪法学体例比作纪传体的话,那么,这本书的体例毫无疑问就是编年体的。这种体例对于像美国这样历史上只有过一部联邦宪法的国家来说,可能没有多大用处,但对于像俄罗斯、中国、法国等存在过多部宪法的国家来说,在从历史发展的角度来进行宪法学研究时就显得更为便利。

当然,由于作者用了相当比例的篇幅对历史资料进行分析,因此这部书乍看起来倒更像是一部宪法史著作。但是,它与宪法史著作还是存在着相当大的差别,其一,宪法史的著作一般不会集中讨论宪法学的理论问题,其次,宪法史著作一般也不会讨论现行宪法的问题。其二,现实中,这部著作就是作为莫斯科大学的宪法学教材而不是宪法史教材在使用。这种体例安排的好处在于:在内容上,由于缩简了基础理论的篇幅,使得作者的主要观点更加突出,主题鲜明,整部书显得更加统一、紧凑。而在论证过程中,作者基本不涉及外国的宪法,而是完全基于俄罗斯历史上出现过的实在的宪法文本得出自己的结论,其中既有不同时期的比较,又有同一时期不同文本的比较,其实证性更加突出。在传统分章节论述宪法制度的俄罗斯宪法学教材中,也存在对各项宪法制度历史发展的介绍与评价,只不过内容分散于各个章节中,而阿瓦基扬则是把这些内容集中起来进行论述,这样的安排更能凸显具体宪法制度与整个宪法精神的协调关系,以及宪法与其所处特定时代的呼应关系,因而也就更能突出俄罗斯的本国特色和宪法的历史特点。因此说,这种体例的价值并不仅仅在于它的新奇,更在于,它适合于历史的、实证的、功能性的宪法研究方法。

但是,从阅读的角度来说,这种体例多少也有一点小小的瑕疵。那就是,从第二章到第四章的论述内容有很多的相似之处,又大多是对法条的引用,因而在阅读时,常常有重复的感觉,容易产生疲劳感。而往往就在不经意的视线跳跃中,隐藏在叙述中的简短而精彩的评述就被遗漏了。

## 六、结语

俄罗斯学者的宪法学著作最吸引我们的,可能既不是著作的结构,也不是作者的观点,而是其讨论的问题。像对以往宪法的历史评价、宪法学的研究方法、宪法的修改、宪政等,也正是近些年来中国宪法学所关注的内容。中俄两国之间存在着太多的相似性,他们所面临的问题基本上也是我们要解决的问题。因此,俄罗斯宪法学著作能带给我们的,除了知识之外,还有更多的现实意义。

(初审编辑:刘晗)

# 网络空间的政治架构
## ——评劳伦斯·莱斯格《代码及网络空间的其他法律》

时 飞[*]

## The Political Infrastructure of Cyberspace:
## *Code and the Other Laws of Cyberspace*
## by Lawrence Lessig

*Shi Fei*

  随着网络技术的兴起,自由主义者觉得现实中既有的制度空间依旧无法承载人们的自由梦想,开始转而把因特网视为寄情自由的理想之所,在网络空间中想象、构筑、憧憬一种无拘无束的自由。然而,现实却告诉我们,如果相关的法律制度和宪法结构不作出与自由所需的技术条件相一致的变革的话,那么,不仅网络中的自由世界永远是一个无法实现的乌托邦,而且人们在现实中也可能会生活在一个基于技术专制和法律专制联合作用的"动物农庄"之中。因此,在技术条件扩展人们的自由领域的同时,在法律制度和政治架构的创设方面如何寻找出一条合适的路径,以涵纳自由需求和政治弹压之间所存在的紧

---

[*] 北京大学法学院 2006 级法学理论专业博士研究生,电子邮箱:shifei_antonio@sina.com。作者感谢《北大法律评论》编辑部提出的修改意见,从而得以更加细致谨慎地对文稿进行了技术上的修改。当然,文责自负。

张,便成为人们思索和关切的一个问题。换言之,网络空间必须在自由和政治控制之间寻求一个均衡点。

正是在这样的背景下,美国学者莱斯格教授的《代码及网络空间的其他法律》[1]一书在两个方面开启了我们对于网络世界的法律问题的智识空间:第一,在网络世界中,运行着一套具有独立逻辑结构和识别系统的"法律",即代码。缺少了代码,网络空间就不能向前跨出一步。第二,自由和规制间的关系乃是涉及因特网的最为重要且最为根本的关系,远非仅靠代码系统就能够予以解决的。网络空间的自由扩展依赖于现实空间中的权力给予其运作的制度空间的大小。在技术代码和法律代码之间,我们必须思索:需要什么样的装置,才能将它们之间进行的对话得以延续下去,并形成良好的制度互动。

**一、自由与因特网**

在自由乌托邦主义者们看来,只有在网络空间,他们才能感到无拘无束的自由。在这个空间,现实世界的各种规制措施、控制手段都无法发挥作用;流行于他们的世界的口号是:"我们拒绝国王、总统和投票。我们坚信的基本共识是让代码运行。"(页4—5)[2]但因特网的运行完全依托于人们智能设计的代码体系。而人类社会的一个永恒的命题就是,只要是人设计出来的东西,就一定会受到社会规范及法律体系的控制,因特网概莫能外。

(一)代码作为法律

在因特网的秩序构造中,决定其基本构象的并不是某种看不见的手,我们不要轻易相信网络空间的自由根基会轻易出现。(页6)在网络空间中,正是代码的存在及其运行机制,决定了网络空间的软件和硬件设施及其运行逻辑。换言之,代码就是网络空间的"法律"。它对网络空间的支配作用,和现实空间的各种法律体系决定人们行为模式的机理如出一辙。

代码作为网络空间的法律,导致了网络自由乌托邦主义者们所期望的无拘无束的自由有了实现的可能性。在早期网络世界中,自由构成了这个世界的主旋律,代码促成了自由在网络空间的扩张。但与此相伴的问题是它也可能为自由的实现带来最大的威胁。按照莱斯格的说法,"我们可以构筑或编制网络空间,使其保护我们最基本的价值理念;我们也可以构筑或编制网络空间,使这些价值信念丧失殆尽。"(页7)其原因在于:"代码从来不是被发现的;它是被编制出来的,而且仅仅是被我们编制出来的。"(页7)霍姆斯大法官说:"宪法将

---

[1] Lawrence Lessig, *Code, and other Laws of Cyberspace*, New York: Basic Books, 1999.
[2] 《代码及网络空间的其他法律》。下引此书时,只注页码。所有引文均由笔者根据英文版直接译出,特此说明。

某一具体存在物融于生活,但其后果则是宪法本身所无法控制的。"[1]如果我们肯定这句话,那么我们必然得出这样一个结论:不同代码所传承的基本理念不同,网络空间的运行机制就会呈现出不同的运行逻辑;代码是促成自由还是压制自由,其逻辑原点在于对代码及相关的社会支撑系统的自由认证程度。

莱斯格认为,理解宪法的结构性价值的思路对理解代码的结构性价值系统有着重要意义。他将美国宪法以及权利法案的文义做了一种结构性的理解,也即宪法制定最初的逻辑考虑在于限制政府权力运行的架构,权利法案和宪法正文一起从两个层面对政府的运行设置了双重约束的架构:一方面,通过区分不同权力的运行机理,给政府权力设置了运行的自我设限机制;另一方面,通过对于禁止性的政府不作为义务的设定,将政府的权力从一些概括性的自由领域全面排除。这种双重架构的存在也启发莱斯格在网络空间的研究中提出一个根本性的问题:在对因特网的发展过程中存在的恣意滥用规制权的行为进行设定之后,我们在网络空间设计中能够嵌入何种约束?哪些"制约与平衡"方式是可能的?我们怎样分配管控网络的权力?我们如何确保网络空间的规制者或者是政府的权力不至于过大从而限制了网络空间的自由?(页8)

(二)自由与控制的纠结[2]

早期的因特网自由乌托邦主义者们憧憬着在因特网上的自由乃是一种完全脱离了政府的全能控制之后的新生代产品,他们认为所有围绕着因特网而展开的行为交往都处于一种自由无拘束的状态。但是,他们忽视了因特网的最早雏形是国防部为了整个核武控制体系的安全而研发的一种通信体系,其本身的运作原理就来源于时兴的控制论。从一开始,网络工程师就通过一套写保护的语言文本来控制在因特网上自由交流。传输图像和声音都受到严格的限制,因为带宽的问题就决定了即使是传输一般的数据文件,也需要耗费时日才能完成。如果不能分解为数字形式并且在接受完毕之后重组为原有形式的话,整个传输就是一种彻底的失败。基于早期国防部针对因特网的性质设定,在因特网出现的第一个历史时段,因特网以以太网的形式而存在,它不能传送数据,不能进行多机链接,它只能在一个极为低端的平台上进行操作。在第二个历史时段,因特网在大学校园里获得了真正的生命,以多端点连接开始了因特网的第一次创新。由于远离了国防的需要,以及相关的光缆技术的提高以及传导材料的进一步精致化,加之数据分解技术的出现,因特网可以通过带宽的方式将业已分解完毕的数据包传输到那些和它分享了传输协议的地方去,代码成就了因特网。因为传输技术的复杂化和精细化,要求以确认 IP 地址的方式来获取数

---

[1] Missouri v. Holland, 252 US 416, 433(1920).
[2] 关于早期因特网自由与控制纠结的更细致描述,参见曼纽尔·卡斯特:《网络星河》,郑波、武炜译,社会科学文献出版社 2007 年,页 19 以下。

据资源的共享空间,而这一技术要求则是严密地建立在代码技术对于相关计算机的端口的统一认证的基础之上。

早期因特网在为人们的自由交流提供了一定程度的帮助之后,却在另一个面向上形成对自由交流的技术上阻隔。(页25)而人们对这一时期的自由受限制的问题浑然不觉,因为人们并没有对因特网本身所拥有的限制人们交往能力的可能性作出充分的估计。在其早期的形成过程中,因特网是以在实验室中的运行为特征的,对其是否能够渗透到社会生活领域,从而影响人类的日常交往,并没有一个明确的预期。作为一种中介机制,它为大规模的人际交互提供的充分平台的功能一经展现,很快获得了巨大的推广空间,只是这次,商业机制代替了纯粹的研发活动。随着附载在技术变革身上的控制意识的苏醒,商业机制成为人们控制、驯服网络的最佳手段:它在实现网络向社会全面渗透的同时,对网络空间的自由理念的规训也得到了全方位的扩展。(页197)

(三) 商业机制催生因特网的可控制性

在莱斯格看来,正是商业活动的存在,一方面导致了代码在显明的运行机制中促成了因特网的蓬勃发展,另一方面,也导致了实施控制成为一种可能,从而使得因特网自由乌托邦主义者所憧憬的那个无拘无束的世界变得不可能。(页6)在网络空间穿行无碍的蠕虫,成就了网络世界的自由天堂和黑暗地狱的分区:由于网络安全需要有代码系统来提供保护,网络安全的运行机制成为不可多得的商机。网络第一次变得可以为大规模的商业运行提供一个交易的平台。与此同时,为了确保商业交易的安全性(与平面的商业交往的安全性相一致的安全性),商业机制在因特网的交易平台上创设了身份认证系统,从而将网络上的交易双方的面纱予以揭开,将隐藏在网络平台上的交易主体拉到了谈判桌上。

商业活动需要扩大交易选择的空间,并对具体的交易双方的资信系统安全的可视性保障提出了需求。这样的商业机制对电子交易平台提出了巨大的挑战:必须通过开放因特网终端的代码识别系统,从而使相关的交易空间得到拓展,当事人的选择空间大为增强,其交易机会大幅度提升;但与此同时,必须确保单个商业交易电子平台以安全性为其先导,只有建立在可视性较强的交易基础之上,网络对于商业交易的益处才能得到最大限度的发挥。这就需要在"开放系统"中实现商业交易的安全性。(页40)

不仅仅是可视性问题,对于基于网络平台的商业交易来说,远程支付系统中的交易密码、个人账户、个人商号、信用卡支付信息等信息数据在传输过程中如何安全稳妥地到达对方而不至于被中途截获,也构成了商业交易网络平台的安全性能考虑的一个必要组成部分。

网络交易中存在的不安全风险,引发了与安全控制机制有关的控制系统的大规模研发。以网景公司开发的 SSL 协议为例,它通过将对称加密算法与非对称加密算法的优点集于一身,确保了数据传输过程中的安全和效率。但是,其问题恰恰在于,在确保了传输过程的安全的时候,如果网络终端的接收者是一个不可信的商家的话,那么,数据传送者将面临巨大的风险来承担可能的损失。针对可能出现的"不可信商家"的风险问题,信用卡公司同盟开发出来的第二代电子安全交易系统——SET 协议——将安全的基准设置在因特网的顶端基础协议之中,商户之间的交易必须基于一套共同的认证系统,身份识别符号的存在确保了这套交易系统只向那些拥有共同识别标符的人开放,这样,它确保了数据传输过程的安全性和数据终端接收者的可信性,从而将网络给商业交易带来的风险降至最低。

在商业交易的拉动下,一个关于网络安全的普遍架构开始形成,它主要包括如下几个方面的因素:(1) 验证,以确保与你交易的人的身份的可信程度;(2) 授权,以确保该人有权进行一定的活动;(3) 隐私,以确保你的信息在传输过程忠是安全的,他人无法截获你的信息;(4) 完整性,以确保信息在传输的过程中,不致遭到修改;(5) 不可抵赖,以确保接收者不能否认接受到该信息和发送者不能否认发送过该信息,从而保证双方的诚实可信。(页 40)这类架构的存在,导致了隐藏于幕后的现实空间被提到了前台,它通过加密技术以及公钥基础设施的全面建设,广泛渗透到社会的一般领域之中。这类基础设施的建设,导致了一个相形的后果:所有的关于个人的社会性事实都可以通过一个数据格式来加以检验。商务机制通过提供激励的方式,来强化对网络交易平台安全性的可控性的自觉接受。但是,在既有的网络技术条件下,商务机制对于网络空间的引擎作用并没有我们预期的那么强劲。在基于商务交易的因素而导致了网络空间的可规制性的雏形初露之后,如果商业交易不能引导因特网朝向可以控制的方向大规模转型的话,政府这只看得见的手则会以其强劲的控制势头,来加速因特网的可控制性发展。

商业交易存在于社会整体之中,并且它是不会拒绝和国家的主动合作的。在面对基于因特网的可能风险而对其潜在的利益机制形成大规模影响的判断之下,商业机制更容易找到和政府机构进行合作的契合点。在莱斯格看来,在既有的网络架构下,政府很难对网络实施控制,在一定意义上,网络是独立于政府而自由存在的;但是,如果政府改变现有的网络架构并主动与商业力量合作的话,那么,网络很快就会全面堕落到依赖政府的监控而存活的境地。(页 43—44)

通过对因特网运行赖以为基的数字化技术的展开和细密化,美国国会通过制定因特网空间的在线数据交换的法律标准以及刑事惩罚措施的建立,从根本的制度依据基础上深刻改变了控制因特网代码运行的制度基础。不仅如此,在软件生产的环节上,政府同样可以通过法律标准的设定将软件进行分类整理之后,使得相关符合产业标准的商家拥有更多的促动力来进行符合管控标准的代码制作。在莱斯格看来,政府固然不能直接去改变代码,不能直接去改变既有的网络架构,但是,政府可以通过另一套代码系统的设置,将因特网上的代码运行法则予以根本性地改变。这就是莱斯格所称谓的东海岸和西海岸代码的交互过程。通过商业机制这个载体,政府找到了控制网络空间中的代码的办法:"当编写软件的黑客们独立于可以进行有效控制的任何机构(例如:伊利诺伊大学或麻省理工学院)之外时,东海岸代码控制西海岸代码的办法很少。但当代码成为公司的产品时,东海岸的权力增大了。当代码被商业化时,它就能被控制了,因为商业实体能被控制。因此,当西海岸代码越来越商业化时,东海岸对西海岸的规制权力就越来越大了。"(页53)

在莱斯格看来,代码的不同运行机制将会深刻地改变网络的环境。随着可监控性的提升,网络操作的每一个环节都会暴露在监视系统之中。随着网络运行的机能设计的法律标准的代码化,网络空间也会形成一种自我设限的约束性空间。早期网络自由乌托邦主义者们所憧憬的无拘束自由业已不存在,而严格的分隔机制已经形成。网络黑客们不再能够自由翱翔于网络空间的无限度中,取而代之的情形是,对于网络规则的参与者来说,对代码的选择自由已经被否定,自由已经演变成另一种意义上的强制:要么接受规制,从而按照既有的代码操作方式加以运行,要么就是被代码所形成的区隔空间弃绝,从而成为网络空间中的无处可去的"孤魂野鬼"。在这个层面上,通过追述因特网的发展历程,我们发现了纠缠在莱斯格的整个行文中的一个核心观点:对于因特网来说,是否存在着严格意义上的自由,也即伯林式的消极自由? 如果这样的自由在因特网上存在的话,它存在的机制是什么? 决定政府对因特网实施控制的制度理由又是什么? 在全面控制到来的时候,因特网会否自行消亡? 也正是因为这个根本问题的设定,才致使莱斯格在讨论代码运行的时候,从宪法的角度切入到这个问题上来,并将其宪法理论视界和代码运行的基本发展加以类比,并试图将这个单纯的网络解码器提升到和宪法在现实制度空间的重要性一样的高度。

## 二、个体选择还是制度抉择?

自由并非因特网的本性,商业机制的拉动,已经促成了代码的可控制性的雏形初露;政府的介入将会深远地从根本上改变代码的运行法则。代码不仅仅是一个技术架构的控制,它还是一套政治控制机制;它反映的不单纯是技术人员对于网络结构的自我认识,更关键的是,它反映了政治官僚在社会治理的过程中,对技术变革的可控制性所蕴涵的政治意义的关注。

由于深受昂格尔的"所有的一切事物都是政治的"[1]以及阿克曼对政府施加权力于社会的根本性追问"为什么"[2]的影响,莱斯格格外关注网络空间可能遭到的权力侵蚀。权力不是暴力,它的本质不在于占有,而在于运用;它的运用与知识的运用有着紧密关联,由此而形成的"知识—权力"关系就是一种微观意义上的权力控制[3],网络架构就是这种意义上的控制,因此,对代码的追问实际上是在这样一个意义上进行的:如果代码就是法律,那么,对于代码的控制就是权力。对于生活在网络空间的居民来说,代码正在成为政治角力中的一个颇为关紧的焦点。应当由谁来编写构成我们日常生活的软件?(页60)由于权力演变的缘故,代码的制作者——程序编写人员——已经被整合到控制性权力之中并因此变成了网络世界的立法者。他们决定因特网的缺省设置应当是什么,隐私是否应当受到保护,所允许的匿名程度,所保证的连接范围。正是他们决定着设置因特网的本质是什么,他们决定着如何对代码进行编译,从而决定代码应当是怎样的。(页62)莱斯格进一步将其对于网络空间的知识根基建立在欧文·费斯和凯斯·桑斯坦关于并和性政治中公共领域和私人空间的不分隔理论上面(页180,页275n.1,页279n.50),他坚持认为,正是在宪法理论层面上将因特网区别为公共空间和私人领域,才为政府全面介入代码运行提供了正当化的理由。在洞悉了网络空间的宪法性架构之后,他悲观地得出一个关于网络空间运行的前设条件:除非设置一套开放代码系统,否则,网络空间将会遭到来自公共权力和私人力量的双重挤压而失去本就脆弱的自由(页107—108)。

在对网络空间的控制架构作了细致入微的分析之后,莱斯格提出将网络空间的控制架构和现实空间中的宪法控制机制进行类比,从而发现网络空间遭致全面控制的可能危险。他提出了一种认知这些不同领域的网络控制架构基准:转译(translation),即将宪法设置的对于政府控制社会的权力行为标准转化为代码对于网络空间的规制基准值设定,从而确立自由代码在网络空间的统治地位;不仅如此,莱斯格认为,宪法和代码之间的转译必须建立在公共领域和私人领域之间混同的基础上[4],只有当这样的理论前提明朗化之后,我们才可能去追问:网络改变了什么?是我们的个人选择系统?还是整体社会的制度抉择系统?

---

[1] Roberto Mangabeira Unger, *Social Theory: Its Situation and Its Task*, New York, Cambridge University Press, 1987.
[2] Bruce Ackerman, *Social Justice in a Liberal State*, Yale University Press, 1980.
[3] 米歇尔·福科:《规训与惩罚》,刘北成译,生活·读书·新知三联书店 2000 年。
[4] 关于公共领域和私人领域的混同在网络空间的政治架构中的重要意义,参见 Lawrence Lessig, "The Zones of Cyberspace", *Stanford Law Review*, Vol.48, No.5(May 1996)。

(一)宪法和代码的转译

在宪法学家们的眼里,由于存在着权力的普遍滥用的情形,所以立宪的初衷就在于规范政府的行为,防止其基于自己的意志判断而对整个社会实施侵犯。但是,宪法中的紧张在于如果设定一种权力的初始意图只是为了让它受到限制而不得越雷池半步,那么,设定这种权力显然是没有意义的。因此,宪法设定的第二个层面的目的便在于平衡公民个人的利益和政府为进行社会治理而介入公民个人权利行使中去的紧张。宪法对于公民的保护在初始层面上是以财产权为中心的,不过,宪法设计者们在创制宪法的时候,其基本的技术条件则对其视野作了很大的限制,从而导致了这部宪法(指美国宪法)在一定意义上并不具备很强的规范前瞻性。故而,在宪法的适用中,强调宪法本身的精神旨趣无疑就成为宪法学家们在具体的历史时空中对于宪法的当下适应性的一个出发点。[1]

由于宪法本身的发展是由其背后的相关制度、技术及社会条件作为支撑的,因此,在实际的司法决策过程中,围绕着具体社会条件的讨论最后可能就构成了宪法解释的基准。莱斯格在追溯奥姆斯特德案对美国的网络空间的宪法政治的影响时,从首席大法官塔夫脱的判决意见[2]中窥探出了网络空间可能出现的制度前景:负有应对基于历史时空和技术条件变化而维护社会自由和社会正义之使命的最高法院,可能在面对技术条件变迁对社会结构产生根本影响的时候,将这种应该由他们承担的宏观宪法洞见当成一个社会公共政策问题,而扔给国会去处理。从而将国会基于惯性思维而对这个新技术所引发的巨大变迁(Great Transformation)扼杀在法律框架之中的做法,在司法审查的层面上予以合法化。换言之,代码在网络空间作用的力量来源于现实空间的宪法制度的支撑,仅凭借代码研发和运行,无法应对各种政治力量对它的运行逻辑的修改;代码不能带来自由,它可能仅仅代表了不同政治力量的游戏砝码。因此,莱斯格认为,宪法和代码的转译构成了处理网络空间所提供的价值选择的一种方法,它要求对网络空间的技术发展和虚拟社会生活的审查,必须建立在对技术进步所必需的制度支撑和制度反弹的二元纠结的细致考虑的基础上。(页121)

(二)公共领域和私人空间的分隔

私人空间是由契约、侵权和财产法等法律规则来加以构造的,它们表征着

---

[1] 想想埃利在《民主与不信任》中对宪法解释理论的描摹中,关于宪法源头的确认问题。See John Hart Ely, *Democracy and Distrust*, Yale University Press, 1980.

[2] "宪法第四修正案不能禁止本案中的警察行为。他们没有对房屋进行搜查,没有逮捕公民或者是查封财物,用窃听到的谈话作为证据是合法的。宪法第四修正案的适用范围不能被扩展到被告的住所和办公室与外界联系的电话线。" *Olmstead v. United States*, 277 US 438, 457 (1928).

应该怎样来界定、分配和转化不同的权利资格的法律判决。这些私法上的判决和关于社会根本节律的判决实乃一致,而后者在一定程度上所享有的基本理念则又是来源于公法上的判决,如税收的不同分类体系和征税起点决定、社会福利的保障条款、职业调控、环境调控、产品安全、证券买卖等。[1] 按照新芝加哥学派的推论,街角是一个公共领域,律师协会是一个根据公法来加以调控的组织,它只服从于宪法第一修正案的原理。新闻媒介是一个私人财产,将某人排除于新闻媒介之外是一个私法行为,因为它们是根据契约、侵权或者是财产法的基本规则来行为的。但是,其中我们所不可能忽视的一个问题是,和社会福利或者社会结构的法律制度一样,私法行为在一定程度上也是基于社会构造而形成的。在制度的平面上,新闻媒介本身所分享的公法结构要远远胜于街角社会里的公法秩序需求。[2] 桑斯坦更是将这样的公私领域的混同当成是宪法新政的核心来加以捍卫,他认为,试图借助于所谓的在公共领域和私人空间中以一种"中立的"姿态去捍卫宪法的制度功能是无用的,如果不把私法领域的问题公法化的话,私法领域要么陷入到力量不均衡的私人凭借其个人的力量而肆意宰制司法领域,导致私法领域对宪法秩序的全面排斥;要么就是,由于宪法规范的制度结构和权力运行准则不能深入到具体的私法管控上来,结果可能就是政府权力在私法领域大行其道,从而破坏私人权利结构本身的平衡性能。[3] 根据宪法第一修正案哲学,私法规则可以在这个层面上和公法规则共享同样的制度逻辑,如果将宪法第一修正案的哲学理念全面渗透到公法规则和私法规则中来的话,那么,公私领域的界分就已经是一个显得多余的问题了。

通过公法秩序创设基本规则来控制私法秩序中可能出现的单纯基于个人力量强弱而使得自由的利益和现代审议民主制度发展所必需的个人审慎遭致侵夺的现象,其意义事关整个民主社会中的基本秩序,即民主秩序的发展乃是以个人在公私两个领域的整体性存在为其前提的。而网络空间的发展情形是商业机制所代表的私人力量借助于国家控制社会的权力机制,全面渗透到网络空间的技术创新和利润追逐的每一个细微环节,从而实现了微观层面上的国家权力和商业统治力量的短路式配合,它在实现控制的同时,将有可能逾越公共领域和私人空间的分隔线,导致传统宪法领域的秩序边界的崩坏,而致使网络空间遭到私人权力和国家权力的全面扼杀。正因此,莱斯格对于由商业机制对安全的需求而引致的政府对网络可控制性的知识增加和权力僭越这种可能前

---

[1] See Lawrence Lessig, "The New Chicago School", *Journal of Legal Studies*, Vol.27, No.2, 1998.

[2] Cass Sunstein, *Democracy and the Problem of Free speech*, Harvard University Press, 1993, pp.101—103.

[3] 凯斯·桑斯坦:《偏颇的宪法》,宋华琳、毕竞悦译,北京大学出版社 2005 年,页 57—61。

景,持有一种悲观的态度。

（三）因特网改变了什么？

网络空间不仅仅是一个空间,而是一个多重空间。在这个由数据包、计算机和光缆或者是电话线连接起来的世界里,人们的行为在多重意义上是交叠在一起的。他们可以是现实世界里的具体的具有某种身份特质或者是职业色彩的人,可以是家庭中的某一个成员,也可以是网络世界里的某个匿名人,他们可以是天使和恶魔的混合体,而不纯是马基雅维里意义上的以一张面孔出现的恶魔。在人的多重身份交叠之中,相关的三个问题就随之出现了。

1. 网络空间抑或实在地方？

空间中蕴含着价值,它们通过使某些活动或生活可能或者是不可能来表达自身的价值。组成不同的空间所允许或不允许的活动和生活也会完全不同。（页64）网络扩展了人们活动的空间,即使是那些在现实空间中行动受到限制的人,诸如盲人、聋子或者是形象不佳的人,也会通过因特网提供的各种技术支持,实现人际交往中的扬长避短。在网络空间中,由于代码机制的不同,人们在其中所感受到的生活样态也就与现实感受大异其趣。

美国在线所提供的网络空间,体现出了基于自由源代码的价值理念:它的出发点是令网上居民们的生活活跃丰富,因此,它引入匿名制度、引入了礼仪规范体系、建成了可追踪的代码识别符、将你在网络上的行为予以全程监控。但是,这些代码系统不以现实型的惩罚为维护网络空间的必要条件。它重在通过代码对匿名成员的行为进行规制,其基本理念就是,你可以或者是接受其代码所设置的交往规则,或者是选择离开这个空间;人们可以选择对抗或合作的姿态,但是不能改变其代码结构。而在律师在线这个网络空间中,自由设置源代码构成了这个空间交互的基础,人们可以按照自己的价值设置源代码来参与这个空间的各种活动,但是,由于空间管理员对于这些居民的行为无法进行处置,其可能的结果就是大家都有自由,但是,都没有实现自己的自由。在 Landmoo 这个社区中,民主机制促成了社区的繁荣,代码运作的前提在于社区居民们在网络空间的协商机制的充分展开,人们的自由是在协调机制和民主投票的双重运作下进行的。（页66—78）三个空间中的代码机制的差异,导致了莱斯格提出的第一个问题:网络空间是一个地方吗？如果是的话,那么,它的实在性特质究竟何在？如果不是的话,那么,它作为一个大量的人群聚集其中的特性又是什么？人们对于它的控制架构是什么？是什么样的东西在实际控制着这个网络空间的运行？

网络空间的结构决定了其居民身处两地的现实性:他们既存在于网络世界之中,接受代码法则的控制;也接受这现实世界的法律规则的约束。而且进一步的问题是,由于代码世界的可控制性,代码世界本身是由现实世界的制度法则来决定的,因此,试图突破既有的规范体系而自行创设一个无拘无束的自由空间,除了在诺齐克的自由乌托邦梦想之外,既有的技术体系是无法突破制度的滞障的(页190—192)。

网络空间如果有其实在性的话,那么这种实在性恰恰是因为现实空间法律体系以及架构对其施加的约束。法律、架构、社会规范和市场都在约束着网络空间的边界,并为其进一步的运作作出规范调整。(页88—90)网络空间并没有突破既有的空间概念,它依旧受制于既有的整个规范体系而不能作出实质性的突破。

2. 隐私结构:进步还是退步?

电子邮件、语音邮件、视频、卫星定位系统电话广泛进入人们的日常生活中;(页144—146)蠕虫的出现以及大面积进入个人电脑(页17—18),已经成为了对个人隐私的安全存在的影响,因特网的出现改变了站在大楼对面拿着望远镜监视某一个屋子里的一举一动的传统做法,我们看不见的手已经触摸到我们的日常生活中,可视化的监视效果不再是福柯笔下的敞景式监狱所带来的效果,它随着生活的扁平化而进入千家万户。在技术弥散于社会之后,仅凭技术来对抗技术实际上已经不可能。

由于法律制度自身发展的不完备性和不确定性,相关的隐私概念本身必须放置在具体的技术条件下来进行细致的辨析使用。在莱斯格看来,只有在不同的条件下具体切合实际的隐私,而不存在一种放诸四海而皆准的隐私。在监视条件已经发生重大变化,监视技术已经出现了立体化的监控和个人的隐私已经遭致扁平化的变形之后,寻求解决的途径在于:第一,确定有效率的侵犯,也即一类侵犯个人隐私的行为实际上是附着于高科技的发展而出现的不可避免的现象,它属于人类的隐私的外在边缘;第二,对监视以及对于监视所获得的信息的控制问题,也即是如何通过法律制度的设置,将监视所带来的对不重要的隐私所造成的侵犯减低到最小,而同时对于一些必要的隐私的外部划界到什么地方才能确保隐私的安全。(页156)

对于信息搜索的问题,仅靠代码是不足取的,你尽可以通过加密的办法来解决政府在网络上对你的私人电脑硬盘上的资料的直接获取,但是,你无法阻止政府对你的信息的合理截取,当政府认为需要你提供某类经由加密之后的个人信息的话,它自然就有权强迫你交出有关文件的密钥。代码不能解决政府对你的信息的截取,在这个问题上,只有依托于法律程序的设置,才能从根本上解决问题。莱斯格认为,只有在两个方面设置硬性标准,才能够有效地解决政府对于个人信息的可搜索性:第一,所带来的任何负担都必须保持在最低限度内,任何超出最低限度的搜索都必须通过个体化的怀疑来判断搜索的正当与否;第二,一切搜索都应当是公开的,在任何搜索进行之前,都必须得到至少政府的两个以上的部门(指司法和行政部门,而不得是行政部门的两个分支)的许可(页157—159)。

对个人实施监视的行为,对网络开发商设置出来的P3P协议能否解决个人监视的问题,莱斯格持不乐观乃至反对的态度,他的理由很简单:我们能够设计出一种与市场相结合的架构,能够以现实空间所没有的方式来保护个人隐私,但是,这种架构不会自动出现,它需要法律的推动(页160)。他认为,关键在于设置有关个人隐私的财产法律,促使个人具备进行有关隐私协商的能力,并享有默认的隐私权。在他看来,既有的网络空间架构已经形成了两个对于个人信息的全面监控的监控机制,试图在技术上做调整和防范已完全不可能,当务之急就是重构代码得以运行的宪法逻辑,设计出一套法律机制,来强化对个人隐私的全面保护。

网络空间的扩展显然没有触及隐私权的体系化形成,技术的发展只导致了隐私权的进一步缩小。即使是高速发展的技术,也必须服膺于一套具有合理标准的法律规则,是法律规则改变了隐私权的基本结构,而不是技术导致隐私权的结构变化,因特网本身并不会导致隐私的进步或者是倒退。

3. 主权结构问题

因特网的出现改变了过去人们的行为只是局限于民族国家的结构之中。人们现在足不出户,就可以通过因特网而将自己的诸多行为传递给全世界,也把世界上新奇的事物带回家。和传统的媒介不同的是,因特网提供给人们的参与世界的机制是积极主动的,而非消极被动接受的。因特网所提供的参与机制,的确是超越了既有的民族国家的管理框架,毕竟,一国的国内法律所规范的只是现实空间的人民的具体行为。网络行为的出现,给立法者提出了一个重大挑战:人们同一时间生活在两个完全不同的空间中,而主权对这两个空间都不具备最高的管辖权力。

但实际情况并非如此。由于控制网络空间的代码取决于现实的政治架构和法律规范体系,因此,网络最后还是取决于现实政治架构。没有人能真正生活在网络空间中,每个人都真正生活在现实空间中,现实空间的法律规则决定性地影响了人们在网络上的行为。我们别去幻想在网络空间存在着一套具有逻辑自足性的主权规则,别去幻想在网络世界里面我们就不受现实主权规则的约束。人们只是基于其生来具有的对政府的逆反心理,而意想出一个不受主权结构管辖的生活空间,而实在法律体系则早就已经将网络空间的行为扩展控制在其管辖范围之内了。在这个意义上,网络什么也没有改变,如果说它有所改变的话,其真正改变了的,就是对那些试图通过网络来享受网络无国界的行为的严密控制。因为,通过网络追踪技术的发展以及和商业力量的联合,国家将自己的主权结构延伸到了网络空间中,使得网络空间的每一发展,都渗透着国家主权权力的影子。莱斯格认为可能存在着现实空间和网络空间的两套主权系统,如果不是出于他本人的盲目乐观的话,至少也是说明了他本人对于主权控制体系下的法律结构的功能性扩张的极度不敏感,这是他将私人领域和公共空间混同的一个必然后果,他没有注意到所有的私法上的问题不一定全都遵循着公法的创造性规则。

### 三、版权与知识创新

通过运行于网络空间的代码,人们对于散布在网络空间的知识产品的保护力度获得了空前的加强。莱斯格显然清楚基于四重控制架构的代码运行是如何强化了对于智慧产品的保护并因此在网络空间的智慧产品的公共性缺失。他对于版权的可能制度危机的讨论,既没有上升到小格林·鲁尼(Glynn S. Lunney)所称谓的版权业已死亡的悲观主义极端[1],也没有像杰德·鲁本菲尔德(Jed Rubenfeld)将版权中的个人想象力上升到宪法性权利的高度。[2]

在版权法的前现代世界中,设置版权的目的在于平衡社会大众对于版权上承载的思想的自由使用,从而促成一个开放的、健康的、积极进步的社会公共领域。[3] 而在现代版权世界中,版权已经上升到了宪法的高度,变成了一种社会建构。1787年美国宪法明文规定了"国会为了促进科学和有益的艺术进步,可以授予发明家和作者对他们各自的发明和创作享有有限时间内的独占权利"。这种权利通过正当程序条款和征用条款的制度装置而获得了进一步的保护。从宪法的设置上来看,版权在现代社会中,不仅仅转化为一种具有强烈的财产权属性的权利,而且也负载着巨大的社会公共利益:促进科学和有益艺术。但在版权发展的过程中,财产化僭越了公共利益,其后果就是对任何不经版权所有人同意的使用或者是转让,均构成对版权的侵犯。这种弥散化了的财产权利,显然是无法扩张版权本身所承载的将知识、思想送入公共领域中去加以公共财产化的使命的。

版权在美国的过度扩张,促使人们认为,在现有的网络空间扩展中,版权所遭到的威胁可能是有史以来最为严重的威胁。莱斯格关于网络给版权带来的问题的讨论,就是从这样一个出发点开始的。尽管他一再重申了版权和技术之间的相互关系而导致了法律结构的变化,但是,他认为,既有的法律架构对于网

---

[1] Glynn S. Lunney, Jr., "The Death of Copyright: Digital Technology, Private Copying, and The Digital Millennium Copyright Act", *Virginia Law Review*, Vol. 87, No. 5, (2001).

[2] Jed Rubenfeld, "The Freedom of Imagination: Copyright's Constitutionality", *The Yale Law Journal*, Vol. 112:1, 2002.

[3] 详参谢尔曼、本特利:《现代知识产权的演进:1760—1911 英国的历程》,金海军译,北京大学出版社 2006 年。

络空间的版权保护,业已绰绰有余(页124)。

复制技术的改进、网络传播影响面的加深,已经引发了新一轮版权的保护问题论争。在出版商们看来,由于网络传播速度的迅捷、复制成本的降低以及复制收益的增加,他们对其版权作品的控制能力开始遭到威胁,因此,他们在推行着新一轮的法律运动,试图通过国家立法活动来规范网络上的作品传播,从而将网络空间的知识共享控制在出版商的出版权之下。在国家的视角下,网络空间的扩容已经导致了网络世界的无秩序甚至是无政府状态的出现,因此,国家需要加强法律的控制,需要将网络严密地建立在国家的既有管辖权范围之内。正是在这样两股力量的配合之下,版权在网络空间受到进一步的严密保护,而其本身所承载的"促进有益于社会的艺术进步"的制度使命则受到了进一步的限制。既有的法律架构在近代转型之后,一直存在着对版权的过度保护问题,它很少顾及版权背后潜藏的对于公共利益的角色预期。网络空间的扩展并没有带来版权所承载的公共功能的实质性扩充,相反,由于代码操之于商业力量的手里,并且商业化的机制只有在借助国家的立法角色安排之后才能实现真正的扩展,因此,伴随着网络的进一步扩容,商业力量将版权的基本功能牢牢地限制在保护版权中的具体物质利益上,与此同时,版权的隐形社会公共功能承担则遭到彻底的毁灭。因此,劳伦斯·却伯认为,有必要在网络空间建构宪法的基本理论和制度范式,从而将商业力量对于版权利益的宰制和国家为了所谓秩序的缘故而加强对网络空间的控制——二者的合谋可能将网络空间的技术、制度创新扼杀于雏形——的合法性约束在宪法权利论证的基础上。[1]

但是,莱斯格认为,关键是平衡作者的权利保护和社会利益机制的平衡,换言之,在具体的版权运行中,如何从一般法律运行的层面上来建立起"合理使用"、"限定期限"以及"权利用尽"的原则,并保证这些原则能对具体的版权利益机制建立起有效的约束。(页132)他显然没有注意到,在现代版权的性质界定中,版权的一系列约束原则的存在,只是版权商们为了表明其对于版权的垄断性控制乃是基于合理的财产权使用的一种外溢效应。在一定的意义上说,只要既有的版权哲学不发生根本转变,那么,所有这些原则将会一如既往那样,装扮成版权垄断控制的新衣裳。[2]

进入20世纪90年代以后,网络传播技术和基于网络的作品创新业已层出不穷。伴随着代码的功能扩张,超文本链接所带来的革命性变化,使得创作的

---

[1] Laurence H. Tribe, "The Constitution in Cyberspace: Law and Liberty Beyond the Electronic Frontier", *The Humanist*, September-October 1991.

[2] 关于版权哲学的论争,可以参见谢尔曼、本特利:《现代知识产权的演进:1760—1911 英国的历程》,及 L. Ray Patterson & Stanley W. Lindberg, *The Nature of Copyright: A Law of Users' Rights*, The University of Georgia Press, 1991.

空间大大增加,超文本图书、MP3、MP4、嵌入数字电脑的 iMac 电影、歌词服务器和文化数据库、因特网诗词市场、My. MP3 所提供的各类音乐库链接、Napster 的搜索引擎服务、P2P 下载服务器等使得各种作品得到了大范围的史无前例的传播,从而使得人们对于艺术作品的分享空间增加、机会增多;另一方面,出版商则对此颇感束手无策。但现在不是鼓吹因特网全面胜利的时候,出版商或者是作者已经可以通过另一套代码追踪机制准确无误地将他们的势力扩张到了具体的网络线路上,同时,蠕虫的弥散和大量网上监视代码的存在,使得任何试图不经过版权人许可就私下拥有对版权作品的编制、修改等行为遭到严密的监控,更遑论通过网络而实现对于版权作品的再次收益。

出版者们的力量已经渗透到了网络的每一个环节,但仅此还不够。通过既有的法律体系安排,他们将网络空间的利益垄断和现实的权利诉求紧密地结合在了一起,从而导致了对版权的控制的进一步加强。通过对现行版权法的扩张性解释,美国联邦法院已经形成了对网络空间的知识分享机制的锁闭效应:针对超文本图书的传播问题,判决其侵犯了出版商的专有版权,并判决巨额赔偿易抑制网络图书传播[1];针对破解网络上流行的审查软件可能对人们的侵袭而开发的软件,法院进行了侵犯版权的确权判决[2];在 DVD 的内容混杂系统(Content Scramble System, CSS)以及破解内容混杂系统(DeCSS)的纠纷中,法院判决 DeCSS 侵犯了电影界的专有出版权,从而使得电影界享有了对整个 DVD 制作体系的永久垄断权[3];在 iCraveTV 案中,美国法院判决一个网站服务器设在加拿大的媒体流电视软件侵犯了美国电视运营商的专有版权[4];在 My. Mp3 案中,法院判决 MP3. COM 公司侵犯了美国唱片产业协会的专有判决并判决该公司赔偿 1.1 亿美元的高额惩罚性赔偿[5];在纳普斯特案中,第九巡回区上诉法院判决纳普斯特公司的搜寻服务器永久关闭,从而停止对美国唱片业协会拥有的版权的侵犯。[6] 我们可以列举出来的相关版权问题判决不胜枚举,仅此足以表明在因特网扩张的时候,版权保护的整体弥散问题:当因特网上的创新没有带来危害的时候,法律却积极干预之;而当对网络上产生的大量色

---

[1] Eldred v. Reno, 239 F. 3d 372,375(D. C. Cir., 2001).

[2] ProCD, Inc. v. Zeidenberg, 86 F. 3d 1447, 1454(7th Cir., 1996).

[3] Universal City Studios, Inc. v. Reimerdes, 82 F. Sup 页 2D 211(S. D. N. Y.,2000); DVD Copy Control Ass'n, Inc. v. McLaughlin, No. CV 786804, 2000 WL 48512(Cal. Superior, January 21, 2000).

[4] Twentieth Century Fox Film Corp. v. ICRAVETV, No. 00-120, 2000 U. S. Dist. LEXIS 1013 (W. D. Pa. Jan. 28, 2000).

[5] Universal City Studios, Inc. v. Sony Corp. of Am., 480 F. Supp. 429, 432(C. D. Cal., 1997).

[6] A&M Records, Inc. v. Napster, Inc. 239 F.3d 1004(9th Cir., 2001).

情文学造成了青少年的心灵腐蚀的时候,法院却援引第一修正案来拒绝干预。[1] 因特网不是在鼓励基于版权的创新,相反,它只是在抑制创新。这就是网络新世界的新颖之处吗?

问题恰恰出在版权作为一种财产权的极度扩张上面。但莱斯格开出的只是一张寻常的知识产权律师的药方:对财产保护的限制(页130—135)。莱斯格显然对网络上的版权保护大行其道的基本动因没有足够的洞察,事实上,在所有的围绕着网络版权的判决中,联邦上诉法院以及各州的法院系统所援引的审查标准无一不是来源于知识产权作为一种无形财产,其本身应当享有一般的财产权的保护标准这样的一个普通法假设。版权的核心在于创造行为所体现出的思想的新颖性和独立性,而不能以附着在思想上的作为外在表现形式的具体文字以及吸附性利益。[2] 当版权成为财产之后,其本身就具备了强大的对抗社会的能力。将版权附丽于财产权,并以此来论证其正当性,意味着对技术创新及思想的控制有了财产法上的正当根据。因此,关键不在于如何限制财产权,而是要解决版权中的思想和表达这一对紧张的宪法意涵。莱斯格认为,加强版权保护并不一定能促进科学和有益艺术的发展,实际上,很多时候可能反而会起到阻碍的作用(页134)。但是,恰如我们注意到的那样,他只是从财产法的层面上来讨论问题,而忽视了其中所蕴含的宪法难题。尽管莱斯格告诉我们说,我们面临着两个关于版权的制度选择:要么重新考虑版权的完全财产化的适度限制,要么就是消除代码在较低层次上的公开运作,从而实现代码运行的匿名性(页140)。但是,财产法并不能提供这样的选择,只有从宪法层面来解决其中所隐含的紧张,才能实现版权和创新之间的协调。

**四、自由言论的设限与扩展**

莱斯格对自由言论得以展开的四个模式进行了细致的辨析:在市场这个层面上,尽管有霍姆斯大法官的思想观念市场理论在支撑着言论的市场结构,但是,在现代社会,由于媒介本身的垄断化,市场并不提供保护机制来保护那些缺乏市场前景或者是导致市场前景萎靡的言论;社会规范不支持我们的自由言论,因为人们可以用脚投票,远离那些惊世骇俗的言论;法律也不支持我们的自由言论,因为法律通过对自由言论的一些标准的设定,惩罚那些会导致巨大社会危害的言论;架构也不提供自由言论的保障机制,在美国,很多乡镇没有公共会议的场所,大多城市没有专门的演讲讲台。在既有的现实空间中,尽管自由言论受到第一修正案的严密保护,但是,其实现机制却不是一部宪法第一修正

---

[1] Lawrence Lessig, The Future of Idea, Vintage Books, 2001, p.200.
[2] Jed Rubenfeld, *The Freedom of Imagination*: *Copyright's Constitutionality*.

案能真正解决的(页165)。对网络空间的自由言论来说,在既有的代码机制不变的情况下,市场、法律和社会规范所提供的保护,其深度和广度都远逊于架构,网络空间的架构是网络言论真正的保护者,是网络空间的第一修正案。但是,恰如莱斯格在分析代码的政治属性时指出的,控制代码就是一种政治权力。因此,架构在网络空间的自由言论中的重要作用就构成了自由言论形成的基本机理,研究其演变形成的制度激励也相应地构成了网络空间的宪法政治(页165—166)。

对网络空间的架构之于自由言论的保护作用,莱斯格深信不疑;对构成网络构架的基础的代码可能遭致公共权力或者是私人利益的力量的修改他也深信不疑。网络是否能导致言论自由进一步的扩展?莱斯格认为,其实不然,由于网络空间已经被商业力量所侵占,通过对语言的分区、过滤机制的安排,网络显然已经将言论自由扩散的机制弥补上了权力的影子。他深信,当前的现状必须以重新强化宪法第一修正案的方式来加以改变:政府必须不仅仅对一般政治性言论进行保护,同时还必须确保那些商业性言论不致遭到商业力量的监控和修改。网络固然扩充了人们言论的自由空间,但是如果不修改既有的架构,不修改代码背后存在的看不见的手的支配的话,在因特网上传播的言论越多,其遭到修改的可能性就会越大。在政府是这个世界唯一规划者的现实情景中,约束政府的权力才是真正解决网络上的自由言论的可行办法。必须设置多元化的网络运行机制,以及自由言论行使的制度空间,唯其如此,网络架构的扩张才能真正促进自由言论的发展。

因此,首先必须关注的是什么样的言论可能会遭到规制以及规制是具体化的还是泛化的。在这里,在排除了对商业性言论的规范之后,真正引起宪法性意义架设的是一般化的自由言论,它们可能是政治性的,也可能是涉及人们的一般道德常识和社会的基本道德标识的。在因特网引起了言论的外在环境发生变化之后,我们首先需要追问的就已经不是网络上的区分机制能够控制什么样的言论的问题,而是变成了政府依托什么样的正当化理由来控制网络空间的自由言论从而建构起所谓的网络有序化?

莱斯格发现,政府在处置关涉到基本社会道德标准的自由言论的时候,即使是面临"色情恐慌",也大量引用第一修正案来为其不干预作辩护。针对私人言论的可能威胁以及传播色情作品对青少年的可能影响,软件开发商开发出了一些言论区分软件和过滤系统软件,试图将一些不为社会所喜欢的言论隔离于社会之外。这种处理方式显然是违反了基于宪法第一修正案而形成的反"基于内容的歧视"的宪法标准。区分言论和过滤言论,造成的最坏后果就是官方可以通过购买软件或者是主宰相关软件产品的设计机制,从而将大量的网民隔离于社会事实真相之外,造成他们的偏听偏信,进而剥夺了他们的宪法上的自由言论权利。网络空间的扩展的确给政府行为出了一道难题:要么积极干预到言论行使当中去,从而钳制了言论的自由发展和社会思想的萎缩;要么就是放任自由,从而出现私人力量对于社会一般道德的亵渎和僭越。

莱斯格只是关注商业力量对言论自由的侵蚀,而忽视了政府对言论自由的积极保护功能。当前网络空间的言论自由问题并不在于商业力量或政府基于什么样的理由来实施管制,因为我们永远无法回避管制问题,而是社会大众能否享有一个具有更大选择的空间、拥有更多自由选择项,并且他们也可以作为各种消息来源的发布者。网络空间被商业力量闭合是一个我们必须面对的现象,是网络迈向更多功能负荷的过程中必须承担的"无法承受之重"。因此,依循传统的言论自由进路只会加剧商业力量和群体化现象对言论自由的分割。但是,如果政府依循公共论坛的原则,将网络空间进行多向度的功能分类,将商业力量对网络空间言论自由运行的挤压作用排除出去,并提供公共财政支持的话,那么,一个更富有活力的意见多元的言论空间就会出现。因此,问题不在于商业力量对言论空间的挤压,而在于政府如何应对商业力量的逐利本能和言论空间的多元化格局,提供足够的制度支撑以形成一个稳健的言论表达机制。[1]

## 结语

网络不是一个自我生成的空间,它的基本架构全部依托于现实空间中的政治力量,代码固然促进了网络的发展,但是,当控制代码的力量机制发生变化之后,网络空间也会发生变化。莱斯格一直在强调区分公共空间和私人领域的殊无意义,在看到商业机制对网络的宰制和政府可能被商业力量所捕获这一点上,莱斯格显然是正确的。但是,他显然没有注意到的是,公共领域和私人领域的区分,对于网络的发展极为关键:在网络早期历史中,正是私人力量的存在才促成了这一新的领域的出现。尽管我们对宪法的原初意图保持一种德沃金式的质疑[2],但是,在宪法的原初设计中,正是这种公共空间和私人领域的区分,从根本上奠定了网络发展的机制。尽管我们对莱斯格的理论进路持有一定的质疑,但莱斯格的确向我们提出了一个严肃的问题:科技的承诺尽管无限美好,但要将科技运用到具体的人类事务当中去并获得巨大的收益,则困难重重。

(初审编辑:刘晗)

---

[1] 关于这个问题,有兴趣者可以参阅欧文·费斯:《言论自由的反讽》,刘擎、殷茵译,新星出版社 2005 年;Cass Sunstein, *Republic.com*, Princeton University Press, 2001.

[2] Ronald Dworkin, *A Matter of Principle*, Harvard University Press, 1985, pp.30—57.

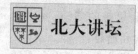

# 论信息流通

罗伯特·C. 珀斯特[*]

桂 舒 赵 娟 译[**]

## The Circulation of Information

*Robert C. Post*

*Translated by Gui Shu & Zhao Juan*

今天我要讨论的是信息流通的法律保护问题。毋庸置疑,对信息流通进行保护的理由有很多,其中不少是政治上的理由。在美国这样一个多元化而又称不上和谐的社会,我们相信,由选民来作出集体决定是保证社会凝聚力的最佳方式,它能将原本可能持激进甚至激烈反对意见的人也集聚起来。因此,我们创设宪法权利就是为了保证作出这个集体决定所必要的信息得以流通无阻,美国宪法第一修正案是"基于这样的假定:不同的和对抗性的信息的最广泛传播是公共利益的根本保障,社会自由以新闻自由为前提"[1],第一修正案"被设计……用以确保各种观点的无障碍交流,从而带来人民所期望的政治和社会

---

[*] 耶鲁大学法学院 David Boies 法学教授,美国艺术和科学院顾问和院士。此文源自作者于 2007 年 5 月 18 日北大—耶鲁法律与政策改革联合研究中心在北大举办的"和谐社会建设中的信息开放与表达自由"的讲稿,后经作者修订后提交本刊。本刊对 Post 先生的慨然授权表示感谢。

[**] 桂舒,南京大学法学院宪法与行政法学 2006 级硕士生;赵娟,南京大学法学院教授。

〔1〕 *Associated Press v. United States*, 326 U. S. 1, 20 (1945).

进步。"[1]

保护信息流通的政治理由的正当性一般都表述为"民主"这个词,而这并不是我今天要讨论的主题。相反,我要分析的是信息流通之所以如此重要的原因——我要讨论的是一些在任何现代社会都不可或缺的功能,不管其是否认同西方模式的民主。早在宪法第一修正案被解释为对诽谤的法律约束的限制之前,这些功能就已经为英国的普通法所理论化且给予保护。例如,托马斯·斯塔基*在他1826年所著的关于反诽谤法的论文中就已经讨论过了规制关于人们的信息的"种种困难",因为

> 这个问题尤其微妙和精密,而且也不像那些诸如因为暴力带来伤害的情形那样具有明确而简单的区别方式。举例来说,在故意殴打致人伤害的情形中,法律可以毫不迟疑地宣判哪怕是最低程度的暴力也将被认为不合法,从而给予受害者以救济;但是,人们关于名誉的相互交流却不能被同样禁止。我们的日常生活无可避免地会讨论到人们和他们的行事,哪怕这很可能带来个人名誉的伤害;而且主要出于有助于建立道德和善良秩序以及社会的稳定和安全这一目的考虑,这样的交流也应该被给予广泛的言论自由范围。对受到公众谴责和鄙夷的恐惧,不仅是社会可以维护公序良俗和私生活权利的最有效和最重要的保障,而且在大多数情况下也是唯一的保障。[2]

在现代社会中也不难找到斯塔基所论述的情况。比如,如果你在易趣网上交易过就会知道,上面所有的卖家都是以他们的名誉作为排名的标准。易趣网这样的网上商店得以运作的基础就在于依赖有关名誉的信息的流通,让买家知道应该相信谁或者避免和谁交易。对于另外一些在不知名的网站进行交易买

---

[1] *Buckley v. Valeo*, 424 U.S. 1, 48—49 (！1976).

\* 托马斯·斯塔基(Thomas Starkie):英国著名法学家、律师,1728年出生于英国,曾为剑桥大学高级研究员,同时也是英国北部巡回区的特别辩护人。斯塔基在证据法领域研究建树颇丰,对英国证据法的发展在理论和实务上都有相当的影响,著有《证据法的实务专论》、《基层法院报告》等专著。——译者注

[2] T. Starkie, A Treatise on the Law of Slander, Libel, Scandalum Magnatum, and False Rumours, New York, 1826, at xx—xxi. 同样的,早在第一修正案被解释为与民事侵权相关之前,对个人隐私的民事侵权行为就已经对保护信息流通的重要性作出了非常敏感的反应。例如,沃伦和布兰代斯就曾经直接指出"个人的隐私权并不能禁止与公共和普遍利益有关的信息的发布"。Warren & Brandeis, "The Right to Privacy", 4 *Harv. L. Rev.* 193, 214 (1890). 法院认可个人隐私权的第一个案例,*Pavesich v. New England Life Insurance Co.*, 122 Ga. 190, 50 S.E. 68 (1905),同样坚决地指明"当公众对其享有法律权利的时候,关于私人性质的真相也应该同任何公共性质的真相一样被当众说明、记录在案或印刷成册"。Id. at 204, 50 S.E. at 74. 因此,普通法从一开始的任务就是在保护隐私的重要性和信息流通的普遍社会利益之间进行平衡。关于这个问题的讨论,可参见Robert C. Post, "The Social Foundations of Privacy: Community and Self in the Common Law Tort", 77 *Calif. L. Rev.* 957 (1989).

卖的商家来说,也是同样的情况。

我在本文中将讨论信息流通的三个基本社会利益,它们都和民主的政治价值毫无关联。这三个利益是:处理委托人/代理人关系,实现市场效率,以及进行知识创新。通过对它们的分析,我们将能得出法律对信息流通进行保护的合理性和正当性。

## 一、处理委托人/代理人关系

所有的现代复杂社会都是建立在劳动力分工和专业化之上的,这就直接导致在当代社会中任何决策者都不可能靠一己之力作出决断。就算是在建造房屋这样简单的任务中,情况也无二致:如果我想建房,那么我就必须和他人合作——我需要雇用木匠、电工、水管工人和建筑工人。经济学家将这种决策者称为"委托人",那些被决策者雇用来完成工作的人称为"代理人"。以刚才建房的例子来说,我就是委托人,而我雇用的工人们就是代理人。委托人雇用代理人来为他工作,那么代理人就应该遵照委托人的指示行事。

由此,所有的委托人都会面临一个共同的问题:他们如何确定委托人是在按照他们的意思行事?例如,我雇用一位木匠来修建一个鸡舍,那么我就需要确定他能造出合我要求的鸡舍:他使用的木料要正确、建造出来的大小要合适、架子的数量要准确等。但是我要如何才能弄清楚这位木匠的确是在按要求工作呢?这样,我就面临着经济学家们所称的"委托人/代理人关系问题"(principal/agent problem)了。

解决这个关系问题的关键就在于委托人要能够获得他的代理人在如何行事的信息[1],委托人必须要"监控"他的代理人的行为。如果能够了解我所雇用的木匠在建造什么,我就能确定他正在按我的要求工作。为此,我需要到他的工厂去检查他的工作进度。在处理我和木匠的关系中,做到这一点并不困难;但是在其他更加复杂的情况下,委托人或许就并不那么容易能获取监控代理人行为所需要的必要信息了。

公司可谓是讨论处理这对关系问题的典型模型。就美国的情况来说,我们将公司股东看作委托人,高级管理人员看作为股东工作的代理人,那么就他们应该为股东的利益而非他们自己的利益而行事。因此,美国公司法中的"公司管理"问题,即公司应该如何运作,事实上就是讨论如何解决委托人/代理人关系问题。构建公司管理体系是为了尽可能保证公司管理人员能将股东的利益置于自身利益之上,其中最关键的一个因素就是信息的发布——股东必须知晓

---

[1] 例如参见 Bengt Holmstrom, "Moral Hazard and Observability", *Bell Journal of Economics* (Spring 1979), Vol.10, No.1, pp.74—91.

公司的运营情况,以让他们能监控代理人的行为。我们运用政府来要求这样的信息发布,也即是要求信息的流通。

在研究复杂的政府机构时,我们也会遇到同样的问题。我们可以将政府高级官员定义为制定政策的委托人,而这些政策需要他们的代理人来执行,即更低等级的、处理具体公务的官员:我们将这些具体执行事务的低等级官员定义为制定政策的政府高级官员的代理人。于是,政府决策者就总是要面对一个委托人/代理人问题:他们必须监控这些低等级官员的行为,以确定他们是否正确地贯彻执行了政策方针。因此,我们就可以思考一下这些决策者要如何获取监控所需要的信息。

当然,委托人可以要求代理人报告自己的工作,从而运用这种汇报来评估他们的工作情况。例如,我就可以询问我雇用的木匠他在做什么,然后根据他的回答来监控他的工作进展。但是,就一个有效的监控机制来说,这种做法却有着明显的不足之处:它会让委托人更多地依赖于代理人的能力、忠诚和正直。如果代理人本身并不值得信任的话,那么依靠他们的汇报来衡量他们的工作无疑是灾难性的。举例来说,有的史学家认为造成1959—1960年饥荒的部分原因就在于地方党政官员(代理人)一直向中央政府(委托人)提交不实的虚夸农作物产量报告,误导中央政府对地方农业产量作出了不切实际的要求。[1]

让我们再回到政府决策者要怎样准确地知晓地方官员行为这个深奥而重要的问题上来。政府决策者可以雇用探员来向他们报告地方官员的工作;但是,因为这些探员本身也是决策者的代理人,这种解决方法也就再一次重复了委托人/代理人关系这个问题。很显然,让政府决策者再雇用另外的人来监控这些探员,也绝对不是让人满意的答案。委托人/代理人关系这个问题难就难在,看起来它总是在不停地循环往复而没有最终出路。

我们可以看到,所有政府行政部门——事实上一个经济社会中所有的公共和私人部门皆然——都必须建立和发展行之有效的委托人/代理人关系问题的解决方法。这些解决方法要求做到监控,也就是说需要信息流通,其一就是由政府要求的信息披露。在私人部门中,这种方法在规范公司运作中运用得很频繁;但是,这在政府机关的情形下它却帮助不大,因为其执行起来会相当困难。

因此,多数现代社会在处理这个问题时都采取了一个主要的解决方法,即

---

[1] "农民们无法全部收获他们所播种的农作物,但是以省和集体为单位上报的数据却对作物产量作了大幅度的增加,数目几乎进行了翻倍。结果在农产量事实上持续下降,政府依然下达了高指标和高要求,导致了一场人为的饥荒。"参见 John King Fairbank and Merle Goldman, *China: A New History*, Cambridge, Mass: Harvard University Press, 1998, p.372.

建立媒体自治,让他们拥有独立的动机来制作和发布有益于改善委托人/代理人关系问题所需的信息。在美国,这被称为媒体的"检查价值"。[1] 法庭在考量对媒体的法律约束时就会援引这项价值,其理念就是,对媒体的法律约束,不应达到会干涉他们制作和发布用于解决委托人/代理人问题的信息的动机和能力的程度。

在中国,"媒体监督"理论从根本上认为媒体的功用在于监督政府代理人的行为。但是,如果实行这种监督的媒体本身也是政府的一个代理人,那么委托人/代理人的问题就并没有得到解决,而只是转换到了别的方面而已。这就意味着,要解决国家管理中的委托人/代理人问题,媒体就必须要被给予完全的自身独立动机来制作和发布这些社会需要的信息。

**二、实现市场效率**

如果信息流通对于处理类似委托人/代理人关系这样垂直的、分等级的问题必不可少的话,那么它在处理实现市场效率这样水平关系的问题中也同样举足轻重。经济的健康增长需要高效的市场作为支撑,如果市场效率低下,经济增长也会随之受到损害。众所周知,市场透明度越高,市场效率也就越高。经济学家对于"信息成本"和市场效率的论述,已经著述甚多。[2]

我们可以用一个简单的例子来说明这个问题。假设 X 和 Y 两个公司的股票同时在交易所上市流通,在缺乏信息的情况下资本会在这两只股票之间平均分配;但是如果投资者知道 Y 公司效益不佳而 X 公司经营状况良好,资本就会流向 X 而非 Y。由此可见,关于 Y 公司信息的缺失会导致珍贵的资本无谓流失。如果这两家公司同时竞标国家能源的开发项目,能源的开发效率也会受到相同的影响。缺乏信息流通所带来的负面效应会对经济产生难以估量的影响。

正是由于市场透明度对市场的运作是如此重要,美国从上世纪 30 年代以来的经济管理主要目标就在于制作和发布经济信息,以保证投资的理性进行。例如借款条件、分类条件等,此类信息要求数不胜数。证券交易委员会的信息披露政策设计不仅用于便利股东对公司的管理,同时也用于发展高效的公司股票交易市场。如果这个政策未能实现,如像安然丑闻*中那样,就会导致巨大

---

[1] Vincent Blasi, "The Checking Value in First Amendment Theory", 1977 *Am. Bar Fdn. Res. J.* 521.

[2] 例如参见 George J. Stigler, "The Economics of Information", 69 *J. of Pol. Econ.* 213 (1961)。

\* 安然丑闻(Enron scandal):2002 年美国安然石油和天然气公司突然倒闭,其后暴露出了不少原本不为人知的公司治理丑闻,在美国政坛和经济界掀起轩然大波,美国政治献金制度和信息真实性问题成为人们关注的焦点。——译者注

的——如果不是重创的——经济损失。

然而，信息发布也并不是万能药。就算是在信息充足的情况下，投资者也可能非理性投资，不审慎的代理人也会给出不真实的或者具有误导性的信息。信息的流通并不是实现市场效率从而维持经济增长的充要条件；但是，一个国家如果想要建构一个运作良好的市场，却必须要求商业信息的流通，并且也会保护这种流通。

由法律调节的信息流通应该被设计为最大化信息利用率。过多的信息会冲昏投资者和消费者的头脑，过少的信息又会让他们对基本信息毫不知情。因此，发布多少信息才最适宜，以及这些信息又应该怎样发布，就是一个经验性的问题。以美国来说，通常需要经过多年的探索才能找到关于如何发布、发布多少信息的政府管理的满意答案。在公司财政中，我们应该依会计师的专业意见，概念化、展示和发布评估公司经济健康度所需要的信息。

政府强制要求市场中的私人参与者发布信息是一回事，而让它自己也发布信息就完全又是另一回事了，要求政府发布其信息的法律通常都很难得到贯彻实现。这就意味着，在政府所有的企业也参与市场运作的时候，就可能很难获得实现市场效率所必需的信息流通。要求国有企业发布信息，并不比要求发布政府信息的法律的贯彻和执行所面临的挑战更小。

解决这个问题最行之有效的方法，莫过于建立拥有独立动机来制作和发布建立高效市场所需要的信息的机构。在美国，这些机构就是独立的金融媒体和信用评估公司，它们能够减少因为体系问题而带来的扭曲信息的危险。当然，这也并不能说就是完美的解决方法，但却已经是我们目前能有的最好的选择。

当政府利用法律规范来要求信息发布时，必须要牢记的就是评价法律的有效与否不在于其内容，而在于其实际作用。政府可以处罚发布错误信息的人，因为这些错误信息对社会有百害而无一利；但是，如果政府仅仅因为信息的错误而处罚所有发布错误信息的人，那么那些拥有真实信息但是却不愿意或者无法向政府证明其真实性的人，就不会发布这个信息了。

这就是美国所谓的法律的"冷冻效应"。如果一项法令的冷冻效应过于严厉，那么实现市场效率所需的信息交流就可能受到削弱。在信息的流通以机构的独立动机为基础，其发布也依靠独立金融媒体和信用评估公司的情形中，这个冷冻效应就尤其重要。通过假设分析，这样的机构就只会发布符合他们利益的信息，因此就会对于不同形式的法律规范的激励作用尤其敏感。而在由公司直接发布信息的情况下，因为这并不是完全的单纯信息流通问题，冷冻效应就相对微弱得多。

### 三、进行知识创新

一个民族只有能够创造出能满足和应对难以预测的未来挑战所必需的知识,才能在这个日新月异和竞争激烈的世界上立足和繁荣昌盛。对于每个当代社会来说,进行知识创新都要具备两个条件:其一是对现有知识的掌握,其二是拥有知识创新所需的进行批判性和创新性思维的自由。

知识都是层层叠加推进的,因此如果没有掌握其他思想、假设、信息和知识,进步也就无从说起。美国历史最悠久的两个文化协会分别是建立于1743年的美国哲学学会(APS)和建立于1780年的美国科学促进联合会(AAAS),它们创立的两个世纪以来终于在去年四月举行了联合会议,并通过了如下的决议(我是 AAAS 的图书管理人,所以持有这份文件):

> 我们的创建者一致认为,服务于公共利益的知识是我们民族不可或缺的支柱……因此,我们致力于积极创造、保护、支持和发布对我们民族的发展和利益至关重要的知识……今日两个协会聚集于此,以主张各领域内研究和自由调查的重要性。

在当今的"信息时代",所有的职业、经济和科技发展事实上都要求掌握已有信息。要开出正确的药单就要求医生始终跟上医学界的新发展;公司如果不能与最新科技发展和市场走向同步,就无法制造出新型的成功产品;科学家如果不懂得学习别人的科研成果,也就不能进行有意义和创新性的试验探索。

同样的,如果信息匮乏,一个现代国家就不能对其管辖中普通的或是预料之外的紧急情况作出及时的反应。例如,如果一个国家必须应对类似于非典或是艾滋病暴发这样的疾病威胁,它就必须掌握关于这个疾病的特性和内容的信息,必须了解它所拥有的医疗水平和社会反应能力,以及对此疾病现有的治疗技术。在不胜枚举的情况之中,知识都是国家行动的必要前提,而掌握信息又是获得知识的必备条件。我们可以毫不夸张地说,现代国家中的大部分国力表现形式——经济、军事、科技——都依赖于信息的流通。

然而,仅有信息流通还不能满足科技创新的全部条件。如果人们没有从自己的视角出发来理解世界的自由,不从现有信息的理解和结论中学习,知识也同样无法获得进步。同时,一个社会还必须给予人们对已有知识进行信息重组、批判思考和理论重构的自由,以求获得新知。[1]

早在中世纪,宗教裁判所的异端审判庭审查科学知识的进步并因为伽利略

---

[1] Karl Popper, *The Open Society and Its Enemies* (1945); Charles Peirce, *The Fixation of Belief*, in *Values in A Universe of Chance* 91, 110—111 (Philip P. Wiener ed., 1958).

批判教会地心说而将他囚禁时,这个问题就已经清楚地摆在了人们面前。我们对世界的了解是在对已有假设进行提问、评判和检验中得到进步的,1663年世界上第一个私人科技学术团体——伦敦皇家自然科学促进会成立时,就截取了著名诗人贺拉斯(Horace)*的拉丁语箴言"Nullius addictus iurare in verba magistri"中的"Nullius in verba"作为其协会格言,意为"绝不盲从先哲"。

知识创新理论在美国被充分地定义为学术自由,我们坚信,如果教授们不能自由地获取已有知识并对其进行批判性思考,大学就不可能达到其推动知识进步的目标。我们最著名的关于学术自由的宣言这样说过:"一切的前提条件就是进行完全且无限制调研并自由地公布其结论,这样的自由是所有科学研究活动的呼吸。"[1]接下来,宣言中还说到"大学教师的独立思考和表达"[2]是实现大学基本目的的自身要求。正如哲学家亚瑟·罗夫乔伊*所说,大学

> 探索新知的功能有时候意味着破坏已被广泛或普遍接受的观念,如果给探索者套上必须作出符合普遍接受的信念的枷锁,或者让其研究必须依照为大学生存提供资助的私人或官方团体的喜好,那么研究就几乎无法进行……因此,学术自由是充分的、有组织的进行科学研究,保障科学研究探索方向正确的先决条件。[3]

由法律来提供进行知识创新所必须的条件并不是一个简单的问题。我们可以考虑一下为保证现有信息的自由流通而存在的法律需求。因为采取行动首先必须获得信息,而且也正是因为我们并不能事先知道为满足无法预见的情况需要采取怎样的行动,信息自由流通的需求通常都是概括的而不是确切的。正如对知识的需求是扩散的而且难以预测的一样,对信息进行无拘束的自由流通的需求也具有同样特征。由此可以推出,信息流通受到越多的限制,知识创新的速度就会越慢而且越不确定,对新情况作出反应的能力也就会越低。

---

\* 贺拉斯:古罗马诗人。他广泛吸收了古希腊抒情诗的各种格律,成功地运用拉丁语诗歌创作,把罗马抒情诗创作推向了高峰,在古时和后代西欧一直享有盛名,其著作《诗艺》为传世经典。贺拉斯早期创作了许多讽刺诗和性质与讽刺诗相近的长短句,曾被渥大维宣布为人民公敌。——译者注

[1] 1915 *Declaration of Principles on Academic Freedom and Academic Tenure*, in American Association of University Professors (AAUP), *Policy Documents and Reports* 295 (9th ed. 2001).

[2] Id., p.294.

\* 亚瑟·罗夫乔伊(Arthur Lovejoy):美国哲学家、批判实在论的重要代表、美国观念史研究的主要倡导者。生于德国柏林,在哈佛大学获得硕士学位,1913年和约翰·杜威一起创办美国大学教授协会,1940创办《思想史杂志》。主要著作有《反叛二元论》、《观念史论文集》等。——译者注

[3] Arthur O. Lovejoy, *Academic Freedom*, in Edwin R. A. Seligman & Alvin Johnson, eds., *Encyclopedia of The Social Sciences* 384—385 (New York: MacMillian 1930).

这个结论已经相当强硬了,但是当法律试图创造将现有知识提炼为新知的必要条件时,它所面临的挑战还要更为严苛。进行知识创新的前提条件是有对现有知识进行批判性思考的自由,而人们只有在确信他们的批判活动不会受到制裁的时候,才会运用这个自由。这就意味着,通过强制或训令不可能系统地或者有效地进行知识创新,因为人们不可能被强迫变得富有创造力。在这种情况下,法律所能做得最多的就是鼓励知识分子的独立思考。这种独立思考是一种珍贵却脆弱的品质,其缺失将会毫无疑问地损害社会的长远发展和进步。在现今时代里,知识就是力量。

### 四、法律在平衡信息需求利益和其他社会利益之中的作用

上面我讲了信息流通的三个功用,它们都和政治无关,但每一个都对社会的发展和调和必不可少。有关处理委托人/代理人关系问题的信息流通对社会的有效管理至关重要;社会财富的产生需要实现市场效率的必要信息;同样,如果一个社会想增加它的智力资源和把握新情况,就不能没有关于知识的必要信息的流通。而法律的存在,就是为了推动和保护为实现这三个功能的必要信息流通。

当然,一些与之抗衡的社会利益会要求对这些信息流通进行限制,其中一个典型的例子就是国防安全。如果信息的发布会损害国家安全,那么几乎在每个社会中这样的信息都会受到限制。同样的,信息流通还可能危及个人隐私和商业机密,破坏为了保密需要所必需的存在形式。错误信息的流通对社会有百害而无一益,而将真实和错误信息以法律进行区分的过程同时又会严重伤害信息流通的顺畅进行。

正因为如此,没有哪个社会中的信息流通是完全自由和不受法律调控的。但是,我们也必须承认某些社会的信息流通自由度远远大于别的社会,而这些更加自由的社会享有更多的社会掌控能力、社会效率和国家实力。

一个社会选择如何回应信息流通的问题取决于许多不同的变量,从其权力的社会/历史基础到其对现代化的态度,种种不等。法律是一个将社会中众多相互冲突的价值放到一起进行测试和评估的机制,现代社会需要通过法律规则来最终决定:如何权衡信息价值与国家安全价值或隐私价值的孰轻孰重以及要怎样把真实的信息和错误的信息区分开来。在一个运作良好的社会里,信息的流通应是对社会的法治建构的回应。

如果一个社会重视了我前面所讲的信息的三个功用,它的法律体系就应该有一个相对确定的形式。法律规则和制度需要在与信息流通不一致的其他社会利益的重要性和这三个功用的重要性之间进行平衡,这就要求对这些社会利益的需求强度进行公正而准确的评估,并且至少在最小程度上保证它们不会对

信息流通产生不必要的损害。或许某些特定人的利益在一段时间里要求抑制信息流通,但是,长远的社会利益却需要信息的充分流通。当出现这样的冲突时,法律就必须站在长远的社会利益这一边。

(初审编辑:缪因知)

# 编 后 小 记

最近有机会在台湾大学做访学,与当地一些学者交流的时候,也自然为《北大法律评论》(下称"《评论》")作了一些推介。因为近年跨境学术交流的增多,以及《评论》本身也较早就包含境外学者的作品(如创刊号上冯象先生的文章),所以他们对《评论》也有所了解。而且,即使像台湾这样中文法学研究与教育水平较为先进的地区,也没有类似《评论》这样完全由学生独立编辑的法律学术刊物,所以他们对《评论》也颇有一些赞许。

可也有教授善意和微笑地对我说,据他的了解,似乎大陆不少学者认为我们和一些官办的大牌刊物诸如《××法学》还存在一定的差距。

这个评语或许并非不公,也存在着见仁见智的合理空间,但"《评论》究竟有多好",是一个我们经常扪心自问和经常思索的一个话题。究竟应当如何认识呢?

想了一下,我想我们还是可以(或许,有些冒昧的)说,和那些公认的一流的法学期刊相比,《评论》最好的文章未必不如它们最好的文章,而《评论》上最普通的文章也未必比它们的最普通的文章更逊色。这一点,可以说是《评论》历届编辑同仁的共识。

可话虽如此,并不让人觉得扬眉吐气,相反心头有些沉甸甸的。话语的内容本身并不令我们不安,但我们必须追问,我们凭什么可以这么说呢?我们如何保证我们以后继续能、而且更有底气这么说呢?

我想,我们应该首先对我们的作者表示感谢。他们以宽仁的胸怀接纳了这个年轻的、无权无势的刊物,并把他们精深的学养浇灌进了这片新垦的苗圃。这里面不仅有朱苏力、陈兴良、陈瑞华老师这样的学界名宿(他们每人都在《评论》发表了 3 篇以上的文章),也有诸多卓优的青年学者(如在《评论》发表了 3 篇文章的葛云松、傅郁林老师)。正是他们慷慨提供的良种与耕耘,使《评论》成为法学之山上的一片蔚为繁茂的密林。纵使 16 辑已出版的《评论》还不算是很长的一列,但许多来访者都已可以从中寻觅到自己感兴趣的质材与枝芽,特别是那些可以培育新的思想之花、法理之果的。

其次,作为《评论》第十年的在任编辑,我们应该感谢之前历届编辑的开拓与披荆斩棘,他们从无到有创造了《评论》的本体,他们文砖章瓦的叠垒起《评论》的楼阁,他们辛劳的汗水挥发蒸腾,化成《评论》代代相传的无形资产和独有气质。他们中最早的人,如强世功先生、彭冰先生,已经留校成为我们的老师。而其他的先来者,也通过以往《评论》的成功和他们在学界、业界当下的活动,引领、鼓舞着我们新人的前进。

特别的,我们应该感谢为《评论》制定和践行着种种严格的编辑守则的老编辑们。正如作为经验之载体和理性之体现的法律一样,《评论》的规则已经成为《评论》维护品质、维系纪律、维持信誉的重要保证。

其一,我们有着严格认真的编辑程序。虽然《评论》同样也会收到大量未必很出色的来稿,但只要作者是认真地来稿,我们基本上也都会认真地尽快回复,而不是用三个月沉默的"除斥期"来作答。我们会对大部分退稿给出较为详细具体的理由,对大部分用稿提出修饰完善的建议,而作者也大都欣然接受。因为,我们这些学生编辑,也都在自己当着论文作者,我们天然的与我们的作者一起思考、感同身受,我们既要以理服人,又要用心沟通。

其二,《评论》开启和坚持着两轮审稿和双向匿名审稿制。尽管由我们的编辑通过的每一篇文章,都可以说是首先通过了我们的学术良心的,但我们仍然请来以前的作者、编辑以及其他业内专家学者为我们做匿名复审(在此也特别要向他们无私的付出予以由衷的致谢)。这既意味着外来的、高品质的思想资源所提供的强化检验,同时也在制度上进一步减少了初审编辑由于主客观因素高估文章的可能性。与此同时,我们还对不少来稿推行两名编辑看稿的制度,这既拓宽了编辑专业背景的视域,也降低了错判的空间。

其三,放弃了自我发稿的权利:任何在任编辑和离任两年内的老编辑,都不能在《评论》上发稿。虽然编辑在自编刊物上发的稿件未必不是最好的稿子,但作为一个体制外的刊物,我们愿意以额外的自我不便,来换取《评论》在学界的更为畅行。

此外,我们还应该感谢《评论》创刊以来对《评论》有着各种支持、关怀,给予我们建言、嘉许、意见和批评的老师、读者和各界朋友,他们的智慧和阅历不断推动着《评论》的成长,鼓励和鞭策着《评论》的前进。我们还应该感谢出版社对我们这个没有行政拨款来源的组织在物质上的根本性支持!

说了这么多,似乎有些在罗列,在摆饰,不过当我行文至此,翻看《评论》之前的编后小记,发现艰难和坚持似乎是一个恒久的主题时,我想,这也可谓是一种《评论》式的省身吧。尽管《评论》现在并不从北大法学院获得直接的物质资助,但从当时法律系主任吴志攀教授允许我们把"北大法律"这个神圣的字眼加在我们刊物的名称中的那一刻起,《评论》就一直把自己当做被北大宠爱的一个孩子了。故而,当我们以"北大法律评论"的名称在学界努力拓基的时候,当我们欣喜地发现这项事业在不断获得认可的时候,我们必须时时记得往回看,心存感激。如果说上面写的这点文字能有什么意义的话,大概也只是为了向我们所热爱的北大表明我们的理想与追求,向我们所愿竭诚服务的法律学术界表达我们的感佩与致意,以及向《评论》的老作者、老编辑以及各位师友宣告:我们并没有忘记自己的使命、信念与承诺!

缪因知　执笔起草

经北大法律评论编辑委员会讨论通过

2007 年 10 月 20 日

# 《北大法律评论》总目录

## （第1卷—第8卷）

## 一卷一 （1998-6）

### 论文 & 评论

郑　戈　法学是一门社会科学吗？
　　　　——试论"法律科学"的属性及其研究方法
毛国权　英国法中先例原则的发展
柴融伟　晚清对外贸易商习惯探微
陈兴良　周光权　超越报应主义与功利主义："忠诚理论"
　　　　——对刑法正当根据的追问
李贵连　话说"权利"
赵晓力　民法传统经典文本中"人"的观念
彭　冰　中国50年代的国家与契约

### 书评

范　愉　诉讼的价值、运行机制与社会效应
　　　　——读奥尔森《诉讼爆炸》
陈瑞华　通过法律实现程序正义
　　　　——萨默斯"程序价值"理论评析
冯　象　功亏一篑：评郑成思《中国知识产权的实施：主要案例与评析》
　　　　（彭冰译）
陶　榕　评 Bernhardt & Huang: Civil Law in Qing and Republican China
董　炯　评 Arthor: Words That Bind
侯　健　评 Cruz: Comparative Law in a Changing World

### 案例研究
金勇军　评工商行吉化办事处诉关瑞存单纠纷案
葛云松　李珉诉朱晋华、李少华悬赏广告酬金纠纷评析

### 北大讲坛
弗里德曼　法治、现代化和司法（傅郁林译）

# 一卷二 （1999-5）

### 主题研讨：中国的审判委员会制度
苏　力　基层审判委员会制度的考察及思考
贺卫方　关于审判委员会的几点评论
朱　晖　不可预约的正当性
陈瑞华　正义的误区
　　　　——评法院审判委员会制度
鲁智勇　关于审判委员会制度的思考

### 论文
赵晓力　中国近代农村土地交易中的契约、习惯与国家法
包万超　儒教与新教：百年宪政建设的本土情结与文化抵抗

### 评论
王　涌　法律关系的元形式
　　　　——分析法学方法论之基础
寺田浩明　清代民事审判：性质及意义
　　　　——日美两国学者之间的争论（王亚新译）
何锦璇　信托立法不宜操之过急
江　山　中国自然法理念的现代意义

### 书评
洪　川　评 Unger: What Should Legal Analysis Become?
古　静　评 Sarat & Kearns ed. : The Rhetoric of Law
冷　静　评 Harbermas: Between Law and Norms: Contributions to a Discourse Theory of Law and Democracy

### 案例研究
金勇军　张　谷　葛云松　彩色扩印服务部遗失胶卷纠纷案

## 二卷一 （1999-12）

### 主题研讨：中国乡村社会的法律

张　静　乡规民约体现的村庄治权
王亚新　围绕审判的资源获取与分配
苏　力　农村基层法院的纠纷解决与规则之治
赵旭东　互惠、公正与法制现代性
陶　榕　论中国农业税收制度的非法律主义特征
杨　柳　模糊的法律产品

### 评论

傅郁林　法律术语的翻译与法律概念的解释
冷　静　从法院状告新闻媒体谈起
徐忠明　晚清法制改革引出的两点思考

### 书评

郑　戈　法律学术翻译的规范
王志强　非西方法制传统的诠释
魏双娟　评 Ellickson：Order Without Law
易　平　评高见泽磨：现代中国纷争的法

### 案例研究

甘　雯　沈　岿　汪鸿斌　刘明达诉某公安局国家赔偿案

### 北大讲坛

黄宗智　中国法律制度的经济史、社会史、文化史研究

## 二卷二 （2000-5）

### 主题研讨

李　猛　导言
邓正来　社会秩序规则二元观
　　　　——哈耶克法律理论的研究
卢　曼　法律的自我复制及其限制（韩旭译　李猛校）
福　柯　法律精神病学中"危险个人"概念的演变（苏力译　李康校）

布迪厄　法律的力量
　　　　——迈向司法场域的社会学（强世功译）
季卫东　从边缘到中心：20世纪美国的"法与社会"研究运动
图依布纳　现代法中的实质要素和反思要素（矫波译　强世功校）
马考利　法律与行为科学：他言之有物吗？（徐旭译　郑戈校）

**评论**

冯　象　法律与文学
葛云松　论社会团体的成立
龚刃韧　关于学术著作注释和治学态度的一点看法

**书评**

武　欣　评 Hunt & Wickham：Foucault and Law

**北大讲坛**

Ricoeur　公正与报复（杜小真译）

# 三卷一　（因故未出版）

# 三卷二　（2001-1）

**论文**

强世功　权力的组织网络与法律的治理化
侯　健　言论自由及其限度

**评论**

谢鸿飞　现代民法中的人
沈　岿　制度变迁与法官的规则选择
陈兴良　犯罪：规范与事实的双重视角及其分野
王小能　刘德恒　中国内地与香港两法域私法冲突与应对
丁　利　新制度理论简说：政治学法学理论的新发展
舒国滢　从美学的观点看法律

**书评**

彭小瑜　古代罗马宪法制度及其汉译问题

## 案例分析
苏号朋　王　涌　于　洋　
　　恒升电子计算机集团诉王洪名誉侵权案模拟法庭辩论

# 四卷一　（2001-8）

## 论文
彭小瑜　教会法与基督教之爱
　　　　——格兰西《教会法汇要》的启示
王志强　试析晚清至民初房地交易契约的概念
　　　　——民事习惯地区性差异的初步研究
王　钧　中国上市公司的制度性利益冲突

## 评论
龚刃韧　关于法学教育的比较观察
　　　　——从日本、美国联想到中国
张薇薇　法治背后的人治
　　　　——职业法律家阶层存在条件探析
龙卫球　美国实用法律教育的基础
徐忠明　试说中国古代法律制度研究范式之转变
傅郁林　诉讼费用的性质与诉讼成本的承担
叶必丰　宪政行为与行政行为
王明远　日本环境公害民事赔偿法研究

## 案例研究
金勇军　花开两朵，同结一枝
　　　　——评保丽板厂诉明耀公司超越经营范围的购销合同纠纷案
邹　慧　关于撞了白撞
　　　　——议沈阳、上海交通事故处理新办法

## 北大讲坛
石井紫郎　日本民法的125年：日本民法典的制定史
石井紫郎　日本民法的125年：98年民法的100年（朱芒译）

## 四卷二 （2002-7）

**论文**

朱晓东　通过婚姻的治理
肖　晖　论公开性是现代判决理由的本质特征
喻　敏　证据学问题的语言哲学初步思考
俞　江　近代中国民法学中的"私权"及其研究
朱晓喆　自然人的隐喻
　　　　——对我国民法中"自然人"一词的语言研究

**评论**

冯晓青　魏衍亮　互联网上言论自由权与版权关系之述评
方新军　对我国合同法第402、403条的评说
　　　　——关于两大法系代理理论差异的再思考
朱庆育　民法典编纂中的两个观念问题
何海波　行政诉讼受案范围：一页司法权的实践史
亚伯拉罕　渐进式变迁
　　　　——美英两国药品政府规制的百年演进（宋华琳译）
罗尔夫·克努特尔　古代罗马法与现代文明（涂长风译　米健校）

**北大讲坛**

凯　利　公正与自由宪政主义（英文）

## 五卷一 （2003-5）

**论文**

何建志　基因信息与保险：社会政策与法理分析
杨利敏　关于联邦制分权结构的比较研究
张千帆　法理是一种理性对话
　　　　——兼论司法判例制度的合理性

**评论**

柯　岚　自由主义与超自由主义
　　　　——对昂格尔法哲学的批判分析
王贵国　世贸组织与农产品贸易

| 魏 姝 | TRIPs协议:在什么程度上"与贸易有关"? |
|---|---|
| | ——兼评郑成思先生的TRIPs观 |
| 葛云松 | 中国的财团法人制度展望 |
| 孙秋宁 | 论音乐作品的法定许可录音 |
| | ——以新著作权法第39条第3款为中心 |

**个案研究**

| 李筱平 | 电信自由化与科技汇流之个案研究:以我国台湾地区电信普及服务政策为中心(英文) |
|---|---|

**书评**

| 钱玉林 | 内田贵与吉尔莫的对话 |
|---|---|
| | ——解读《契约的再生》 |

**北大讲坛**

| J.H.贝克 | 为何英格兰法史并未撰写完成 |
|---|---|

## 五卷二 (2004-4)

**财产权专题**

| 高全喜 | 休谟的财产权理论 |
|---|---|
| 陈端洪 | 排他性与他者化:中国农村"外嫁女"案件的财产权分析 |
| 沃尔特 | 宪法上的财产权条款:在保障和限制间达致平衡(林来梵、宋华琳译) |
| 翟小波 | 对Hohfeld权利及其类似概念的初步理解 |

**论文**

| 白建军 | 从犯罪互动看刑罚立场 |
|---|---|
| 周光权 | 规范违反说的新展开 |

**评论**

| 洪 浩 陈 虎 | 论判决的修辞 |
|---|---|
| 云昌智 | 全球市场一体化与国际竞争法 |
| | ——问题,理论以及分析线索初探 |
| 张 巍 | 日本担保物权法修改之初步研究 |
| 曾江波 | 民事善意制度研究 |
| 弗里曼 | 私人团体、公共职能与新行政法(毕洪海译) |

## 学术书评
梁治平　故纸中的法律与社会
金自宁　《公法与政治理论》：阐释性方法的一个样本

## 北大讲坛
塞尔兹尼克　美国社会与法治（宁杰译　张骐校）

# 六卷一 （2005-1）

## 主题研讨：转型社会中的司法过程
王亚新　实践中的民事审判
　　　　——五个中级法院民事一审程序的运作
傅郁林　中国基层法律服务状况初步考察报告
　　　　——以农村基层法律服务所为窗口
陈瑞华　无偏私的裁判者
　　　　——回避与变更管辖制度的反思性考察
易延友　司法权行使的正当性
　　　　——由回避制度看刑事诉讼程序之弊病
侯　猛　最高法院司法知识体制再生产
　　　　——以最高法院规制经济的司法过程为例

## 论文
李雨峰　枪口下的法律
　　　　——近代中国版权法的产生

## 评论
孙斯坦　洛克纳的遗产（田雷译　张千帆校）
阿　曼　全球化、民主与新行政法（刘轶译）
周安平　解构婚姻的基础
凌　斌　立法与法治：一个职业主义视角
李　强　韦伯、希尔斯与卡理斯玛式权威
　　　　——读书札记

## 学术书评
焦宝乾　法律意义世界的进入与困惑
　　　　——谢晖著《法律的意义追问》读后

### 案例分析
金锦萍　当赠与(遗赠)遭遇婚外同居的时候:公序良俗与制度协调

### 北大讲坛
霍普特　欧洲的公司治理:公司法和证券管理的改革问题(李丹译)

## 六卷二　(2005-6)

### 主题研讨:死刑专辑
陈兴良　关于死刑的通信
陈兴良　受雇用为他人运输毒品犯罪的死刑裁量研究
梁根林　死刑控制四大论纲及其实施
周光权　死刑的司法限制
汪明亮　死刑量刑法理学模式与社会学模式

### 论文
刘广三　犯罪是一种评价
孙斯坦　法律的经济分析之行为学方法(王卫东、童颖琼译)
高全喜　论宪法政治
　　　　——关于中国法治主义的另一个视角
劳东燕　自由的危机:"法治国"的内在机理与逻辑
张千帆　从管制到自由
　　　　——论美国贫困人口迁徙权的宪法演变
赵西巨　欧盟法中的司法审查制度:对《欧共体条约》第230条的释读
霍海红　证明责任:一个"功能"的视角
丁春艳　论私法中的优先购买权
许德风　论合同法上成本与费用的损害赔偿

### 评论
赵晓力　要命的地方:《秋菊打官司》再解读

### 北大讲坛
约翰-法勒　寻求比较公司治理恰当的理论视角与方法论(洪艳蓉译)

## 七卷一　(2006-1)

### 主题研讨:法律的社会科学研究
王绍光　导言

贺　欣　转型中国背景下的法律与社会科学研究
伊恩·艾尔斯　罗伯特·格特纳
　　　　　　填补不完全合同的空白：默认规则的一个经济学理论（李清池译）
斯图尔特·马考利　商业中的非合同关系：一个初步的研究（冉井富译）
成　凡　社会科学"包装"法学
　　　　——它的社会科学含义
侯　猛　最高法院公共政策的运作：权力策略与信息选择

**论文**

苏　力　作为社会控制的文学与法律
　　　　——从元杂剧切入
刘　忠　翻转的程序与颠倒的当事人
　　　　——正当程序理论的电影文本解读
毛晓秋　法律的驯顺和政治的审慎
　　　　——解读霍布斯《一位哲学家与英格兰普通法学者的对话》
李中原　中世纪罗马法的变迁与共同法的形成
曾江波　王少波　论不当得利请求权与物上请求权
　　　　——以物权变动模式为中心
张　巍　建设工程承包人优先受偿之功能研究
车丕照　杜　明　WTO协定中对发展中国家特殊和差别待遇条款的法律
　　　　可执行性分析

**评论**

韩春晖　民主：一种世俗化的实践理性
　　　　——评熊彼特的民主观兼谈对我国政治文明建设的启示
冯　象　致《北大法律评论》编辑部的信

**书评**

朱　理　在控制和自由之间达致创新
　　　　——读莱斯格教授的《思想的未来——网络社会中公共资源的命运》

# 七卷二　（2006-6）

**论文**

宾　凯　法律如何可能：通过"二阶观察"的系统建构
　　　　——进入卢曼法律社会学的核心
唐纳德·G.吉福德　公共侵扰与大规模产品侵权责任（陈鑫译）

## 评论

戴昕　正义的形象
　　——对西方美术作品中正义女神形象的考察及其对法治话语的启示
牛悦　"武松"与"师爷"
　　——从"看语"考察中国古代司法审判
尤陈俊　民事法制中的"旧惯"与日据台湾时期的治理术变迁（1895—1945）
陈彤　管制抑或竞争：选择权应该交给谁？
　　——探析"州政府行为豁免原则"背后的问题意识
沈明　前版权时代的智识权属观念和出版制度

## 北大讲坛

约瑟夫·J. 诺顿　全球金融改革视角下的单一监管者模式：对英国 FSA 经验的评判性重估（廖凡译）

# 八卷一 （2007-1）

## 主题研讨：人民陪审员制度

贺卫方　导言
刘晴辉　对人民陪审制运行过程的考察
曾晖　王笔　困境中的陪审制度
　　——法院需要笼罩下的陪审制度解读
彭小龙　陪审团审理中的微观机制考察
　　——一个分析实证的视角

## 论文

王文宇　陈建霖　股权分置改革中的行政授予与补偿协商：公法与私法的融合
刘承韪　英美合同法对价理论的形成与流变
乔治·P. 弗莱彻　正确的与合理的（周折译）

## 评论

梁志文　论通知删除制度
　　——基于公共政策视角的批判性研究
李剑　搭售案件分析的困惑与解释
　　——基于合理原则与当然违法原则的差异与融合的分析
陈瑞华　社会科学方法对法学的影响

温晓莉　论法律虚拟与法律拟制之区别
　　　　——法哲学的时代变革
严厚福　环境公益诉讼原告资格之确立
　　　　——扩大"合法权益"的范围还是确立自然物的原告资格

# 八卷二 （2007-6）

## 主题研讨：反思转型社会中的刑事程序法失灵
陈瑞华　导言：研究刑事程序失灵的意义与方法
季卫东　拨乱反正说程序
刘　忠　作为一个偶然地区性事件的正当程序革命
杨小雷　规则建立过程的知识考察：以"刘涌案"事件为空间
珍妮弗·史密斯　迈克尔·冈波斯
　　　　实现正义：公平审判权在中国的发展（唐俊杰译　张建伟校）

## 论文
陈雪飞　离婚案件审理中法官话语的性别偏好
郁光华　从经济视角看中国的婚姻法改革
李雨峰　思想/表达二分法的检讨
方　潇　作为法律资源的天空：天学视野下对于君权制约和秩序构建的法律意义

## 评论
汪庆华　土地征收、公共使用与公平补偿
张宪初　菲利普·斯马特
　　　　万事开头难：《内地与香港特别行政区法院相互认可和执行当事人协议管辖的民商事案件判决的安排》评析
廖　凡　美国反向刺破公司面纱的理论与实践：基于案例的考察
万　江　霍布斯丛林的真实模拟：秩序形成的另类逻辑

（整理人：缪因知）

# 注 释 体 例

**援用本刊规范：**

苏力："作为社会控制的文学与法律——从元杂剧切入"，载《北大法律评论》第 7 卷第 1 辑，北京大学出版社 2006 年版。

## 一、一般体例

1. 引征应能体现所援用文献、资料等的信息特点，能（1）与其他文献、资料等相区别；（2）能说明该文献、资料等的相关来源，方便读者查找。
2. 引征注释以页下脚注形式，每页重新编号。
3. 正文中出现一百字以上的引文，不必加注引号，直接将引文部分左边缩排两格，并使用楷体字予以区分。一百字以下引文，加注引号，直接放在正文中。
4. 直接引征不使用引导词或加引导词，间接性的带有作者的概括理解的，支持性或背景性的引用，可使用"参见"、"例如"、"例见"、"又见"、"参照"等；对立性引征的引导词为"相反"、"不同的见解，参见"、"但见"等。
5. 注释中重复引用文献、资料时，若为注释中次第紧连援用同一文献、资料等的情形，可使用"同上注，页 2""Id., p. 2"等。
6. 作者（包括编者、译者、机构作者等）为三人以上时，可仅列出第一人，使用"等"予以省略。
7. 引征二手文献、资料，需注明该原始文献资料的作者、标题，在其后注明"转引自"该援用的文献、资料等。
8. 引征信札、访谈、演讲、电影、电视、广播、录音、未刊稿等文献、资料等，在其后注明资料形成时间、地点或出品时间、出品机构等能显示其独立存在的特征。不提倡引征作者自己的未刊稿，除非是即将出版或公开的。
9. 引征网页应出自大型学术网站或新闻网站站方管理员添加设置的网页，并且有详细的可以直接确认定位到具体征引内容所在网页的链接地址。不提倡从 BBS、博客等普通用户可以任意删改的网页中引证。
10. 外文作品的引征，从该文种的学术引征惯例。
11. 其他未尽事宜，参见本刊近期已刊登文章的处理办法。

## 二、引用例证

### 中文

1. 著作
   - 朱慈蕴:《公司法人格否认法理研究》,法律出版社 1998 年,页 32。
2. 译作
   - 孟德斯鸠:《论法的精神》(下册),张雁深译,商务印书馆 1963 年,页 32。
3. 编辑(主编)作品
   - 朱景文主编:《对西方法律传统的挑战——美国批判法律研究运动》,中国检察出版社 1996 年,页 32。
4. 杂志/报刊
   - 许实敏:"我国券商风险防范与管理",《证券市场导报》1999 年第 5 期。
   - 刘晓林:"行政许可法带给我们什么",《人民日报》(海外版)2003 年 9 月 6 日。
5. 著作中的文章
   宋格文:"天人之间:汉代的契约与国家",李明德译,载高道蕴等主编:《美国学者论中国法律传统》,中国政法大学出版社 1994 年,页 32。
6. 网上文献资料引征
   - 梁戈:"评美国高教独立性存在与发展的历史条件",http://www.edu.cn/20020318/3022829.shtml。

### 英文

1. 英文期刊文章　consecutively paginated journals
   Solomon M. Karmel, "Securities Markets and China's International Economic Integration", 49 *J. Int'l Affairs* 525, 526 (1996).
2. 文集中的文章　shorter works in collection
   Lars Anell, *Foreword*, in Daniel Gervais, *The TRIPS Agreement: Drafting History and Analysis*, London Sweet & Maxwell, 1998, p.1.
3. 英文书　books
   Richard A. Posner, *The Problems of Jurisprudence*, Cambridge, Mass: Harvard University Press, 1990, p.456.
4. 英美案例　cases
   *New York Times Co. v. Sullivan*, 76 U.S. 254 (1964). (正文中出现也要斜体)
   *Kobe, Inc. v. Dempsey Pump Co.*, 198 F.2d 416, 420 (10th Cir. 1952).
5. 未发表文章　unpublished manuscripts
   Yu Li, *On the Wealth and Risk Effects of the Glass-Steagall Overhaul: Evidence from the Stock Market*, New York University, 2001 (unpublished manuscript, on file with author).
6. 待出版文章　forthcoming publications
   Solomon M. Karmel, *Securities Markets and China's International Economic Integration*, 49 J. Int'l Affairs (forthcoming in 1996) (manuscript at 525 *on file with author*)

7. 信件　letters

　　Letter from A to B of 12/23/2005, p. 2.

8. 采访　interviews

　　Telephone interview with A, (Oct 2, 1992).

9. 网页　internet sources

　　Lu Xue, *Zhou Zhengqing Talks on the Forthcoming Revision of Securities Law*, at http://www.fsi.com.cn/celeb300/visited303/303_0312/303_03123001.htm?